Fachdidaktisches Studium
in der Lehrerbildung

Alte Sprachen 1

HANDBUCH DER FACHDIDAKTIK für
Fachdidaktisches Studium in der Lehrerbildung
Herausgeber: Johannes Timmermann

Erschienen sind:

Biologie, hrsg. von Wilhelm Killermann und Siegfried Klautke, unter Mitarbeit von Franz Bukatsch, Werner Demel, Norbert Derner, Arno Drexler, Manfred Frank, Winfried Hofmann, Werner Kästle, Horst Kaudewitz, Georg Klaus, Joachim Knoll, Josef Krappmann, Walter H. Leicht, Otto Mair, Hermann Oblinger, Reinhold Pfandzelter, Peter Pfeifer, Johannes Timmermann, Horst Werner.

Chemie, hrsg. von Franz Bukatsch, Wolfgang Glöckner und Ludwig Kotter, unter Mitarbeit von Herbert F. Bauer, Norbert Derner, Karl Häusler, Fritz Hoffmann, Ruth Hofsommer, Rudolf Letterer, Heribert Rampf, Maria Schmidt, Johannes Timmermann.

Englisch, hrsg. von Gertrud Walter und Konrad Schröder, unter Mitarbeit von Ulrich Bliesener, Michael Bludau, Ernst Burgschmidt, Willi Erzgräber, Karlheinz Hecht, Hans Hunfeld, Horst Kaspar, Hans-Jürgen Krumm, Konrad Macht, Ulrich Nehm, John A.S. Philips, Hans-Eberhard Piepho, Helmut Sauer, Helmut Schulz, Inge Christine Schwerdtfeger, Franz Josef Zapp.

Geographie, hrsg. von Ludwig Bauer und Wolfram Hausmann, unter Mitarbeit von Walther Bayer, Josef Birkenhauer, Dieter Böhn, Elmar Bothschafter, Ambros Brucker, Wolf Engelhardt, Robert Geipel, Walter Grau, Rudolf Hasch, Hartwig Haubrich, Hans Hillenbrand, Gustav Ihde, Friedrich Jäger, Walter Jahn, Günter Kirchberg, Helmut Kistler, Siegfried Mahlendorff, Hermann Oblinger, Helmut Schrettenbrunner, Rudolf Schönbach, Walter Sperling, Gerhard Trauth.

Kunst, hrsg. von Hans Meyers, Hilda Sandtner und Kurt Staguhn, unter Mitarbeit von Horst Beisl, Elsbeth Berg, Hans-Jürgen Brandt, Helga Endrejat, Marion Götze, Brigitte Grohganz, Peter Heinig, Heinrich-Josef Klein, Herbert Klettke, Klaus Kowalski, Helga Krawielitzki, Hermann Leber, Siegmund Leonhardt, Achim Ludwig, Hans Malzer, Fritz Menzer, Ernst Nündel, Hans-Günter Richter, Leo Schmitt, Wulf Schomer, Vera Schumann, Ernst Simonsen, Wolf Spemann, Fritz Straßner, Albert Stutius-Ott, Irmgard Zoehrlaut.

Musik, hrsg. von Wolfgang Schmidt-Brunner, unter Mitarbeit von Peter Becker, Heinz Benker, Klaus Börner, Karl Heinrich Ehrenforth, Ursula Gebhard, Karl Graml, Joachim Hansberger, Günter Katzenberger, Dirk Keilhack, Hermann Rauhe, Karl-Heinz Reinfandt, Adolf Rüdiger, Wolfgang Schmidt-Köngernheim, Hans-Bernd Schmitz, Volkhard Simons, Wolfgang Martin Stroh, Richard Taubald, Johannes Timmermann, Robert Wagner.

Sport, hrsg. von Helmut Altenberger und Udo Haupt, unter Mitarbeit von Hartmut Baumann, Nanda Fischer, Ursula Gebhard, Stefan Größing, Werner Günzel, Peter Kapustin, Claudia Kugelmann, Horst Rusch, Walter Schmaus, Annemarie Seybold, Johannes Timmermann.

Wirtschaft I–III, hrsg. von Wilfried Neugebauer, unter Mitarbeit von Johannes Baumgardt, Hartmut Beck, Erich Dauenhauer, Franz Decker, Herwig Friedl, Heinz G. Golas, Georg Groth, Richard Hachinger, Leo Heimerer, Edmund Heinen, Franz Josef Kaiser, Hans Kaminski, Hugo Kielich, Wolfgang Klitscher, Wim Kösters, Gerhard Kolb, Dietmar Krafft, Hermann Kuhn, Konrad Lohrer, Heinz Masselink, Johann Selzam, Waldemar Siekaup, Hermann Speth, Johannes Timmermann, Karl Uhl, Hans Ulrich, Manfred Warrlich, Konrad Winner, Julius Wöppel.

Grundschuldidaktik I, hrsg. von Gertraud E. Heuß und Rainer Rabenstein, unter Mitarbeit von Herbert F. Bauer, Gerhard Eisfeld, Hans Gärtner, Rosemarie Holzheuer, Lothar F. Katzenberger, Eckard König, Marianne Liedel, Kurt Meiers, Elisabeth Neuhaus, Josef Neukum, Johannes Timmermann, Achill Wenzel.

In Vorbereitung sind die Bände: **Alte Sprachen II, Deutsch, Französisch, Geschichte, Mathematik, Philosophie, Physik, Religion (ev.), Religion (kath.) und Sozialkunde.** — **Didaktik beruflicher Fachrichtungen, Pädagogische und wissenschaftstheoretische Grundlagen der Fachdidaktiken, Studienanleitungen.**

Fachdidaktisches Studium in der Lehrerbildung

Alte Sprachen 1

Herausgegeben von
Joachim Gruber und Friedrich Maier

mit Beiträgen von
Hans-Joachim Glücklich, Hans Grotz, Joachim Gruber, Ludwig Häring, Hermann Keulen, Joachim Latacz, Friedrich Maier, Kjeld Matthiessen, Konrad Raab, Hermann Reuter, Ernst Rieger, Gerhard Schwinge, Ulrich Tipp, Richard Willer, Günter Wojaczek.

R. Oldenbourg Verlag München

**HANDBUCH DER FACHDIDAKTIK für
Fachdidaktisches Studium in der Lehrerbildung**
Schriftenreihe des Instituts für Didaktik — München
Herausgeber: Johannes Timmermann

CIP-Kurztitelaufnahme der Deutschen Bibliothek

Alte Sprachen / hrsg. von Joachim Gruber u. Friedrich Maier. — München : Oldenbourg.

NE: Gruber, Joachim [Hrsg.]

1. Mit Beitr. von Hans-Joachim Glücklich ... —
1. Aufl. — 1979.
    (Fachdidaktisches Studium in der Lehrerbildung)
    ISBN 3-486-12471-4

NE: Glücklich, Hans-Joachim [Mitarb.]

© 1979 R. Oldenbourg Verlag GmbH, München

Das Werk ist urheberrechtlich geschützt. Die dadurch begründeten Rechte, insbesondere die der Übersetzung, des Nachdrucks, der Funksendung, der Wiedergabe auf photomechanischem oder ähnlichem Wege sowie der Speicherung und Auswertung in Datenverarbeitungsanlagen, bleiben auch bei auszugsweiser Verwertung vorbehalten. Die in den §§ 53 und 54 Urh.G. vorgesehenen Ausnahmen werden hiervon nicht betroffen. Werden mit schriftlicher Einwilligung des Verlages einzelne Vervielfältigungsstücke für gewerbliche Zwecke hergestellt, ist an den Verlag die nach § 54 Abs. 2 Urh.G. zu zahlende Vergütung zu entrichten, über deren Höhe der Verlag Auskunft gibt.

1. Auflage 1979
Druck: Grafik + Druck, München
Bindearbeiten: R. Oldenbourg Graphische Betriebe GmbH, München

ISBN 3-486-12471-4

Inhaltsverzeichnis

Joachim Gruber / Friedrich Maier
Vorwort 9

Kjeld Matthiessen
Altsprachlicher Unterricht in Deutschland 11

Joachim Gruber
Didaktische Konzeptionen für den altsprachlichen Unterricht 43

Richard Willer
Motivation im altsprachlichen Unterricht am Beispiel Latein 54

Hermann Keulen
Formale Bildung – Transfer 70

Hans-Joachim Glücklich
Übersetzen aus den Alten Sprachen, dargestellt am
Beispiel des Lateinischen 92

Ernst Rieger
Kreativität 103

Gerhard Schwinge
Das Spiel im altsprachlichen Unterricht 114

Ulrich Tipp
Leistungserhebung und Leistungsbewertung 122

Friedrich Maier
Latein als erste, zweite, dritte und vierte Fremdsprache 163

Hermann Reuter
Der Beginn des Griechischunterrichts 179

Friedrich Maier / Hermann Reuter
Latein und Griechisch als Wahlfach mit Fortsetzung
als spätbeginnende Fremdsprache 187

Joachim Latacz
Die Entwicklung der griechischen und lateinischen
Schulgrammatik 193

Hans-Joachim Glücklich
Ziele und Formen des altsprachlichen
Grammatikunterrichts 222

Konrad Raab
Wortschatz und Wortkunde 241

Günter Wojaczek
Unterrichtswerke in den Alten Sprachen 250

Ludwig Häring
Programmierter Unterricht 266

Hans Grotz
Einsatz des Sprachlabors im altsprachlichen Unterricht 278

Personalia 294
Index 296

Abkürzungen häufig zitierter Periodika:

AU   Der altsprachliche Unterricht. Arbeitshefte zu seiner wissenschaftlichen Begründung und praktischen Gestalt. Stuttgart (Klett).

DASIU   Die Alten Sprachen im Unterricht. Mitteilungsblatt der Altphilologischen Fachgruppe im Bayerischen Philologenverband.

Gymn.   Gymnasium. Zeitschrift für Kultur der Antike und humanistische Bildung. Heidelberg (Winter).

MDAV   Mitteilungsblatt des Deutschen Altphilologenverbandes. Heidelberg (Winter).

Inhaltsübersicht des Bandes „Alte Sprachen 2"

1. Lektüreunterricht in der Mittelstufe

Texte als Lerninhalte
Autorenlektüre – thematisch orientierte Lektüre
Lateinische Anfangslektüre
Lateinische Mittelstufenlektüre
Griechische Anfangs- und Mittelstufenlektüre

2. Kollegstufe

Lernziele
Organisationsformen
Die 11. Klasse als Übergang zur Kollegstufe
    Latein
    Griechisch
Die Grundkurse der Kollegstufe
    Latein
    Griechisch
Die Leistungskurse der Kollegstufe
    Latein
    Griechisch

3. Fächerübergreifende Bezüge

Griechisches im Lateinunterricht
Alte Sprachen und Deutsch
Alte Sprachen und Neue Sprachen
Alte Sprachen und Philosophie
Alte Sprachen und Ethik
Alte Sprachen und Naturwissenschaften
Alte Sprachen und politische Bildung

4. **Medien im Lektüreunterricht**

   Lesebücher, Textausgaben, Lehrerkommentare, Schülerkommentare,
   Diapositive, Filme, Fernsehen, Karten
   Altertumssammlungen
   Exkursion und Bildungsreise

5. **Didaktik des altsprachlichen Unterrichts in der Lehrerausbildung**

   Prüfungsordnung – Studiengänge – Praktika
   Fachdidaktik im Studienseminar

Vorwort

Die intensive Diskussion um die Didaktik der Alten Sprachen wendet sich, gerade in den letzten Jahren, nahezu allen Bereichen zu, die für Latein und Griechisch als Unterrichtsfächer von Bedeutung sind. Als besondere Schwerpunkte zeigen sich dabei die Frage nach den Lernzielen, die Korrelation von Lernzielen und Lerninhalten, das Verhältnis von Sprach- und Lektüreunterricht, die Probleme des Übersetzens, Möglichkeiten und Formen der Leistungserhebung und Leistungsbewertung, die Transferleistung der Alten Sprachen, neue Wege der Motivation. Mehr am Rande liegen Fragen der Kreativität, der Sprachenfolge, des Sprachlabors oder des Programmierten Unterrichts.

Entsprechend ihrer Zielsetzung als „Handbuch" versuchen die beiden Bände „Alte Sprachen" alle wesentlichen Bereiche und alle wichtigen Gesichtspunkte einer Didaktik des altsprachlichen Unterrichts zu erfassen, zu beschreiben und zu diskutieren. Dadurch sollen die für den Unterricht erforderlichen theoretischen Grundlagen gelegt, methodische Hilfen für die Unterrichtsvorbereitung geboten und die didaktische Theorie, wo nötig, mit Unterrichtsbeispielen veranschaulicht werden.

Die beiden Bände dienen der fachdidaktischen Ausbildung der Gymnasiallehrer an der Universität und im Pädagogischen Seminar bzw. Studienseminar. Dem Studenten bzw. Referendar soll ein Hilfsmittel an die Hand gegeben werden, mit dem er das in didaktischen Lehrveranstaltungen und Seminarsitzungen Gebotene selbständig nacharbeiten und vertiefen kann. Für die Lehrerfortbildung soll das Werk besonders durch seine umfassende Berücksichtigung der inzwischen weitgestreuten Sekundärliteratur einen raschen Zugang zur aktuellen didaktischen Diskussion ermöglichen.

Als Handbuch muß das vorliegende Werk jede didaktische Einseitigkeit vermeiden. Der altsprachliche Unterricht wird in seinen vielfachen Aspekten und Entfaltungsmöglichkeiten dargestellt. Daß dabei dem Lateinischen ein Übergewicht gegenüber dem Griechischen zugebilligt wurde, ergibt sich aus der Repräsentanz der Fächer im Gymnasium. Zahlreiche Aspekte können aber am Lateinunterricht exemplarisch für den gesamten altsprachlichen Unterricht aufgezeigt werden.

In der Darstellung haben sich die Autoren bemüht, gerade auch dem Studenten, der erstmalig mit didaktischen Fragestellungen konfrontiert wird, ohne den Ballast einer allzu spezifischen Terminologie einen Zugang zu den Problemen zu verschaffen und Wege zur weiterführenden Bearbeitung dieser Probleme zu weisen.

Der *erste Band* ist in seinem ersten Teil den Grundlagen und Grundfragen der beiden Fächer gewidmet. Verschiedene, in den letzten Jahren diskutierte Konzeptionen für diesen Unterricht werden im Überblick dargestellt, die historische Dimension als altsprachlichen Unterricht gebührend berücksichtigt, psychologische Aspekte wie Motivation oder Kreativität und ihre Auswirkungen auf Lernen und Leistung, aber auch das Problem der Leistungsmessung und das zentrale unterrichtliche Geschehen des Übersetzens werden erörtert. Der zweite Teil dieses Bandes ist der Grammatikphase des altsprachlichen Unterrichts gewidmet. Sprachenfolge, Entwicklung der Schulgrammatik, Formen des Grammatikunterrichts, Wortschatzarbeit und Medien wie Übungsbücher, Lehrprogramme und Sprachlabor sind die Themen der diesbezüglichen Beiträge.

Der *zweite Band* wird dem Lektüreunterricht gewidmet sein. Anfangslektüre, Mittelstufenlektüre und Lektüre in der Kollegstufe sind die drei Schwerpunkte, mit denen sich jeweils für Latein und Griechisch getrennte Beiträge befassen. Von da aus werden Überlegungen zu den fächerübergreifenden Bezügen des altsprachlichen Unterrichts über den engeren Bereich der Alten Sprachen hinausführen. Medien des Lektüreunterrichts, Museumsbesuch und Exkursion sind die Themen, die diesen Komplex abschließen und abrunden. Als Information und Dokumentation für Studenten und Referendare werden die einschlägigen Bestimmungen der bayerischen Prüfungsordnungen hinsichtlich des fachdidaktischen Studiums in der 1. und 2. Ausbildungsphase vorgestellt und erläutert. Eine nach Sachgebieten geordnete Gesamtbibliographie und ein Index zum gesamten Handbuch sind für den zweiten Band vorgesehen.

Die Herausgeber danken den Mitarbeitern des Instituts für Didaktik in München und seinem Leiter, Herrn Dr. Johannes Timmermann, sowie dem Verlag R. Oldenbourg dafür, daß sie die Möglichkeit geboten haben, den derzeitigen Stand der Didaktik des altsprachlichen Unterrichts in einer zweibändigen Publikation darzustellen, und daß sie die Herstellung und das Erscheinen des Werkes mit allen Kräften gefördert haben.

Erlangen und München, 1. Februar 1979

Joachim Gruber   Friedrich Maier

Kjeld Matthiessen

Altsprachlicher Unterricht in Deutschland

Ein historischer Überblick

Das frühe Mittelalter (700–1200)

Als sich nach dem Zusammenbruch des weströmischen Reiches mit dem römisch-katholischen Königreich der fränkischen Merowinger und Karolinger ein neuer staatlicher Mittelpunkt gebildet hatte, erfolgte der Aufbau der kirchlichen Ordnung in den germanischen Teilen des Reiches vor allem durch Geistliche und Mönche aus Irland und England, also aus Ländern, die wie die Franken den Primat des Bischofs von Rom anerkannten und deren kirchliche Einrichtungen am wenigsten durch die Umwälzungen der Völkerwanderungszeit beeinträchtigt worden waren.[1] Irische Mönche gründeten das Kloster St. Gallen (720), der angelsächsische Bischof von Mainz, Bonifatius, das Kloster Fulda (744). Eng verbunden mit dem Aufbau der Kirche war der des Bildungswesens. Denn nachdem mit dem römischen Reich die staatliche und städtische Ordnung zusammengebrochen war und die antike Bildung ihre einzige Zuflucht in der Kirche, und zwar vor allem bei den Benediktinern, gefunden hatte, kamen nur die Kirche und ihre Klöster als Träger des neu aufzubauenden Bildungswesens in Frage. Wieder spielte ein Angelsachse eine entscheidende Rolle, nämlich Alkuin aus York. Ihm gab Karl der Große im Jahre 793 den Auftrag, das Schulwesen in seinem Reich zu organisieren. Die ersten Schulen, die nun in deutschen Landen gegründet wurden, waren entweder Klosterschulen oder aber Domschulen, die in enger Verbindung mit einem Bischofssitz standen. Erst im späten Mittelalter entstanden auch Schulen unter städtischer Verwaltung. Der dort erteilte Unterricht stand aber ebenfalls unter geistlicher Aufsicht und glich in seinem Inhalt weitgehend dem der geistlichen Schulen.

Anders als in den romanischen Ländern, aber ähnlich wie in Irland und England, war das Latein, das in der Kirche gesprochen und in ihren Schulen gelehrt wurde, nicht eine leicht zu erlernende Vorstufe der Muttersprache, sondern eine durchaus fremde Sprache, deren Erlernung Zeit und Mühe kostete. Beides lohnte sich allerdings, denn nur wer diese Sprache beherrschte, hatte vollen Anteil am Leben der Kirche und Zugang zu den durch ihre Schulen vermittelten Bildungsgütern.

---

1 Zur kirchlichen Erziehung im 6. bis 8. Jh. vgl. Illmer passim.

Welches waren nun diese Bildungsgüter? Es war nicht die umfassende rhetorisch-philosophische Bildung, wie sie Cicero und auch Augustinus genossen hatten, sondern die schon Varro bekannten Artes Liberales, die eines freien Mannes würdigen Künste, deren Siebenzahl spätestens mit der Schrift des Martianus Capella „De nuptiis Mercurii et Philologiae" am Anfang des 5. Jahrhunderts kanonisch geworden war. Zu ihnen gehörten die drei Artes Sermocinales Grammatik, Rhetorik und Dialektik (d.h. Logik), das sogenannte Trivium, und die vier Artes Reales Arithmetik, Musik (d.h. Musiktheorie), Geometrie und Astronomie, das Quadrivium. In den Schulen hatte das Trivium ein eindeutiges Übergewicht, während bei den Artes des Quadriviums der Umfang des vermittelten Stoffes unterschiedlich, aber durchweg recht gering war.[2]

Bei der ersten Ars, der Grammatica, konnte es auf den deutschen Schulen, anders als bei Martianus Capella, nicht darum gehen, den korrekten Gebrauch der literarischen Form der Muttersprache zu erlernen, sondern zunächst darum, der fremden Sprache Latein überhaupt erst einmal in Wort und Schrift mächtig zu werden. Der Grammatik mußte so in Deutschland besondere Bedeutung zukommen. Als Lehrbücher dienten die spätantiken Grammatiken des Donat und Priscian oder Auszüge aus ihnen[3], verbunden mit der Lektüre von Autoren wie Terenz, Vergil, Horaz, Persius, Lukan, Statius, Juvenal und des Homerus Latinus. Dies sind die heidnischen Schulautoren, die Walther von Speyer im Jahre 983 aufzählt.[4] Diese Autoren hatten sich freilich erst im 9. und 10. Jahrhundert einen Platz neben christlichen Dichtern wie Prudentius, Iuvencus, Sedulius, Prosper, Arator und Avitus sowie der Consolatio Philosophiae des Boethius erobern können, die zunächst allein das Feld beherrscht hatten. Grundlage des Elementarunterrichts bildeten zuerst die Psalmen[5], neben denen später auch die Disticha Catonis und die äsopischen Fabeln Avians benutzt wurden. Als Lehrbücher der übrigen Artes waren neben Martianus Capella und seinen mittelalterlichen Kommentatoren die Schriften des Boethius, des Alkuin und des Isidor von Sevilla in Gebrauch. Diese recht umfangreiche Autorenliste wurde in den folgenden Jahrhunderten noch erweitert, so um Cicero, Sallust und Ovid.[6] Allerdings war die Lektüre der heidnischen Autoren nicht unumstritten und wurde durch kirchliche Bewegungen, die der Pflege der Artes feindlich gegenüberstanden, immer wieder zeitweise zurückgedrängt.

Das Griechische wurde anfangs noch hier und da gepflegt, so am Hof Karls des Kahlen (843–77), auf der Reichenau, in St. Gallen und am Hof Ottos II., später aber fast völlig verdrängt. Zu einer schulmäßigen Vermittlung des Griechischen kam es nirgends; hierfür wäre auch das Vorhandensein einer Grammatik Voraussetzung gewesen. Vielmehr blieb es bei der Vermittlung von Sprachkenntnissen

---

2 Zu den Artes liberales vgl. Koch, J. (Hrsg.): Artes Liberales. Leiden-Köln 1959.

3 Vgl. unten S. 207 f.

4 Vgl. Vossen, P.: Der Libellus Scolasticus des Walther von Speyer. Berlin 1962.

5 Ihre zentrale Bedeutung in der kirchlichen Erziehung des 6. bis 8. Jh. betont Illmer 167–179.

6 Zum mittelalterlichen Literaturkanon vgl. Curtius 58–64 und 265–269 sowie Glauche passim.

durch einzelne in Deutschland weilende Griechen an einzelne interessierte Deutsche.[7]

Für die Verdrängung des Griechischen lassen sich mehrere Gründe nennen. Während die antike Kultur in den ersten Jahrhunderten nach Christus einen zweisprachigen Charakter gehabt hatte, führten Reichsteilung und Zusammenbruch des Westreiches zum Zerfall der kulturellen Einheit und zum Rückgang der Griechischkenntnisse im Westen wie der Lateinkenntnisse im Osten. Die Kluft zwischen Ost und West wurde durch die Kirchenspaltung noch weiter vertieft. Vor allem aber war der Prozeß der „Einbürgerung" der in Griechenland entwickelten und zunächst an die griechische Sprache gebundenen Wissenschaften in Rom so weit zu einem Abschluß gelangt, daß für jede der Artes, jedenfalls auf dem damals erreichbaren Niveau, lateinische Texte vorlagen. Für das Studium der Artes war darum die Erlernung des Griechischen genau so wenig erforderlich wie für die Bedürfnisse des kirchlichen Lebens. Dies begann sich erst dann ein wenig zu ändern, als mit dem neu erwachten Interesse an Aristoteles der Wunsch entstand, auch die Werke dieses Philosophen kennenzulernen, die bisher noch nicht ins Lateinische übersetzt worden waren.

Das Spätmittelalter (1200–1450)

Das einschneidendste bildungsgeschichtliche Ereignis des späten Mittelalters war die Rezeption der aristotelischen Philosophie, die von der Kirche zunächst bekämpft wurde, dann jedoch in der Form der von Thomas von Aquino (etwa 1225–1274) erreichten Synthese von aristotelischer Metaphysik und christlicher Dogmatik zum Kernstück der kirchlichen Lehre und auch des Unterrichts an den jetzt entstehenden Universitäten wurde.

Zwischen den neuen Hochschulen und den alten Schulen erfolgte die Aufgabenteilung meist in der Weise, daß die Artes des Triviums den Schulen verblieben (wobei wohl fast nur die Grammatik gründlich betrieben wurde), während die vier höheren Artes in der Regel der unteren Fakultät, der sogenannten Artistenfakultät der Universität, vorbehalten wurden, die darüber hinaus die Lehre in der scholastischen Philosophie übernahm.

Das Griechische blieb weiterhin außerhalb des Kanons dessen, was an Schule und Hochschule gelehrt wurde. Zwar waren Übersetzungen des griechischen Originaltextes der Werke des Aristoteles eine wichtige Grundlage für die scholastische Philosophie, zwar eigneten sich einzelne Gelehrte, wie z.B. Wilhelm von Moerbeke (etwa 1215–86), die für die Übersetzungsarbeit erforderlichen Sprachkenntnisse in Griechenland an, aber sobald die Übersetzungen vorlagen, erlosch das Interesse am Urtext, und es bildete sich keine Tradition der Pflege der griechischen Sprache. Ebenso wie die westeuropäischen Nationalsprachen, in denen inzwischen reiche Literaturen entstanden waren, blieb auch das Griechische aus Schule und Hochschule ausgeschlossen. Die geistlich geprägte gelehrte Kultur Westeuropas blieb Lateinisch, und Aufgabe der Schule war es, in diese Kultur einzuführen.

Das Latein, das an den mittelalterlichen Schulen und Hochschulen gesprochen und geschrieben wurde, hatte sich von der klassischen Sprache recht weit entfernt. Die Humanisten mochten von der Höhe ihrer wiedergewonnenen ciceronischen Latinität über dieses unelegante und, wie sie es nannten, barbarische Latein spotten, und

---

7   Vgl. Bischoff, B.: Das griechische Element in der abendländischen Bildung des Mittelalters. In: Byzantinische Zeitschrift 44 (1951), 27–55.

auch über die Grammatiken, welche die Regeln dieser Sprache festzulegen suchten, etwa über das um 1200 entstandene Doctrinale des Alexander de Villa Dei.[8] Aber dieses Latein war etwas, was das von allen Anstößen gereinigte Humanistenlatein nie geworden ist: eine lebende Sprache, die von allen Klerikern und allen geistlich erzogenen Laien in der ganzen westlichen Christenheit gesprochen und verstanden wurde, eine Sprache, welche die subtilen Gedanken des Aristoteles und seiner abendländischen Nachfolger angemessen wiedergeben konnte und darum zur Grundlage der Wissenschaftssprache in allen westlichen Ländern werden konnte, zugleich eine Sprache von großer Ausdruckskraft, in der Dichtungen entstanden sind, die uns auch heute noch zu ergreifen vermögen.[9]

Humanismus und Reformationszeit (1450–1600)

In der zweiten Hälfte des 15. Jahrhunderts begann die geistige Bewegung auch in Deutschland wirksam zu werden, die in Italien erst einzelne, wie Francesco Petrarca (1304–1374), dann kleine Gruppen, wie den Florentiner Kreis um Coluccio Salutati (1331–1406) und Cosimo de Medici (1389–1464) und schließlich immer größere Kreise von Klerikern und gebildeten Laien ergriffen hatte. Wir sprechen mit einem sehr viel später geprägten Begriff vom „Humanismus" und sehen ihn als einen Teilaspekt der Renaissance; die Zeitgenossen sprachen bescheidener vom Wiedererwachen der „studia humanitatis".[10]

Das Neue bei den Humanisten seit Petrarca besteht nicht darin, daß die heidnischen antiken Autoren wieder gelesen worden wären. Während des ganzen Mittelalters waren einige von ihnen eifrig gelesen worden: Vergil, Horaz und Ovid, auch Aristoteles, der im Spätmittelalter zum Gegenstand eines intensiven Studiums geworden war. Das Neue war, daß man die alten Autoren, die heidnischen wie die christlichen, mit neuen Augen las. Anders als in dem in erster Linie stofforientierten Mittelalter achteten die Humanisten ebensosehr wie auf den Inhalt auch auf die rhetorische und poetische Form, in der die Alten ihre Gedanken zum Ausdruck gebracht hatten. Sie freuten sich an der Schönheit dieser Form und bemühten sich, selbst ähnlich vollendete Werke in lateinischer Sprache oder in ihrer eigenen Muttersprache zu schaffen. Sie entdeckten durch die Werke die Persönlichkeiten der Autoren und gewannen zu ihnen ein enges Verhältnis[11], in gleicher Weise wie zu den großen historischen Persönlichkeiten, von denen die Autoren berichteten. Denn die italienischen Humanisten empfanden die römische Geschichte als die große Vergangenheit des eigenen Volkes, die es nach Jahrhunderten des Niederganges wieder zu erwecken galt.

Eine wichtige Voraussetzung für ein vertieftes Studium der römischen Autoren bestand darin, daß man ihre Schriften vollständig und in fehlerfreien Texten

---

8 Vgl. unten S. 208 f.

9 Zur Einführung sei verwiesen auf Langosch, K.: Lateinisches Mittelalter. Darmstadt 1975³; Önnerfors, A. (Hrsg.): Mittellateinische Philologie. Wege der Forschung CCXCII. Darmstadt 1975.

10 Grundlegend Voigt, G.: Die Wiederbelebung des klassischen Altertums. Berlin 1960⁴.

11 Ein Ausdruck dieser engen Beziehung sind Petrarcas Briefe an Cicero, Quintilian, Homer und andere antike Autoren: Epist. fam. 24, 3–12.

besaß. Aus diesem Bedürfnis entstanden die Anfänge der Klassischen Philologie. Jetzt begann ein eifriges Sammeln von Handschriften, ein Kollationieren, Korrigieren und Kommentieren von Texten der lateinischen und auch der griechischen Autoren. Denn beim Studium der Werke der Römer zeigte sich überall, daß sie auf die Griechen als auf die Muster der Vollkommenheit in Dichtung, Beredsamkeit, Philosophie und Geschichtsschreibung verwiesen. So wurde bei den Humanisten, und zwar schon bei Petrarca, der Wunsch wach, die Werke der Griechen kennenzulernen, und dies im Urtext, in dem allein man ihre formale Schönheit würdigen konnte. Als Vermittler der erforderlichen Sprachkenntnisse standen die vielen gebildeten Griechen zur Verfügung, die schon im 14. Jahrhundert in Italien lebten und deren Zahl sich nach dem Fall Konstantinopels im Jahre 1453 noch weiter vermehrte. Freilich vergingen Jahrzehnte, bis man das Griechische so gut beherrschte, wie es für ein tieferes Verständnis der Autoren erforderlich war. In Italien war der erste, von dem man dies sagen konnte, Leonardo Bruni (1370–1444). Für Deutschland, wohin die Kenntnis des Griechischen sehr viel später drang, sind in erster Linie zwei Männer als Begründer der griechischen Studien zu nennen, nämlich Johann Reuchlin (1455–1522) und Erasmus von Rotterdam (1469–1536).

Eine Frage, über welche die Humanisten lebhaft diskutierten, war die nach den Kriterien der sprachlichen Richtigkeit im Lateinischen. Man war sich einig, daß Ciceros Sprache vorbildlich sei, doch nicht darüber, wie eng man diesem Vorbild zu folgen habe. Es gab die strengen Ciceronianer, wie Lorenzo Valla (1407–57), die meinten, man dürfe nur Wörter und Wendungen benutzen, die bei Cicero belegt seien. Aber jeder, der nicht nur einen guten Prosastil zu schreiben wünschte, sondern dem es darum ging, seine Gedanken möglichst klar zum Ausdruck zu bringen, mußte die Beschränkung auf den Sprachgebrauch Ciceros, die zugleich den Verzicht auf die der lateinischen Sprache in anderthalb Jahrtausenden zugewachsenen Ausdrucksmöglichkeiten bedeutete, als unerträgliche Fessel empfinden. Darum hing von den produktivsten Autoren keiner einem konsequenten Ciceronianismus an. In der Tat bedeutete die Forderung nach einer Beschränkung auf den Sprachgebrauch Ciceros den Anfang vom Ende des Lateinischen als einer sich frei entwickelnden lebenden Sprache.[12]

An den meisten deutschen Universitäten erfolgte die Umgestaltung des Unterrichts in humanistischem Sinne zwischen 1470 und 1520. Lateinische Beredsamkeit und Poesie wurden als neue Fächer in den Lehrplan der Artistenfakultäten aufgenommen, Hebräisch und Griechisch durch fest angestellte Lehrer ständig angeboten. Der Unterricht in den Artes wurde dadurch verbessert, daß die bisher gebräuchlichen Übersetzungen der als Lehrbücher zugrundegelegten Schriften des Aristoteles durch neue und bessere ersetzt wurden.

In der Rezeption der „studia humanitatis" folgten die deutschen Schulen zum Teil den Universitäten, zum Teil gingen sie ihnen voran, weil hier weniger Widerstände zu überwinden waren als im festgefügten System der Artistenfakultäten.

Die Schulen, die sich am frühesten in bescheidenem Umfang den neuen Gedanken öffneten, waren die, welche die „Brüder vom gemeinsamen Leben" in vielen Städten der Niederlande und Norddeutschlands gegründet oder beeinflußt hatten, eine Laiengemeinschaft, in der die „devotio moderna" gepflegt wurde, eine schlichte Frömmigkeit fernab von den Spitzfindigkeiten der Scholastik, die sich auch im Dienst am Nächsten zu bewähren hatte. Eine dieser Schulen war die zu Deventer, zu deren Schülern erst Nikolaus von Kues (1401–64) und später auch Erasmus gehörte. Hier wurden schon während der Schulzeit des Erasmus (1478–85)

---

12 Pfeiffer 36: „the approaching end of Latin as a freely living uncontrolled language".

antike lateinische Autoren gelesen, freilich nur solche, deren Lektüre sich mit den strengen Grundsätzen der Brüder vereinbaren ließ, und es wurde auch ein wenig Griechisch getrieben. Von dort aus verbreitete sich ein humanistisch geprägter Lateinunterricht an den Niederrhein, nach Münster und in viele norddeutsche Städte, aber auch nach Württemberg und ins Elsaß. Eigenständige Zentren im Süden, die ihre Anregungen unmittelbar aus Italien empfingen, waren vor allem Basel, Nürnberg und Augsburg. Willibald Pirckheimer (1460–1530) brachte von seinem Studium in Italien humanistische Gedanken in seine dem neuen Geist bereits aufgeschlossene Vaterstadt Nürnberg. Ähnlich wirkte Konrad Peutinger (1465–1547) in Augsburg.

Im Jahre 1520 war die humanistische Reform der deutschen Schulen im wesentlichen abgeschlossen. Zu diesem Zeitpunkt war das Buch, das ein Hauptcharakteristikum des mittelalterlichen Schulbetriebs gewesen war, das Doctrinale des Alexander de Villa Dei, fast überall außer Gebrauch gekommen und durch neue, am antiken Latein orientierte Grammatiken ersetzt worden[13], wurden Terenz, Vergil, Horaz, Cicero, Hieronymus, das lateinische Neue Testament und die Briefe des Aeneas Silvius Piccolomini gelesen, und fast überall war das Griechische zum Schulfach geworden.

Die Reformation verursachte einen tiefen Einschnitt in der Geschichte des deutschen Schulwesens. In den Staaten, die sich der neuen Lehre anschlossen, brachen mit der alten Kirche auch ihre Schulen und Universitäten zusammen. Die mühsame Aufgabe des Wiederaufbaus fiel in den Jahren nach 1520 zum Teil den Landesfürsten, zum Teil den Magistraten der Städte zu, wobei die Mittel hierfür den eingezogenen Kirchengütern entnommen wurden. Luther äußerte sich in seinen Sendbriefen mehrmals zu Schul- und Hochschulfragen, zum eigentlichen Reformator des Bildungswesens im protestantischen Deutschland wurde jedoch Luthers Wittenberger Kollege Philipp Melanchthon (1497–1560), der überall zu Rat gezogen wurde, wenn es galt, den Unterricht an einer Universität neu zu organisieren oder das Schulwesen einer Stadt zu ordnen. Er erteilte gerne Rat und wußte die Verwirklichung seiner Ratschläge dadurch zu fördern, daß er einen seiner vielen Schüler als Professor oder als Schulleiter empfahl.[14] Diesem Wirken Melanchthons ist es zu verdanken, daß das Bildungswesen in den deutschen Staaten, die sich der Reformation angeschlossen hatten, einheitlich geprägt wurde und daß diese Prägung humanistisch war.[15]

Schon Luther betonte die große Bedeutung der Sprachen, die für ein rechtes Verständnis von Gottes Wort erforderlich sind, also des Griechischen, des Hebräischen und des Lateinischen.[16] Der Unterricht in diesen Sprachen sollte darum in den neuen Gelehrtenschulen, die vor allem den Nachwuchs für das Pfarramt auszubilden hatten, im Mittelpunkt stehen. Tatsächlich aber waren die meisten neuen

---

13 Vgl. unten S. 210 ff.

14 Als Schulgründungen unter dem direkten Einfluß Melanchthons sind besonders zu erwähnen die Gymnasien in Magdeburg, Eisleben und Nürnberg; vgl. Paulsen I 276–278.

15 Auszüge aus Melanchthons Schrift De corrigendis adolescentiae studiis (1518) bei Heusinger 83–86.

16 An den Christlichen Adel deutscher Nation, Kap. 25 (1520). Werke 6. Weimar 1888, 452–462; An die Bürgermeister und Ratsherren aller Städte deutschen Landes, daß sie christliche Schulen aufrichten und halten sollen (1524). Werke 15. Weimar 1899, 36–43 (Auszug auch bei Ballauf-Schaller II 28–30).

Schulen wieder in erster Linie Lateinschulen, und zwar humanistische Lateinschulen, in denen die aktive Beherrschung des klassischen Latein das wichtigste Unterrichtsziel war. Zwar wurde der Unterweisung im Glauben und der Beteiligung am Gemeindeleben ein noch höherer Rang eingeräumt, aber der Schulalltag war doch in erster Linie vom Lateinunterricht geprägt. Auch die Lektüre der Autoren, des Terenz[17], Ciceros, der römischen Historiker und Vergils, war dem Unterrichtsziel untergeordnet. Sie lieferten Exempla für guten lateinischen Prosastil und für poetische Ausdrucksmittel; die Gehalte ihrer Werke waren nur insofern von Bedeutung, als sie Stoff für schriftliche und mündliche Übungen in den verschiedenen prosaischen und poetischen Genera, für Deklamationen oder Schulaufführungen bieten konnten. Latein war nicht nur Unterrichtssprache, sondern, wie in den mittelalterlichen Schulen, die einzige in der Schule zugelassene Verkehrssprache. Auch der Unterricht in den beiden anderen Fächern des Triviums, der Dialektik und der Rhetorik, die jetzt wieder einen gesicherten Platz im Unterricht zumindest der größeren Schulen erhielten, erfolgte in lateinischer Sprache. Er diente dem gleichen Zweck wie der Sprachunterricht in engerem Sinne, nämlich der Ausbildung der Fähigkeit des Schülers, sich in Wort und Schrift grammatisch korrekt, logisch schlüssig und formvollendet in lateinischer Sprache auszudrücken.[18] Diese Zielsetzung ist verständlich, wenn man bedenkt, daß an den Universitäten die Unterrichtssprache weiterhin lateinisch war. Allerdings bildeten die Universitäten in erster Linie Pfarrer aus, deren Aufgabe es war, einer Kirche zu dienen, in der sich Liturgie, Predigt und Seelsorge auf deutsch vollzogen. Der Gebrauch des Lateinischen beschränkte sich in den Ländern der Reformation auf eine pädagogische Provinz, die Schule und Universität umfaßte und sich in einer rein deutschsprachigen Umgebung befand. Die Diskrepanz zwischen dem, was an Schule und Universität gelehrt wurde, und den Anforderungen der Lebenswirklichkeit, die sich dem modernen Betrachter so stark aufdrängt, wurde von Melanchthon und seinen Zeitgenossen noch nicht bemerkt. Das mag daraus zu erklären sein, daß sie noch fest in der gelehrten Tradition des lateinischen Mittelalters standen. Schwer erklärlich mag freilich scheinen, daß die evangelische Lateinschule in ihrer damals geschaffenen Form mehr als zwei Jahrhunderte lang bestehen blieb. Doch offenbar hat sie mindestens bis zum Anfang des 18. Jahrhunderts ihre Aufgabe so gut erfüllt, daß keine Notwendigkeit zu Reformen bestand.

Dem Griechischen, das die Reformatoren als Sprache des Neuen Testaments hoch schätzten, kam im Schulalltag nur eine bescheidene Rolle zu. Viele Schulen konnten nur die Anfangsgründe vermitteln, einige drangen auch bis zur Lektüre vor. In diesen Fällen war das Ziel des Griechischunterrichts das gleiche wie das des Latein-

---

17 Wer heute Terenz als Autor für die Anfangslektüre vorschlägt, kann sich auf Erasmus und die Schultradition des 16. Jh. berufen: Happ, E.: Terenz statt Cäsar als Anfangslektüre. In: Probata – Probanda. Sammlung Dialog Schule–Wissenschaft VII. München 1974, 168–188. Vgl. auch Francke, O.: Terenz und die lateinische Schulcomoedie in Deutschland. Weimar 1877 (ND 1972).

18 J. Sturm, der publizistisch gewandte Leiter der Straßburger Schule, von dessen Unterrichtsorganisation auch die Jesuiten manches übernahmen, prägte die Formel, die das Unterrichtsziel der protestantischen Lateinschule treffend bezeichnet: „Propositum a nobis est sapientem atque eloquentem pietatem finem esse studiorum" (De litterarum ludis recte aperiendis, 1583, bei: Vormbaum, R.: Evangelische Schulordnungen I. Gütersloh 1860, 635; ein Auszug aus der Schrift auch bei Ballauf-Schaller II 84–86).

unterrichts, nämlich Imitatio des Stils der besten Schriftsteller. Demosthenes nahm hier den gleichen Rang ein wie Cicero bei den römischen Prosaikern, jedenfalls für die Verfasser der Schulordnungen. In der Schulwirklichkeit mochte es oft genug beim Äsop bleiben. Auch die Rolle des Hebräischen war viel geringer, als es nach der Wertschätzung dieser Sprache durch die Reformatoren eigentlich zu erwarten gewesen wäre.

In den katholisch gebliebenen Teilen Deutschlands erfolgte die Reorganisation des Schulwesens vor allem durch den Jesuitenorden, dessen Kollegs in der zweiten Hälfte des 16. Jahrhunderts im Süden und Westen des Landes in großer Zahl entstanden. Die unteren Abteilungen dieser Kollegs (Studia inferiora) entsprachen den Lateinschulen, während die oberen Abteilungen (Studia superiora) den Stoff der Artistenfakultät vermittelten.

Die ältesten dieser Schulen waren die in Ingolstadt und Köln (1556), in München (1560) und in Dillingen (1563). Ziele und Inhalte des Unterrichts der unteren Abteilungen waren grundsätzlich die gleichen wie die der protestantischen Lateinschulen. Außer in der konfessionellen Ausrichtung bestand der Unterschied vor allem darin, daß der Unterricht in den Jesuitenschulen besser organisiert war, und zwar einheitlich für alle Schulen des Ordens. Die Regeln hierfür wurden in der „Ratio studiorum" von 1599 festgelegt. Der dort beschriebene fünfklassige Aufbau der Schule (Grammatica infima, media, suprema; Humanitas; Rhetorica) und die dort genannten Lehrbücher und Methoden blieben für Jahrhunderte maßgebend.[19]

Auf die gute Organisation, aber auch auf die gute Ausbildung und die psychologische Geschicklichkeit der Lehrer wird man die größere Effizienz der Jesuitenschulen zurückzuführen haben, deren jährliche Festakte mit Preisverleihungen an die erfolgreichsten Rhetoren und Poeten unter den Schülern und deren dramatische Aufführungen in lateinischer Sprache gesellschaftliche Ereignisse für die ganze Stadt darstellten. Nur wenige protestantische Schulen, etwa die der großen Städte, die von den Landesherren besonders geförderten sächsischen Fürstenschulen oder die württembergischen Stiftsschulen, dürften vergleichbare Unterrichtserfolge erzielt haben. Man darf auch nicht vergessen, daß im katholischen Bereich die Motivation zum Erlernen des Lateinischen stärker war und lange stärker blieb als im evangelischen. Denn Latein war hier nicht nur die Sprache der Gelehrsamkeit, sondern auch und vor allem die Sprache der Kirche.

Die frühe Neuzeit (1600–1750)

Das 17. Jahrhundert brachte einen schweren Niedergang der deutschen Lateinschulen ebenso wie der humanistischen Studien an den deutschen Universitäten. Dies war zum Teil eine Folge der furchtbaren Verheerungen, die der Dreißigjährige Krieg in weiten Teilen des Landes verursachte. Es lag aber auch daran, daß das Interesse an den klassischen Autoren nachließ und sich anderen Dingen zuwandte. Überall in Europa lösten sich die nationalen Kulturen von der humanistischen Tradition und begannen, sich der Muttersprache zu bedienen. Wie in anderen Ländern entstand jetzt in Deutschland eine Literatur in der Muttersprache, die der neulateinischen Literatur gleichrangig war. Das Lateinische trat auch als internationales Kommunikationsmittel zurück. Dieses Jahrhundert war die Zeit des Aufstiegs der

---

19   Vgl. Ballauf-Schaller II 90–101.

französischen Sprache zu universaler Geltung. Es war zugleich die Zeit der Entstehung der modernen Philosophie und der Entwicklung der Naturwissenschaften. Die ersten bedeutenden Vertreter der neuen Wissenschaften waren der humanistischen Kultur des vorigen Jahrhunderts, der lateinischen Poesie und Eloquenz, ebensowenig freundlich gesonnen wie der aristotelischen Philosophie und der dogmatischen Theologie aller Konfessionen. Auch in der Wissenschaft verlor das Lateinische seine beherrschende Stellung. Descartes schrieb 1637 seinen „Discours de la methode", mit dem die moderne Philosophie begann, in seiner Muttersprache. Leibniz trat gegen Ende des Jahrhunderts dafür ein, Deutsch zur Sprache der Wissenschaft in Deutschland zu machen, schrieb selbst allerdings noch zumeist lateinisch oder französisch. Seine Schüler Thomasius und Wolff begannen in den letzten Jahren des Jahrhunderts ihre Vorlesungen in Halle und Leipzig auf deutsch zu halten und in deutscher Sprache zu publizieren. In den gleichen Jahren überstieg erstmalig und zugleich endgültig auf der Leipziger Buchmesse die Zahl der deutschen die der lateinischen Veröffentlichungen. Um 1750 erschienen schon sieben Zehntel und um 1800 fast neun Zehntel aller Bücher in deutscher Sprache. An diesen Zahlen läßt sich ablesen, wie sehr das Lateinische in dieser Zeit seine bisherige Funktion zu verlieren begann. Diese Entwicklung war freilich im katholischen Bereich weniger fühlbar als im evangelischen, wo das Lateinische schon seit Melanchthons Zeiten nur noch die Sprache der Gelehrten gewesen war.

Im 17. Jahrhundert entwickelten sich die Anfänge einer neuen Pädagogik, die andere Wege gehen wollte als die humanistische Lateinschule. Im Jahre 1612 legte Wolfgang Ratichius (Ratke, 1571–1635) dem deutschen Reichstag ein Programm für eine Reform des Bildungswesens vor, durch dessen Realisierung er sogar die konfessionelle und politische Spaltung des Reiches überwinden zu können meinte. Er forderte, den Schulunterricht mit einer gründlichen Erlernung der Muttersprache und ihrer Grammatik zu beginnen und den Lateinunterricht erst nach einigen Jahren einsetzen zu lassen. Als Anfangs- und Hauptlektüre sah Ratichius die Komödien des Terenz vor, die mehrmals durchgearbeitet werden sollten. Für das Griechische und das Hebräische legte er das Neue und das Alte Testament zugrunde. Von diesen Vorstellungen ist damals nur wenig realisiert worden[20], aber viele seiner Gedanken sind grundlegend für die moderne Erziehungswissenschaft geworden.

Johann Amos Comenius (Komensky, 1592–1670), Prediger und Bischof der Mährischen Brüder, entwarf für die Schulen seiner Glaubensgemeinschaft eine „Große Unterrichtslehre" (Didactica Magna, 1657), in der er, besonders im Bereich des Sprachunterrichts, Gedanken des Ratichius aufnahm und weiterführte. Auch für ihn stand der muttersprachliche Unterricht am Anfang, gefolgt von den Fremdsprachen, die der einzelne Schüler in seinem späteren Leben benötigte, nämlich die Sprachen der benachbarten Völker, für die künftigen Gelehrten auch Latein, für einige von ihnen auch Griechisch, Hebräisch und Arabisch.

Comenius, der mit puritanischer Strenge auf die religiöse und sittliche Erziehung der Jugend achtete, verbannte die meisten antiken Schriftsteller aus seiner Schule.[21] Er schrieb selbst ein

---

20 Auszüge aus den Lehrordnungen für die Schule in Köthen (1619) bei Heusinger 98–107, Ballauf-Schaller II 154–156.

21 Auszüge aus der Didactica Magna bei Heusinger 107–114, Ballauf-Schaller II 171–184.

lateinisches Unterrichtswerk, das aus den drei Bänden „Vestibulum", „Janua" und „Palatium" bestand und das zugleich Weltkenntnis und Sprachkenntnis vermitteln sollte. Am bekanntesten wurde der jahrhundertelang als Lehr- und Lesebuch benutzte „Orbis sensualium pictus" (1658), eine verbesserte und illustrierte Fassung der „Janua", die in realistischen, zum Teil auch allegorischen Bildern, versehen mit lateinischen und deutschen Bezeichnungen alles Dargestellten, einen umfassenden Überblick über die Welt und ihre Dinge, über Berufe, Stände und Religionen, über Tugenden und Laster bot, alles dies eingeordnet in ein geschlossenes Bild einer Welt, die unter Gottes Herrschaft steht.[22]

Gegen Anfang des 18. Jahrhunderts schien, zumindest im evangelischen Norden und Osten Deutschlands, das endgültige Verschwinden der alten Lateinschule und ihre Ersetzung durch neue Schulformen nur noch eine Frage der Zeit zu sein. Denn es gab genug Fächer, für deren Aufnahme in den Lehrplan auf Kosten des Lateinischen sich gute Gründe anführen ließen: Beredsamkeit und Poesie in der Muttersprache, Mathematik und Physik, Französisch, Italienisch und Englisch, Geschichte und Geographie, dazu für den Adel Tanzen, Reiten und Fechten ebenso wie Staatsverwaltung und Finanzen. Es schien an der Zeit, die Herrschaft der „Humaniora" abzulösen durch die der neuen Fächer, die je nach Adressatenkreis, inhaltlicher Füllung und Kombination „Galantiora" oder „Realia" genannt zu werden pflegten. Das 18. Jahrhundert war bestimmt vom langsamen Vordringen dieser neuen Fächer und von Schulformen, bei denen sie im Mittelpunkt standen.

Neuhumanisten und Philanthropen (1750—1808)

Zu Anfang des 18. Jahrhunderts befanden sich die klassischen Studien an den deutschen Universitäten und an den Lateinschulen der protestantischen Staaten in einem traurigen Zustand. Zwei Männer waren es vor allem, die durch ihr Wirken die alten Sprachen und Literaturen wieder ins allgemeine Bewußtsein hoben: Johann Matthias Gesner (1691—1761) und Christian Gottlob Heyne (1729—1808), die Erneuerer der klassischen Studien in Deutschland. Ihre große Wirkung aber war nur möglich, weil das deutsche Bürgertum zu jener Zeit bereit war, ihre Gedanken aufzunehmen. Über die Gründe dieser Aufnahmebereitschaft kann man nur Vermutungen äußern.

Wohl mit Recht wird hierbei dem Pietismus eine wichtige anregende Kraft zugesprochen, jener Erneuerungsbewegung, die im 17. und im 18. Jahrhundert die evangelische Kirche in Deutschland aus ihrer orthodoxen Erstarrung befreite. Die Pflege des individuellen religiösen Fühlens und Denkens in den pietistischen Gemeinschaften trug einerseits viel zur Entwicklung eines neuen geistigen Lebens im deutschen Bürgertum bei, andererseits beengten diese Gemeinschaften, die über das Innenleben jedes Mitglieds strenge Aufsicht führten, die freie Entfaltung dieses Fühlens und Denkens oft in unerträglicher Weise. Wer sich aus diesen Beschränkungen befreien wollte, konnte Vorbilder für eine solche Befreiung weder bei Pietisten noch bei orthodoxen Lutheranern finden. Vorbilder boten allein die Griechen.

Daß in dieser Situation gerade die Griechen zu Vorbildern werden konnten, dürfte seine Ursachen in der Geistesgeschichte der westeuropäischen Länder haben. In Frankreich begann nach einer Epoche, in der man Vergil mehr als Homer und die Dichter des Zeitalters Ludwigs XIV. mehr als Vergil geschätzt hatte, eine Rückbesinnung auf die Griechen als Schöpfer vollendeter Werke in Literatur und bildender Kunst, die auch dazu führte, daß das Interesse an der griechi-

---

22 Comenius, J.A.: Orbis sensualium pictus. Nachdruck der Ausgabe Nürnberg 1658 mit einem Nachwort von H. Höfener. Dortmund 1978.

schen Sprache wieder zunahm. In England, wo schon seit der Renaissance das Griechische stärker gepflegt worden war als auf dem Kontinent, war damals die Zeit, in der man das Genie, die große schöpferische Persönlichkeit, verehrte und zu Homer aufblickte, dem ersten großen Dichter des Abendlandes, der, wie es damals scheinen mußte, gleichsam aus dem Nichts ein unübertrefflich großes Werk geschaffen hatte. Damals schrieb gleichzeitig Shaftesbury seine Ästhetik, Pope seine Homerübersetzung und wirkte Bentley, der erste bedeutende Philologe Englands. Auch in den Niederlanden erwachte zu jener Zeit dank des Wirkens von Tiberius Hemsterhuys das Interesse an griechischer Sprache und Literatur.[23]

Gesner war Rektor der Thomasschule in Leipzig und dann Professor an der neugegründeten Göttinger Universität. Er vermittelte allen, die an Schule und Universität mit ihm in Berührung kamen, ein neues Verhältnis zu den antiken Autoren. Für ihn waren sie nicht mehr nur Vorbilder für die Imitation des Stils oder Fundgrube für antiquarische Gelehrsamkeit; er wollte vielmehr, daß seine Schüler und Studenten die Werke der Alten auch um ihrer selbst willen lasen, um sie zu genießen, Charakter und Geschmack an ihnen zu bilden und sich von ihnen zu schöpferischer Tätigkeit in der eigenen Sprache und den eigenen literarischen Formen anregen zu lassen. Hierfür war es allerdings erforderlich, daß sie nicht nur in der Weise der Philologen bei der einzelnen Stelle, ihren Problemen und ihren Schönheiten verweilten, sondern auch die Werke der Alten als Ganzes auf sich wirken ließen. So empfahl Gesner, ganz gegen die Tradition seines Faches, die kursorische Lektüre, die dem Leser einen Überblick über die gelesene Schrift in ihrer Gesamtheit verschaffte.

Nachfolger Gesners in Göttingen war Heyne, der mit großem Erfolg in die gleiche Richtung wirkte und der es erreichte, daß die griechische Dichtung ins allgemeine Bewußtsein drang als etwas, das jeden anging, weil hier die Grundfragen des menschlichen Lebens in vollendeter Form behandelt wurden. Die meisten Neuhumanisten der folgenden Generation sind Heynes Schüler gewesen. Erleichtert und beflügelt wurde Heynes Wirken dadurch, daß auch aus anderen Gründen das Interesse an griechischer Dichtung und bildender Kunst immer stärker wurde.

Im Jahre 1748 trat Klopstock mit seinem „Messias", dem ersten deutschen Hexameterepos, an die Öffentlichkeit. Etwa gleichzeitig erschienen seine ersten lyrischen Gedichte in antiken Versmaßen. Diese Werke wurden vom deutschen Publikum mit einer unvorstellbaren Begeisterung aufgenommen. Man sah, daß auch in deutscher Sprache hohe Dichtung möglich war, die sich in die Tradition der Griechen und Römer stellte. Dies vermehrte das Interesse an den Originalen.

Im Jahre 1756 verstand es Winckelmann, durch seine „Gedanken über die Nachahmung der griechischen Werke in der Malerei und Bildhauerkunst" die Aufmerksamkeit nicht nur Deutschlands, sondern ganz Europas auf die griechische Kunst zu lenken. Das Einfache und Natürliche, zu dem zurückzukehren Rousseau in seiner Preisschrift von 1750 die Europäer aufgerufen hatte, war, wie Winckelmann jetzt zeigte, bei den Griechen zu finden, dem Volk, das der Natur am nächsten gestanden hatte. Wenn es galt, zur Natur zurückzukehren, dann konnte dies allein durch die Nachahmung der Griechen geschehen.

Nur vor dem Hintergrund, der durch die Nennung der Namen Klopstock und Winckelmann angedeutet ist, wird man den Enthusiasmus verstehen können, mit dem sich die Deutschen, besonders im protestantischen Bereich, den großen Werken der griechischen Kunst und Literatur zuwandten. Dabei darf man nicht vergessen, wie wenig um 1750 von der griechischen Kunst bekannt war. Man kannte vor allem die geschnittenen Steine und einzelne Plastiken, die oft späten Epochen entstammten. Besser bekannt waren die Dichter, vor allem Homer,

---

23 Über die Ausbreitung der Kenntnis und Wertschätzung Homers vgl. Finsler, G.: Homer in der Neuzeit von Dante bis Goethe. Leipzig-Berlin 1912.

Pindar und die drei Tragiker, die allerdings von den wenigsten im Original, sondern meist in lateinischen oder französischen Übersetzungen gelesen wurden. Das Griechenbild der damaligen Zeit war also recht unscharf, was die Begeisterung freilich nicht beeinträchtigte, sie sogar eher noch steigerte.

Bis der Enthusiasmus für die Griechen auch Auswirkungen auf das Schulwesen hatte, mußte viel Zeit vergehen. Zunächst bestand die alte Lateinschule weiter, wenn sich auch im Einflußbereich Göttingens, später auch in Preußen und Sachsen der Lateinunterricht mit neuem Leben zu füllen begann und der Griechischunterricht an Bedeutung zunahm.

Interessant ist es, zu verfolgen, wie langsam sich die neuhumanistischen Tendenzen in der Schule durchsetzten. Gesner empfahl in der Braunschweigisch-Lüneburgischen Schulordnung von 1737[24] als lateinische Prosaiker Phaedrus, Eutropius, Iustinus, Nepos, Caesar, Cicero, den jüngeren Plinius, Terenz (als Prosaiker!), Livius und Quintilian, als Dichter Ovid, Vergil und Horaz, für die Anfangslektüre das Neue Testament. Dies war ein umfangreicher Kanon, in dem zwar schon die neulateinischen Autoren fehlten, der aber im übrigen noch althumanistischen Charakter hatte. Ähnliches galt für den Kanon der griechischen Lektüre, der allerdings bescheidener blieb. Zunächst sollten große Teile des Neuen Testaments gelesen werden, dann ausführlich Xenophon und etwas aus den attischen Rednern, vor allem aus Isokrates. Den Höhepunkt bildeten Homer, Hesiod und Theognis. Zur Ergänzung entwarf Gesner eine griechische Chrestomathie mit einer Auswahl größerer Abschnitte aus verschiedenen Prosaschriftstellern.

In Johann August Ernestis Schulordnung von 1773 für die sächsischen Fürstenschulen wurden etwa die gleichen Autoren genannt, doch traten im Lateinischen Sueton, Sallust und Tacitus hinzu, im Griechischen Platon, Sophokles und Euripides.[25] Damit wurde ein erster Schritt in Richtung auf eine Erneuerung des Lektürekanons vollzogen. Dieser Prozeß war dann abgeschlossen, als im Lateinischen die späten Historiker Eutropius und Iustinus nicht mehr gelesen wurden und in beiden Alten Sprachen nicht mehr das Neue Testament.

Als weiteres Beispiel für die Langsamkeit, mit der sich der Wandel im Lateinunterricht vollzog, möge Friedrich Gedikes weitverbreitetes Lateinisches Lesebuch aus dem Jahre 1781 dienen, das bis weit ins 19. Jahrhundert benutzt wurde. Nach Einzelsätzen folgen hier Fabeln, Anekdoten aus der alten Geschichte, viele Lesestücke über das Tierreich und andere Naturphänomene sowie ein knapper Überblick über die griechische Mythologie.[26] Man sieht an diesem Lesebuch, daß das Fach Latein zur damaligen Zeit ein Universalfach war, das in der Weise des Orbis pictus in großem Umfang auch naturkundliche Informationen zu vermitteln hatte. Auffällig ist ferner, wie sehr Gedike in diesem Buch, das mehr von Tieren als von Menschen handelte, bereit war, auf die kindliche Psyche einzugehen. Hier zeigt sich der Einfluß der pädagogischen Bewegung des Philanthropismus, der im 18. Jahrhundert eine starke Wirksamkeit entfaltete und zeitweise in der gleichen Richtung wirkte wie der Neuhumanismus, später auch bisweilen mit ihm in Konflikt geriet.

Die Philanthropen waren von der rationalistischen Philosophie der Aufklärung geprägt. Für sie war es das Ziel der Schule, die im Menschen angelegte Vernunft und seine übrigen Kräfte auszubilden und ihn zu einem tugendhaften, glücklichen und zugleich nützlichen Mitglied des Staates zu machen. Demokratische Gedanken fehlten dabei zumeist noch ganz. Leitbild der Erziehung war nicht der Staatsbürger, sondern der aufgeklärte Untertan eines gleichfalls aufgeklärten Fürsten.

---

24 Auszüge bei Heusinger 133–150.

25 Ernesti, J.A.: Erneuerte Schulordnung für die Chursächsischen drey Fürsten- und Landesschulen Meißen, Grimma und Pforta (1773), bei Heusinger 152–158.

26 Gedike, F.: Lateinisches Lesebuch für die ersten Anfänger nebst den Anfangsgründen der Grammatik. Berlin 1824[19].

Auch die Gedanken Rousseaus haben einen starken Einfluß auf die Philanthropen ausgeübt. Hauptvertreter dieser Richtung waren Johann Bernhard Basedow (1724–90), Ernst Christian Trapp (1745–1818) und Johann Heinrich Campe (1746–1818). Basedow hatte – beeinflußt von Gesner – eine Methodik des Lateinunterrichts 1752 in Kiel als Magisterdissertation eingereicht; in ihr entwickelte er die natürliche Sprachlernmethode, von der die philanthropische Didaktik ihren Ausgang nahm.

Ziel der Philanthropen war eine Reform der Schule im Sinne einer Rückkehr zu ursprünglichen, einfachen, natürlichen und darum vernünftigen Erziehungsgrundsätzen. Träger der Reform sollte der aufgeklärte Staat sein. Im Unterricht sollten nicht mehr das Lateinische und die konfessionell gebundene Religionslehre im Mittelpunkt stehen, vielmehr sollten den Schülern „gemeinnützige Kenntnisse" auf eine ihrer Altersstufe gemäße Weise vermittelt werden.

Darüber, ob die Alten Sprachen zu diesen gemeinnützigen Kenntnissen gehörten und darum ihren bisherigen Platz im Lehrplan behaupten sollten oder nicht, entspann sich insbesondere zwischen Trapp und einigen Verteidigern des altsprachlichen Unterrichts, vor allem Gedike, eine lebhafte Kontroverse.[27] Trapp bestritt des gemeinnützigen Charakter des altsprachlichen Unterrichts und wollte ihn darum nur wenigen literarisch besonders interessierten Schülern zumuten, während Gedike seinen „großen formellen Nutzen für die Ausbildung aller Seelenfähigkeiten" hervorhob.[28] Trapp konnte dieses Argument mit dem Hinweis darauf widerlegen, daß es nicht möglich sei, die formelle von der materiellen Bildung zu trennen.[29] Einigkeit bestand freilich zwischen Trapp und Gedike darüber, daß die neuen Fächer, die Realien, in den Unterricht aufzunehmen seien, daß der Lateinunterricht methodisch verbessert werden müsse, damit sich die gewünschten Ergebnisse in kürzerer Zeit erreichen ließen, und daß für die Kinder, die keine gelehrten Berufe anstrebten, Bürgerschulen ohne Latein geschaffen werden müßten.

Die pädagogischen Ideen der Neuhumanisten unterschieden sich anfangs von denen der Philanthropen nicht sehr stark. Schon Gesner entwickelte ein Programm, nach dem die gelehrte Bildung, in deren Mittelpunkt die beiden Alten Sprachen stehen sollten, die höchste Stufe eines horizontal gegliederten allgemeinen Schulwesens bilden sollte, dessen unterste Stufe der gemeinsamen Bildung der Kinder aller Volksschichten dienen sollte und in dessen mittlerer Stufe die künftigen Gelehrten mit den künftigen Offizieren und Beamten vereinigt sein sollten. Auch für eine gute Ausbildung der Lehrer setzte sich Gesner ein. Im Jahre 1738 gründete er in Göttingen das erste philologische Seminar. Diese Institution sollte die Studenten der Theologie so ausbilden, daß sie auch bei einer späteren Tätigkeit im Lehramt ihre Aufgabe angemessen wahrnehmen konnten. Hierbei ging es ihm ausdrücklich darum, keine Philologen auszubilden, sondern Lehrer, und zwar solche, die alle Fächer unterrichten konnten, was bei dem geringen Umfang des

---

27 Trapp, E.C.: Über das Studium der alten classischen Schriftsteller und ihre Sprachen in pädagogischer Hinsicht. In: Campe, J.H.: Allgemeine Revision des gesammten Schul- und Erziehungswesens, 7. Wolfenbüttel 1787, 309–553 (mit zahlreichen beigefügten Anmerkungen anderer Zeitgenossen). Hierzu Sünkel, W.: Zur Entstehung der Pädagogik in Deutschland. Studien über die philanthropische Erziehungsrevision. Habilitationsschrift Münster 1970, 143–188.

28 Gedike bei Trapp 7, 533 f.; vgl. auch Trapp, Über Unterricht in Sprachen, ebendort 11, 1788, bes. 90–196.

29 Trapp (s.o. Anm. 27) 7, 534–542. Zur formalen Bildung vgl. unten S. 28, 34, 38 f., 70 ff.

Stoffes damals noch möglich war. Im Philologischen Seminar sollten die künftigen Lehrer sowohl das erforderliche Fachwissen erhalten als auch sich durch Unterrichtsversuche auf die Schulpraxis vorbereiten.[30] Gesners Nachfolger Heyne vernachlässigte ebenfalls über seiner erfolgreichen Tätigkeit als Philologe nicht seine Aufgabe, die Studenten auf ihren Beruf als Lehrer vorzubereiten.

Erst Friedrich August Wolf (1759–1824), der ein Schüler Heynes gewesen war, vollzog die entschiedene Abwendung von der pädagogischen Praxis und die ausschließliche Zuwendung zur Fachwissenschaft, die bestimmend für die Ausbildung der deutschen Gymnasiallehrer des 19. Jahrhunderts werden sollte. Als er 1783 die Nachfolge Trapps auf dem pädagogischen Lehrstuhl der Universität Halle angetreten hatte, beschränkte er seine Tätigkeit konsequent auf die Klassische Philologie. Im Jahre 1788 wies er in einem Schreiben an das preußische Oberschulkollegium dessen Ansinnen weit von sich, er solle seine Studenten nicht nur zu „großen Philologen", sondern auch zu „geschickten Schulmännern" bilden. In der Philologie hat Wolf Beachtliches geleistet, und er gilt mit Recht als Stifter eines wissenschaftlich gebildeten Gymnasiallehrerstandes, der sich den alten Ständen der Theologen, Juristen und Mediziner gleichberechtigt zugesellte. Wir dürfen aber nicht vergessen, daß Wolfs Entscheidung für die Philologie zugleich eine Entscheidung gegen die Pädagogik gewesen ist. Diese Entscheidung mag letztlich die Ursache dafür sein, daß die deutschen Gymnasiallehrer des 19. Jahrhunderts von den beiden Rollen, die im Lehrerberuf vereinigt sind, der des Fachwissenschaftlers und der des Pädagogen, in vielen Fällen der letztgenannten, weniger gut gerecht geworden sind als der erstgenannten.[31]

Trotz seiner Absage an die Pädagogik hat Wolf sich oft und sachverständig zu Schulfragen geäußert. Dabei unterschieden sich viele seiner Aussagen wenig von denen seiner philanthropischen Zeitgenossen, und von denen mancher Neuhumanisten hoben sie sich durch eine realistische Einschätzung der Möglichkeiten des altsprachlichen Unterrichts erfreulich ab. Der besondere Wert des Studiums der griechischen Kultur war für ihn nicht darin begründet, daß dieses Volk etwa eine größere Vollkommenheit besessen hätte als andere, sondern darin, daß es das Glück hatte, seine Kultur unbeeinflußt von außen organisch entwickeln zu können, während alle anderen Nationen stärker äußeren Einflüssen ausgesetzt waren. Wolf betonte auch den Wert des Sprachunterrichts für die Entwicklung der Geisteskräfte des Schülers. Dies gelte insbesondere für die Alten Sprachen. Anders als die einander so ähnlichen modernen Sprachen verspreche „die größere Schwierigkeit einer alten Sprache, die auf eine fremde Welt von Ideen und Bezeichnungen hinweist, ... auch im allgemeinen unsere Mühe reichlicher zu lohnen."[32] Wie die Philanthropen und Gesner wandte sich Wolf dagegen, daß alle Schüler oder auch nur alle Gymnasiasten Latein und Griechisch lernen sollten. Der Griechischunterricht sollte allein für die künftigen Theologen und Philologen obligatorisch sein und im übrigen nur den begabtesten und fleißigsten Schülern zur Belohnung für ihre Leistungen erlaubt werden. Durch unterschiedliche Schulformen sollten die unterschiedlichen Interessen der Schü-

---

30 Hierzu vgl. Herrlitz, H.-G.: Studium als Standesprivileg. Die Entstehung des Maturitätsproblems im 18. Jh. Frankfurt 1973, 60–65.

31 Schon Gedike stellte fest: „Die größten Philologen sind nur zu oft die unbrauchbarsten Lehrer" (bei Trapp 7, 492).

32 Wolf, F. A.: Darstellung der Altertumswissenschaft. Kleine Schriften 2. Halle 1869, 866 (auch bei Heusinger 54). Vgl. auch unten S. 74 Anm. 24.

ler berücksichtigt werden. Darum forderte Wolf die Errichtung von Realschulen und von mathematischen Zweigen an Gymnasien.[33]

Die Humboldt-Süvernsche Gymnasialreform (1809–18)

Wilhelm von Humboldt (1767–1835), der in Göttingen ein Schüler Heynes gewesen war und, bevor er in den Staatsdienst trat, jahrelang die griechische Literatur studiert hatte, äußerte sich über den Sinn einer solchen Beschäftigung mit den Griechen zum ersten Male in der Schrift „Über das Studium des Alterthums, und des griechischen insbesondre" (1793).[34] Viele seiner Zeitgenossen, etwa Goethe, Schiller, Herder, Hegel, Hölderlin und Friedrich Schlegel, haben damals ebenfalls ihre persönlichen Begründungen gegeben.[35]

Jede von ihnen unterscheidet sich in Nuancen von denen der anderen. Auf Humboldts Äußerung gehe ich deswegen näher ein, weil er unter all seinen großen Zeitgenossen derjenige gewesen ist, der den stärksten Einfluß auf die Entwicklung des deutschen Schulwesens gewinnen konnte.

Er untersucht den, wie er sagt, „formalen Nutzen" des Studiums der Kunst und Literatur des Altertums, also den persönlichen Gewinn, der dem, der sich wissenschaftlich mit dem Altertum beschäftigt, aus dieser Beschäftigung erwächst. Dieser Nutzen kann entweder ästhetisch sein, also im Kunstgenuß liegen oder in dem, was die Zeitgenossen „Bildung des Geschmacks" nannten, oder er kann historisch sein und damit zur „Bildung des Verstandes" beitragen. Auf die letztgenannte, also auf die historische Komponente, geht Humboldt besonders ein. Damit stellt er in dieser Schrift, anders als die meisten anderen Zeitgenossen, nicht die ästhetische Bildung durch die Beschäftigung mit dem Altertum in den Mittelpunkt der Betrachtung, sondern die historische. Dabei zeigt sich freilich, daß die Weise, wie er das Altertum sieht, nicht historisch im Sinne der modernen Geschichtswissenschaft ist, sondern „idealistisch".[36] Humboldts Griechenbild ist eine Synthese bestimmter Einzelzüge, die er für wesentlich hielt und die er vor allem aus den Werken der großen griechischen Dichter, insbesondere aus Homer, Pindar, Aischylos und Sophokles abstrahiert hatte.

Hierbei nimmt Humboldt einerseits, nämlich in der Hochschätzung der Naturnähe und der Naivität, Gedanken Rousseaus auf und knüpft andererseits an Winckelmann an, wenn er diese Naturnähe bei den Griechen finden will. Für ihn wie für die meisten anderen Theoretiker des Neuhumanismus ist es charakteristisch, daß fast nur von den Griechen die Rede ist und nur ganz am Rande auch von den Römern.[37] Humboldts Schrift zeigt ferner beispielhaft, wie die Neuhumanisten das Verhältnis der eigenen Kultur zu derjenigen der Griechen sahen, nämlich als Gegensatz. Heute wird ihnen gelegentlich vorgeworfen, daß sie die historische Distanz nicht beachtet und in naiver Weise eine Gleichförmigkeit (Isomorphie) beider Kulturen angenommen hätten.[38] Das Gegenteil ist richtig. Die Distanz ist ihnen nicht nur voll bewußt,

---

33   Einige Äußerungen Wolfs zur Altertumswissenschaft und zur Didaktik bei Heusinger 49–64, 158–166, Ballauf-Schaller II 494–498.

34   Werke 2, Darmstadt 1961, 1–24, bes. 18 f. (auch bei Heusinger 32–49, bes. 45 f.).

35   Hierzu vgl. Rehm, W.: Griechentum und Goethezeit. Bern-München 1968[4].

36   Dies war ihm selbst durchaus bewußt; vgl. Rezension von Goethes zweitem Römischen Aufenthalt, Werke 2, 415: „Wir sehen offenbar das Alterthum idealischer an, als es war, und wir sollen es."

37   Geschichte des Verfalls und Unterganges der griechischen Freistaaten, Werke 2, 101: „Insofern antik idealisch heisst, nehmen die Römer nur in dem Masse daran Theil, als es unmöglich ist, sie von den Griechen zu sondern."

38   Robinsohn, S.: Bildungsreform als Revision des Curriculum. Neuwied 1971[3], 19 (= Erziehung als Wissenschaft. Stuttgart 1973, 140). Vgl. dazu unten S. 44.

sondern nach ihrer Meinung trägt gerade wegen der Fremdheit, ja Gegensätzlichkeit der Kulturen die Beschäftigung mit den Griechen so viel zur Bildung bei.

Der entscheidende Gedanke Humboldts ist der, daß es den Griechen gelungen ist, von allen Völkern die Idee des Menschen am reinsten zu verwirklichen, also das, was das Leben aller Menschen bestimmen sollte und was sich in der Neuzeit wegen der Spaltung in Nationen, Konfessionen, Stände und Berufe nur schwer verwirklichen läßt. Die Griechen zu studieren, heißt darum für den modernen Menschen, zu sich selbst zu finden, zu dem, was der Mensch sein kann und muß, über alle modernen Spaltungen und Spezialisierungen hinweg. Deswegen ist das Studium der Griechen bildend. An ihnen kann der junge Mensch lernen, was es heißt, ein Mensch zu sein. In seinem späteren Leben wird er in die mannigfachen Bezüge eintreten müssen, in denen es nahezu unmöglich ist, die Idee des Menschen zu verwirklichen, wenn man nicht zuvor in den Griechen die schönste Realisierung dieser Idee kennenlernen konnte.

Im Jahre 1809 erhielt Humboldt als Sektionschef für Kultus und Unterricht im preußischen Innenministerium die Möglichkeit, seine Vorstellungen von dem, was wünschenswert sei, in praktische Maßnahmen umzusetzen. Er mußte dabei allerdings in ein Handlungsfeld eintreten, das bereits auf die verschiedenste Weise bedingt war, und zwar vor allem durch die Tradition der preußischen Schulpolitik und durch die öffentliche Diskussion über die einzuleitenden Reformen.

Seit Gründung des Oberschulkollegiums (1787) hatte sich in Preußen eine staatliche Schulpolitik herausgebildet, die gegen große Widerstände beharrlich die Schaffung eines leistungsfähigen Schulwesens erstrebte, das den Interessen des Staates entsprach. Es sollte so vielen jungen Menschen das Studium ermöglichen, wie sie der Staat als Beamte, Richter, Pfarrer, Lehrer und Ärzte benötigte, aber auch nicht so vielen, daß eine große Zahl unversorgter Akademiker die ständische Gliederung des Staates gefährdete, daß der Wirtschaft des Landes produktiv tätige Arbeitskräfte fehlten und dem Heer durch das traditionell vom Militärdienst befreiende Studium zu viele Soldaten entzogen wurden. Das Mittel, mit dem man die Zahl der Studienberechtigten zu kontrollieren hoffte, war das 1788 eingeführte Abiturientenexamen, das zwar zunächst noch keine Bedingung für die Zulassung zur Universität war, es aber werden sollte, sobald sich eine solche Maßnahme erst allgemein durchsetzen ließ.[39] Die Einführung dieser Prüfung hatte eine egalisierende Wirkung. Der Kreis der „Staatsdiener", der bisher im wesentlichen auf den Adel beschränkt gewesen war, erweitete sich jetzt so, daß er das gebildete Bürgertum mit umfaßte. Umgekehrt konnte der Adel seine bisherige Stellung nur behaupten, wenn er bereit war, sich ebenfalls zu bilden.

Humboldts Entscheidungen sind ferner nur verständlich vor dem Hintergrund der Diskussion über die Neuordnung des Schulwesens, die seit längerem geführt wurde und die sich nach dem Zusammenbruch Preußens noch intensiviert hatte. Manche Zeitgenossen waren vor allem interessiert am Ausbau des Gymnasiums als einer Schule für die schmale Schicht des Adels und des höheren Bürgertums, aus der die künftigen „Staatsdiener" hervorgehen sollten. In diesem auf ein späteres Studium vorbereitenden und darum wissenschaftspropädeutisch arbeitenden Gymnasium sollten die Alten Sprachen im Mittelpunkt stehen, doch sollte diese Schulreform durch ein gut ausgebautes Realschulwesen ergänzt werden, in dem kein Latein gelehrt werden sollte (Johannes Schulze, Niethammer). Andere wollten, wie schon

---

39 Dies ließ sich erst gegen den Widerstand des Adels im Jahre 1834 durchsetzen. Zur Einführung der Abiturientenprüfung vgl. Herrlitz (Anm. 30) 99–108; Jeismann 102–118.

Gesner, das höhere Schulwesen in ein umfassendes System der Volksbildung für alle Stände einfügen. Wenn dieser Weg eingeschlagen werden sollte, war zu entscheiden, ob die Alten Sprachen, deren wissenschaftspropädeutischer Wert auch von den Vertretern dieser Richtung betont wurde, allen Schüler zu vermitteln seien oder nur denen, die ein Studium anstrebten. Daß die Alten Sprachen nur den interessierten Schülern angeboten werden sollten, lag nahe für alle, die im Gefolge Rousseaus und Pestalozzis bereit waren, dem freien Willen und der Selbsttätigkeit der Schüler möglichst großen Spielraum zu gewähren, und die das Altertum zu hoch schätzten, als daß sie zu seinem Studium hätten zwingen mögen (Gedike, Jahn, von Massow, Schleiermacher). Wer dagegen alle Schüler mit den Alten Sprachen in Berührung bringen wollte, war so sehr vom Wert dieser Fächer überzeugt, daß er darauf vertraute, sie würden ihre segensreiche Wirkung auch auf den ausüben, der sich zunächst ohne eigene Neigung mit ihnen beschäftigte (Fichte, Passow, Jachmann). Beide Meinungen gründeten sich auf achtenswerte Überlegungen, doch dürfte die erstgenannte wohl den Bedingungen, unter denen sich schulisches Lernen erfolgreich vollzieht, besser Rechnung getragen haben als die letztgenannte stärker doktrinäre Auffassung. Schließlich wurden auch Überlegungen darüber angestellt, ob dem Griechischen der Vorrang gebühre, wie es bei der hohen Schätzung der griechischen Kultur eigentlich nahegelegen hätte, oder ob dem Lateinischen seine Vorzugsstellung und sein Platz als erste Fremdsprache belassen werden sollten. Hier neigte die Mehrheit dazu, zwar dem Griechischen stärkeres Gewicht zu geben als bisher, aber doch dem Lateinischen den Vorrang und auch den Vortritt zu lassen. Nur wenige waren bereit zu der radikalen Konsequenz, die griechische Sprache in den Mittelpunkt zu rücken und ihre Erlernung an den Anfang zu stellen (Passow, Johannes Schulze, auch Herbart).

Humboldt entwickelte seine Vorstellungen zur Gestaltung des Schulwesens vor allem in zwei Stellungnahmen zu Reformplänen, die ihm von ostpreußischen Schulträgern vorgelegt wurden.[40] Nach seiner Meinung durfte es grundsätzlich nur eine einheitliche weiterführende Schule geben. Denn jeder Unterricht auf der Stufe zwischen Elementarunterricht und Universität müsse den gleichen Zweck erfüllen, nämlich „Uebung der Fähigkeiten" und „Erwerbung der Kenntnisse, ohne welche wissenschaftliche Einsicht und Kunstfertigkeit unmöglich ist" (S. 169). Der junge Mensch sei „auf doppelte Weise, einmal mit dem Lernen selbst, dann mit dem Lernen des Lernens beschäftigt" (S. 170), nämlich mit dem Lernen von Grundkenntnissen, die stoffliche Voraussetzung weiterer Kenntnisse sind, und mit der Ausbildung und übenden Betätigung der intellektuellen Fähigkeiten, die formale Voraussetzung der wissenschaftlichen und jeder anderen Erkenntnis sind. Aus dieser Stufe des Unterrichts wollte Humboldt jede Vermittlung unmittelbar berufsbezogener Kenntnisse und Fertigkeiten verbannt wissen, ebenso wie auch aus der auf ihr aufbauenden Stufe des Universitätsunterrichts. Damit wollte er sich keinesfalls gegen berufsvorbereitende Schulen aussprechen. Er forderte vielmehr die Schaffung einer großen Zahl solcher Schulen für alle Fachrichtungen. Solche Schulen sollten jedoch zeitlich der Vermittlung der allgemeinen Bildung den Vortritt lassen. Der berufsspezifischen Vorbereitung sollte eine möglichst

---

40 Der Königsberger und der Litauische Schulplan. Werke 4, 168–195; dazu Menze, C.: Die Bildungsreform W. v. Humboldts. Hannover 1975.

lange Phase der Übung der Kräfte und der Bildung der Persönlichkeit vorangehen, und zwar grundsätzlich bei allen Schülern. Dies war eine klare Absage an die häufig vertretene Auffassung, daß entsprechend den unterschiedlichen Fähigkeiten der Schüler und den unterschiedlichen Bedürfnissen der Gesellschaft verschiedene Typen weiterführender Schulen nebeneinanderstehen müßten. Wie sehr Humboldts Gymnasium, jedenfalls der Idee nach, als die obere Stufe einer Schule für das ganze Volk konzipiert war, zeigt sein Satz, daß bei Verwendung der richtigen Methode „Griechisch gelernt zu haben . . . dem Tischler ebensowenig unnütz seyn" könnte „als Tische zu machen dem Gelehrten" (S. 189).

Bei den Inhalten des Schulunterrichts unterscheidet Humboldt drei Schwerpunkte, nämlich den gymnastischen, den ästhetischen und den didaktischen. Die Erwähnung der beiden erstgenannten Schwerpunkte läßt erkennen, daß die von ihm erstrebte Schule keine reine „Schule des Wissens" werden sollte, wie das Gymnasium des 19. Jahrhunderts es geworden ist. Er äußert sich allerdings nur zum didaktischen Schwerpunkt ausführlicher. Er untergliedert ihn in mathematischen, philosophischen (oder auch linguistischen) und historischen Unterricht und fordert, daß auch der mathematische und historische Unterricht gut ausgebaut werden müsse, damit auch derjenige, „welcher für Sprachunterricht weniger Sinn hat" (S. 174), Entfaltungsmöglichkeiten erhalte. Am bisherigen Lateinunterricht tadelt er, daß er nicht so sehr auf die Allgemeinbildung zielte als vielmehr auf die Vermittlung der auf der Universität benötigten Fähigkeit, lateinisch zu lesen, zu schreiben und zu sprechen. Das Ziel des altsprachlichen Unterrichts müsse es aber sein, die Kenntnis der Sprache in einem umfassenden, nämlich philosophischen Sinn und die Kenntnis des Altertums zu vermitteln.

Damit bezieht Humboldt den Sprachunterricht auf den höchsten Zweck der Schule, auf die allgemeine Menschenbildung. Der in der frühen Schrift so stark betonte Gedanke der historischen Bildung durch Kenntnis des Altertums tritt jetzt zurück, und er legt nunmehr den größeren Nachdruck auf den formalbildenden Wert des Sprachunterrichts. Damit nimmt er die Argumentation Gedikes wieder auf, der dem Lateinunterricht durch die Betonung seines formalbildenden Werts einen neuen Sinn zu geben suchte, faßt aber, tiefer als dieser, den Sprachunterricht als die reinste Form des philosophischen Unterrichts auf und fordert, daß der Schüler „in der bestimmten Sprache die Sprache überhaupt" (S. 173) anschauen solle. Damit postuliert er einen Sprachunterricht, der sich in Inhalten und Methoden vom herkömmlichen Unterricht zutiefst unterscheiden mußte und wie er wohl in keinem Gymnasium des 19. Jahrhunderts erteilt worden ist.[41]

Wie sehr sich Humboldts Konzeption in ihrer ausgeprägten Liberalität von der Starrheit und Enge unterschied, die für das preußische Gymnasium kennzeichnend geworden ist, wird deutlich, wenn man sich an einige seiner organisatorischen Vorschläge erinnert, die in die Realisierung keinen Eingang gefunden haben. Humboldt wollte nur die Anfangsgründe beider Alter Sprachen für alle Schüler verbindlich machen, wollte jedoch in den höheren Klassen die Wahlentscheidung für eine der beiden Sprachen ermöglichen. Auch sollten die Schüler nicht an ein

---

41 H. v. Hentig hat eine Konzeption für einen Unterricht in Latein als erster Fremdsprache vorgelegt, die dieser Forderung Humboldts zu entsprechen versucht (Platonisches Lehren I. Stuttgart 1966, 227–312). Ich halte diese Konzeption für verfehlt, weil hier ein einziges Element des komplexen Faches Latein isoliert wird. Vgl. auch unten S. 48 f. und 83.

Jahrgangsklassensystem gebunden sein, sondern je nach ihren Erfolgen in den einzelnen Fächergruppen verschieden rasch vorrücken. Ferner war es seine Absicht, das Schulwesen in ein sich entwickelndes System der kommunalen und regionalen Selbstverwaltung einzufügen und auf diese Weise sicherzustellen, daß die Schule nicht allein eine Institution des Staates blieb, sondern auch zu einer Aufgabe der Gesellschaft wurde. Dies setzte allerdings voraus, daß die Reform nicht auf das Bildungswesen beschränkt blieb, sondern auch andere Bereiche erfaßte. Hier stieß Humboldt, ebenso wie die anderen Reformer, bald an die Grenze dessen, was in einer absolutistischen Monarchie möglich war.

Humboldt blieb für die Realisierung seiner Vorstellungen wenig Zeit. Schon 1810 trat er zurück, weil er die ihm zugewiesenen Kompetenzen für unzureichend hielt. Sein enger Mitarbeiter Johann Wilhelm Süvern (1775–1829) konnte noch bis 1818 für eine Reform der preußischen Schulen in seinem Sinne wirken. Freilich veränderte sich Humboldts Konzeption unter den Händen des schulerfahrenen Süvern recht stark, und zwar in Richtung auf einen Kompromiß zwischen den Vorstellungen der Neuhumanisten und der überkommenen Form der Lateinschule. Der Lateinunterricht behielt, etwas reduziert, seine dominierende Stellung. Mathematik, Griechisch und Deutsch traten als weitere Hauptfächer hinzu mit weit höheren Stundenzahlen, als sie ihnen in der alten Lateinschule zugebilligt worden waren. Den übrigen Fächern kam nur eine bescheidene Rolle zu, was zur Folge hatte, daß sich der Unterricht auf die vier Hauptfächer konzentrieren konnte. Dabei durften die Schüler keines dieser Fächer vernachlässigen, sondern sollten im Interesse einer harmonischen Ausbildung der Kräfte in allen gleichmäßig fortschreiten. Die hohen Anforderungen in dem zu neuer Geltung gelangten Fach Griechisch waren in der Unterrichtswirklichkeit nur schwer durchzusetzen, doch bestand schon Süvern darauf, daß Dispens vom Griechischen nur in vereinzelten Fällen gewährt wurde.

Die Zeit von 1818 bis 1918

Seine endgültige Form fand das preußische Gymnasium durch Johannes Schulze (1786–1869), der seit 1818 vier Jahrzehnte an der Spitze des Gymnasialwesens dieses Staates stand und der dieser Schulform das Gepräge der Strenge und Unerbittlichkeit gegeben hat, das ihm selbst eigen war, und zwar durchaus in Übereinstimmung mit dem Geist der Zeit, der auch im Bildungswesen mehr von der Heiligen Allianz und den Karlsbader Beschlüssen bestimmt war als von den Plänen Humboldts, die für ihr Jahrhundert offenbar zu kühn gewesen waren. Schulze hat das Gymnasium zu der Leistungsschule gemacht, die es im ganzen folgenden Jahrhundert gewesen ist. Er hat seinen Anspruch, der einzige Zugang zu allen höheren Berufen zu sein, gegen alle Angriffe verteidigt. Durch ihn gewann diese Schulreform die Funktion eines Dammes gegen das Aufstiegsstreben des Bürgertums, wobei den Abituranforderungen in den Alten Sprachen eine Schlüsselrolle zukam. Die althumanistischen Fertigkeiten des Lateinschreibens und Lateinredens, die von Philanthropen und Neuhumanisten gering geachtet worden waren, kamen wieder zu hohen Ehren. Die deutsch-lateinische Übersetzung und der lateinische Abituraufsatz wurden die entscheidenden Klippen in der Abiturprüfung. Damit die hohen Anforderungen erfüllt werden konnten, mußte der Lateinunterricht straff organisiert, sein Stundenanteil erhöht werden. Dies geschah auf Kosten des Griechischen, vor allem aber des Mathematik- und des Deutschunterrichts. Das durch Humboldt und Süvern herbeigeführte Gleichgewicht zwischen den Alten Sprachen und den übrigen Fächergruppen wurde zerstört. Erst jetzt, vor allem seit dem Lehrplan von 1837[42], wurde das Gymnasium zur einseitigen Sprachenschule. Dabei wurden trotz der Senkung der Stundenzahlen im Fach Griechisch die hohen Anforderungen, die schon Wolf für überhöht gehalten hatte, nicht nur beibehalten, sondern sogar noch weiter gesteigert. Im Jahre 1856 wurde die Übersetzung ins Griechische als Abituraufgabe neu eingeführt, was zur Folge hatte, daß nunmehr auch in diesem Fach die Lektüre dem Sprachunterricht untergeordnet werden mußte. Wie Caesar und Cicero wegen ihrer sprachlichen Korrektheit zu den bevorzugten lateinischen Autoren geworden waren, so rückte jetzt Demosthenes aus dem gleichen Grund in den Mittelpunkt des Griechischunterrichts.

Wenn jetzt, entgegen den Vorstellungen vieler Neuhumanisten, dem Lateinischen nicht nur ein gleichberechtigter Platz neben dem Griechischen eingeräumt wurde, sondern es sogar den Vorrang erhielt, entstand die Notwendigkeit, eine solche Entscheidung zu begründen. Solche Begründungen wurden damals entwickelt. Nach der Weise der Geschichtsphilosophie Hegels wurde das Wesen des römischen Volksgeistes bestimmt, wurde gezeigt, daß lateinische Sprache und Literatur Ausdruck dieses besonderen Geistes seien, und dargelegt, daß die Beschäftigung mit dieser Sprache und Literatur in besonderem Maße bildend sei. Da war von „musterhafter Zucht", von „Gehorsam", von „einfachen, festen Gesinnungen und Handlungen", von „Grundsätzen der Sittlichkeit und des Staatslebens" die Rede, und es wurde bedauernd festgestellt, daß demgegenüber „der griechischen Literatur in einem bestimmten Sinne des Worts die Basis der Sittlichkeit" abgehe.[43] Die Römer wurden in dem verklärenden Licht gesehen, in dem sie selbst ihre eigene Vergangenheit sehen wollten, und diese Verklärung hatte, wie einst so auch jetzt wieder, die Funktion, die bestehende Form von Staat und Gesellschaft zu rechtfertigen. Die Griechen galten demgegenüber als Unruhestifter, und gegenüber der Alten Geschichte wurde die Befürchtung geäußert, daß sie die Jugend mit republikanischen Ideen erfüllen könne.[44]

Die Klagen über die Überbürdung der Schüler sind fast so alt wie das preußische Gymnasium, und sie sind von Anfang an berechtigt gewesen. Das Kultusministerium hielt jedoch jahrzehntelang hartnäckig an den hohen Anforderungen fest. Erst gegen Ende des Jahrhunderts begann es, den überspannten Bogen ein wenig zu lockern.

Das bayerische höhere Schulwesen nahm zunächst eine völlig andere Entwicklung als das preußische. Zwischen 1770 und 1804 konnte sich der Philanthropismus hier stärker durchsetzen als überall sonst in Deutschland. Danach bemühte

---

42 Vgl. dazu Zednik 57–61.

43 So Thaulow, G.: Die Gymnasialpädagogik im Grundrisse. Kiel 1858, 131 f. (bei Heusinger 173–177). Eine solche Argumentationsweise war offenbar nicht auf Preußen beschränkt.

44 So der preußische Justizminister v. Kamptz (Paulsen II 439). Diese Befürchtung war nicht ganz unbegründet; vgl. Trapp (Anm. 27) 7, 547: „Da die alten Schriftsteller fast alle Republikaner waren, ... kann es nicht fehlen, daß durch eine solche Lektüre der der Jugend ohnehin natürliche Freiheitssinn noch mehr geweckt und gestärkt werde."

sich seit 1808 Friedrich Immanuel Niethammer (1766–1848) theoretisch um eine Synthese zwischen dem philanthropischen und dem humanistischen Prinzip und praktisch um die Gleichstellung von Gymnasien und Realschulen, die beide in gleicher Weise zur Universität führen sollten.[45] Die neuhumanistischen Bestrebungen konnten sich in der folgenden Zeit allerdings voll durchsetzen, und zwar in reinerer Form als in Preußen. Seine bleibende Gestalt empfing das bayerische Gymnasialwesen durch Friedrich Wilhelm Thiersch (1784–1860) im Jahre 1829. Thiersch konzentrierte den Unterricht stark auf die Alten Sprachen und die Lektüre der klassischen Autoren und verteidigte diese Entscheidung ebenso gegen den Hof und katholische Kreise, denen die heidnischen Schriftsteller suspekt waren, wie gegen die Kritik Schulzes, der eine stärkere Berücksichtigung des realistischen Elements wünschte. Die griechische Bildung war für ihn nicht nur Teil des Studiums europäischer Kulturanfänge, sondern auch Öffnung zum orthodoxen europäischen Osten und Teil der angestrebten engen Bindung zwischen Bayern und Griechenland im 19. Jahrhundert.

Die sächsischen Schulen folgten den neuhumanistischen Bestrebungen nur zögernd. Die Altertumswissenschaft im Sinne Wolfs mir ihrem Anspruch, die antiken Kulturen in all ihren Lebensäußerungen zu erfassen, und die Griechenbegeisterung des Weimarer Kreises konnten in Leipzig bei dem nüchternen Gottfried Hermann nie so sehr Fuß fassen wie in Halle und Berlin. Auch an den Schulen blieb der Unterricht althumanistisch, stärker konzentriert auf die Erlernung des korrekten Sprachgebrauchs und zurückhaltender bei der Interpretation der Autoren. Das Griechische wurde in dem gleichen Umfang in den Schulunterricht aufgenommen wie in Preußen, die übrigen Fächer weniger stark berücksichtigt. Dabei blieb der einzelnen Schule und dem einzelnen Lehrer ein größerer Spielraum. Insbesondere die berühmten Fürstenschulen konnten noch lange ihre Eigenständigkeit behaupten.

Das württembergische Schulwesen blieb noch bis zur Mitte des 19. Jahrhunderts weitgehend so, wie es einst auf Anraten Melanchthons geordnet worden war. Zwar fanden in den Unterricht der Klosterschulen neuhumanistische Gedanken Eingang, aber an den vielen kleinen Lateinschulen, die auf das Landexamen und damit auf den Eintritt in die Klosterschulen vorbereiteten, gaben noch immer Schulmeister ohne philologische Ausbildung ihr Wissen, das allein in der gründlichen Beherrschung der lateinischen, der griechischen und der hebräischen Grammatik bestand, mit großer Geschicklichkeit an ihre Schüler weiter; eine althumanistische Idylle, die von durchreisenden Philologen aus anderen deutschen Staaten teils bewundert, teils belächelt wurde. Erst nach 1850 konnten sich die neuhumanistischen Tendenzen auch in Württemberg durchsetzen, und zwar in ähnlicher Form wie in Bayern und Sachsen.

Was hat das deutsche Gymnasium des 19. Jahrhunderts geleistet? Sicher hat es den Grund gelegt für die solide klassische Bildung, die der gemeinsame Besitz von Generationen deutscher Akademiker und darüber hinaus von weiten Kreisen des

---

45 Niethammer, F. I.: Philanthropinismus-Humanismus. Kleine pädagogische Texte 29. Weinheim 1968, mit einer Einleitung von W. Hillebrecht, der Niethammer besser gerecht wird als Paulsen II 232–235. Auszüge aus der Schrift bei Ballauf-Schaller II 518–523.

Bürgertums bis tief in unser Jahrhundert hinein war.[46] Sicher war allein auf der Grundlage dieser Bildung und der Institution, die sie vermittelte, die Blüte der deutschen Altertumswissenschaften im 19. und im ersten Drittel des 20. Jahrhunderts möglich, von deren Früchten wir noch heute zehren. Dies ist aber nur die eine Seite. Die andere ist es, daß Generationen von Kaufleuten, Industriellen, Technikern, Ärzten, Naturwissenschaftlern, Juristen und Lehrern anderer Fächer ihre Begegnung mit der Antike unter den Bedingungen einer Anstalt erleben mußten, in der es bei dem Übermaß an Pflichten schwer war, zu den behandelten Gegenständen eine Neigung zu entwickeln.[47] So ist das deutsche Gymnasium in seiner Wirkung ambivalent gewesen. Es hat bei vielen die Liebe zur Antike geweckt und vertieft, anderen hat es eine lebenslange Abneigung eingepflanzt. Diese Abneigung, die auch ihrerseits eine Tradition entwickelt hat und die noch heute weit verbreitet ist, muß der Lehrer der Alten Sprachen als eine Realität anerkennen und verstehen als Teil des großen, aber auch schweren Erbes, das unsere Fächer vom Gymnasium des 19. Jahrhunderts übernommen haben.

Nach allem, was wir wissen, sind die besten Leistungen in den Alten Sprachen nicht in den preußischen Gymnasien erzielt worden, sondern in den sächsischen Schulen, in denen ein freierer Geist herrschte und die in stärkerem Maße althumanistisch geblieben waren, vor allem aber dort, wo selbst nach der Angliederung an Preußen die Tradition der sächsischen Fürstenschulen noch weiterwirkte, nämlich in Schulpforta. Hier verstanden es die Lehrer besser, ihre Schüler zur Selbsttätigkeit in den altsprachlichen Fächern anzuleiten, als in den normalen preußischen Schulen, wo die Reglementierung und das übergroße Stoffpensum jede Selbsttätigkeit unmöglich machten.[48]

Neben den Gymnasien hatten die stärker auf die Bedürfnisse des Berufslebens ausgerichteten Realschulen während des ganzen 19. Jahrhunderts einen schweren Stand. Ihr Ausbau, der allgemein für nötig gehalten wurde, kam schon aus finanziellen Gründen nur langsam voran. Auch bestand ein ausgeprägtes Mißtrauen der staatlichen Stellen gegen diese Schulen des aufstrebenden Bürgertums. Die Realschulen boten zunächst keine Alten Sprachen an; doch da die preußische Verwaltung nicht bereit war, Realschulabsolventen den Eintritt in die mittlere Beamtenlaufbahn zu ermöglichen, wenn sie keine Lateinkenntnisse nachweisen konnten, und das begehrte „Einjährige", also das den Kindern der höheren Stände gewährte Vorrecht eines verkürzten Militärdienstes, ebenfalls an den Nachweis von Lateinkenntnissen gebunden blieb, ergab sich die Notwendigkeit einer höheren Realschule, die solche Kenntnisse in dem begrenzten Umfang vermittelte, den die Verwaltung für erforderlich hielt. 1832 wurde die neue Schulform, die später den Namen „Realgymnasium" tragen sollte, durch einen die Anforderungen regelnden Erlaß begründet. Ebenso wie die Stundenzahlen im Fach Latein waren auch die Anforderungen, verglichen mit denen des Gymnasiums, recht bescheiden. Es wurde keine aktive Sprachbeherrschung erstrebt, und als Schulautoren wurden anfangs nur Caesar, Ovid und Vergil genannt. Dieser Kanon wurde später um

---

46 Hierzu vgl. Jens (Anm. 64) 41–44.
47 Einige Äußerungen ehemaliger Gymnasiasten bei Blättner 160–184.
48 Vgl. v. Wilamowitz-Moellendorff, U.: Erinnerungen 1848–1914. Leipzig 1928, 62–83.

Sallust, Livius, Cicero und Horaz erweitert.⁴⁹ Den Zugang zu einem Hochschulstudium eröffneten die neuen Realgymnasien zunächst nicht, ebensowenig wie die lateinlosen Oberrealschulen. Der Kampf um diese Zugangsmöglichkeit wurde jahrzehntelang geführt. 1859 eröffneten sich den Absolventen des Realgymnasiums die ersten technischen Studiengänge, 1870 die mathematisch-naturwissenschaftlichen und die neusprachlichen Studiengänge an den Universitäten. Die theologischen, juristischen und medizinischen Fakultäten konnten am längsten Widerstand leisten, bis schließlich nach der Schulkonferenz von 1900 die rechtliche Gleichstellung aller drei Schulformen erfolgte. Allerdings wurden für bestimmte Studiengänge, bei denen dies sachlich erforderlich war, weiterhin Latein- und Griechischkenntnisse verlangt. Diese konnten jedoch auch noch während des Studiums erworben werden.

Auf dieser Schulkonferenz hielt Ulrich von Wilamowitz-Moellendorff eine denkwürdige Rede, in der er aus einem Jahrhundert wissenschaftlicher Erforschung des Altertums die notwendigen Folgerungen für die Schule zog. Diese Rede war eine Absage an die Idee der Vorbildlichkeit des Griechentums, an die Idee also, welche die Grundlage der neuhumanistischen Bildungstheorie gewesen war.⁵⁰ Es könne nicht mehr die Aufgabe der Schule sein, eine ideale Sicht des Altertums zu vermitteln, vielmehr sei eine historische Betrachtungsweise erforderlich, durch die deutlich werde, mit wie vielen und engen Banden die Kultur der Gegenwart mit der des Griechentums verbunden sei. Der Blick des Schülers müsse erweitert werden. Nicht nur die großen Werke der Literatur und der bildenden Kunst der klassischen Epoche solle er kennenlernen, sondern Literatur und Kunst aller Epochen, Texte aus den Fachwissenschaften ebenso wie solche aus der Dichtung, die Schriften des Neuen Testaments ebenso wie die Dialoge Platons.⁵¹ Mit der Forderung, ein wissenschaftlich nicht mehr haltbares Ideal aufzugeben, verband Wilamowitz also die nach einer Horizonterweiterung des Schulfaches, welche die in der Zwischenzeit erfolgte Horizonterweiterung der Philologie nachvollziehen sollte. Der Einfluß seiner Worte auf die Schulpraxis seiner Zeit blieb freilich gering, und manche seiner Wünsche sind selbst heute noch nicht gänzlich erfüllt. Deswegen ist es um so wichtiger, sie wieder in Erinnerung zu rufen. Bemerkenswert ist auch, daß Wilamowitz nicht den Erwartungen der Schulmänner entsprach, die sich eine leidenschaftliche Verteidigung des alten Gymnasiums von ihm erhofft hatten, sondern bereit war, sich mit seinen Vorstellungen dem organisatorischen Rahmen des Reformgymnasiums einzufügen, das einen sechsjährigen Lateinunterricht und einen vierjährigen Griechischunterricht vorsah, der allerdings jeweils mit hohen Stundenzahlen erteilt werden sollte.

---

49 Hier wie auch sonst wurde der Geduld der Schüler viel zugemutet. Im Realgymnasium wurde nach dem Lehrplan von 1901 drei Jahre lang nur Caesar gelesen und zwei Jahre Ovid, im Gymnasium zwei Jahre Caesar und (nach dem Lehrplan von 1892) drei Jahre Xenophon: Paulsen-Lehmann II 750; Wilamowitz (Anm. 50) 96.

50 Wilamowitz: Der griechische Unterricht auf dem Gymnasium. Kleine Schriften 6. Berlin-Amsterdam 1972, 77–89; derselbe: Der Unterricht im Griechischen, ebendort 90–114.

51 Wilamowitz legte bald darauf ein „Griechisches Lesebuch" vor (Berlin 1901), das zur Ergänzung der Autorenlektüre im Unterricht herangezogen werden sollte und das Prosatexte aus den verschiedensten Lebensbereichen vom 6. Jh. vor bis zum 4. Jh. nach Christus enthielt.

Im Jahre 1901 erfolgte eine wichtige Entscheidung von grundsätzlicher Bedeutung. Im Gymnasium des 19. Jahrhunderts war, ganz entgegen den Intentionen der Neuhumanisten, vielmehr in Fortsetzung der Tradition der alten Lateinschule, großer Wert auf eine aktive Beherrschung der lateinischen und in gewissem Umfang auch der griechischen Sprache gelegt worden, auf eine Fertigkeit, deren Vermittlung man einen formalbildenden Wert zuzusprechen pflegte. Gegen Ende des Jahrhunderts hatte sich das Schwergewicht des Unterrichts mehr und mehr dahin verschoben, daß es vor allem darum gehe, die Werke der lateinischen und griechischen Schriftsteller angemessen zu verstehen. Die Übersetzung ins Griechische war 1882 als Abituraufgabe fallengelassen worden, der lateinische Aufsatz 1890. Als Ziel des Lateinunterrichts galt seit 1892 an erster Stelle das „Verständnis der bedeutenderen klassischen Schriftsteller der Römer" und erst an zweiter Stelle „sprachlich-logische Schulung". Nunmehr verschwand jeder Hinweis auf einen formalbildenden Wert des altsprachlichen Unterrichts aus den Lehrplänen, und als höchstes Unterrichtsziel galt allein die „Einführung in das Geistes- und Kulturleben des Altertums".[52] Zwar blieb die Übersetzung ins Lateinische als Abituranforderung noch bis 1920 bestehen, aber nicht etwa deswegen, weil sie für besonders wichtig gehalten worden wäre, als vielmehr aus Rücksicht auf die älteren Lehrer, denen Zeit gelassen werden mußte, sich auf die neue Zielsetzung umzustellen.[53]

Die Zeit seit 1918

Nach der Revolution von 1918 blieb das deutsche höhere Schulwesen im ganzen in der Form bestehen, die es durch die Reformen der ersten Jahre des Jahrhunderts angenommen hatte.

Erwähnenswert ist aus der Zeit der Weimarer Republik sowohl wegen seiner grundsätzlichen Bedeutung als auch wegen seiner prägenden Wirkung auf die Praxis der preußischen Schulen der Versuch des für das preußische höhere Schulwesen verantwortlichen Ministerialrats Hans Richert (1869–1940), die verschiedenen historisch gewordenen Schulformen in ein systematisches Konzept einer „deutschen Bildungseinheit" einzufügen.[54] Dieses Konzept muß vor dem Hintergrund des Ersten Weltkrieges gesehen werden, der dem deutschen Volk ein Erlebnis der nationalen Einheit gebracht hatte. Richert strebte danach, ein solches Erlebnis durch die Schule jedem jungen Deutschen zu vermitteln. In das Zentrum des Schulunterrichts sollten darum die Fächer treten, die besonders geeignet waren, in die nationale Kultur einzuführen: Deutsch, Geschichte, Erdkunde,

---

52 Dazu Zednik 229–245.
53 So Richert (Anm. 54) 64 f.
54 So der Titel seiner Schrift von 1920 (Auszug bei Müller 218–228); vgl. auch Richert, H.: Richtlinien für die Lehrpläne der höheren Schulen Preußens. Neue Ausgabe, 6./7. Aufl., Berlin 1927, bes. 38–40, 46–54, 61–66, 194–214, 416–418 mit interessanten Lektürevorschlägen und wertvollen methodischen Hinweisen; Kranz, W.: Die Neuen Richtlinien für den Lateinisch-Griechischen Unterricht an Gymnasien. Berlin 1926 (Auszug bei Heusinger 216–221); Margies, D.: Das höhere Schulwesen zwischen Reform und Restauration. Die Biographie Hans Richerts als Beitrag zur Bildungspolitik in der Weimarer Republik. Neuburgweier-Karlsruhe 1972.

Kunst und Musik. Richert sprach von den „kulturkundlichen Fächern". Der Unterricht in ihnen, besonders der Deutschunterricht, sollte bewirken, daß der Schüler in seiner eigenen geistigen Entwicklung die Epochen der deutschen Geistesgeschichte noch einmal „durchlebte". Dabei sollte das Schwergewicht auf der Behandlung der deutschen Klassik und des deutschen Idealismus liegen, und zwar aus zwei Gründen: Erstens ähnelte die Situation Deutschlands nach der Niederlage von 1918 derjenigen Preußens nach 1806, so daß Richert sich in einer zweiten Reformzeit fühlte, in der er an die erste anknüpfen zu könnten meinte. Zweitens sah er die Goethezeit als die Epoche, in der sich die deutsche Nationalkultur herausbildete und sich von den anderen Kulturen Westeuropas abhob. Diese Epoche gewann für ihn eine ähnliche Bedeutung als Verkörperung der Idee der deutschen Kultur, wie sie das klassische Griechentum als Verkörperung der Idee der Humanität für Humboldt und seine Zeitgenossen besessen hatte.

Hieran läßt sich zweierlei kritisieren, nämlich erstens die Verengung des Blickfeldes von der Idee der Humanität auf die deutsche Nationalkultur, und zweitens, daß viele Werke der deutschen Klassiker nur schwer verständlich sind, wenn man nicht so vertraut mit ihren griechischen Vorbildern ist, wie sie selbst es waren.

Dem ersten Einwand hätte Richert entgegnet, daß für ihn die deutsche Kultur zugleich auch Repräsentant der Idee der Humanität sei, daß sich diese aber nur auf dem Wege über eine bestimmte Konkretisierung erfassen lasse, und die dem Deutschen am leichtestem zugängliche Konkretisierung sei nun einmal die deutsche Kultur. Dies ist sicher richtig, nur zeigte die weitere Entwicklung, wie rasch über dem, was man für deutsche Kultur hielt, die Idee der Humanität in völlige Vergessenheit geriet.

Auf den zweiten Einwand hätte Richert geantwortet, daß es zwar nicht allen jungen Deutschen möglich sei, die Griechen so gründlich kennenzulernen wie die Zeitgenossen Goethes, daß aber wenigstens ein Teil von ihnen, stellvertretend für alle anderen, dieses Studium betreiben und dabei erleben solle, wie tief die deutsche Kultur, vor allem die der Goethezeit, in der antiken Kultur verwurzelt sei. Dieser Teil aber seien die Schüler der altsprachlichen Gymnasien.

Denn Richert ging zu Recht von dem bis dahin wenigstens noch als Postulat festgehaltenen Grundsatz ab, daß jeder Absolvent einer höheren Schule eine harmonische Allgemeinbildung erworben haben müsse, in welcher der sprachliche, der historische und der mathematisch-naturwissenschaftliche Bereich gleichermaßen berücksichtigt worden seien. Am Prinzip der Allgemeinbildung hielt er nur in der Form fest, daß alle Schultypen zusammen in bewußter Arbeitsteilung die allgemeine Bildung des Volkes zu leisten hätten, wobei „jeder Schulart ein Kulturbezirk zur besonderen Pflege überwiesen" werden solle.

Während die kulturkundlichen Fächer, allerdings unterschiedlich akzentuiert, den allen Schultypen gemeinsamen Kern des Unterrichts bilden sollten, sollte in einem jeden von ihnen jeweils eine Gruppe von Fächern hinzutreten, die das Charakteristikum dieses Schultyps darstellten.

Die charakteristischen Fächer des altsprachlichen Gymnasiums waren Griechisch und Latein. Sie sollten in kulturkundlichem Sinne unterrichtet werden und zu den Kernfächern in Beziehung gesetzt werden. Im altsprachlichen Unterricht sollte einerseits der Beitrag der Griechen und Römer zum Werden der deutschen Kultur, besonders zur deutschen Klassik, aufgezeigt werden, andererseits die Möglichkeit genutzt werden, zwei Nationalkulturen einer anderen Epoche, nämlich die griechische und die römische, mit der deutschen Kultur zu kontrastieren. Dies ist ein interessanter Ansatz, doch sollte man nicht verkennen, daß hier etwas Schwieriges verlangt wird. Denn für die erste Aufgabe ist es nötig, das idealisierende Griechenbild der deutschen Klassik zu vermitteln, für die zweite dagegen, ein dem Stand der Geschichtswissenschaft entsprechendes Bild der griechischen und der römischen Kultur zu geben. Es bestand die Gefahr, daß das Griechenbild der deutschen Klassik dank seiner größeren Geschlossenheit wiederum das allein bestimmende wurde und der durch die historische Forschung des 19. Jahrhunderts erreichte Erkenntnisstand wieder verlorenging. Dieser Gefahr ist der altsprachliche Unterricht in den folgenden Jahrzehnten nicht entgangen, und zwar auch deswegen, weil die Klassische Philologie an den deutschen Universitäten im Zeichen des „Dritten Humanismus"[55] dazu neigte, sich auf die unbestritten großen Autoren wie Homer, Pindar, Aischylos, Sophokles und Platon zu konzentrieren und so die Griechen wiederum zu idealisieren. Richert bemühte sich ebenfalls um eine kulturkundliche Bestimmung der Aufgabe der charakteristischen Fächer des Realgymnasiums (des heutigen Neusprachlichen Gymnasiums), ja sogar derer der Oberrealschule (des heutigen Mathematisch-naturwissenschaftlichen Gymnasiums). Auch dort verstand er es, mehr oder weniger geschickt eine Beziehung zwischen diesen Fächern und den kulturkundlichen Kernfächern herzustellen.

In einer Zeit, wo die Zahl der Schüler, die Unterricht in beiden Alten Sprachen erhielten, hinter der Zahl derer zurückzubleiben begann, die nur Latein lernten, wurde eine eigenständige Begründung des Faches Latein wichtig. Die deutsche Latinistik leistete, angeregt durch einen Vortrag von Richard Heinze im Jahre 1921, hierzu bedeutende Beiträge.[56] Während den Römern bis dahin in erster Linie als Vermittlern der griechischen Kultur an die Völker Westeuropas eine geistesgeschichtliche Bedeutung zuerkannt worden war, bemühten sich jetzt deutsche Latinisten und Althistoriker in zahlreichen Arbeiten über römische Schriftsteller und römische Institutionen, auch in begriffsgeschichtlichen Untersuchungen über römische Wertbegriffe, die nationale Eigenart der Römer, das „Wesen des Römertums" zu bestimmen. Die methodische Schwierigkeit bestand dabei darin, daß die literarische Überlieferung in Rom erst einsetzte, als das spezifisch Römische schon längst von einem starken griechischen Einfluß überdeckt worden war. Es galt also, das unverfälschte Wesen des Römertums in einer Zeit, wo es noch nicht von den Griechen beeinflußt war, zu rekonstruieren aus Berichten von Schriftstellern, die selbst dieses Wesen nicht mehr in reiner Form verkörperten. Die Gefahr, dabei Wunschvorstellungen dieser späteren Schriftsteller, etwa des Sallust oder Livius, über die Vergangenheit ihres Volkes als historische Realität

---

55 Dazu Rüdiger, H.: Der Dritte Humanismus. In: Oppermann, Humanismus 206–223.
56 Heinze, R.: Von den Ursachen der Größe Roms. In: Vom Geist des Römertums. Darmstadt 1960[3], 9–27, auch in: Oppermann, H. (Hrsg.): Römertum. Wege der Forschung XVIII. Darmstadt 1976[4], 11–34. In beiden genannten Bänden weitere Beiträge zu diesem Themenkreis. Vgl. auch Beckmann, F.: Humanitas. Münster 1952; dazu Schmid, W.: Gnomon 28 (1956), 589–601.

aufzufassen, ist dabei nicht vermieden worden.[57] Das damals gezeichnete und bis in die 50er Jahre hinein liebevoll weiter ausgemalte Bild des frühen Rom als einer verklärten Welt, die von *fides, auctoritas, labor, pietas* und *magnitudo animi* erfüllt war, konnte nicht nur historischer Nachprüfung nicht standhalten, sondern stellte auch kein geeignetes Leitbild für die Jugend eines demokratischen Staates dar, der sich nur dann behaupten konnte, wenn seine Bürger entschlossen den Blick von einer verklärten Vergangenheit abkehrten und sich den schwierigen Aufgaben der Gegenwart zuwendeten.

Die Zeit des Nationalsozialismus überstand der altsprachliche Unterricht äußerlich intakt. Die Zahl der Gymnasien wurde zwar stark reduziert, in den verbliebenen die Alten Sprachen jedoch gründlich betrieben. In den übrigen Höheren Schulen, jetzt „Oberschulen" genannt, wurden einheitlich Englisch als erste und Latein als zweite Fremdsprache eingeführt. Was die Inhalte des Unterrichts anbetrifft, so zeigten sich jetzt die in der Richertschen Reform und in den Tendenzen der deutschen Altphilologie der Weimarer Zeit angelegten Gefahren in vollem Umfang. Das Griechenbild, das im Griechischunterricht vermittelt wurde, war entweder realitätsfern und dadurch ohne Gegenwartsbezug, oder es wurde ein solcher Bezug durch Betonung bestimmter Komponenten und die Vernachlässigung anderer hergestellt: Tyrtaios erhielt den Vorzug vor Solon, Aischylos' Perser vor Sophokles' Antigone, Platons Politeia vor Aristoteles' Politik. In den Mittelpunkt des Lateinunterrichts trat die Verherrlichung des frühen Römertums oder auch diejenige Caesars und des Augustus, die den Sumpf der späten Republik trockengelegt und eine neue Ordnung gestiftet hatten. Über dem Römertum rangierte freilich noch das Germanentum. Die Krönung des Unterrichts bildete darum die Behandlung der Germania des Tacitus und der von Germanen handelnden Abschnitte aus den römischen Historikern.

Man hat von einem Versagen der humanistisch Gebildeten angesichts des Nationalsozialismus gesprochen und daraus auf ein Versagen der Institution geschlossen, die diese Bildung vermittelte.[58] Das ist richtig und falsch zugleich. Zwar war die bürgerliche Oberschicht Deutschlands, die schon in der Weimarer Zeit und erst recht unter dem Nationalsozialismus in der Tat weithin versagt hat, zumeist humanistisch gebildet, doch sind aus dieser Schicht auch namhafte Widerstandskämpfer hervorgegangen. Umgekehrt war das Kleinbürgertum, das durch seine Stimmen Hitler zur Macht brachte, zumeist nicht humanistisch gebildet, die Arbeiterschaft aber, die sich in stärkerem Maße resistent zeigte, war es ebenfalls nicht. Offenbar hat damals nicht eine bestimmte Schulform versagt, sondern das deutsche Schulwesen als ganzes, so daß keinem seiner Teile ein besonderer Vorwurf gemacht werden kann. Er kann es allenfalls insofern, als einer dieser Teile den Anspruch erhoben hat, seine Schüler besser als andere zu sittlich gefestigten, autonomen Persönlichkeiten zu bilden. Hier wäre mehr Bescheidenheit am Platze gewesen, und da

---

57 Vgl. Hampl, F.: Römische Politik in republikanischer Zeit und das Problem des „Sittenverfalls". In: Historische Zeitschrift 188 (1959), 497–525, auch in Klein, R. (Hrsg.): Das Staatsdenken der Römer. Wege der Forschung XLVI. Darmstadt 1966, 143–177; ferner Fuhrmann, M.: Die Antike und ihre Vermittler (Anm. 64) 26–29.

58 Robinsohn (Anm. 38) XIX.

es bei den Verfechtern der humanistischen Bildung hieran gelegentlich gefehlt hat, besteht der genannte Vorwurf doch in gewissem Umfang zu Recht.[59]

Nach dem Zweiten Weltkrieg entwickelte sich das deutsche Schulwesen im Osten und im Westen in verschiedenen Richtungen. Im Osten wurden einschneidende Schulreformen durchgeführt, an deren Ende ein einheitliches, in seinen höheren Stufen differenziertes Schulwesen entstand, wobei den altsprachlichen Fächern nur bescheidene Entfaltungsmöglichkeiten blieben.[60] Im Westen dagegen erfolgte eine Restauration des Schulwesens der Weimarer Zeit unter Bewahrung bestimmter Elemente der Reform von 1938. Die ersten 15 Jahre standen im Zeichen der Rückbesinnung auf die Grundlagen der Kultur der westeuropäischen Völker in Antike und Christentum. Diese Zeitstimmung kam den traditionellen Fächern Griechisch und Latein ebenso zugute wie der Schulform des Humanistischen Gymnasiums. Mag auch der Prozentsatz der Schüler Höherer Schulen, die altsprachlichen Unterricht erhielten, im 19. Jahrhundert größer gewesen sein, in absoluten Zahlen jedenfalls haben niemals so viele Schüler in Deutschland Latein und Griechisch gelernt wie in den 50er Jahren dieses Jahrhunderts. Von einzelnen Länderregierungen unternommene Angriffe auf den Bestand des altsprachlichen Unterrichts, besonders auf den „grundständigen" Lateinunterricht im 5. und 6. Schuljahr, konnten ohne große Schwierigkeiten abgewehrt werden. In diesem Zusammenhang entstand eine umfangreiche Literatur zur Verteidigung der humanistischen Bildung.

Als Beispiele für solche Schriften mögen die Grundsatzerklärungen des Deutschen Altphilologenverbands von 1951 und die Schrift von Wolfgang Schadewaldt über „Sinn und Wert der humanistischen Bildung im Leben unserer Zeit" (1956) dienen.[61]

Der Altphilologenverband hob in seiner damaligen Stellungnahme vor allem die Ziele des altsprachlichen Unterrichts im affektiven Bereich hervor. Da war die Rede von „Formung des ganzen Menschen", von der Vermittlung von „Leitbildern" und einer „ethisch-politischen Grundhaltung", von der Weckung der Bereitschaft „für einen Anruf aus dem religiösen Wertbereich", von „wertvoller Geistes- und Charakterbildung", von „ehrfurchtsvoller Haltung zu den großen überzeitlichen Persönlichkeiten und Werten" und dem „Gefühl der Verpflichtung zu einem gemeinschaftsbejahenden, charaktervollen Handeln in verantwortlicher Berufsarbeit". Dabei wurde völlig verkannt, daß die Leistungen des altsprachlichen wie jedes anderen wissenschaftsorientierten Unterrichts in erster Linie im kognitiven Bereich liegen und daß eine Verhaltensprägung im affektiven Bereich durch das Zusammenwirken einer Fülle schulischer und außerschulischer Faktoren erfolgt, wobei unter den schulischen der Unterrichtsstil bedeutsamer ist als die vermittelten Inhalte.[62] Ferner fällt auf, wie stark damals der formalbildende Wert des Sprachunterrichts betont wurde, ganz in der Tradition Gedikes und Humboldts. Dagegen wurde nur wenig über die Möglichkeiten und auch die Schwierigkeiten bei der Behandlung literarischer Werke gesagt. Es entsteht der Eindruck, daß Aufgabe des alt-

---

59 Vgl. Hölscher (Anm. 63) 79.

60 Trotz der optimistischen Äußerungen von Irmscher, J.: Zur Lage des altsprachlichen Unterrichts in der Deutschen Demokratischen Republik. In: Das Altertum 10 (1964), 249–256. Vgl. Fischer, H.-J.: Der altsprachliche Unterricht in der DDR. Paderborn 1974; Philipp, G.: Der altsprachliche Unterricht in der DDR. In: Gymn. 82, (1975), 561–566.

61 Deutscher Altphilologenverband: Das Bildungsziel des altsprachlichen Gymnasiums. Das Unterrichtsziel der alten Sprachen. In: Gymn. 58 (1951), 383 f.; Schadewaldt, W.: Sinn und Wert der humanistischen Bildung im Leben unserer Zeit. Göttingen 1956 (auch in: Hellas und Hesperien. Zürich 1960, 934–941, Auszug bei Heusinger 252–256). Weitere Beispiele bei Heusinger 247–276.

62 Zu den affektiven Lernzielen vgl. Anm. 65, sowie unten S. 47.

sprachlichen Unterrichts vor allem die Vermittlung solider Sprachkenntnisse ist, während die im Unterricht gelesenen Werke der griechischen und römischen Literatur dank ihrer Überzeitlichkeit weitgehend aus sich heraus verständlich sind und weder der Interpretation bedürfen noch der Verdeutlichung des Traditionszusammenhanges, in dem sie stehen und der sie mit uns verbindet.

Schadewaldt bestimmte die bildende Wirkung des altsprachlichen Unterrichts in vierfacher Weise. Erstens habe die Erlernung der Alten Sprachen ihren besonderen Wert darin, daß sie „eine hervorragende Schule des Verstandes" darstelle. Zweitens ermögliche es der Unterricht in diesen Fächern, die gedanklichen Leistungen insbesondere der Griechen, kennenzulernen, die zwar nicht mehr als unübertreffliche Vorbilder Geltung beanspruchen dürften, wie man zur Zeit Goethes meinte, deren besonderer Wert vielmehr darin zu sehen sei, daß hier „höchst instruktive Modelle von der Welt und den Menschen aufgestellt" seien. Drittens habe die schulische Beschäftigung mit der Antike große Bedeutung für eine „geschichtliche Selbstorientierung und Selbstbestimmung in unserer Zeit", und viertens erfolge im altsprachlichen Unterricht eine „Begegnung mit der geistig-seelischen Substanz der Antike", insbesondere im Bereich des Ethischen, so daß die Fächer auch einen wichtigen Beitrag zur Persönlichkeitsbildung des jungen Menschen leisten könnten. Dies waren Aussagen, die auch heute noch Beachtung verdienen. Zwar wurde hier in traditioneller Weise der formalbildende Wert des Sprachunterrichts übermäßig betont und sein eigentliches Ziel, nämlich die Kommunikationsfähigkeit des Lernenden in einer bestimmten Richtung zu erweitern, als bekannt vorausgesetzt und nicht eigens erwähnt, zwar blieb eigenartigerweise neben den gedanklichen Leistungen die literarische Formung unerwähnt, die diese Gedanken erfahren haben. Aber auch heute noch wird jeder, der den altsprachlichen Unterricht charakterisieren will, die ersten drei der von Schadewaldt genannten Wirkungsfelder als wichtig hervorheben müssen. Skepsis bleibt allerdings geboten gegenüber seinen Aussagen über die Wirkungen des Unterrichts im Bereich des Ethischen und der Persönlichkeitsbildung. Hier gelten die gleichen Vorbehalte, wie sie bereits gegenüber der Stellungnahme des Altphilologenverbandes nötig waren.

Schon wenige Jahre später hob denn auch Uvo Hölscher in seinem „Selbstgespräch über den Humanismus" (1964), wohl anknüpfend an Schadewaldt, drei Leistungen des altsprachlichen Unterrichts hervor (Sprache – Begegnung mit großen Werken – geschichtliche Erziehung), übernahm aber nicht seinen vierten Punkt, sondern erteilte allen Erwartungen an ethischen Wirkungen des Unterrichts eine entschiedene Absage.[63] Hölschers kluge und abgewogene Ausführungen mögen zu ihrer Zeit von manchem als unberechtigte Resignation empfunden worden sein, doch wurden sie den tatsächlichen Möglichkeiten und der tatsächlichen Lage unserer Fächer eher gerecht als die volltönenden Worte anderer.

Denn die Lage des altsprachlichen Unterrichts hatte sich seit etwa 1960 entscheidend gewandelt. Der „Besitzstand" des Humanistischen Gymnasiums und der beiden Fächer Latein und Griechisch verminderte sich langsam, aber stetig. Die sozialkundlichen Fächer drängten in die Schule, der naturwissenschaftliche Unterricht wurde ausgebaut. Die Erweiterung der Wahlmöglichkeiten der Schüler führte zum Rückgang der traditionellen, bisher durch Schulform oder Fächerfolge privilegierten Fächer. Dies alles wirkte sich zum Nachteil des altsprachlichen Unterrichts aus. Die Klassischen Philologen an Schule und Universität wurden von dieser Entwicklung zunächst überrascht und mußten verwundert bemerken, daß ihre bisherigen Argumente nicht mehr verfingen. Zeitweise schien es, als seien das völlige Verschwinden des Griechischen aus den deutschen Schulen und die Reduktion des Lateinischen auf den bisherigen Umfang des Griechischen ein unabwendbares Schicksal.

In dieser Zeit der äußersten Bedrohung unserer Fächer fühlten sich viele zu verstärkter Aktivität aufgerufen. So bemühte sich Manfred Fuhrmann um eine Neu-

---

63 Hölscher, U.: Selbstgespräch über den Humanismus. In: Die Chance des Unbehagens. Göttingen 1965, 53–86 (Auszug bei Heusinger 280–286).

bestimmung von Inhalten und Aufgaben der Klassischen Philologie an Schule und Universität mit besonderem Hinblick auf die Latinistik, während Richard Kannicht mit einem ähnlichen Versuch von gräzistischer Seite antwortete. So betonten Heinz-Joachim Heydorn und Walter Jens die kritische, emanzipatorische Komponente, die seit dem Neuhumanismus im altsprachlichen Unterricht angelegt ist. So ordnete Harald Patzer die Fächer Griechisch und Latein in eine umfassende Bildungskonzeption ein, bei welcher der Begriff der humanistischen Bildung von der bisherigen Bindung an bestimmte Unterrichtsinhalte und -formen gelöst wird.[64] Noch intensiver als die Bemühungen von seiten einzelner engagierter Hochschullehrer waren die auf der Seite der Lehrerschaft. Besondere Hervorhebung verdient hier die Arbeit des Ausschusses für didaktische Fragen des Deutschen Altphilologenverbandes und die einer Gruppe Klassischer Philologen im Staatsinstitut für Schulpädagogik in München. Daneben erprobten viele einzelne Lehrer der Alten Sprachen in ihren Klassen neue Formen und Inhalte des Unterrichts.

Als erstes Ergebnis der Arbeit in der Lehrerschaft kann das neue Grundsatzprogramm des Altphilologenverbandes von 1970 angesehen werden, in dem sich zwar noch einige Spuren der alten, weitverbreiteten Überschätzung der Möglichkeiten des Unterrichts im affektiven Bereich finden, das aber durch die klarere und realistischere Formulierung der fachspezifischen Ziele und ihre Verknüpfung mit den Zielen des gesamten Schulunterrichts ein großer Schritt in die richtige Richtung ist.[65]

Inzwischen läßt sich absehen, daß sich die schlimmsten Befürchtungen der Zeit um 1970 nicht bewahrheitet haben. Heute sind Latein und Griechisch zwar weit davon entfernt, ihre alte Bedeutung zurückzugewinnen, aber sie sind doch geachtete Fächer, die sich in der Konkurrenz mit anderen Fächern zu behaupten wissen. Diese überraschende Wendung mag zu einem Teil die Folge der erwähnten Aktivitäten sein. In erster Linie ist sie aber wohl eine Auswirkung der Stimmung einer Zeit, die nach Jahren überschäumenden Reformeifers dazu neigt, zum Bewährten zurückzukehren. Eine solche Stimmung mag vorübergehenden Charakter haben. Wir sollten sie nutzen, solange sie anhält, ihr aber nicht allzusehr vertrauen. Was auf die Dauer allein zählt, sind überzeugende Ergebnisse des Unterrichts, die sich nur dann erreichen lassen, wenn zeitgemäße Konzeptionen entwickelt werden und ihre Realisierung in der Unterrichtspraxis finden.

---

64 Fuhrmann, M.: Die Antike und ihre Vermittler. Konstanzer Universitätsreden 9. Konstanz 1969; derselbe in: Fuhrmann, M. / Tränkle, H.: Wie klassisch ist die klassische Antike? Schriften zur Zeit 35. Zürich-Stuttgart 1970, 5–22, 45–52; derselbe: Alte Sprachen in der Krise? Stuttgart 1976; Kannicht, R.: Philologia Perennis. In: Nickel 353–385; Heydorn, H.-J.: Zur Aktualität der klassischen Bildung. In: Heydorn, H.-J. / Ringshausen, K.: Jenseits von Resignation und Illusion. Frankfurt 1971; Jens, W.: Antiquierte Antike? Republikanische Reden. München 1976, 41–58; Patzer, H.: Aktuelle Bildungsziele und altsprachlicher Unterricht. In: MDAV 15,1 (1972), 1–14 (auch bei Nickel 46–65). Vgl. auch Heitsch, E.: Klassische Philologie zwischen Anpassung und Widerspruch. In: Gymn. 81 (1974), 369–382.

65 Deutscher Altphilologenverband: Ziele des Latein- und Griechischunterrichts. In: MDAV 14,1 (1971), 1f. Die affektiven Lernziele jetzt in MDAV 18,4 (1975) und 19, 1 (1976), 6 f. Vgl. dazu unten S. 45 ff.

Ausblick

Die internationalen Erfahrungen zeigen, daß die Fächer Latein und Griechisch auch unter veränderten äußeren Bedingungen ihren Platz im Bildungswesen behaupten können und daß ihnen selbst dann, wenn bisherige Positionen verlorengehen sollten, neue Wirkungsmöglichkeiten eröffnet werden können. So sind in den Vereinigten Staaten die beiden Fächer zwar weithin aus den Höheren Schulen verschwunden, haben aber im College, der Eingangsstufe der Universität, erheblich an Boden gewonnen. So scheinen zwar die Tage der alten englischen Grammar School gezählt zu sein, in deren Mittelpunkt ein breit angelegter althumanistischer Unterricht in den Alten Sprachen stand, doch ist es offenbar gelungen, in den neu entstandenen Comprehensive Schools in erheblichem Umfang das Interesse am Altertum auch bei Kindern bisher bildungsferner Schichten zu wecken, neuartige Lateinkurse zu entwickeln, die vielen Anklang finden, und sogar dem Griechischunterricht einen Platz zu sichern.[66]

Auch uns sollte es nicht darum gehen, bestimmte Schulformen zu verteidigen, wie die des altsprachlichen Gymnasiums, oder eine bestimmte Bildungskonzeption, wie die einer ausschließlich oder vorzugsweise durch altsprachlichen Unterricht vermittelten humanistischen Bildung. Die Privilegierung der früheren Zeit hat unseren Fächern eine weite Verbreitung verschafft, aber sie hat auch die Ressentiments geweckt, unter denen wir noch heute zu leiden haben. Vielleicht sollte uns Wilamowitz ein Vorbild sein, der auf der Schulkonferenz von 1900 weder das Gymnasium in seiner bisherigen Form noch die bisherigen Unterrichtsinhalte zu verteidigen versuchte, sondern sich bemühte, in der veränderten historischen Situation seinem Fach neue Inhalte und einen neuen Sinn zu geben, und sich im übrigen nicht scheute, sich auf den Boden eines der kühnsten Reformmodelle der damaligen Zeit zu stellen.

Wir sollten allerdings jeder Benachteiligung unserer Fächer entgegentreten. Ferner sollten wir uns dafür einsetzen, daß in dem im Aufbau befindlichen offenen Schulsystem, in dem der freien Fächerwahl so große Bedeutung zukommt, die Alten Sprachen möglichst vielen Schülern zur Wahl angeboten werden, und zwar in solcher Form und mit solchen Inhalten, daß die Schüler sie zu wählen bereit sind und daß sie, was ebenso wichtig ist, nach getroffener Wahl ihre Entscheidung nicht bereuen.

Das bedeutet nicht, daß wir unsere Fächer in unangemessener Weise „leicht" machen sollten. Latein und Griechisch sind und bleiben anspruchsvolle Fächer. Sie verlangen von den Schülern Interesse, ein gewisses Maß an spezifischer Begabung und darüber hinaus die Bereitschaft, Mühen auf sich zu nehmen, die sich anders als bei den modernen Sprachen nicht sofort bezahlt machen. Aber gerade wegen ihres komplexen Charakters und dank der Faszination, die von den im Unterricht behandelten Texten auch heute noch ausgeht, können sie eine so starke Motivationskraft entwickeln, daß die mit ihnen verbundenen Mühen den Schülern leicht fallen.

---

66 Zum altsprachlichen Unterricht in England vgl. Sharwood Smith, J.E.: On Teaching Classics. London 1977. Dazu Nickel, R., Gymn. 85 (1978), 569–571.

Auswahlbibliographie und abgekürzt zitierte Literatur

BALLAUF, T. / SCHALLER, K.: Pädagogik. Eine Geschichte der Bildung und Erziehung. 3 Bde. Freiburg-München 1969 – 1973.
BLÄTTNER, F.: Das Gymnasium. Heidelberg 1960.
CURTIUS, E. R.: Europäische Literatur und lateinisches Mittelalter. Bern-München 1961^3.
DOLCH, J.: Lehrplan des Abendlandes. Ratingen 1971^3.
ECKSTEIN, F. A.: Lateinischer und griechischer Unterricht. Leipzig 1887.
GLAUCHE, G.: Schullektüre im Mittelalter. Münchner Beiträge zur Mediävistik und Renaissance-Forschung 5. München 1970.
HERRLE, T.: Lebendiges Latein. Methodische Versuche zur Verlebendigung des Lateinunterrichts vom Mittelalter bis zur Gegenwart. Wiesbaden 1953.
HEUSINGER, H.: Altsprachlicher Unterricht. Quellen zur Unterrichtslehre 12. Weinheim 1967.
ILLMER, D.: Formen der Erziehung und Wissensvermittlung im frühen Mittelalter. Münchner Beiträge zur Mediävistik und Renaissance-Forschung 7. München 1971.
JEISMANN, K.-E.: Das preußische Gymnasium in Staat und Gesellschaft. Stuttgart 1974.
LATTMANN, J.: Geschichte der Methodik des Lateinischen Elementarunterrichts seit der Reformation. Göttingen 1896.
MARROU, H.-I.: Geschichte der Erziehung im klassischen Altertum. Freiburg-München 1957. Übersetzt von Ch. BEUMANN nach der 3. Aufl. 1955 mit Ergänzungen der 7. Aufl. von 1976: München (dtv) 1977.
MÜLLER, K.: Gymnasiale Bildung. Texte zur Geschichte und Theorie seit Wilhelm von Humboldt. Heidelberg 1968.
NICKEL, R. (Hrsg.): Didaktik des altsprachlichen Unterrichts. Wege der Forschung CCCCLXI. Darmstadt 1974.
OPPERMANN, H. (Hrsg.): Humanismus. Wege der Forschung XVII. Darmstadt 1977^2.
PAULSEN, F.: Geschichte des Gelehrten Unterrichts auf den deutschen Schulen und Universitäten vom Ausgang des Mittelalters bis zur Gegenwart. Mit besonderer Rücksicht auf den Klassischen Unterricht. 2 Bde. 3. Aufl., herausgegeben und in einem Anhang fortgesetzt von R. LEHMANN. Berlin-Leipzig 1919 – 1921 (ND Berlin 1965).
PFEIFFER, R.: History of Classical Scholarship from 1300 to 1850. Oxford 1976.
ZEDNIK, G.: Theorie und Praxis des Lateinunterrichts im Wandel der Gymnasialpädagogik. Diss. mschr. Heidelberg 1960.

Joachim Gruber

Didaktische Konzeptionen für den altsprachlichen Unterricht

Am Ende der 60er Jahre hat sich in der Didaktik des altsprachlichen Unterrichts „eine Art kopernikanischer Wende"[1] vollzogen, die eine Abkehr von der Begründung dieses Unterrichts aus klassischen Bildungsvorstellungen heraus[2] bedeutete und in deren Verlauf didaktische Konzeptionen entwickelt wurden, die gemeinsam bestimmt sind von der Aufstellung rational überprüfbarer Lernziele und der Auswahl von Lerninhalten in Hinblick auf die aufgestellten Lernziele. Die Unterschiede der didaktischen Modelle bestehen dagegen

— in der Auswahl, Gewichtung und Begründung der einzelnen Lernziele,
— in der Auswahl und Zuordnung von Lerninhalten zu den einzelnen Lernzielen.

Daraus ergeben sich Konsequenzen für

— zeitlichen Beginn und Umfang der einzelnen altsprachlichen Curricula[3],
— Unterrichtsverfahren[4],
— Leistungserhebung und Leistungsmessung.[5]

Curriculum-Forschung und altsprachlicher Unterricht

Der altsprachliche Unterricht (AU) war sowohl als Lateinunterricht (LU) wie auch als Griechischunterricht (GU) von seiten der Curriculum-Forschung vor allem durch S.B. Robinsohn[6] theoretisch entschieden in Frage gestellt worden. Im

---

1   Westphalen, K., AU XVI 4 (1973), 11.
2   Einen Überblick über Begründungen des AU in der Nachkriegszeit gibt Westphalen, AU XVI 4 (1973), 6 ff. Vgl. auch oben S. 38 f.
3   Vgl. dazu den Beitrag von F. Maier unten S. 163 ff.
4   Also für die Methode im engeren Sinne. Methodische Fragen sollen hier weitgehend unberücksichtigt bleiben. Es sei aber verwiesen auf die Kapitel „Arbeitsformen" und „Literaturunterricht" bei Nickel 1978[2] sowie grundsätzlich auf die zahlreichen methodisch orientierten Beiträge in den Zeitschriften „Anregung" und „Der altsprachliche Unterricht", außerdem auf Maier 1979 sowie unten S. 61. ff.
5   Vgl. dazu den Beitrag von U. Tipp unten S. 122 ff. sowie Maier 1979, 233 ff.
6   Bildungsreform als Revision des Curriculum. Neuwied 1967[1] (1972[4]) = Erziehung als Wissenschaft. Stuttgart 1973, 110–181. Die Forderung H.v.Hentigs (Platonisches Lehren I, 2), „die Ziele des altsprachlichen Unterrichts durch eine möglichst radikale Analyse neu bewußt zu machen", war durch Robinsohns Vorstoß unvermittelt aktualisiert worden.

Gegensatz zu den didaktischen Richtungen der Nachkriegszeit, denen ein mehr oder weniger ausgeprägt konservativer Zug gemeinsam war, stellte Robinsohn die Forderung auf, „den geltenden ‚Bildungskanon' den Erfordernissen unserer Zeit entsprechend zu aktualisieren".[7]

Robinsohn geht von folgendem Schema aus[8]: „Da nun
1) das allgemeine Erziehungsziel ist, den einzelnen zur Bewältigung von *Lebenssituationen* auszustatten und
2) eine solche Ausstattung durch den Erwerb von *Qualifikationen* und Dispositionen erfolgt und
3) diese Qualifikationen wiederum durch die verschiedenen *Elemente des Curriculum* vermittelt werden,

kann ein rational geplantes Curriculum nur auf der Basis einer mit optimaler Genauigkeit und Objektivität ermittelten Bestimmung jener Situationen, Qualifikationen und Curriculumelemente entwickelt werden."

Für die „Auswahl von Bildungsinhalten" nimmt er folgende Kriterien an[9]:
1) die Bedeutung eines Gegenstandes im Gefüge der Wissenschaft, damit auch als Voraussetzung für weiteres Studium und weitere Ausbildung;
2) die Leistung eines Gegenstandes für Weltverstehen, d.h. für die Orientierung innerhalb einer Kultur und für die Interpretation ihrer Phänomene;
3) die Funktion eines Gegenstandes in spezifischen Verwendungssituationen des privaten und öffentlichen Lebens.

Ausgehend von der These, daß eine „Isomorphie" zwischen Altertum und Gegenwart nicht mehr bestehe[10], spricht er dem AU „eine zentrale Position im Curriculum der allgemeinbildenden Schule"[11] ab.

Es ist bemerkenswert und zugleich charakteristisch für ein ausgeprägtes Ressentiment gegenüber historisch gewachsenen und tradierten Bildungsinhalten wie gegen Bildung überhaupt[12], wenn Robinsohn nicht erkannt hat, daß abgesehen von dem verfehlten Strukturkonzept sich seine oben angeführten Kriterien für die Auswahl von Bildungsinhalten vorzüglich zur Begründung gerade des AU eignen.[13]

Robinsohns Modell war insofern schon im Ansatz zum Scheitern verurteilt, als die vom einzelnen zu bewältigenden Lebenssituationen „in ihrer Gesamtheit weder zu sammeln noch zu gliedern sind. Die notwendige Totalerhebung, die Bestands-

---

7 Bildungsreform 1967[1], 1 = 1973, 122.

8 Ein Strukturkonzept für Curriculumentwicklung. In: Erziehung als Wissenschaft 182 – 204; zuerst in: Zeitschrift für Pädagogik 15 (1969), 631–653. Das Zitat in „Erziehung als Wissenschaft" 186 f.

9 Bildungsreform 47 = Erziehung als Wissenschaft 169.

10 Bildungsreform 19 (= Erziehung als Wissenschaft 140): „Man kann in den Verhältnissen einer Zivilisation, deren Produktionsbedingungen, deren gesellschaftliche und politische Verhältnisse und deren Weltbild von unserem so radikal verschieden sind, Normen für Weltverständnis und Verhalten nicht mehr gewinnen". Vgl. aber unten S. 51 (H.-J. Glücklich).

11 Bildungsreform 20 = Erziehung als Wissenschaft 141.

12 Vgl. Heil, G., MDAV 14, 3 (1971), 1 ff.; Picht, G. in: Steffen, H. (Hrsg.): Bildung und Gesellschaft. Göttingen 1972, 92.

13 Vgl. auch die Auseinandersetzung mit Robinsohn bei Schönberger, O., MDAV 11, 3 (1968), 2–7 und 14, 4 (1971), 1–8.

aufnahme der Gegenwart (und möglichst auch der nahen Zukunft) ist in begrenzter Zeit von niemandem zu leisten; nimmt man sich mehr Zeit, so wären die Ergebnisse bei Erscheinen bereits veraltet".[14]

Dem von einem führenden Vertreter der Curriculum-Forschung vorgetragenen Angriff auf den AU wurde von Vertretern der altsprachlichen Fächer mit einer möglichst objektiven Darstellung der Leistungen dieser Fächer begegnet. Die Fragestellung lautet nicht mehr wie bisher „Warum altsprachlicher Unterricht?", sondern „Wozu altsprachlicher Unterricht?", ist also eindeutig von den Zielen her bestimmt. Sodann war zu untersuchen, was der AU für die Erreichung dieser Ziele leiste.

Eine erste zusammenfassende Darstellung einer Begründung des Lateinischen in einem modernen Curriculum in Hinblick auf die Lernziele hat A. Clasen gegeben[15]:
1) Lateinkenntnisse haben einen wissenschaftlichen Nutzwert, denn sie bedeuten
   – Voraussetzung für manche Studiengebiete,
   – Unabhängigkeit in einer vom Englischen beherrschten Epoche,
   – Verfügung über das Reservoir, aus dem die technologischen Nomenklaturen ergänzt werden,
   – Zeitgewinn im Studium.
2) LU vermittelt Sprach- und Denkschulung, denn
   – er erzieht zu wissenschaftlichen Denk- und Verhaltensstilen,
   – schult problemlösendes Denken,
   – leistet intensive Schulung des muttersprachlichen Ausdrucksvermögens,
   – schult das Denkvermögen anders als die Metasprachen der Mathematik und der naturwissenschaftlichen Fächer, da nicht nur die begrifflichen Momente, sondern auch die inhaltlichen und emotionalen bedacht werden müssen,
   – er erzielt Transferleistungen,
   – verfremdet durch die Andersartigkeit des Lateinischen den muttersprachlichen Denkansatz.
3) LU ist ein Faktor sozial-kompensierender Sprachschulung.
4) Lateinischer Lektüre-Unterricht
   – erzieht zu kritischer Auseinandersetzung mit fremden Denkmodellen im Sinne politischer und sozialer Erziehung,
   – erzieht zu Sachlichkeit und Distanz und widerstrebt damit ideologischen Denkschablonen,
   – erfüllt kulturerschließende Funktionen.

Im wesentlichen zu den gleichen Ergebnissen bei der Überprüfung des durch AU Erreichbaren führen die „Ziele des Latein- und Griechisch-Unterrichts", das offizielle Grundsatzprogramm des DAV.[16]

Jene ersten Reaktionen auf die Herausforderung der Curriculum-Forschung waren eher programmatisch. Die Aussagen orientieren sich zwar an allgemeinen Ergebnissen der Entwicklungs- und Lernpsychologie, müssen aber diese Ergebnisse auf den AU übertragen, ohne daß diese Übertragbarkeit im einzelnen nachgewiesen werden könnte. Die Reihenfolge und Gewichtung der einzelnen Ziele ist gerade bei Clasen noch deutlich von apologetischen Tendenzen bestimmt. Das zeigt sich etwa daran,

---

14 Westphalen, K., AU XVI 4 (1973), 11.
15 MDAV 13, 2/3 (1970), 18–27 = Kollegstufenarbeit I, 26–33 = Didaktik des altsprachlichen Unterrichts (hrsg. von R. Nickel), WdF 461. Darmstadt 1974, 10–22. Vgl. auch das Resümee bei Nickel 1978², 16 f.
16 MDAV 14, 1 (1971), 1 f. Vgl. auch Nickel 1978², 18; Glücklich 1978, 196 ff.

daß der „wissenschaftliche Nutzwert" des LU vorangestellt wird, während doch gerade von daher die Argumentation für einen mehrjährigen LU sehr brüchig wird. Da vor allem die Kenntnisse in Morphologie und Semantik jenen „Nutzwert" erzeugen, kann diese Aufgabe schon von Kurzkursen erfüllt werden. Auffallend gering werden die kulturerschließenden Funktionen des AU im Grundsatzprogramm des DAV bewertet;[17] außerdem vermißt man dort eine hinreichende Begründung für das Nebeneinander von LU und GU.[18]

Die Curriculum-Entwicklung in den Alten Sprachen setzte nach Westphalens Prolegomena zum lateinischen Curriculum[19] mit der Aufstellung einer Lernzieltaxonomie und eines Fachleistungskatalogs für den LU durch den Ausschuß für didaktische Fragen im DAV[20] ein.

Die vier Lernzielstufen „Wissen", „Reorganisation des Gewußten", „Transfer" und „Problemlösendes Denken" werden jeweils durch vier Leistungsbereiche (Inhaltsklassen) abgedeckt. Daraus ergibt sich folgender Katalog[21]:

Leistungsbereich Sprache:
W: Erweiterung der Sprachkompetenz und Abbau von Sprachbarrieren
R: Aktivierung isolierter Kenntnisse in veränderter Sprachsituation (Erkennen von Unbekanntem aus bekannten Elementen im geschlossenen Bereich der lateinischen Sprache)
T: Übertragung gelernten Wissens auf neue Sprachsituationen auch außerhalb der lateinischen Sprache
P: Lösung komplexer Probleme bei der Übersetzung (sprachliche Analyse eines Textes – Synthese durch kreative Nachgestaltung des Textes)

Leistungsbereich Literatur:
W: Erweiterung der Kompetenz im Umgang mit Literatur (im Bereich der Stoffe und im Bereich der Form)
R: Aktivierung isolierter literarischer Kenntnisse an lateinischen Texten
T: Übertragung gelernten Wissens auf literarische Werke, auch außerhalb der lateinischen Literatur

---

17 Lediglich im letzten Abschnitt heißt es: „Endlich trägt die Erfahrung des weitreichenden, bis in die Gegenwart fortwirkenden Einflusses der antiken Sprachen und Kulturleistungen zur Erkenntnis historischer Kontinuität und geistiger Wandlungsprozesse bei". Fuhrmann, M., Gymn. 84 (1977), 247 konstatiert in Hinblick auf den in den Kursentwürfen Latein Sekundarstufe II der Länder Hessen und Niedersachsen weitgehend fehlenden kulturgeschichtlichen Bereich „eine überall bemerkbare Tendenz zu grandioser Einseitigkeit". Dagegen hat Clasen die zentrale Funktion des LU für den Zugang zur europäischen Kultur nachdrücklich betont. Vgl. auch unten S. 254.

18 Es wird lediglich eine kurze deskriptive Differenzierung der beiden Sprachen gegeben. Vgl. auch Nickel 1978², 27 f. und unten Anm. 51.

19 DASIU 19, 1 (1971), 6–14.

20 Materialien zur Curriculum-Entwicklung im Fach Latein. München 1971; Schönberger, O.: Lernziel-Matrix für den Latein-Unterricht. Gerbrunn 1971; MDAV 15, 3 (1972), 1–4. Vgl. auch die grundsätzlichen Überlegungen bei Bayer, K.: L' école machine? In: DASIU 18, 2/3 (1970), 2–11 = MDAV 14, 1 (1971), 3–11; ders.: Curricula in den Alten Sprachen. In: Kollegstufenarbeit I, 7–18; Steinthal, H.: Über Begründung und Bestimmung von Lernzielen, speziell im altsprachlichen Unterricht. In: Kollegstufenarbeit II, 25–30. Zu den Lernzielstufen vgl. auch unten S. 86 und 127.

21 Vereinfacht wiedergegeben; die vier Lernzielstufen sind mit W, R, T, P bezeichnet. – Auf einer Einteilung in fünf Lernzielklassen beruht das System von Mayer, J. A.: Vorarbeiten zur Curriculum-Entwicklung – Modellfall Latein. Stuttgart 1972, 13–35; vgl. dazu auch Nickel 1978², 21 f.

P: Lösung komplexer Probleme bei der Interpretation lateinischer Texte (Aufdeckung der Aussage-Intention eines Autors, Vertiefung des Textverständnisses durch Aufdeckung der historischen, gesellschaftlichen und biographischen Bedingtheiten, Reflexion über die Aussage)

Leistungsbereich Gesellschaft, Staat, Geschichte:
W: Erweiterung des historisch-politischen Weltverständnisses durch Eröffnung einer neuen Dimension
R: Aktivierung isolierter Kenntnisse an geschichtlichen Quellen und politischen Texten der Römer
T: Übertragung gelernten Wissens auf andere soziopolitische Begriffs- und Wertsysteme
P: Anstöße zum Durchdenken komplexer politischer Probleme

Leistungsbereich Grundfragen menschlicher Existenz (Humanismus):
W: Grundlegung und Erweiterung philosophischer Kenntnisse
R: Aktivierung isolierter philosophischer Kenntnisse an lateinischen Texten
T: Übertragung gelernten Wissens auf Grundfragen menschlicher Existenz
P: Anstöße zum Durchdenken komplexer existentieller Fragen

Der Wert dieses Katalogs besteht nicht in der Aufstellung *neuer* Lernziele, sondern in der umfassenden Beschreibung von Fachleistungen.[22] Diese wurden durch eine Lehrerbefragung und durch einen Schülertest validiert, d.h. überprüft und empirisch gesichert.[23]

Der Katalog war jedoch zunächst auf den *kognitiven* Bereich beschränkt. Der für das unterrichtlich-erzieherische Geschehen nicht weniger bedeutsame *affektive* Bereich wird erst in jüngster Zeit systematisch erschlossen, wobei v.a. auch die amerikanische Forschung berücksichtigt wurde.[24]

Auch für den Katalog der affektiven Lernziele werden die Leistungen des LU in die vier, im kognitiven Bereich bewährten[25] Inhaltsklassen gegliedert. Entsprechend den vier Lernzielstufen des kognitiven Bereiches, aber nicht parallel dazu, besteht die affektive Taxonomie aus den vier Stufen
– Beachten von Stimuli (Kenntnisnahme – Aufmerksamkeit – Aufgeschlossenheit)
– Reagieren (beginnende Neugier – Bereitschaft zu bewußter Reaktion – aktive Beteiligung)
– Interesse (Prüfen – Zuordnen – Vergleichen)
– Entscheiden (Werten – Eintreten für eine Entscheidung – Bereitschaft zum Überprüfen von Entscheidungen)

Auf der Grundlage dieser Taxonomie hat der Ausschuß „Lernzieltaxonomie" des DAV ein „Schema zum Aufsuchen affektiver Lernziele" entwickelt[26], das er als Beitrag zur Erhellung der Lernvorgänge im LU, zur größeren Klarheit über die Lernziele und zur weiteren Standortbestimmung dieses Unterrichts in der gegenwärtigen Zieldiskussion versteht.[27]

Damit sind, zunächst für den LU, die Leistungen dieses Faches als eines *multivalenten* Schulfaches katalogisiert, wie sie sich für die unmittelbar Betroffenen, Lehrer und Schüler, darstellen. Dabei muß jedoch berücksichtigt werden, daß hier die Möglichkeiten des Faches im größtmöglichen Umfang aufgelistet sind und daß es

---

22 Nickel 1978², 20.
23 Ausführlich dargestellt bei Bayer, K. (Hrsg.): Lernziele und Fachleistungen. Ein empirischer Ansatz zum Latein-Curriculum. Stuttgart 1973.
24 Vester, H.: Affektive Lernziele in amerikanischer Sicht. In: MDAV 18, 4 (1975), 2–11.
25 Krefeld, H., Gymn. 82 (1975), 280–282.
26 MDAV 19, 1 (1976), 6 f. = Gymn. 84 (1977), 299 ff. Ein zusätzliches „Suchschema" für die Kunstbetrachtung im AU gibt Schönberger, O., MDAV 19, 2 (1976), 10 f. Zum Problem der Operationalisierung affektiver Lernziele vgl. Glücklich 1978, 200 ff.
27 MDAV 19, 1 (1976), 6.

aller wissenschaftlichen Kenntnisse und methodischer Fähigkeiten des Lehrers bedarf, um die genannten Fachleistungen auch in der Unterrichtspraxis zu erzielen und die Lernziele zu erreichen.

Inwieweit diese Leistungen tatsächlich erzielt werden, sucht die Leistungserhebung und Leistungsmessung nachzuweisen. Im affektiven Bereich ist eine solche (bis jetzt) nicht möglich, im kognitiven Bereich bereiten die höheren Lernzielstufen erhebliche Schwierigkeiten.[28] Als allgemeiner Leistungsnachweis darf aber das überlegene Abschneiden der Absolventen altsprachlicher Gymnasien im „Test der akademischen Befähigung" sicher nicht unbeachtet bleiben.[29]

Didaktische Schwerpunkte

Lernziele und Fachleistungen, wie sie in der Curriculum-Arbeit für die Alten Sprachen entwickelt und dargestellt wurden, bedürfen einer breiten Repräsentation des AU im Gesamtcurriculum. Wo diese aus bildungspolitischen und bildungstheoretischen Gründen nicht oder nur unzureichend gewährt wird, versucht man Konzeptionen zu entwerfen, die von verschiedenen Schwerpunkten ausgehend die Lernziele des AU, insbesondere des LU, beschränken oder einseitig gewichten.[30]

Autonomer Sprachunterricht

Autonomer Sprachunterricht stellt die aus den Texten zu gewinnende Struktur der Sprache in den Vordergrund; der Inhalt spielt eine sekundäre Rolle oder kann fast ganz vernachlässigt werden. Dabei werden Modelle der Linguistik für den AU adaptiert.[31] Im allgemeinen wird mit einem bereits vorausgehenden Fremdspra-

---

28 Vgl. dazu den Beitrag von U. Tipp unten S. 122 ff. sowie Maier 1979, 233 ff., bes. 261 ff.

29 Trost, G./Pauels, L./Schneider, B.: Repräsentativerhebung an deutschen Abiturienten. Studienstiftung des Deutschen Volkes. Institut für Test- und Begabungsforschung. Bonn-Bad Godesberg 1976, 33 ff. Vgl. MDAV 20, 1 (1977), 13 f.

30 Nickel 1978², 27 ff. hat in seinem Kapitel „Ökonomisierung" die Schwerpunkte Lesefähigkeit, Sprachunterricht, Textanalyse herausgestellt. Damit sind die drei Schwerpunktbildungen eines AU erfaßt, der in Hinblick auf eingeschränkte Lernziele konzipiert ist. Vgl. auch Maier 1979, bes. 165 ff.

31 Am entschiedensten wird der autonome Sprachunterricht auf linguistischer Grundlage von Beyer, K., AU XVI 2 (1973), 5 – 13 und 14 – 32 vertreten. Vgl. auch den strukturalistischen Ansatz von Drögemüller, H. P.: Latein im Sprachunterricht einer neuen Schule. Stuttgart 1972, besonders 38 ff., der sich aber (S. 14) entschieden gegen einen autonomen Sprachunterricht wendet. Wenn er allerdings (S. 14) ausführt „Zielklassen wie etwa ‚Gesellschaft', ‚Staat', ‚Geschichte', ‚Grundfragen menschlicher Existenz' bedürfen nicht unbedingt einer Beschäftigung mit fremdsprachlichen Texten", so verzichtet er auf Fachleistungen des AU, deren Aufgabe, verbunden mit einer Verkürzung des Lehrgangs, zwangsläufig zu einem autonomen Sprachunterricht führen muß. Im wesentlichen autonomer Sprachunterricht ist auch der Lateinunterricht der Unterstufe bei H. v. Hentig 227 ff. Ausführlich dazu Maier 1979, 39 ff. und 165 ff. Vgl. auch oben S. 28 Anm. 41 und unten S. 83.

chenunterricht gerechnet, so daß der LU³² seine besondere Leistung innerhalb eines sprachlichen Gesamtunterrichts erbringen kann. Ob aber diese besonderen Leistungen des Lateinischen, auf den sprachlichen Bereich beschränkt und in einer an modernen Sprachen entwickelten Linguistik dargeboten, den Lateinunterricht als autonomes Unterrichtsfach auf die Dauer rechtfertigen können, muß bezweifelt werden. Auch sind die Vorzüge eines an linguistischen Modellen orientierten altsprachlichen Grammatikunterrichts gegenüber traditionellen Formen der Darbietung bisher nicht nachgewiesen. Es sei aber nicht bestritten, daß die behutsame Übernahme von Kategorien der Valenz- oder Dependenzgrammatik u.ä. in den Sprachunterricht für bestimmte sprachliche Erscheinungen klärend sein kann.³³

Lektüreunterricht

In Gegensatz zu einem autonomen Sprachunterricht stehen didaktische Konzepte, die sich ganz auf den Lektüreunterricht konzentrieren.³⁴ Der Sprachunterricht dient dabei der Hinführung zur Lektüre³⁵, er orientiert sich an der Sprache der für die Lektüre vorgesehenen Texte.³⁶ Der zusätzliche Informationsgewinn gegenüber der Übersetzung wird zum Kriterium der Originallektüre.³⁷ Diese didaktische Beschränkung auf den Lektüreunterricht verzichtet aber nicht nur auf bestimmte sprachliche Fachleistungen, und reduziert damit die Lernziele im Lernzielbereich Sprache³⁸, sondern kann auch in die Gefahr geraten, die außerhalb der

---

32 GU spielt in diesen Entwürfen eine weniger bedeutende Rolle.

33 Vgl. dazu den Beitrag von H.-J. Glücklich unten S. 222 ff. und die dort genannten Arbeiten von Happ und Dönnges. Ausführlich dazu Maier 1979, 139 ff., bes. 143 ff.

34 Ahrens, E., AU III 1 (1957), 55–71; Röttger, G., AU XIV 5 (1971), 52–71; vgl. unten S. 125.

35 Heilmann, W., AU XIV 5 (1971), 21.

36 Heilmann, W., AU XIV 5 (1971), 30: „Wir müssen z.B. für bestimmte Schriftsteller und Werke, deren Lektüre gewinnbringend erscheint, einen genauen Überblick über grammatische Strukturen, Typen der Wortstellung und der Satzfügung, Wortschatz, notwendige Kenntnisse der Formenlehre bekommen". Daß eine derartige Beschränkung des Sprachunterrichts eine Ausweitung oder gar Revision eines dadurch implizit festgeschriebenen Lektürekanons außerordentlich erschwert, wenn nicht gar unmöglich macht, liegt auf der Hand.

37 Nickel 1978², 30 f. Dort noch weitere Kriterien für Werk- oder Autorenauswahl. Das Problem der Kriterien für die Lektüreauswahl wird ausführlich in Band II im Abschnitt „Lektüreunterricht" dargestellt.

38 So müßte etwa der Erwerb eines sprachlichen Basiswissens für das Erlernen weiterer Fremdsprachen oder für das Verständnis und die Aneignung der internationalen wissenschaftlichen Terminologien (Materialien zur Curriculum-Entwicklung 9) bei einer konsequenten Beschränkung auf Wortschatz, Syntax und Stilistik des für die Lektüre vorgesehenen Textes als Fachleistung wegfallen. Wenn W. Heilmann diese Fachleistung in seinem Katalog MDAV 18, 4 (1975), 13 aufnimmt, dann zeigt er, daß er trotz seiner oben zitierten Äußerungen nicht zu den Vertretern einer monistischen Lektüre-Didaktik zu rechnen ist.

unmittelbaren Textarbeit liegenden Möglichkeiten eines multivalenten AU zu vernachlässigen oder bewußt zu negieren.[39]

Die Konsequenz eines ganz auf die Lektürefähigkeit ausgerichteten Unterrichts ist das erlernen der Alten Sprachen aus originalen Texten. Man kann es als „progressives Analysieren" bezeichnen.[40] Diese Konzeption vertritt R.Eikeboom.[41] Das Unterrichtswerk „redde rationem" basiert auf diesen didaktischen Voraussetzungen.[42]

Textanalyse

Textanalyse als didaktisches Konzept versucht die Einseitigkeit sowohl eines autonomen Sprachunterrichts als auch eines stark am Inhalt orientierten Lektüreunterrichts zu überwinden. Durch Konzentration auf wenige, exemplarisch ausgewählte[43] und intensiv zu erschließende Texte soll ein Optimum an Textreflexion erreicht werden. Als spezifische Arbeitsform gilt das kontrastiv-komparative Verfahren.[44]

Die umfassende Zielsetzung des altsprachlichen Unterrichts

Die oben S. 45 ff. dargestellten Lernziele und Fachleistungen versuchen einen AU zu begründen, der aufgrund seiner Multivalenz ein Maximum an Lernzielen nicht nur im fachspezifischen sprachlich-literarischen Aufgabenfeld, sondern darüber hinaus auch im Bereich der allgemeinen Erziehungsziele abdecken kann.[45] Die

---

39 Vgl. Nickel 1978², 256. Auch W. Heilmanns Formulierung MDAV 18, 4 (1975), 11 „Alle möglichen Fachleistungen des Lateinunterrichts sind nur über das Verstehen von Texten zu erreichen oder stehen in Zusammenhang mit dem Verstehen von Texten" läßt streng genommen für affektive Lernziele, wie sie O. Schönberger für die Kunstbetrachtung im AU in MDAV 19, 2 (1976), 10 f. aufgestellt hat, nur wenig Raum, auch wenn Heilmann (S. 12) betont: „Zwischen Sprachreflexion und Multivalenz des Lateinunterrichts ... besteht kein Gegensatz".

40 Nickel 1978², 31 ff.

41 Rationales Lateinlernen. Göttingen 1970.

42 Besprochen von Nickel, R., AU XIX 3 (1976), 25–36.

43 Zum exemplarischen Unterrichtsprinzip vgl. Gerner, B. (Hrsg.): Das exemplarische Prinzip. WdF XXX. Darmstadt 1974⁵.

44 Nickel 1978², 47. Wir teilen nicht die dort (48) geäußerte Vermutung, daß bei diesem didaktischen Konzept „die Hälfte mehr als das Ganze" sei. Sobald ein Minimum an Breite und damit auch an Orientierung innerhalb des vom Lateinischen geprägten Kulturkreises unterschritten wird, dürfte eine Rechtfertigung des LU als Pflichtfach unmöglich werden. Vgl. auch Fuhrmann, M., Gymn. 84 (1977), 258.

45 Vgl. zuletzt Holk, G., MDAV 21, 3 (1978), 8–15; Burandt, R.: Visualität, analytischer Stil und Systemdenken – Lernziele im AU und zugleich wichtige allgemeine Lernziele. MDAV 21, 4 (1978), 11–15. Konsequenterweise wird daher auch für den AU ein hinreichend breiter Raum für „optimale Wirkungsmöglichkeiten" (14) gefordert.

Didaktik eines multivalenten AU wird repräsentativ vertreten in den Arbeiten von R. Nickel, H.-J. Glücklich, F. Maier sowie im Konzept des Instituts für Schulpädagogik München.

R.Nickel[46] faßt seine didaktische Konzeption in sechs Punkten zusammen:
1) Einschränkung der einseitigen Dominanz der Lernzielorientierung durch eine *dialektische* Inhalt-Ziel-Korrelation. Die Zielbestimmung erhält ihre Bedeutung durch die heuristische Funktion der Ziele bei der Auswahl der Lerninhalte, die ihrerseits jedoch wieder lernzielmodifizierend wirken und auch Lernzielangebote enthalten.
2) Übersetzen und Interpretieren sind die fachspezifischen unterrichtlichen Prozesse. Das gilt auch für die Arbeit an außersprachlichen Gegenständen. Die im AU investierte Leistung wird somit zu einer auf andere Lernsituationen übertragbaren Leistungsfähigkeit. AU ist also *transferorientiert*.[47]
3) Transferorientiertes Übersetzen und Interpretieren sind *kommunikative* Lernprozesse. Das gilt für die Beziehung zwischen Autor und Leser, aber auch für die Reflexion über die Bedingungen, Möglichkeiten und Methoden des Übersetzens und Interpretierens (Meta-Kommunikation) sowie schließlich für die sozialen Arbeitsformen des Unterrichts als kommunikative Akte.
4) Übersetzen ist auf den intensiven methodischen Vergleich von Ausgangs- und Zielsprache angewiesen und damit *kontrastiv-komparativ*.
5) Als *textorientierter* Unterricht hat AU Aussageintention und Aussageform eines Textes als untrennbare Einheit zu betrachten.
6) Zur Entwicklung eines arbeitsteiligen Curriculums ist die Didaktik des AU auf die Zusammenarbeit mit anderen Fachdidaktiken angewiesen, ist also *kooperativ*, und hat die jeweils fachspezifischen Möglichkeiten optimal zu realisieren.

H.-J. Glücklich zeigt am Beispiel des Lateinunterrichts die Multivalenz eines AU auf.[48] Die zentrale Arbeitsform des Interpretierens intendiert folgende allgemeine Lernziele (S. 17 f.):
— durch die Vielzahl der angewendeten Interpretationsmethoden Erkenntnis immer neuer Aspekte des im Text dargestellten Gegenstandes und des im Unterricht behandelten Themas;
— Entwicklung eines hermeneutischen Bewußtseins durch Erkenntnis der Bindung interpretatorischer Urteile an wechselnde, mannigfache soziokulturelle Bedingungen und individuelle Interessen;
— Entwicklung der Fähigkeit zu einer differenzierten Beurteilung von Texten und Textteilen.

Voraussetzung für die Interpretation sind Kenntnisse auf dem Gebiet der Pragmatik (S. 24 ff.)[49] wie römische Topographie, wichtige Daten der griechisch-römischen Antike, die römische Gesellschaftsstruktur, römische Grundwerte, römische Religion, römische Lebensführung und Berufsmöglichkeiten, das Verhältnis der Römer zu den Griechen usw. Die Berücksichtigung der Rezeptionsgeschichte (S. 33 ff.) zeigt vor allem Parallelen und Aktualitäten auf und damit eine „partielle Isomorphie menschlichen Denkens und Verhaltens" (S. 35). Die Multivalenz zeigt sich im Lektüreunterricht in der „Einführung in eine Kultur, die in vielen Bereichen Grundlage späterer Kulturen geworden ist, z.B. in Politik, Rhetorik, Architektur und Literatur" (S. 141). Daß dabei die Kooperation mit anderen Unterrichtsfächern anzustreben ist (S. 167 ff.), unterstreicht nur die Mannigfaltigkeit der Fachleistungen des AU.

---

46 Die Alten Sprachen in der Schule. Kiel 1974[1]. Frankfurt 1978[2]. Vgl. auch Gruber, J.: Umrisse einer neuen Didaktik. In: Gymn. 82 (1975), 353—357. — Das folgende Referat hält sich an Nickels Formulierungen 8 ff.
47 Vgl. dazu den Beitrag von H. Keulen unten S. 70 ff.
48 Lateinunterricht. Didaktik und Methodik. Göttingen 1978.
49 Vgl. auch Nickel 1978[2], 106 ff.

Die fachdidaktische Arbeit des Instituts für Schulpädagogik München findet ihren Niederschlag außer in den schon veröffentlichten Lehrplänen auch in den sog. Handreichungen.[50] Die Multivalenz des ISP-Konzepts zeigt sich schon deutlich in den Richtzielen[51]:
- Kenntnis der lateinischen Sprache,
- Fähigkeit zur Sprach- und Textreflexion,
- Einblick in die antike Kultur und ihr Fortwirken,
- allgemeine Studierfähigkeit.

Neben dem eigentlichen sprachlich-literarischen Aufgabenfeld wurde von Anfang an der kulturellen Fortwirkung der Antike besondere Aufmerksamkeit geschenkt.[52]

Latein und Griechisch als Schlüsselfächer

Aus der Multivalenz des AU folgt, daß jede monistische Didaktik des AU wesentliche Fachleistungen unberücksichtigt läßt, die Fächer Latein und Griechisch damit unzureichend begründet und ihre Position im Gesamtcurriculum schwächt. Die multivalente Begründung des AU hält diesen dagegen offen für gesellschaftliche Veränderungen[53], für Revisionen des Lehrplans sowie für neue Formen der Unterrichtsorganisation.

Eine Didaktik, welche die Vielzahl der Fachleistungen des AU konsequent berücksichtigt, versteht

- Lateinunterricht als den Unterricht, der dem Lernenden die Bedingungen seiner eigenen Umwelt und Kultur erschließt, soweit sie vom Lateinischen bestimmt ist[54], d.h.

    Latein als Schlüsselfach zur europäischen Kultur,

---

50 Handreichungen für den Latein- und Griechischunterricht in der Kollegstufe, 2. Folge 1972; Lateinunterricht in der Kollegstufe, 3. Folge, Band I, 1976; Band II, 1977. Griechischunterricht in der Kollegstufe, 3. Folge 1974; 4. Folge 1977. Vgl. außerdem: Kollegstufenarbeit in den Alten Sprachen I, 1971; II, 1976 sowie Maier 1979, bes. 100 ff.

51 KMBl. I So. Nr. 11/1978, 334 (Curricularer Lehrplan für Latein als erste Fremdsprache in den Jahrgangsstufen 7 und 8). Ähnlich lauten die Richtziele für den GU (Handreichung, 3. Folge, 14). Zum eigenständigen Profil des GU gegenüber dem LU vgl. unten S. 181 ff. sowie die einschlägigen Beiträge in Band II.

52 Koch, F. in: Kollegstufenarbeit I 60 f. Die Handreichung für den GU, 3. Folge, 12 spricht ausdrücklich vom „Sichtbarmachen der kulturellen Kontinuität" wie auch der „kulturellen Diskontinuität".

53 Ein in den letzten Jahren zunehmendes Interesse „der Gesellschaft" für Geschichte und Kultur zeigt sich z.B. deutlich in den Besuchermassen bei Ausstellungen wie „Das neue Bild der alten Welt", „Echnaton", „Römische Paraderüstungen", „Die Staufer", „Karl IV" oder in den Verkaufserfolgen der einschlägigen Sachbücher. Die Bildungstheorie, die sonst die Bedürfnisse der Gesellschaft so genau zu kennen vorgibt, nimmt dieses Faktum nicht zur Kenntnis. Umso nachdrücklicher muß eine Didaktik des AU darauf hinweisen.

54 Vgl. auch Fuhrmann, M.: Latein als Schlüsselfach der europäischen Tradition. In: Alte Sprachen in der Krise? Stuttgart 1976, 68 f.; Nickel, R.: Bildung und Sprache. M. F. Quintilianus und die Erziehungswissenschaft. Eine Curriculumsequenz für die Sekundarstufe II. Würzburg 1976, 7. Die neugestalteten Übungsbücher „Cursus Latinus" und „Roma" verfolgen das gleiche didaktische Prinzip durch Textauswahl über den traditionellen Kanon der Schulschriftsteller hinaus, durch Sacherklärungen und Integration des Bildmaterials. Vgl. zur Gestaltung der Übungsbücher den Beitrag von G. Wojaczek unten 250 ff., zum „Cursus Latinus" Kracker, D., AU XXI 4 (1978), 77 – 93, zu „Roma" Fink, G., AU XXI 4 (1978), 38 – 54.

— Griechischunterricht als den Unterricht, der dem Lernenden einen unmittelbaren Zugang zu den Anfängen und Elementen europäischen Denkens erschließt[55], d. h.

Griechisch als Schlüsselfach zum europäischen Denken.

— Griechischunterricht als den Unterricht, der dem Lernenden einen unmittelbaren Zugang zu den Anfängen und Elementen europäischen Denkens erschließt[55], d.h.

Griechisch als Schlüsselfach zum europäischen Denken.

Voraussetzung für die Erfüllung solch umfangreicher Lernziele bleibt aber letztlich der entsprechende zeitliche Freiraum. Noch so gut begründete didaktische Konzeptionen können durch bildungspolitische Entscheidungen in Frage gestellt werden.

Abgekürzt zitierte Literatur

DEUTSCHER ALTPHILOLOGEN–VERBAND: Materialien zur Curriculum-Entwicklung im Fach Latein, hrsg. von K. BAYER. München 1971.
BAYER, K. / WESTPHALEN, K. (Hrsg.): Kollegstufenarbeit in den Alten Sprachen I. München 1971.
GLÜCKLICH, H.-J.: Lateinunterricht. Didaktik und Methodik. Kleine Vandenhoek-Reihe 1446. Göttingen 1978.
HAPP, E. / MAIER, F. (Hrsg.): Kollegstufenarbeit in den Alten Sprachen II. München 1976.
HENTIG, H. v.: Platonisches Lehren I. Stuttgart 1966.
NICKEL, R.: Die Alten Sprachen in der Schule. IPTS-Schriften 3. Kiel 1974; Frankfurt 1978[2].
MAIER, F.: Lateinunterricht zwischen Tradition und Fortschritt I. Bamberg 1979.
ROBINSOHN, S. B.: Bildungsreform als Revision des Curriculum. Neuwied 1967[1] (1972[4]) = Erziehung als Wissenschaft. Stuttgart 1973, 110 – 181.
STAATSINSTITUT FÜR SCHULPÄDAGOGIK: Kollegstufenarbeit in den Alten Sprachen (I). München 1971. II. München 1976.

---

55 Kannicht, R., Gymn. 84 (1977), 264 ff.

Richard Willer
Motivation im altsprachlichen Unterricht am Beispiel Latein

Die schulische Motivation – Begriffsbestimmung

Die Alten Sprachen als „tote" Sprachen stehen naturgemäß in einem schwierigen Konkurrenzverhältnis zu den „lebenden", den „nützlichen" Sprachen. Deshalb ist gerade hier die Motivation der Schüler von entscheidender Bedeutung, einmal für die Wahl dieser Sprachen überhaupt und dann für die Anziehung, die Latein und Griechisch im schulischen Dasein des Schülers ausüben, so daß er diese Fächer schließlich bis zum Abitur beibehält.[1]

Motivation ist das Gesamt der wirkenden Kräfte, die das Individuum veranlassen, einen vorhandenen oder erzeugten Erwartungszustand (intentionale Spannung) durch einen Lernvorgang auszugleichen. Dabei kommt die Motivation aus dem Individuum selbst *(intrinsische* oder *Primärmotivation)* oder von außen *(extrinsische* oder *Sekundärmotivation).* „Ein Schüler ist z. B. für Latein motiviert, wenn er an den Inhalten Gefallen findet, wenn ihm das Eindringen in die Welt der Römer Befriedigung verschafft. Sekundäre Motivation für das Fach Latein ließe sich stellvertretend durch das Latinum darstellen, das einen Berechtigungsnachweis für heterogene Zwecke, z. B. für das neusprachliche Studium erbringt. Aber auch vermehrte Lernbereitschaft für einen beliebten Lehrer, fächerübergreifender Ehrgeiz, gute Noten zu schreiben, Furcht vor der Enttäuschung und Strafe der Eltern . . ., das sind Formen extrinsischer Motivation."[2] In der schulischen Realität sind die beiden Motivationsarten schwer zu trennen, da ein Anstoß von außen oft eine intrinsische Motivation erst auslöst, etwa wenn ein guter Lehrer oder gute Noten Interesse an bestimmten Stoffen wecken.

Kind, Schule und *Lernen* sind die Bereiche, in denen die Motivation ihre Wirkung entfaltet. Wirkende Kräfte der Motivation beim *Kind* sind[3]:

---

1 Westphalen 9: „Die Krise des Lateinunterrichts beruht nicht auf dem Effektivitätsproblem, sondern auf dem Motivationsproblem." Das gilt ebenso für den Griechischunterricht.
2 Westphalen 8.
3 Nach Schiefele 161.

1. Tätigsein, Spielen, Werken
2. Erlebnishunger, Neugier, Interesse
3. Geltung und Erfolg
4. Miteinandersein und -tun, sozialer Situationsdruck[4], Liebe zu jemand.

Der *Lehrer* spielt als Bezugsperson eine erhebliche Rolle. Je jünger der Lernende, um so stärker ist seine Lernbereitschaft nicht nur von sachlichen Interessen, sondern von der Person des Lehrenden bestimmt.[5] Dagegen ist die *Schule* selbst bei Motivationsvorgängen eher hinderlich, „da dort auf originäre Bedürfnisse als Lernanlässe kaum zurückgegriffen werden kann"[6].

Das *Lernen* selbst wird nur dann fruchtbar und erfolgreich, wenn es aus echten Bedürfnissen entsteht.[7] Für den Lerninhalt ergeben sich die Grundforderungen des „humanen Akzents"[8] sowie des aristotelischen $\vartheta\alpha\upsilon\mu\acute{\alpha}\zeta\epsilon\iota\nu$.[9] Es versteht sich von selbst, daß gerade der altsprachliche Unterricht diesen Forderungen entgegenkommen kann.

Im Rahmen der vorliegenden Arbeit kann ein Teil der vorgenannten Motivationen unberücksichtigt bleiben, weil sie entweder für jedes Lernen in einem Fach gelten oder nicht „manipulierbar" im positiven Sinne sind. Hier wären zu nennen die Funktionen von Geltung, Erfolg, Arbeiten in einer Gruppe, Ehrgeiz, Lob und Tadel, pädagogische und methodische Fähigkeiten des Lehrers, Noten, Zensuren und Prüfungen, also im Grunde der Bereich der extrinsischen Motivationen. Nur die fachspezifischen Motivationen werden am Beispiel des Lateinunterrichts behandelt.

Voraussetzungen im Bereich des Lateinunterrichts

Latein hat mit besonderen *Schwierigkeiten* zu kämpfen. Sein Ruf als „schweres Fach" verhindert leicht, daß es gewählt wird, und die „Speisekarten-Schule"[10] ermöglicht es, Latein so rasch wie möglich abzuwählen, obwohl es objektiv gesehen eher „erlernbar" ist als die wesentlich mehr begabungsabhängigen modernen Fremdsprachen. Gründe für die fehlende Motivation sind nach Westphalen (11): „der hohe Anspruch des Lateinischen an Genauigkeit und problemlösendes Denken, die Entrücktheit der Antike, das Verblassen ihrer Bilder, der Verlust des historischen Sinnes, die entwicklungspsychologischen Schwierigkeiten". Vor allem aber gilt Latein als Lernfach, und Lernen gehört sicherlich nicht

---

4   Die sozialen Motive wie „Ehrgeiz, Beliebtheit, Rivalisation, Geltung und Machtbedürfnisse" heben Haseloff/Jorswick 154 hervor.
5   Haseloff/Jorswick 60.
6   Haseloff/Jorswick 54.
7   Vgl. Engelmayr 58; Schiefele 75; Haseloff/Jorswick 60.
8   Schiefele 153.
9   Schiefele 142: „Es sind die Qualitäten des Wunderbaren und Verwunderlichen, des Unerwarteten und Erstaunlichen, Niegehörten, Rätselhaften und Seltsamen, die der Schüler den Gegenständen verleiht, die ihm so entgegentreten."
10 Fuhrmann 12.

zu den Primärbedürfnissen des Kindes. Dazu kommt noch die bekannte Frage nach dem Nutzen: „Wozu lernt man Latein?" Damit ist als Grundvoraussetzung jeden Motivierens gegeben, dem Kind, aber auch den Eltern immer wieder zu zeigen, daß Latein weder besonders schwierig ist, noch ein Übermaß an Lernen erfordert, und daß es schließlich ein Fach ist, das dem einzelnen für sich und als Glied der Gesellschaft nützt.

Weiterhin ist eine wichtige Voraussetzung für den Ansatz der Motivation der *Beginn des Lateinunterrichts* und damit die schulischen Vorgegebenheiten. Die günstigsten Voraussetzungen für die Motivation liegen vor, wenn Latein die erste Fremdsprache ist. Reitzamer (389) sagt für den Übergang von der Grundschule zum Gymnasium: „Das normale Kind lernt leicht, es prägt sich das Aufgenommene dauerhaft ein; es kann Gehörtes getreu wiedergeben und Erlebtes farbig erzählen; die Belastbarkeit mit geistiger Arbeit ist auf dieser Stufe erheblich überdurchschnittlich; die Bereitschaft zum Wetteifer und der Ehrgeiz sind groß." Das Kind ist neugierig und stolz und freut sich, Neues und Anspruchsvolleres lernen zu dürfen. Ganz anders ist die Lage bei L 2, beginnend meistens in der 7. Jahrgangsstufe. Der Schüler kennt den Lernbetrieb der Schule, er hat weitgehend die Lust zu lernen verloren. „Alle pädagogischen Kniffe *können* letzten Endes versagen, da hinter ihnen die Anforderung steht zu lernen, also etwas primär Unbequemes zu tun."[11] Bei einem noch späteren Lernbeginn (L 3) ändert sich die Lage zum Positiven hin, weil der Schüler schon älter ist und motivierende Gründe hat (z. B. Latinum), jetzt noch Latein zu wählen. So werden die größten Schwierigkeiten für einen motivierenden Lateinunterricht bei der Mittelstufe und den 12- bis 16jährigen Schülern liegen.

Der Ansatz der Motivation ist also stark abhängig von den *entwicklungspsychologischen Voraussetzungen* bei den 10- bis 20jährigen. In der 5. und 6. Jahrgangsstufe ist die Neugierde, der Wunsch, Neues kennenzulernen, das Interesse an der Sache groß, das Sachgedächtnis ist gut entwickelt. Die 7. und 8. Jahrgangsstufe, in die heute der Schwerpunkt der Pubertätsentwicklung fällt, ist eine Phase der Unsicherheit, oft der Unlust, des Übergangs von der Welt des Realen in die Bereiche der Abstraktion. Für die Zeit von der Mitte der 8. bis zum Ende der 9. Jahrgangsstufe gilt folgende Charakteristik[12]: Abnehmendes Sachgedächtnis; Zunahme des abstrakten, formallogischen Denkens; allmähliche Entdeckung der eigenen Innenwelt und beginnendes Streben nach Selbständigkeit und eigener wertender Stellungnahme; Interesse für die Dinge an sich, für Fakten und deren Einbettung in Entwicklungslinien (durchaus nicht immer gegenwarts- oder gesellschaftsbezogen; vgl. die Vorliebe für historische Jugendlexika, das liebevolle Ausgestalten von Sachheften). Psychologische Voraussetzungen in der 9. – 11. Jahrgangsstufe sind dagegen (nach Maier): Vorherrschen des Sinngedächtnisses, Erwachen des theoretischen Gedächtnisses; weiter zunehmende Neigung, sich mit abstrakten Sachverhalten zu beschäftigen; beginnende Fähigkeit, eigene Fragen zu stellen und Kritik zu üben; Bereitschaft, sich mit dem Rollenverhalten der unmittelbaren Umgebung und mit den Kultur-

---

11 Westphalen 7. Zu den lernpsychologischen Voraussetzungen bei L 1, L 2 und L 3 vgl. auch unten S. 170 ff.

12 Maier, Interpretationsebenen 367.

normen und Wertvorstellungen der weiteren Umgebung auseinanderzusetzen; Lösung aus den bisherigen Bindungen; Interesse für das Erfassen von Sinnzusammenhängen und Problemen (allerdings müssen sie in überschaubaren Komplexen aufgezeigt werden). Für die 12. – 13. Jahrgangsstufe sind bestimmend: Vorherrschen des theoretischen Gedächtnisses (Abstrahieren, Kombinieren, Schließen, Urteilen); Streben nach einem tieferen Eindringen in Abstraktionen und komplexe Denkformen; Interesse für das Erfassen größerer Problemstellungen, aber auch für „praktische Erkenntnisse"[13]; Streben nach Erkenntnis der (zuweilen axiomatischen) Vorbedingungen der Wirklichkeit und der sie konstituierenden Systeme; zunehmende Wertempfänglichkeit und Bereitschaft, Verantwortung im engeren und im weiteren Bereich zu übernehmen; Entwicklung eines kritischen Realismus.

Es ist selbstverständlich, daß bei der Wahl von Stoffen und Methoden im Sprach- und Lektüreunterricht von diesen Voraussetzungen ausgegangen werden muß. Dabei ist allerdings zu bedenken, daß innerhalb einer Jahrgangsstufe der jeweilige Entwicklungsgrad der einzelnen Schüler höchst verschieden sein kann.

Die Motivation im Lateinunterricht

Wenn sich auch in vielen Bereichen die Motivationselemente überschneiden (Lehrer und Methodik oder Methodik und Unterrichtsmedien z. B. lassen sich oft kaum trennen), so wird doch eine Einteilung nach folgenden Gesichtspunkten gewählt: Der Lehrer – die Sprache – der Stoff – die Methode – die Unterrichtsmedien – Motivation von außerhalb der Schule.

Der Lehrer: Gerade im Lateinunterricht ist der Lehrer der entscheidende Motor jeder Motivation. Die Lehrerpersönlichkeit sollte nicht die Karikatur des Oberlehrers verwirklichen, sondern mit ihrer Art dem Klischee von Latein als einer verstaubten, unlustigen und sehr schwierigen Sache entgegentreten. Westphalen (16) weist darauf hin, daß immer mehr Lateinlehrer ein modernes Beifach wählen. Ein Lateinlehrer, der noch Englisch, Sport, Erdkunde oder Sozialkunde gibt, zeigt, daß er zumindest mit einem Bein in der „heutigen Wirklichkeit" steht. Ist der Lateinlehrer ein guter Fußballer oder Skifahrer, versteht er etwas von Technik, so motiviert er mittelbar für sein Fach. „Es muß die Kunst des Lehrers sein, jedes Fach und jeden Gegenstand an das Motivsystem des Schülers so anzuschließen, daß er es als neue Möglichkeit der Weltbewältigung und der Selbstentfaltung erleben kann."[14] Gerade hier liegen entscheidende Möglichkeiten für das Fach Latein in seiner Stellung in einem modernen Curriculum. Eine weitere wichtige Aufgabe des Lateinlehrers ist es, vor allem im Anfangsunterricht bei der Schwierigkeit des Lateins als nichtgermanischer Sprache immer wieder den Schüler durch Anerkennung zu ermutigen, ihm seine Erfolge rückzumelden und damit seine Freude am Fach aufrechtzuerhalten.

---

13 E. Spranger, zitiert bei Maier, Interpretationsebenen, 367.
14 Engelmayr 86.

Die Sprache: Die Sprache selbst bietet Möglichkeiten der Motivation. In allen Altersstufen ist Latein durch seine Übersichtlichkeit, seine Strukturen und durch den Wegfall des Zwanges, die Sprache sprechen zu müssen, ein vorzüglicher Einstieg in den Bereich der Sprachtheorie und der Sprachphilosophie. Latein bietet aber auch praktische Hilfen. Dem Anfänger in L 1 und L 2 wird eine Unzahl von Fremdwörtern und Fachausdrücken verständlich, er lernt das Gefüge der lateinischen Zahlen kennen, wie auch die Stämme vieler englischen Vokabeln. Immer wieder wird im Unterricht dem Schüler das Wesen von Sprache am einfachen Modell deutlich, im Gegenbild lernt er die Struktur der eigenen Sprache oder der heutigen Fremdsprachen genauer kennen. Voraussetzung ist dabei aber, daß der Lehrer im Unterricht vorkommende Erscheinungen auswertet oder – noch besser – auswerten läßt und beim Schüler den für den Erkenntnistrieb so wichtigen „Aha-Effekt" auslöst. O. Schönberger[15], der gerade für diesen Bereich zahlreiche Beispiele und Möglichkeiten zeigt, weist ferner hin auf die vor allem für die Mittel- und Oberstufe wichtige Funktion des Lateinischen für das Verständnis als „Ausdruck eines die Welt ordnenden und wiedergebenden Geistes". Dem Schüler der Mittel- und Oberstufe kann damit das Lateinische in seiner Bedeutung für wissenschaftliche Propädeutik und Sprachphilosophie aus einem neuen Blickwinkel interessant werden. Überhaupt empfiehlt sich in diesem Zusammenhang gegen Ende der Mittelstufe und in der Oberstufe einmal zu referieren oder referieren zu lassen über das Thema „Wozu Latein?"[16]. Eine gewisse Motivation kann auch gerade in der Schwierigkeit des Lateinischen als anders strukturierter Sprache liegen. „Die Schwierigkeit einer Tätigkeit ist das Motiv für eine stärkere Willensanspannung, bzw. Aufmerksamkeitskonzentration in dem Sinne, daß mit der Schwierigkeitssteigerung die Willensanspannung triebartig zunimmt."[17] Der Stolz auf die Überwindung einer solchen Schwierigkeit motiviert schon den Anfänger, wie gerade in der 5. Jahrgangsstufe beobachtet werden kann.

Der Stoff: Vor allem bei dem verwendeten Stoff ist Altersstufe und Interessenlage des Schülers von größter Bedeutung, wenn die intentionale Spannung zwischen der Sache und dem Lernenden erzeugt werden soll. Voraussetzung ist also, daß der Schüler sich vom Stoff angezogen fühlt. Neugierde im Wortsinn ist das Hauptagens der Motivation. Den Bereich bestimmt Schiefele (154) näher durch den Begriff des „humanen Akzents": „Das Prinzip der humanen Akzentuierung fordert also Gegebenheiten und Sachverhalte in Zusammenhang mit dem Menschen zu bringen, genauer sie in ihrer menschlichen Bedeutsamkeit vor den Schüler zu bringen." Diese Forderung an den Stoff kann Latein geradezu vorzüglich erfüllen, sowohl im Sprach- wie im Lektüreunterricht, soweit beide sich heute noch trennen lassen.

Die 5. und 6. Jahrgangsstufe ist in hervorragendem Maß die Zeit der Neugier. Deren Ziel ist weitgehend das Konkret-Humane und das „Wunderbare" der Sage und des Märchens, das „Überraschende" der Anekdote. Gute Hinweise

---

15 Motivation 7.

16 Eine gute Quelle dafür ist Clasen, A.: Wozu Latein? In: MDAV 13, 2/3 1970, 18 ff.; vgl. oben S. 45.

17 Ach 34.

geben hier Stoffe paralleler moderner deutscher Sprachbücher. Zum Realen sagt Steinthal (58): „Ein primärer Anreiz zu sprachlicher Arbeit und zum Erlernen einer Sprache geht nur von den Sachverhalten aus." Der Bereich dieser Sachverhalte soll „aus der konkreten Situation der Klasse und ihrer Umgebung kommen". Dies wird durch die . . . „in unserem Lateinunterricht selbstverständliche Forderung, so früh wie möglich auch reichlich antike Sachverhalte in den Unterricht hereinzubringen" ergänzt. Beim Stoff ist also darauf zu achten, daß im Vordergrund die Inhalte, nicht die zu erlernenden sprachlichen Dinge stehen müssen. „Die Sachverhalte bestimmen den *Ausgangspunkt,* die Grammatikpensen den (besser: einen) Zielpunkt der Arbeit."[18] Geradezu selbstverständlich ist, daß kindfremde und der Altersstufe unangemessene Inhalte wegfallen müssen („der fleißige Schüler" − „der fromme Landmann").[19] Dies gilt zweifellos auch noch für den Bereich der Jahrgangsstufen 7 − 10.

Für die *7. und 8. Jahrgangsstufe* in L 1, teilweise auch für das zu diesem Zeitpunkt neu einsetzende L 2 bietet sich in erster Linie Anekdotisches aus der Antike an, und jetzt auch Ereignisse aus der römischen Geschichte (Parallele zum einsetzenden Geschichtsunterricht), soweit sie anekdotischen Charakter haben. Weiterhin haben hier abenteuerhafte Einzelereignisse (etwa aus Caesar, Nepos oder Curtius Rufus) durchaus ihren Platz. Dabei ist aber auf Spannung zu achten. In L 2 hat selbstverständlich weiterhin das Reale, der römische Alltag, seinen bevorzugten Platz. Gerade dort muß das Prinzip des „Erstaunlichen, des Unbekannten", das Kennenlernen einer neuen Welt und anderen Lebensweise den Schüler locken. Auch hier steht der Stoff, nicht die Sprachlehre im Vordergrund. Hinzuweisen ist auf die Erfolge der Cambridge Classics Projects, die in ihrem non-linguistic Classic Foundation Course, einer Art Vorbereitungskurs, in der Altersstufe 11 − 13 durch die Hereinnahme antiker Stoffe mit den verschiedensten Methoden von Erzählungen bis zum Modellbau eines römischen Lagers die Schüler für die Wahl Alter Sprachen motivieren, die dort erst ab der Altersstufe 14 möglich ist. „. . . daß sie dorthin finden, hat die englische Erfahrung gezeigt. Sie wollen oft von sich aus die Texte im Original lesen können, woraus die Stoffe stammen, mit denen sie umgegangen sind. Man spricht von 5 Prozent der Schüler (5 Prozent aller Schüler Großbritanniens)."[20] Hier bestehen vor allem Möglichkeiten für L 2, wenn ein Lateinlehrer in der Jahrgangsstufe 5 oder 6 Deutsch oder Englisch gibt.

Die *Jahrgangsstufen 9−11* sind im ganzen bereits durch die Lektüre von Originaltexten bestimmt. Der Schüler erwartet nun, die Mühen der Spracherlernung belohnt zu sehen; er muß aber meist feststellen, daß an eine „Lektüre", an ein flüssiges Lesen der Originaltexte, das ihm als Ziel vor Augen gestellt wurde, nicht zu denken ist. Dieses jede Motivation beeinträchtigende Problem ist nur von der

---

18 Steinthal 57.
19 Vgl. auch Westphalen 18 f.
20 Wülfing/Binder bei Gruber/Maier 163; vgl. auch oben S. 41.

Methodik her (siehe dort) zu lösen. Hier gilt auch: „Eine Sprache ... läßt sich nicht als abstraktes System erlernen, sondern in Handlungssituationen. Beim Erlernen einer toten Sprache müssen diese Handlungssituationen durch Texte ersetzt werden, die lebensnah und inhaltlich bedeutsam sind. Nur so beschaffene Texte können den Schüler dazu motivieren, daß er fast unvermerkt die Mühe der Spracherlernung auf sich nimmt."[21] Stoffwahl ist jetzt bereits identisch mit der Wahl der Einzellektüre und der Auswahl aus ihr. Soll diese motivierend wirken, muß sie von der Interessenlage und dem entwicklungspsychologischen Zustand des Schülers her erfolgen, zumal die Stoffwahl noch nicht vom Thema her bestimmt wird wie in der Kollegstufe. In dieser Altersstufe beginnt der Schüler sich kritisch mit seiner Umwelt, mit Problemen, Normen und Wertvorstellungen auseinanderzusetzen. So müssen hier Stoffe geboten werden, die den Schüler zur Auseinandersetzung herausfordern, ohne in ihrer Problematik zu kompliziert zu sein. Das problemlösende Denken will jetzt gefördert werden. Der Lehrer darf nicht den Ablauf der Ereignisse in Caesars „Bellum Gallicum" in den Vordergrund rücken, sondern muß — in einfacher Form — Themen wie „Römischer Imperialismus und gallischer Widerstand" oder „Welche Blickrichtung will Caesar dem römischen Adressaten aufdrängen?", „Welche Mittel verwendet er?", „Seine Motive?", „Wie stellen wir uns zu den Vorgängen?" als Leitfragen über den gelesenen Text setzen. Sallusts Catilina, die Cena Trimalchionis des Petron, Catulls Gedichte, Vagantenlieder bieten hier der Altersstufe gemäße Problematik. Alle Stoffe müssen persönliche oder gesellschaftlich-politische Aktualisierung ermöglichen. Vom Literarischen oder Historisierenden her bestimmte Stoffwahl motiviert nicht. Zweifellos ist in diesem Bereich deshalb das Heranziehen von — vor allem thematisch geordneten — Lesebüchern der Lektüre von Einzelschriften vorzuziehen, die ja doch entweder als Schulausgaben selbst schon auswählen oder wegen ihres Umfanges den Lehrer zur Auswahl zwingen. Dabei muß nun besonders auf die 11. Jahrgangsstufe, den Bereich der 18jährigen, heute bereits Mündigen, geachtet werden, weil hier die Weiterwahl von Latein entschieden wird. Jetzt hat zweifellos die Philosophie in ihren Grundproblemen, das Analysieren antiker Werte im Vergleich mit solchen der Jetztzeit seinen besonderen Platz. Die Satire im Bereich menschlicher Werte wie als Gesellschaftskritik wird bevorzugt; fast durchwegs abgelehnt werden Reden und rhetorische Probleme. Besonders wichtig ist der Aktualitätsbezug des Stoffes. Hier sei auch die Frage der Stoffwahl für Mädchen oder Jungen angeschnitten; denn Mädchen bevorzugen im allgemeinen Stoffe, die das gewöhnliche Leben, den Alltag schildern. Für sie kommt die Briefliteratur (Cicero, Plinius) in Frage; aber auch Lyrik (Catull, Horaz) wird gern gelesen.

In der *Kollegstufe* ist der Soff meist weitgehend in den Curricula mit zugehörigen Stoffplänen und Handreichungen oft bis zur Auswahl einzelner Stellen vorgeschrieben; trotzdem hat der Lehrer die Möglichkeit, eine gewisse Auswahl von Stellen zu treffen, die die Kollegiaten besonders ansprechen. Dies kann, da wegen des oft einheitlichen Abiturs größere Abweichungen nicht möglich sind, erst die Erfahrung des Kursleiters in jedem einzelnen Fall entscheiden. Wichtig ist vor allem die Stoffwahl bei den Grundkursen, weil Kollegiaten, die Lateinleistungs-

---

21 Matthiessen bei Gruber/Maier 38.

kurse gewählt haben, in irgendeiner Form von vorne herein motiviert sein werden und die Curricula, deren Auswahl ja nicht zuletzt mit Hilfe von Schülerumfragen getroffen wurde, schon bei ihrer Wahl kennengelernt haben.

Die Methode

Grundsätzliches

Hier muß zunächst festgehalten werden, daß die Methode primär das sichere und erfolgreiche Erlernen der lateinischen Sprache und die Übersetzungsfähigkeit zum Ziel hat; erst in zweiter Linie darf sich die Methodik nach der Motivation ausrichten. Neugierde, Interesse (affektive Spannung), Mittätigkeit und Erfolgserlebnisse des Schülers sind dabei die entscheidenden Motivationselemente. Für die sekundäre Motivation nennt Westphalen (11) folgende vier Klassen:

1. Leistungsmotivation
2. Erfolgsmotivation
3. Verstärkung
4. Motivation durch Identifizierung (Mitbestimmung des Schülers bei Stoffwahl und Methode).

Als entscheidend für die *Leistungsmotivation* kann man den „hohen Anspruch des Lateinischen an die vierte und höchste der Lernzielstufen (problemlösendes Denken)"[22] bezeichnen. Die *Erfolgsmotivation* zielt auf das menschliche Grundbedürfnis des Erfolgserlebnisses[23], wobei der optimale Lernerfolg durch die Methodik erzielt werden muß.[24] Eng mit dem Erfolgserlebnis ist die *Verstärkung der Motivation* (reinforcement) verbunden. „Lob – wenig Tadel – kein Sarkasmus"[25] sind die methodischen Grundforderungen. Dabei sollte allerdings das Erfolgserlebnis nicht durch eine manipulierte Leistungsmessung (unverdient gute Noten) erzielt werden, weil dies auf Kosten des Grundziels der Methodik (Erlernen der Sprache) ginge; doch müssen auch die gestellten Hausaufgaben so gestaltet sein, daß sie im Normalfall „erfolg"-reich gelöst werden können. Zur *Motivation durch Identifikation* wird dem Schüler, soweit es vom Erreichen der Lernziele her möglich ist, Mitspracherecht bei Stoff, Thema und Gestaltung des Unterrichts eingeräumt; ferner muß der Lehrer immer wieder die Lernziele klar umreißen. Dazu gehört auch, daß der Schüler stets am Gesamtunterricht beteiligt ist, daß er so oft wie möglich zum Sprechen kommt; als passiver Unterrichtsteilnehmer nämlich hat er nur geringen Erfolg.[26]

---

22 Westphalen 12; vgl. auch oben S. 46 f.
23 Engelmayr 10.
24 Schiefele 125.
25 Westphalen 12. Vgl. auch unten S. 267.
26 „Es ist erwiesen, daß die Apperzeptions- und Auffassungskapazität des nur akustisch Gebotenen überaus eng ist (sie wird von amerikanischen Forschern auf nicht mehr als 25 Prozent bei 75 Prozent Verlust beziffert). Aber die des nur optisch Dargebotenen ist mit 40 Prozent gering genug" (Engelmayr 90).

Vorbereitung und Organisation des Unterrichts

„Der Lernerfolg einer Stunde hängt von der wohlbedachten organisierenden Planung des Lehrers ab . . . Hier muß alles an Lernhilfen, Arbeits- und Veranschaulichungstechniken aufgeboten werden, was nur immer möglich ist."[27] Das erfordert also ein Höchstmaß an Planung und Vorbereitung des Lehrers. Dabei ist der „Methodenpluralismus — Dialoge, Lieder, Rätsel, Dias, Audiovisuelles"[28], sowie das Tätigsein des Schülers stets zu beachten. Westphalen (15) verlangt zur Erzielung der affektiven Spannung vom Lehrer „affektgeladene Sätze am Anfang der Stunde, Spannungsbögen im Aufbau der Unterrichtseinheit, Anwendung von Mimik und Gestik beim Lehrerverhalten, Modulation der Lehrerstimme, emotionales Erleben des Stoffes im Wettbewerb der Bankreihen, Aktivierung der Schüler zum lateinischen Sprechen . . .". Immer wieder muß aber betont werden, daß der erzielte Lernfortschritt vor eine für den Schüler fröhliche oder interessante Stunde gehen muß.

Der Anfangsunterricht

Es ist einleuchtend, daß der Einstieg ins Lateinische für die zukünftige Motivation entscheidend ist; deshalb gehören die besten Lehrer in die Anfangsklassen. Dort muß bei L 1 dem Kind Sprache und Unterricht Freude machen, bei L 2 muß die schon bestehende Lernverdrossenheit aufgebrochen werden.

In L 1 kommt das Kind im allgemeinen voll Neugierde und Lerneifer von der Grundschule; es will tätig sein, aber auch spielen. Vernichtend für die Motivation wäre hier die Langeweile, der öde Gleichlauf der Stunden, die Frustration durch mangelnde Erfolge; Latein muß leicht erlernbar sein und Spaß machen. Der *methodische Ablauf der Stunde* (die neuen Übungsbücher erlauben es, eine Stoffeinheit auf zwei oder drei Stunden aufzuteilen) sollte möglichst *variiert* werden. Hier ist die induktive Methode der deduktiven bei weitem vorzuziehen, weil sie zur Mitarbeit reizt und die Neugier weckt. Tafelzeichnung (notfalls Strichmännchen), nicht nur Tafelanschrift, der Overheadprojektor, kleine Einzel- und Bankreihenwettbewerbe, lateinische Rätsel, improvisierte, gespielte Kurzszenen vor der Klasse (aus dem Stoff des lateinischen Lesestücks) können mit dem vorgegebenen Übungsteil der Bücher wechseln. Die mündliche Rechenschaftsablage, die Leistungskontrolle kann ohne den ihr sonst innewohnenden bedrohlichen Charakter unmerklich eingeschoben werden. Bei dieser Kontrolle sollte der Schwerpunkt auf den in diesem Alter oft mit Spannung erwarteten Extemporalien liegen; sie dürfen aber nicht zu lang sein. In der Stunde kann auch ein Teil der reinen Lernarbeit (Deklination, Konjugation, Vokabeln) vorweggenommen werden, so daß das Kind zu Hause nur noch zu festigen und Lücken auszufüllen hat. Dazu gehört, daß dem Kind schon in den ersten Stunden beigebracht wird, wie man kraftsparend und erfolgreich lernt.[29] In diesem Anfangsunterricht darf der Schüler auch neben dem Erarbeiten der lateinischen Lesestücke deutsch-lateinisch übersetzen

---

27 Engelmayr 89.
28 Westphalen 16.
29 Zum Vokabellernen vgl. das instruktive Merkblatt von O. Schönberger, abgedruc in DASIU 22, 2/3 (1975), 23 f.

vor allem aber lateinisch sprechen, weil er die erlernte Sprache ja auch anwenden will; die Leistungserhebung muß aber dabei zurücktreten, weil sonst bei der Masse der Schüler sehr rasch Erfolgserlebnisse von Mißerfolgen abgelöst werden. Bei der Lösung gestellter Aufgaben vor allem im Bereich des lateinisch-deutschen Übersetzens muß das Kind durch geschickte Lehrerhilfen immer wieder Erfolgserlebnisse haben; dabei ist durchaus zu bedenken, daß gerade auch gelöste Schwierigkeiten dieses Erlebnis vermitteln. Die schriftliche Hausaufgabe sollte meist aus einem mündlich schon übersetzten Bereich kommen, so daß hier größere Mißerfolge vermieden werden. Die Lateinstunde muß fröhlich sein; eine Stunde, in der nicht gelacht wird, ist ein Mißerfolg!

Vieles von dem vorstehend Gesagten gilt auch für *Latein als zweite Fremdsprache;* man muß aber dabei die andere Altersstufe bedenken und damit rechnen, daß größere Stoffgebiete in kürzerer Zeit zu bewältigen sind, um eine frühere Übersetzungsfähigkeit herzustellen. Das Spiel tritt zugunsten mehr rationaler Techniken zurück, etwa des "pattern drill", den der Schüler vom Englischen her kennt. Es ist wichtig, daß ein großer Teil des eigentlichen Lernens in die Stunde verlegt wird, um die größere Belastung durch die Vermehrung der Fächer auszugleichen und die vorhandene Lernunlust nicht noch zu fördern. Beim Vokabellernen wird dies erleichtert durch den Rückgriff auf zahlreiche lateinische Stämme, die schon vom englischen Vokabular her bekannt sind. In geringem Umfang gilt dies auch für syntaktische Erscheinungen wie den AcI. Gerade in dieser Stufe ist ein abwechslungsreicher Übungsteil, der in Anlehnung an den "pattern drill" die Endungsfunktionen einschleifen hilft, weniger motivationshindernd als stumpfes „Büffeln" von Deklinations- und Konjugationsschemata. Abfragen sollte in kleinen sinnvollen Kontexten erfolgen, die auf Inhalte der letzten Stunden zurückgreifen. Echte Erfolgserlebnisse sind in dieser Stufe besonders wichtig und notwendig; deshalb müssen sowohl die schriftlichen Hausaufgaben, wie vor allem auch die Schulaufgaben als Leistungserhebung verhältnismäßig leicht sein. Aus diesem Grunde tritt auch Deutsch-Latein stark zurück. Die von den Inhalten her noch wenig bekannte, interessante Welt der Römer sollte stofflich ausgenützt werden, mit jedem Satz oder Text sollte der Schüler Neues erfahren.

Der Sprachunterricht

Die sprachliche Arbeit muß von vornherein die Öde eines Unterrichts vermeiden, der systematisch geordnet Grammatikkenntnisse zum Ziel hat, bei dem der Text nur Darstellungs- und Übungsfunktion hat[30]; denn endgültiges Ziel des Sprachunterrichts ist der Text, also letzten Endes seine Inhalte und Aussagen. Freude an Systematik, Ordnung und Funktion von Sprache kann motivierende Begleiterscheinung sein[31]; jedoch dürfen Formenlehre und Syntax wegen ihrer Interdependenz nicht mehr getrennt werden.

---

30 Vgl. dazu die Kritik bei Lohmann 28.
31 Vgl. Steinthal 58.

Auch im *strukturalen Bereich* (Formenlehre und Syntax) steht der Text — seine Inhalte — im Vordergrund. Soweit dies möglich ist, sollten die Formen, vor allem aber die Syntax induktiv aus dem Text heraus entwickelt, am Text und an Übungsteilen, die mit ihm zusammenhängen, eingeübt und verfestigt werden. Die Selbsttätigkeit des Schülers, seine aktive Mitarbeit sind dabei wichtig. Ist der neue Stoff mit Hilfe der Unterrichtsmedien entwickelt, muß die Einübung — und damit das Vorweglernen — möglichst abwechslungsreich erfolgen. Besonders kann dabei der Übungsteil der (modernen!) Übungs- und Lehrbücher mit seinen Einübungsvariationen, dann der Wettbewerb der Bankreihen als Form des konkurrierenden Gruppenunterrichts, der Sprechchor in Koppelung mit dem Tafelbild und das Übersetzen der Lesestücke herangezogen werden. Letzteres muß mit zunehmender Häufigkeit des Auftretens der dem Deutschen fremden Syntax, und bei L 2 wegen der Notwendigkeit, rascher zur Lektüre zu kommen, immer mehr Gewicht erhalten. Die schriftliche Hausarbeit sollte, wie schon erwähnt, möglichst aus in der Stunde übersetzten Texten stammen, um dem Schüler ein Erfolgserlebnis zu verschaffen. Bei komplizierter Syntax kann hier auch ein begleitendes Lehrprogramm helfen. Insgesamt hat die begleitende Grammatik mehr die Funktion eines allerdings genau überblicken Nachschlagewerks als eines systematisch ordnenden Lernbuches. Vorzuziehen sind deshalb meist Begleitgrammatiken zum jeweiligen Übungsbuch. Für den vorstehenden Bereich ist das Vermeiden von Unlust und Langeweile in der Unterrichtsstunde durch häufigen Wechsel der Kleinmethodik entscheidend.

Im *semantischen Bereich,* beim Erwerb des Wortschatzes, zeigt sich beim Schüler sehr rasch die Unlust am „Wörterbüffeln" und das „Mißerfolgserlebnis", daß er Vokabeln wieder vergessen hat, bei den Hausaufgaben nachschlagen muß und bei Leistungsüberprüfungen Fehlstellen hat. Deshalb sei mit Nachdruck auf die Hilfsmittel des Wörterlernens hingewiesen, die Schönberger (Anm. 29) gibt.[32] Unlust und Mißerfolg werden so als Motivationshindernisse weitgehend vermieden.

Die Lektüre

Die Hauptmotivation muß bei der Lektüre von den Inhalten ausgehen, die wiederum in starkem Maße von der altersbestimmten Interessenlage der Schüler bestimmt werden oder für sie — davon ausgehend — interpretiert werden sollten.[33] Für diese Interpretation ist unabdingbare Voraussetzung, daß ein lateinischer Text gelesen oder verstanden werden kann. Sekundär ist — sieht man von den Formen der Leistungserhebung ab — wie er übersetzt, also ins Deutsche übertragen und damit anderen weitergegeben werden kann. Die Grundlagen dazu liefert der Sprachunterricht; von ihm also hängt die mögliche spätere Motivierung weitgehend ab.

Soll der Schüler nicht den üblichen Schock bei *Beginn der Originallektüre* erleiden, daß er nichts mehr „herausbringt", muß in steigendem Maße in den Texten der vorhergehenden Jahre originales Latein eingebaut werden. Der eigentliche Übergang aber erfolgt am besten mit Hilfe von Lesebüchern, die ausgewählte Texte

---

32 Vgl. im einzelnen die methodischen Hinweise von K. Raab unten S. 246 ff.
33 Dazu grundsätzlich Maier, Interpretationsebenen.

(Episoden, Anekdoten) aus Originallektüren — u.U. mit geschickten Übersetzungshilfen — bieten, so daß sich bei dem Schüler das inhaltliche Interesse mit dem Erfolgserlebnis („ich kann lesen, ich kann verstehen") verbindet. Es ist die Aufgabe des Lehrers, an diesen „Auszügen" immer wieder die Neugierde auf das Gesamtwerk durch Hinweise zu wecken. Der Schüler merkt, daß er jetzt vermehrt anwenden kann, was er gelernt hat. Das Sprachliche darf insofern nicht zu kurz kommen, als in den Texten immer mehr schwierigere, syntaktische Erscheinungen (nd-Formen, Partizipien, Nebensätze, einfachere Perioden) auftreten, die dem Schüler selbstverständlich werden sollten. Die Inhalte sollen zwar locken, doch ist die sprachliche Übung, die Erweiterung und Festigung des Wortschatzes und erhöhte Übersetzungsfähigkeit noch Ziel. Um die Übersetzungsfähigkeit zu fördern, kann auch im Unterricht ein Hilfsbuch wie das „Compendium linguae Latinae"[34] parallel zu auftretenden Schwierigkeiten der Lektüre herangezogen werden. Hier ist der richtige Platz, Übersetzungsmethoden zu zeigen und zu üben. Die erfolgreiche Lösung der Aufgabe, einen schwierigen Text zu übersetzen, ist so entsprechend vorbereitet.

In der *eigentlichen Lektüre* steht der Inhalt, der Stoff und dessen Auswertung nunmehr im Vordergrund. Dort ist also der Hauptansatz der Motivation zu suchen. Voraussetzung dafür ist, daß der Schüler lesen und verstehen kann, d.h. daß er beim Versuch, die Inhalte zu erfassen, und beim Übersetzen so wenig wie möglich frustriert wird. Besonders am Anfang muß der Lehrer auf Übersetzungshilfen und -techniken[35] hinweisen, doch darf die Lektüre auf keinen Fall eine Art erweiterter Sprachunterricht werden. Vorfragen und Hilfen bei neuen Texten, Techniken der Vokabelerschließung, leicht zu handhabende Schülerkommentare tragen dazu bei, die Spracharbeit hinter die Texterschließung und Auswertung zurücktreten zu lassen. Wo die Spracharbeit völlig überwiegen müßte, darf sich der Lehrer nicht scheuen, selbst die Lösung oder die Übersetzung zu bieten. Die Stunden, in denen eine einzige Ciceroperiode oder zwei Sätze Caesar nur übersetzt, oft nicht einmal interpretiert werden, sind der Tod der Motivation. Wo das Übersetzen — schließlich bestimmt die Übersetzungsleistung von Schulaufgaben, Klausuren und bei mündlichen Leistungserhebungen den überwiegenden Teil der Lateinnote (auch sie motiviert!) — in der Stundenarbeit dominiert, muß dem Schüler immer wieder die Leistung dieses Tuns klargemacht werden.[36] Abgesehen von dem Erfolgserlebnis geglückten Übersetzens wird der ältere Schüler die wissenschaftspropädeutische Funktion dieser Arbeit erkennen. Von Anfang an ist wichtig, daß hinter dem Übersetzen für den Schüler *Realität* steckt, daß jeder Orts- oder Stammesname auf der Karte gesucht, daß jeder Personenname identifiziert und in seine Zeit und in seinen Raum gestellt wird. Die Vokabel muß für den Schüler Wirklichkeit gewinnen, so daß der abstrakte Text in seiner Realitätswiedergabe zu einer Art Film wird. Der Gleichlauf der Übersetzungsarbeit wird durch Hinweise auf Sprach- und Stilfiguren, sowie deren Absicht, durch das Zeigen von

---

34 Haeger, F./Schmidt, K.: Compendium linguae Latinae. Stuttgart 1973.
35 Maier, Version; Haeger/Schmidt §§ 127 – 134.
36 Vgl. Maier, Interpretationsebenen 132.

Etymologien, durch Hinweise auf Erscheinungen in romanischen Sprachen, durch Sacherklärungen unterbrochen. So wird die Übersetzungsarbeit reich und interessant (vgl. auch unten S. 92 ff.).

Immer aber muß das Ziel der Lektürestunde die *Erweiterung der Welterfahrung des Schülers,* das Vordringen in Gebiete sein, die ihm die „Orientierung in der Welt" ermöglichen oder erleichtern, mit anderen Worten die Auswertung und Ausdeutung des gelesenen Textes sein. Die Erfahrungen von Liebe und Leid bei Ovid und Catull, die Probleme von Staat und Gesellschaft bei Livius, Sallust, Cicero und Tacitus, das Umgießen von Erleben, Reflexion und Wunsch in künstlerische Form bei Catull, Vergil und Horaz, Kritik und Spott bei Horaz und Martial, die Problematik des menschlichen Verhaltens in der Welt bei Cicero, Lucrez und Seneca bieten immer neue Ansatzpunkte in der Interpretation; deren Ziel ist, an grundhaften Modellen das Sein des Menschen in der Welt zu durchleuchten, den Schüler aufhorchen zu lassen, ihn zur Frage zu zwingen, die eigenen Positionen zu erörtern, im lateinischen Wortsinn ihn zu „interessieren" und damit zu motivieren. Keine Stunde darf also ohne *auswertende Interpretation* sein. Selbstverständlich ist, daß der Lehrer nicht Ergebnisse doziert, sondern daß der Schüler beteiligt („inter-esse") wird, daß die Fragetechnik des Lehrers den Schüler die Erkenntnisse selbst gewinnen läßt, daß er die Diskussion provoziert, so daß viele zum Sprechen kommen. Wichtig ist dabei, daß die gewonnenen Einsichten nicht als ewige Wahrheiten genommen, sondern am Heute überprüft, daß Gegenpositionen bezogen und die eigenen Positionen rational untersucht werden. Der Interpretationsteil muß der lebendigste der Stunde sein und auch den schwachen Schüler heranziehen. Ein mit der Erörterung wachsendes Tafelbild kann die Spannung erhöhen, die Lösung, das Ergebnis kann an der Tafel und in einem Interpretationsheft oder -ordner fixiert werden: der Schüler „nimmt etwas mit nach Hause". Die *Hausaufgabe* sollte nicht nur aus Übersetzung bestehen, der Schüler muß sich durch Beantwortung von Leitfragen des Lehrers schon zu Hause mit dem Text auseinandersetzen. Erwecktes Interesse und Neugier helfen auch hier motivieren. Der Lehrer muß selbstverständlich auf die Kapazität und Interessenlage der Altersstufe Rücksicht nehmen, um Überforderung und damit Frustration zu vermeiden. Außerdem ist zu bedenken, daß zu langsames Vorwärtsgehen und zu langes Verweilen bei einem Problem den Schüler langweilen. Im curricularen System der Kollegstufe mit seinen Leitthemen ist der interpretatorische Weg wie auch das Verfahren weitgehend vorgezeichnet, die Projektlisten geben wertvolle Hilfen. Der Gruppenunterricht bildet im Bereich der Oberstufe wohl eines der wirksamsten methodischen Mittel, weil er jeden einzelnen an Problemfindung und Problemlösung beteiligt, an der Sache engagiert und damit persönlich motiviert. Dasselbe gilt für vom Schüler gehaltene Referate. Bei all dem ist es wichtig, nicht historisierend oder im Sinne altphilologischer Arbeit vorzugehen, sondern stets am antiken Modell die Bezüge zur Jetztzeit herzustellen, zu aktualisieren und damit die Anwendbarkeit der gewonnenen Erkenntnisse zu demonstrieren.

Die Unterrichtsmedien

Über das *Übungsbuch* macht der Schüler seine erste Bekanntschaft mit Latein. Deshalb muß es für ihn anziehend sein, es darf schon vom Äußeren her keine Unlust erregen. Über den Inhalt der Übersetzungstexte gilt das oben S. 58 f. Gesagte.[37] Hier könnte auch die Asterix-Sphäre hereingenommen werden. Fuhrmann (124 ff.) setzt sich gerade von der Motivation her dafür ein. Die Lektionen sollten nach Umfang und Inhalt nicht immer gleich lang sein, um dem Lehrer das öde Schema „ein Kapitel — eine Stunde" mit dem zwangsweise gleichen Stundenablauf zu ersparen. Der Übungsteil braucht viele und anregende Varianten von Einsetzübungen bis zu Silben- und Kreuzworträtseln; er kann durch ein eigenes gedrucktes Übungsheft ergänzt werden, wie sie etwa in Englisch oder Erdkunde bereits eingeführt sind. Auch die Bebilderung muß anregen und ebenso wie deutsche kulturkundliche Erläuterungen den Text ergänzen. Comic-strips und moderne Illustrationen sind besser als Schwarz-weiß-Photos von Ausgrabungsstätten und Porträtbüsten, die einem Kind nichts sagen. Grammatik- und Vokabelteil sollten als Sonderheft beigegeben werden, um dem Schüler das lästige Hinundherblättern zu ersparen. Die Grammatik oder das Grammatikbeiheft müssen durch Druckgestaltung und Farbe Übersicht und Lernen erleichtern, auch sie können bebildert sein. Weil die Grammatik weithin als Nachschlagewerk dient, braucht sie einen übersichtlichen und ausführlichen Registerteil. Die Motivation in der Spracharbeit wird erhöht durch die Verwendung von Lehrprogrammen.[38] Die optischen Möglichkeiten interessanter Unterrichtsgestaltung durch Tafel und den im Prinzip gleichwirkenden Overheadprojektor liegen auf der Hand. Letzterer kann dadurch besonders motivierend sein, daß er es dem Lehrer ermöglicht, schon zu Hause auf der Folie optisch besonders geglückte Unterrichtshilfen vorzubereiten. Bei Tafel und Projektor sollte auch die Farbe eingesetzt werden. Das Dia wird zur Illustration des Inhalts von Texten wohl nur gelegentlich eingesetzt werden können, um den Realitätsbezug des Unterrichts zu erhöhen.[39]

Für *Anfangslesebücher* und für die *Anfangslektüre* fordern Wülfing/Binder (166): „Der bearbeitete Text muß die Schülerlektüre erleichtern, einen Übergang schaffen vom Lesestück-Latein zum Original. . . . Die Mittel sind von dreierlei Art: 1. Syntaktische Entlastung: Umstellen von Satzteilen. Teilen langer Sätze. Weglassen von Einschüben im Satz. 2. Lexikalische Entlastung: Ersetzen ganz seltener Wörter. Streichen mancher Wörter, die um der Häufung willen stehen. Vokabelangaben unter den Text. 3. Graphische Hilfen: Kennzeichnen z. B. des Ablativ-ā. Absetzen innerhalb längerer Perioden, um deren Struktur sinnfällig zu machen. Interpunktion der unseren annähern. Durch Spatien (ohne Satzzeichen) Wortgruppen als zusammengehörig suggerieren."[40] Für das Äußere der *Texte der Originallektüre* gilt dasselbe wie für die Übungsbücher. Sie sollten „Appetit" machen; auch sie könnten modern illustriert werden. Der *Schülerkommen-*

---

37 Vgl. dazu den Beitrag von G. Wojaczek, bes. S. 254 ff.
38 Vgl. dazu den Beitrag von Häring, besonders S. 270 ff.
39 Über die Möglichkeit des Einsatzes auditiver Hilfsmittel vgl. den Beitrag von L. Rohrmann in Band II.
40 Zur Übergangslektüre vgl. den Beitrag von P. Wülfing in Band II.

tar sollte vom Text getrennt sein. Die so häufige Unübersichtlichkeit, die dem Schüler dort das Nachschlagen verleidet, kann durch weniger sparsame Druckgestaltung verhindert werden. Im Kommentar gebotene Hilfen sollen auf das Übersetzen ausgerichtet sein. Die Interpretation wird nur durch Leitfragen angeregt, aber nicht vorweggenommen, damit die entscheidende Stundenarbeit nicht ausgetrocknet wird. Wichtig ist dann im Bereich der Wortschatzsicherung und -erweiterung vom Beginn der Lektüre an eine moderne *Wortkunde,* die dem Schüler weitgehend das Lexikon ersetzt und Blick für Stammwörter und ihr semantisches Umfeld schärft. Eine solche Wortkunde darf aber nur in engem Zusammenhang mit dem gerade bearbeiteten Text herangezogen und auf keinen Fall etwa Seite um Seite für ein textunabhängiges Vokabellernen und -wiederholen verwendet werden. Übersichtlichkeit muß auch für *Schülerlexika* gefordert werden. Daneben kann ein spezielles *Wörter- oder Vokabelheft* zu einzelnen Schriftstellern entweder unter Anleitung des Lehrers vom Schüler geführt oder vorgedruckt dem Schüler die Textarbeit sehr erleichtern. Überhaupt ist der geschickte Einsatz von Hilfsmitteln für die Übersetzungsarbeit eine Voraussetzung für die Motivation im Lektüreunterricht.

Motivation außerhalb der Schule

Der Einfluß des Elternhauses hat naturgemäß großes Gewicht. Es ist von vornherein entscheidend, ob die Eltern sagen: „Du mußt Latein lernen!" oder „Du darfst Latein lernen!". Die Eltern sollten die Frage „Wozu Latein?" stets positiv beantworten. Bei entsprechenden Anlässen können sie dem Kind Asterixhefte oder der Altersstufe angemessene Jugendbücher (z.B. Schwab „Sagen des klassischen Altertums", Jelusich „Caesar") oder für ältere Schüler Bücher wie Margarete Yourcenar „Ich zähmte die Wölfin" oder Thornton Wilder „Die Iden des März" schenken und so Motivationsanstöße geben. Voraussetzung ist, daß derartige Bücher der Altersstufe angemessen und nicht langweilig sind. Auch die „geheimen Miterzieher" können eingespannt werden. Eltern oder Lehrer weisen auf relevante Fernsehsendungen hin, der Lehrer sucht lateinische Bestandteile von Reklameslogans oder Warennamen, läßt sie von der Klasse analysieren und zeigt so die weitreichende Wirkung des Lateinischen.

Abgekürzt zitierte Literatur

ACH, N.: Analyse des Willens. Berlin-Wien 1935.
ENGELMAYER, O.: Psychologie für den schulischen Alltag. München 1960.
FUHRMANN, M.: Alte Sprachen in der Krise? Stuttgart 1967.
GRUBER, J. / MAIER, F. (Hrsg.): Zur Didaktik der alten Sprachen in Universität und Schule. München 1973.
HAEGER, F. / SCHMIDT, K.: Compendium Linguae Latinae. Stuttgart 1973.
HASELOFF, O. E. / JORSWICK, W.: Psychologie des Lernens. Berlin 1970.
LOHMANN, D.: Die Schulung des natürlichen Verstehens im Lateinunterricht. In: AU XI 3 (1968), 5 – 44.

MAIER, F.: Die Version aus dem Lateinischen. Bamberg 1976.
MAIER, F.: Interpretationsebenen im Lektüreunterricht. In: Anregung 20 (1974), 365 – 373.
REITZAMER, W.: Von der Grundschule zur Eingangsstufe des Gymnasiums. In: Anregung 16 (1970), 389 – 393.
SCHIEFELE, H.: Motivation im Unterricht. München 1963.
SCHÖNBERGER, O.: Kluges Wörterlernen oder dumpfes Vokabelbüffeln. In: DASIU 22, 2/3 (1975), 23 f.
SCHÖNBERGER, O.: Zur Frage der lateinischen Übungsbücher. In: Anregung 16 (1970), 407 – 410.
SCHÖNBERGER, O.: Motivation im lateinischen Sprachunterricht. Handreichung zur Fortbildung für den altsprachlichen Unterricht. Bayerisches Staatsministerium für Unterricht und Kultus. München 1974.
STEINTHAL, H.: Lehrbuch und Methode im lateinischen Sprachunterricht. In: AU XIV 2 (1971), 51 – 69.
WESTPHALEN, K.: Falsch motiviert? In: AU XIV 5 (1971), 5 – 20.

Hermann Keulen
Formale Bildung – Transfer

Formale Bildung

Systematischer Teil

Die Schwierigkeiten einer systematischen Darstellung der „formalen Bildung" ergeben sich aus der Tatsache, daß es sich dabei weder um eine einheitliche Terminologie noch um eine wohldefinierte Lehre handelt[1] als vielmehr um eine „handfeste und durchdringende Tradition"[2]. Die Theorie der formalen Bildung, die das 19. Jahrhundert beherrschte und bis weit ins 20. Jahrhundert reichte, wurde möglich auf dem Hintergrund der Leibnizschen Metaphysik der Kraft sowie einer dieser Philosophie verhafteten Vermögenspsychologie[3] und erfuhr eine Verschärfung durch die kritische Philosophie Kants[4].

Bildung wird im Rahmen dieses Ansatzes vom Subjekt aus definiert und als Kräftebildung des Ich verstanden. In der Kette möglicher Subjekt-Objekt-Begegnungen erhalten die Objekte bzw. Objektivationen der Kultur nur insofern Bedeutung und Eigenwert, als sie zur Ausbildung der Kräfte und Vermögen, der Fähigkeiten und Möglichkeiten des Individuums beitragen. Das bedeutet nicht, daß Bildung ohne Inhalte, ohne inhaltlich bestimmte Aufgaben realisierbar wäre, wohl aber zeigt sich „formale Bildung" primär desinteressiert an den Inhalten als Inhalten und ihrer objektiven Bedeutung. Denn sie „legt ihnen eine pädagogische Bedeutung ausschließlich unter der Frage bei, ob und inwiefern ihre Assimilation etwas zur Entfaltung der individuellen Kräfte beiträgt"[5]. Zweierlei bedeutet dies: es kann einmal funktional gemeint sein in der Erwartung, daß nach Ausbildung aller menschlichen Grundkräfte diese förmlich auf Abruf in Funktion treten können und „jede neue Beschäftigung gleichsam nur eine Wiederholung ist" (W. von Hum-

---

1 Vgl. Lehmensick 4: Unterschiedslos werden gebraucht: „formeller Nutzen", „formelle Bildung", „formale Bildung", „funktionale Bildung".
2 Hentig, Platonisches Lehren 260 Anm. 57.
3 Vgl. Menze, C.: Bildung. In: Handbuch pädagogischer Grundbegriffe (hrsg. von J. Speck u. G. Wehle) I. München 1970, 159 f.
4 Vgl. Lehmensick 4; Barth, P.: Die Geschichte der Erziehung in soziologischer und geistesgeschichtlicher Bedeutung. Leipzig 1916[2], 609 ff.
5 Blankertz 39.

boldt), es kann aber ebenso auch methodisch gemeint sein in dem Sinne, die in der Subjekt-Objekt-Begegnung erworbenen Methoden der Erkenntnis- und Urteilsgewinnung verfügbar zu machen.[6]

Historischer Überblick

Alte Sprachen

Ein Blick in die Historie soll zunächst die Momente aufweisen, von denen „formale Bildung" getragen wird.[7] F. A. Wolf führt in der Schriftensammlung „Consilia scholastica" aus: „In Ansehen der formellen Bildung muß *alles* dahin abzwecken, daß der Schüler *Aufmerksamkeit, Gedächtnis, Verstand* und *die übrigen Seelenvermögen*, an den Lehrgegenständen, welche dazu vorzüglich tauglich sind, *übe* und *stärke.*"[8] Dies leisten nach Wolfs eigenen Ausführungen in besonderem Maße die Alten Sprachen, denn ihr Erlernen „fördert und fordert die Gedächtniskraft, sowohl der, die auf einzelne Worte, als der, die auf den Zusammenhang der Gedanken und Sachen geht"[9]. Außerdem „erhält der Verstand durch dieses Vehikel mancherlei *Vorübungen zu höheren Anstrengungen,* nämlich eine Menge von Verstandes-Begriffen, Einsichten in die Operationen des Verstandes, und durch die Kunstfertigkeit im Verstehen und Erklären eine so vielseitige Gewandtheit des Geistes, wie kaum durch irgend eine andere Beschäftigung"[10].

Wolfs Ausführungen spiegeln die Überzeugung wider, daß es möglich und wertvoll ist, psychische Funktionen wie Gedächtnis, Aufmerksamkeit und Urteilsfähigkeit an bestimmten Inhalten exemplarisch zu üben, näherhin daß gerade durch das Erlernen der Alten Sprachen diese formalen Fähigkeiten eingeübt werden. An Wolf haben sich dann nahezu alle späteren Neuhumanisten bei der Formulierung ihrer Argumente und Ansprüche angelehnt: Schulung der Denkkraft, Bildung bzw. Veredelung des Geistes, Schärfung des Verstandes, Denkschulung, Schulung der Urteilskraft, Übung des Denkvermögens, logische Schulung des Denkens und dgl.[11]

Mathematik

Einen nicht minder hohen Wert für eine so verstandene Geistesbildung beanspruchten zur gleichen Zeit die Vertreter der mathematischen Wissenschaft, vornehmlich der Wolfschüler und Kantianer A. F. Bernhardi[12]: „Die formelle Bildung durch Mathematik und Sprache bereitet auch das *Leben im allgemei-*

---

6   Für den komplementären Gegenpol materialer Bildungstheorien sei verwiesen auf Blankertz 37 – 39; ferner Klafki 27 – 32.
7   Vgl. Luther, Die neuhumanistische Theorie der „formalen Bildung".
8   „Über Erziehung, Schule und Universität" (Consilia scholastica). Quedlinburg-Leipzig 1835, 98.
9   Ebenda.
10 Ebenda 102.
11 Vgl. Luther, Formale Bildung 71.
12 Vgl. Paulsen II 87 f.

nen vor, beide Gegenstände sind am wichtigsten für die formelle Bildung, der Wert der anderen Unterrichtsgegenstände hängt von dem Grad der Verwandtschaft ab, den sie zu jenen Hauptgegenständen der formellen Bildung haben."[13]

Der Neuhumanismus zeigt damit schon früh eine erste Verknüpfung von formalen Bildungstendenzen mit den Alten Sprachen und der Mathematik, in der Überzeugung, mit Hilfe gerade dieser Gegenstände allgemeine Denkschulung und Geistestraining zu leisten.[14]

Herbarts Vorstellungspsychologie

Eine erste spekulative Widerlegung der Theorie der formalen Bildung erfolgte durch J. F. Herbart aufgrund seiner mechanistischen Vorstellungspsychologie. An die Stelle der geistigen Grundkräfte setzte er die Vorstellungsmassen, die das gesamte geistig-seelische Leben ausmachen. Locus classicus seiner Kritik ist: „Der Verstand der Grammatik bleibt in der Grammatik, der Verstand der Mathematik bleibt in der Mathematik; der Verstand jedes anderen Faches muß sich in diesem anderen Fache auf eigene Weise bilden. Wenn aber grammatische oder mathematische Begriffe irgendwie, auch nur durch entfernte Verwandtschaft, in das Geschäft eingreifen, welches unter bestimmten Umständen etwa dem Feldherrn oder dem Staatsmann obliegt: dann wird sich, was er früher von jenen Begriffen gefaßt hat, in ihm reproduzieren und zum Tun zu Hilfe kommen."[15] „Die Lobeserhebungen der formellen Bildung durch lateinische Grammatik könnte man sparen; die Jugend behilft sich gern ohne diese Bildung."[16]

Die pädagogische Konsequenz dieser sich das ganze seelische Leben als aus Vorstellungen zusammengebaut denkenden Psychologie ist die Ablehnung der „formalen Bildung" des Neuhumanismus als eines zwecklosen Unternehmens. Die

---

13 Bernhardi, A. F.: Ansichten über die Organisation der gelehrten Schulen. Jena 1818, 249. Vgl. dazu Hunger, E.: Mathematik und Menschenbild. In: Der mathematische und naturwissenschaftliche Unterricht 9 (1956/57), 1 – 9.

14 Diese Kombination mit dem gleichen Begründungszusammenhang hat sich dann über Dezennien durchgehalten, wenn man etwa an W. Dilthey denkt, der in äußerster Konzentration die Übertragungswirkung der Alten Sprachen und der Mathematik auf geistige Disziplin und Logik behauptet: „Nun ist es keine Frage, daß die modernen Sprachen eine viel geringere disziplinierende Kraft üben. Die Hauptoperationen, in welchen die logische Schule für das Leben beruht, sind das Konstruieren der Sätze als eine beständige Übung in strengem induktiven Prozeß, die strenge Deduktion, die in der Mathematik, der mathematischen Physik geübt wird, und die Unterordnung von Tatsachen unter Regeln, die Regelbildung, deren Sitz die Grammatik ist. Die erste und letzte dieser Operationen ist an die Beschäftigung mit den Sprachen gebunden, welche eine entwickelte Flexion und Syntax besitzen (keine Eselsbrücken an Hilfswörtern oder an regelmäßiger Folge der Satzteile aufeinander im Satz). Also ganz allgemein die Disziplin des Geistes angesehen, haben die eigentlich logische Bildungskraft die alten Sprachen und die Mathematik sowie ihre Anwendungen; diese allein disziplinieren den menschlichen Geist durch strenge Zucht." (Dilthey, W.: Schulreform, Nachlaßmanuskript A 31, 350 ff. In: Dilthey, W.: Über die Möglichkeit einer allgemeingültigen pädagogischen Wissenschaft, hrsg. von H. Nohl. Weinheim o. J.).

15 Pädagogische Schriften (hrsg. von O. Willmann und Th. Fritzsch) III. Leipzig 1919³, 575 f.

16 Ebenda 579.

Schulung auf einem Gebiet (Grammatik) bringt keine Vorteile für das Erlernen eines anderen Bereichs (Mathematik). Denn „es ist eine ganz verkehrte Ansicht, wenn man die sogenannten Kräfte des Geistes für dessen Gliedmaßen hält, und sie nun auch so wie Gliedmaßen des Körpers geradezu durch Übung und Gewöhnung zu stärken hofft"[17]. Damit werden die für die pädagogische Theorie der „formalen Bildung" so typischen Formeln wie „formelle Bildung", „Geistesgymnastik", „Verstandesvehikel" von Herbart als „Scharletanerie" des Sprachenlernens abgetan, der formalbildende Wert der Mathematik wird, in der Nachfolge Herbarts, von A. Richter in seiner Schrift „Die Irrlehre von der formalen Bildung und ihre Folgen für die Gymnasien, insbesondere für den mathematischen Unterricht"[18] in Abrede gestellt.

Die auf spekulativer Ebene sich artikulierende Kritik deckt damit die nicht gerechtfertigten Ansprüche der „formalen Bildung" auf, wie sie vornehmlich von ihren extremen Vertretern formuliert wurden. F. Gedike[19], auf den wohl auch der Terminus „formale Bildung" zurückgeht[20], verkündete hoffnungsfroh: „Wolltest du darum einst deine Tanzstunden bereuen und für verloren halten, weil du doch früh genug aufhören wirst, selber zu tanzen, und du wolltest nichts auf die körperliche Gewandtheit und Geschmeidigkeit rechnen, die diese Kunst dir gab? Nun so sei auch versichert, daß im Falle du auch einst dein Griechisch und selbst dein Latein vergissest, wenn du es doch einmal vergessen willst oder mußt, dennoch der Vorteil dir bleibt, jene Geschmeidigkeit verschafft zu haben, die auch in deine *Geschäfte mit übergeht.*"[21]

Spiegelten Wolfs Ausführungen die Überzeugung wider, daß es möglich ist, psychische Funktionen an bestimmten Inhalten exemplarisch zu üben, so manifestiert sich bei Gedike die Überzeugung, daß psychische Funktionen an bestimmten Inhalten und Gegenständen so zu üben sind, daß die damit verbundenen Leistungssteigerungen auf weitgehend beliebige Inhalte übertragen werden können. – Gerade die Gegenüberstellung Herbartscher Kritik und Gedikescher Selbstsicherheit weist auf das mit der „formalen Bildung" verbundene *„Übertragungsphänomen"* hin: die Annahme einer ausgebildeten Kraft, die auch dann wirksam bleibt, wenn die Gegenstände, an und mit denen sie erzielt wurde, längst als solche vergessen sind, und die auch an Gegenständen wirksam wird, an denen sie nicht ausgebildet wurde.

Mit anderen Worten: mit dem Wegfall der Vermögenspsychologie schwindet gleichzeitig die Legitimationsbasis formalen Bildungsdenkens und der naive Glaube an einen uneingeschränkt wirkenden Transfer wird erschüttert. Es ist offensichtlich falsch, daß bestimmte Gegenstände, etwa die Alten Sprachen oder Mathematik, von sich aus formale, auf andere sprachliche, quantifizierende und allgemein intellektuelle Anforderungen sich erstreckende Wirkungen haben.

---

17 Ebenda I, Leipzig 1913³, 266 Anm. 3.
18 Pädagogisches Archiv 33 (1891), 537 – 563.
19 Zu F. Gedike vgl. Paulsen II 84 – 91 und oben S. 22 ff.
20 Vgl. Lehmensick 11 ff.
21 Gedike, F.: Über den Begriff einer gelehrten Schule. Berlin-Cöllnisches Gymnasium 1802, 21 f.

Auflösungstendenzen: Formalismus und Grammatizismus

Neben Herbarts Fundamentalkritik kamen jedoch auch intra muros Tendenzen zum Tragen, die zur Selbstauflösung dessen führen mußten, was man unter „formaler Bildung" verstand. Als besonders wichtiges formalbildendes Element galten die Schwierigkeiten, die mit dem grammatischen Regelsystem einer Sprache und dessen Erlernung verbunden waren.[22] Und gerade hier wirkten Übertreibungen und Extreme zerstörend. Denn wo in übereilter Übernahme des kantischen kategorialen Gerüsts in unzureichender Weise die grammatischen Formen den Denkformen (Kategorien) zugeordnet wurden[23], da qualifizierte sich „formale Bildung" zu Formalismus.

Wo die Angriffe der Philanthropisten gegen die Bildungsinhalte der antiken Literatur, wo theologische Bedenken gegen das religiöse Heidentum der antiken Autoren die Neuhumanisten trafen, da degenerierte in völliger Verkennung Humboldtscher Sprachphilosophie – und des Ansatzes von F. A. Wolf, dessen philologisch-wissenschaftliche Einstellung zum Sprachstudium der „formalen Bildung" gegenüber doch stets vorherrschte[24] – der Sprachunterricht zum öden Grammatizismus[25], da wurden die einst geistübenden Tätigkeiten grammatischer Arbeit zu geistlosen Stilübungen.[26] W. Luther fängt die Atmosphäre ein: Der Sprachunterricht „wurde aber nicht im Humboldtschen Sinne durchgeführt, sondern die zu starke Betonung des Hinübersetzens vom Deutschen ins Lateinische und das Festhalten am lateinischen Aufsatz führten zu einem einseitigen Grammatikunterricht, der das Gedächtnis mit Lernen von Vokabeln, grammatischen Regeln bzw. Ausnahmen und Phrasen überlastete."[27]

Transfer

Transferforschung

Nach Herbarts Kritik an der naiven Theorie der „formalen Bildung" hat erfahrungswissenschaftliche Aufhellung erst die neuere Lern- und Denkpsychologie in dieses bislang nur spekulativ bearbeitete Gebiet des Übertragungsphänomens gebracht. Es wurde im Laufe fortschreitender Forschung immer enger und differenzierter gefaßt als „Mitüben verwandter psychologischer Dispositionen", „Mitüben identischer Elemente", „Reizäquivalenz", „Inhaltsgeneralisierung", „Trans-

---

22 Vgl. Lehmensick 21. 28.

23 Hasse, J. G.: Versuch einer griechischen und lateinischen Grammatologie für den akademischen Unterricht und obere Classen der Schulen. Königsberg 1792. Hermann, G.: De emendanda ratione graecae grammaticae pars prima. Leipzig 1801.

24 Vgl. dazu Fuhrmann, M.: Friedrich August Wolf. In: Dt.Vierteljahresschr. für Literaturwiss. u. Geistesgesch. 33 (1959), 187 ff. und oben S. 24.

25 Passow, F.: Die griechische Sprache nach ihrer Bedeutung in der Bildung deutscher Jugend. In: Vermischte Schriften. Leipzig 1843, 12 ff.

26 Thiersch, F.: Über die neuesten Angriffe auf Universitäten. Stuttgart 1837. Vgl. dazu Paulsen II 424 ff.

27 Luther, Formale Bildung 71. Zum weiteren Abbau der „formalen Bildung" durch die Entwicklung der Sprachwissenschaft vgl. Luther, ebenda 74.

fer of learning". Gemeinsam ist diesen Theorien, daß sie experimentelle Fundierungen gesucht haben und daß sie die alte „Kräftetheorie" in Verbindung mit exemplarischen Fächern ablehnen.[28]

Terminologie

Transfer ist gleichbedeutend mit den Termini Übungs- und Lernübertragung. Gemeinsam ist den unterschiedlichen theoretischen Vorstellungen und verschiedenen Definitionen, daß Transfer sich auf den Einfluß von früher Erlerntem auf nachfolgendes Lernen bezieht. In einer Zeit, da an die Fähigkeit des einzelnen, umfangreiche Informationen zu verarbeiten, große Ansprüche gestellt werden, ist es ein Gebot der Lernökonomie, maximale positive Transfereffekte zu sichern, negativen Transfer zu vermeiden. Da dieses Problem so umfassend ist, führt die Transferfrage zumeist in eine allgemeine Darstellung menschlichen Lernens überhaupt.

Forschungsstand und Fragestellung

Auch wenn es bislang empirisch keine eindeutigen Ergebnisse und auch keine endgültig gesicherten pädagogisch und unterrichtsmethodisch verwendbaren Aussagen über Transferchancen beim Lernen komplexer Zusammenhänge gibt, so weisen doch die vorliegenden Ergebnisse lerntheoretischer und denkpsychologischer Forschung tendenziell auf transferfördernde Möglichkeiten in der Auswahl der Lerninhalte und in der Unterrichtsgestaltung hin.[29]

Die wissenschaftliche Bearbeitung des Übertragungsphänomens zeigt eine deutliche Verlagerung vom horizontalen zum vertikalen Transfer: Während anfangs eher die Einflüsse von Fach zu Fach (Latein oder Mathematik als andere Fachleistungen fördernd) oder von Schul- auf Lebenssituationen untersucht wurden (non scholae, sed vitae discimus), werden nun zunehmend — vor allem in den neueren Curriculumentwicklungen — Fragen des Transfers innerhalb eines Lernbereichs, von einfacheren zu komplexeren Niveaus erlernter Fähigkeiten thematisiert. Eine andere Verlagerung kann in der zunehmenden Betonung individueller Faktoren und Determinanten (Lernvoraussetzungen, Fähigkeiten, Einstellungen, kognitive Strukturen) gegenüber Aufgabenfaktoren (Ähnlichkeit der Lernaufgaben) gesehen werden.

---

28 Hentig, Platonisches Lehren, 262 Anm. 61; Gutacker, 79. — Unter diesem Aspekt muß ganz kritisch auch die Forderung der „Vereinbarung zur Neugestaltung der gymnasialen Oberstufe in der Sekundarstufe II vom 7. Juli 1972", herausgegeben vom Sekretariat der KMK, Neuwied 1972, 14, § 4, 1 geprüft werden: „Grundlegende Einsichten in fachspezifische Arbeitsweisen und Methoden sollen durch geeignete Themenwahl und Unterrichtsformen exemplarisch für jedes Aufgabenfeld vermittelt werden". S. B. Robinsohns kritischer Zweifel den Alten Sprachen gegenüber ist in gleicher Weise auch anderen Fächern gegenüber angebracht, nämlich „mit der Frage nach empirischem Nachweis solcher Vermutungen oder zumindest nach einer hypothetischen Begründung derart exklusiver Transferbehauptungen" (Bildungsreform als Revision des Curriculum. Neuwied 1973³, XVIII).

29 Vgl. den Überblick bei Skowronek.

Eine der wichtigsten Forderungen aus der Auseinandersetzung von E. L. Thorndike[30] mit der in der Theorie der „formalen Bildung" enthaltenen Erwartung umfassender Transferwirkungen, die gleichsam bedingungslos eintreten, war die Notwendigkeit einer Bedingungsanalyse der Lernübertragung. Dabei geht es weniger um eine allgemeine Theorie des Transfers[31] als um die Unterscheidung verschiedener Transferformen und um die Erkundung ihrer kritischen Bedingungen. Trotz der unterschiedlichen lerntheoretischen Ansätze — Lernen einerseits beschrieben im Sinne von Reiz-Reaktions-Verbindungen[32], andererseits bestimmt als Auf- und Ausbau kognitiver Strukturen[33] — sollen hier im Anschluß an H. G. Hesse und F. E. Weinert die Ergebnisse beider Ansätze[34] wiedergegeben werden, soweit sie für die pädagogische Praxis von Bedeutung sind.[35]

Thorndike betonte, daß sich Lernen insoweit auf künftiges Lernen auswirke, als gemeinsame identische Elemente in den Lernmaterialien vorhanden seien. Je mehr gemeinsame identische Elemente zwei Lernaufgaben besitzen, desto ähnlicher sind sie und um so größer wird die erwartete spezifische Lernübertragung sein. Somit muß die Ähnlichkeit von Aufgabenmerkmalen als Bedingung der Lernübertragung angesehen werden.[36] Spätere Untersuchungen zeigten jedoch, daß sich das Problem der Lernübertragung nicht auf das Ausmaß an diesem spezifischen Transfer reduzieren läßt, sondern daß es auch so etwas wie einen unspezifischen Transfer geben muß. Damit meinte H. F. Harlow[37] die Breite der Verallgemeinerung und die Anwendung bestimmter Lernerfahrungen. In anspruchsvoller Terminologie bedeutet diese Art des Transfers nichts anderes als „Lernen zu lernen" und „Denken zu lernen"[38]. Art und Häufigkeit der Übung spielen hierbei eine wichtige Rolle. Aber nicht nur den Eigenschaften des Lernmaterials und der Übung, sondern auch dem Erwerb und der Anwendung effektiver Lernmethoden kommt bei der Lernübertragung besondere Bedeutung zu.[39] Und schließlich haben die Untersuchungen im Bereich kognitiver Lerntheorien gezeigt, daß Trans-

---

30 Thorndike, E. L.: Mental discipline in high-school studies. In: Journal of Educational Psychology 15 (1924), 1 — 22. 83 — 98. Zu den Untersuchungen von Thorndike vgl. Weinert, Lernübertragung 693 ff.; Gutacker 14 ff.

31 Einen Überblick über die einzelnen Theorien und Modelle bietet Flammer. Eine Einführung in die experimentalpsychologischen Ergebnisse und Theorien zum Transfer bei Ellis.

32 Vgl. dazu die Arbeiten von Brendenkamp und Hilgard/Bower.

33 Vgl. Weinert, Kognitives Lernen.

34 Zur Beurteilung beider Ansätze vgl. Parreren 212 — 289 sowie Travers.

35 Vgl. hierzu besonders Bergius, Analyse der „Begabung".

36 Vgl. Hesse 73 f.

37 Harlow, H. F.: Learning set and error factor theory. In: Koch, S. (Hrsg.): Psychology, Bd. 2. New York 1959, 492 — 537.

38 Vgl. Hesse 76 — 81.

39 Vgl. Woodrow; Hesse 81 ff.

ferwirkungen auf den gemeinsamen Regeln und Strukturen, die den Aufgaben zugrunde liegen, beruhen können.[40] Diese Strukturen sind dabei nicht unmittelbar gegeben, der Lernende muß sie vielmehr aus dem Lernmaterial erschließen.[41]

Transferfördernder Unterricht: Lerngegenstand und Unterrichtsprozeß

Die Frage, in welcher Weise größtmögliche Transferwirkungen erzielt werden, weist den transferfördernden Unterricht in zwei Richtungen: in die Auswahl und Anordnung der Lerngegenstände und in die Gestaltung der Unterrichtsvorgänge. So läßt sich in den Fächern und Unterrichtsbereichen der Kenntnisbestand nach Graden zunehmender Abstraktheit und Allgemeinheit ordnen (spezifische Kenntnisse, Begriffe, Strukturen, Gesetze, Theorien) und in einer „Struktur des Wissens" anordnen.[42] Ähnliches gilt auch für das Repertoire an Fähigkeiten und Methoden. Auch sie lassen sich nach dem Grad zunehmender Komplexität ordnen (Lernhierarchie von R. M. Gagné). Je klarer und deutlicher die Strukturierung des Wissens und die Herausarbeitung der spezifischen oder allgemeinen Fähigkeiten, um so günstiger sind die Voraussetzungen für einen positiven Transfer. Denn jede Strukturierung bedeutet, daß ähnliche Merkmale zwischen verschiedenen Lerninhalten erkannt und entsprechend betont werden. Hierarchisch strukturierte Hintergrundinformationen, in welche neue Informationen eingebettet werden, erweisen sich nach H. Wimmer innerhalb des schulischen Lernens zudem als geeignete Mittel der Gedächtnisentwicklung. Natürlich folgt aus diesen Strukturen der Lerninhalte nicht die unmittelbare Anordnung im Unterricht. Darüber kann erst in einer weiteren lernpsychologischen Analyse entschieden werden, welche die Prinzipien zunehmender Differenzierung und integrativer Synthese beachtet; die Verfügbarkeit, Klarheit, Stabilität und Differenziertheit der individuellen Begriffe, Regeln und Operationen.[43]

Transfer als Unterrichtsziel

Im Unterrichtsprozeß ist darauf zu achten, daß der Transfer selbst als Unterrichtsziel angestrebt wird. Gerade die Einsicht in diese Notwendigkeit fehlte der alten Theorie der „formalen Bildung", die einen uneingeschränkt wirkenden Automatismus voraussetzte. Der Unterricht muß also gezielt die übertragungsfähigen Momente der einzelnen Lerninhalte und ihre Beziehungen untereinander hervorheben. Diese Hervorhebung kann durch eine Einführung in die Lernaufgabe erfolgen, in der die wesentlichen Begriffe und Zusammenhänge dargestellt werden, um auch zu einer auf selbständiges Fragen, Ordnen von Erfahrungen und Pro-

---

40 Vgl. Judd, C. H.: The relation of special training to general intelligence. In: Educational Review 36 (1908), 28 – 42. Katona, G.: Organizing and memorizing. New York 1940. Overing, R. L. R. / Travers, R. M. W.: Die Wirkungen verschiedener Übungsbedingungen auf die Übertragung des Gelernten (Transfer). In: Funk-Kolleg Pädagogische Psychologie, Grundlagentexte Bd. 2. Frankfurt 1973, 89 – 106.
41 Vgl. Hesse 81 ff.
42 Ausubel, D. P.: Educational Psychology: A Cognitive View. New York 1968; dt. Übers.: Psychologie des Unterrichts. 2 Bde. Weinheim 1974. Vgl. Weinert, Kognitives Lernen 51 – 59.
43 Vgl. Ausubel I 136 – 189, bes. 156 ff.

blemlösen gerichteten Lernhaltung zu kommen. Mit anderen Worten: die transferfördernden Elemente und Verfahren müssen operationalisiert werden. Um der für einen positiven Transfer erforderlichen hinreichenden Übung gerecht zu werden, müssen Einzelfälle in repräsentativer Anzahl von Beispielen oder Anwendungen im Unterricht dargeboten werden. „Zweifellos gewinnt die Konsolidierung von Verfahren der Informationsverarbeitung in sprachlicher oder anderer Symbolisierung zunehmend Bedeutung für Lernübertragung, sobald das kognitive Niveau formaler Operationen erreicht ist."[44]

Zusammenfassung

Neben der Erkenntnis, daß

1. Lernen und Denken spezifischer sind als früher angenommen wurde[45],
2. die Übertragungseffekte von der Art des Lernens und Lehrens abhängig sind,
3. das Lernen des Lernens für den Menschen wichtiger ist als das Gelernte,
4. Gelerntes nur dann am sinnvollsten ist, wenn es Voraussetzungen für weiteres Lernen enthält,[46]

wurde durch die Lern- und Denkpsychologie immer deutlicher, daß die Übertragung kein Automatismus ist, sondern eine eigene pädagogische Bemühung zur Voraussetzung hat, die nicht nur das lehrt, was übertragen werden soll, sondern auch den Transfer selbst, die Technik des Übertragens thematisiert und einübt.[47]

Das gilt auch für die Alten Sprachen, denn „Latein kann ein sehr spezifisches Lernmaterial bleiben, das wenig Übertragungseffekte auf 'das Denken' oder 'das Verstehen anderer Sprachen' oder 'vergangener Kulturen' hat: Lateinunterricht kann aber auch umgekehrt das alles hervorragend leisten, wenn 'entsprechend unterrichtet wird', nämlich mit Methoden, die die Übertragung begünstigen"[48]. Und so kann H. von Hentig mit Recht formulieren: „Daß die formale Bildung durch die Psychologie des Lernens erledigt sei, ist falsch, so falsch wie die Behauptung, daß bestimmte Gegenstände (etwa Latein oder Mathematik) von sich aus formale (auf andere sprachliche, quantifizierende und allgemein intellektuelle Anforderungen sich erstreckende) Wirkung hätten."[49] Es ist daher konsequent,

---

44 Skowronek 590 f.
45 Vgl. Dewey, J.: Wie wir lernen. Zürich 1971, 41. Kaimer. Gutacker 172 – 176.
46 Vgl. Hentig, Platonisches Lehren 261.
47 Vgl. Correll, W.: Pädagogische Verhaltenspsychologie. München 1965, 126 ff.
48 Roth, Pädagogische Psychologie 288.
49 Hentig, Platonisches Lehren 260 f. Vgl. Clasen 15. Nicht gerechtfertigt ist die Ablehnung der „formalen Bildung" bei Lanig, K.: Der altsprachliche Unterricht als formales und inhaltliches Problem. In: 5. Internationaler Kongreß für Altertumswissenschaft. Bonn 1969; Eikeboom, Rationales Lateinlernen 73. Weiteres bei Nickel, Die Alten Sprachen 65 ff.

daß kein Katalog fachspezifischer Leistungen des AU auf das Lernziel „Transfer" verzichtet.[50] Ob es dabei allerdings angebracht ist, daß in den Taxonomien dieser Begriff nur für eine bestimmte Stufe von Lernzielen vorgesehen ist, mag für den Augenblick dahinstehen, scheint aber nach dem bisher Ausgeführten zumindest zweifelhaft zu sein.

Denken und Lernen als Unterrichtsziele

Fragt man heute nach den wichtigsten Aufgaben der Schule, so wird immer häufiger auf die Notwendigkeit, das Lernen und Denken zu lehren, Problemlösungsstrategien zu vermitteln, die kognitiven Fähigkeiten der Schüler zu entwickeln und sie zu selbständigem und kreativem Handeln zu ermutigen, verwiesen. „Die Bildungsgänge vermitteln nicht nur Kenntnisse und Fertigkeiten, sondern auch die Fähigkeit, immer wieder neu zu lernen, sei es in anderen Gegenstandsbereichen, sei es im gleichen Gegenstandsbereich, jedoch auf höherem Anspruchsniveau."[51]

Transfer als Lernziel des AU: Platonisches Lehren (H. von Hentig)

Eine didaktische Konzeption, die das Denken und Lernen selbst zum Ziel hat, ist natürlich nicht auf den Unterricht in den Alten Sprachen beschränkt, ist aber aus geschichtlichen Gründen, wie aufgezeigt wurde, als pädagogische Ideologie der „formalen Bildung" mit dem altsprachlichen Unterricht aufs engste verbunden.[52]

Im Zusammenhang mit den Ergebnissen der Transferforschung hat als erster H. von Hentig den Lateinunterricht an seinen eigenen ideologischen Ansprüchen gemessen und als transferfördernden Unterricht erneut einer kritischen Prüfung unterzogen unter der Frage, was am Lernvorgang übertragbar ist und worauf die Übertragung beruht.[53] Hentigs Analyse wird dabei zu einer didaktischen Begründung für das pädagogische Prärogativ der Alten Sprache Latein im Rahmen der „formalen Bildung". Im dialektischen Zusammenhang von inhaltlichen Argumenten und deren Absicherung durch formale Theorien der Transferforschung — soweit sie seinerzeit vorlagen — liegt, wie mir scheint, der Grund dafür, daß in der Folgezeit der Sprachunterricht und die Sprachreflexion eine erhebliche Aufwer-

---

50 Vgl. die Materialien zur Curriculum-Entwicklung im Fach Latein (hrsg. vom Ausschuß für didaktische Fragen im DAV). München 1971, 8; Bayer, Lernziele und Fachleistungen; außerdem oben S. 45 ff.
51 Deutscher Bildungsrat, Empfehlungen der Bildungskommission: Strukturplan für das Bildungswesen. Stuttgart 1971³, 33.
52 Zu den Einschränkungen, die durch die Transferforschung die Mathematik erfahren hat, vgl. Lenné, H.: Analyse der Mathematikdidaktik in Deutschland. Stuttgart 1969, 121 – 129. Roeder, P. M. / Treumann, K.: Dimensionen der Schülerleistung. In: Gutachten und Studien der Bildungskommission 21, 2. Stuttgart 1974, 252 ff.
53 Hentig, Platonisches Lehren. Ders.: Linguistik, Schulgrammatik, Bildungswert.

tung erfuhren und ihr Eigenrecht als gesichert angesehen werden kann.[54] H. von Hentig kommt durch seinen Begründungszusammenhang weit über ältere Arbeiten zum Problem der „formalen Bildung" hinaus.[55]

Bemerkenswerte neue Belege empirischer Forschung — zusätzliche Stützen gleichsam für Hentigs Ansatz — für mögliche Transferwirkungen des Lateinunterrichts konnte H. Vester aufgrund umfangreicher Untersuchungen in den USA vorlegen.[56] Eine Übertragung auf deutsche Verhältnisse ist aufgrund dieser Ergebnisse allerdings nur bedingt erlaubt. Demgegenüber haben die Arbeiten von F. Kaimer und B. Gutacker für den deutschen Sprachraum empirisch nachweisen können, daß Transfer in so allgemeiner Art, wie die Theorie der „formalen Bildung" ihn für den altsprachlichen Unterricht postuliert, nicht haltbar ist. Wohl aber hat sich der Nachweis erbringen lassen, daß der Lateinunterricht verglichen mit dem Unterricht in Englisch und/oder Französisch Fähigkeiten in relativ spezifischen sprachlichen Bereichen erhöht.

Im Mittelpunkt von Gutackers Untersuchung stand dabei die These, daß Latein im besonderen Maße zur Beherrschung der Muttersprache beitrage infolge der zentralen Stellung, welche die Übersetzung im Unterricht einnimmt als methodisch bewußte Zweisprachigkeit im Sinne eines kontrastiv-komparativen Verfahrens. Im Rahmen dieses Ansatzes wurden Lerngruppen, die mehrere Jahre Unterricht im Fach Latein hatten, und Schüler, die stattdessen in Englisch und/oder Französisch unterrichtet wurden, insbesondere in ihren Leistungen im sprachlichen Bereich untersucht: durch Tests bzw. testähnliche Verfahren und durch formale Aufsatzanalyse. Eine derartige Prüfung möglicher Unterschiede bei Sprachmerkmalen erscheint insofern sinnvoll, als sich nach den Ergebnissen der Psycholinguistik (H. Rubenstein / M. Aborn; S. M. Ervin-Tripp / D. I. Slobin; S. Fillenbaum; D. S. Palermo / D. L. Molfese) spezielle sprachliche Fähigkeiten weit über das Kindesalter hinaus entwickeln und damit einer Beeinflussung durch Unterricht offenstehen, auch wenn die wichtigsten syntaktischen Phänomene bereits bei Kindern im Alter von vier bis fünf Jahren angetroffen werden.

Nach den Befunden von Kaimer und Gutacker zeigten sich bei den Lateinschülern signifikante Unterschiede in spezifischen sprachlichen Fähigkeiten und Fertigkeiten als Effekte eines vorgängigen Lateinunterrichts: Lateinschüler bilden in deutschen Aufsätzen längere und komplexere Sätze, sie bevorzugen eher einen verbalen Stil und ihnen sind Satzmuster und Satzstrukturen geläufiger.

---

54 Vgl. Schmidt, Formale Bildung im lateinischen Anfangsunterricht. Gaul, D.: Die neue Schule und die alten Sprachen. In: MDAV 15, 1 (1972), 15 — 23. Krefeld, Interpretationen lateinischer Schulautoren 7 — 10. In diesem Zusammenhang sind auch die offiziellen Verlautbarungen des DAV über die Ziele des Latein- und Griechischunterrichts zu nennen: MDAV 14, 1 (1971), 1 f. Mehr dazu bei Nickel. Die Alten Sprachen 66.

55 Vgl. den historischen Überblick bei Pfister, R.: Grammatik als Denkschulung, von Humboldt bis zur Gegenwart. In: AU V, 2 (1961), 123 — 144; ferner alle weiteren Beiträge mit den Literaturhinweisen in diesem Band des AU. Literaturangaben bei Nickel, Die Alten Sprachen 292 f.

56 Hinzuweisen ist jetzt auch auf eine Untersuchung der Studienstiftung des deutschen Volkes. Im Rahmen des „Test der akademischen Befähigung" (TAB), der eine Reihe kognitiver Fähigkeiten messen soll, schnitten die Absolventen altsprachlicher Gymnasialtypen am besten ab (vgl. Trost / Pauels / Schneider 33).

Dabei sind gerade die letztgenannten Kenntnisse für das Verständnis schwieriger Texte von besonderer Bedeutung und sie können im Sinne der „Logischen Relationen" von R. Meili als höhere Befähigung zu rationalerem Umgang mit sprachlichen Phänomenen und Texten interpretiert werden.

Es ist hier nun nicht der Ort, H. von Hentigs Entwurf im einzelnen darzulegen[57], lediglich der Ansatz soll aufgewiesen werden. Ausgehend davon, daß wir das Denken und das Lernen selbst lehren müssen, wenn wir den stärksten Übertragungseffekt erreichen wollen, ist er darum bemüht aufzuweisen, wie sowohl das Lernen als auch das Denken — in seinem tautologischen Aspekt als 'logisches' Denken ebenso wie als 'wissenschaftliches Denken' — am Lateinischen in besonderer Weise zu verwirklichen sind.

Das Denken zu lehren erfordert zunächst die Rückbesinnung auf die theoretische Didaktik, die in den Bildungskategorien den Gegensatz von formal und material aufhebt.[58] Dann bedeutet die Forderung „Denken lehren" nämlich, „zu den Grundkategorien eines Faches, zu seinen allgemeinen Prinzipien vorzudringen, die Prinzipien möglichst überzeugend herauszustellen und sie in ihrer ganzen Anwendungsbreite aufzuweisen und erfahren zu lassen"[59]. Das „Lernen lehren" erfordert, „daß man dem Lernenden das ganze methodische Handwerkszeug, das er benötigt, um in ein Fachgebiet einzudringen, nicht abnimmt, indem man ihm einfach die Resultate zugänglich macht, sondern umgekehrt, daß man ihn die Methoden des Eindringens selbst lehrt"[60]. Und letztlich: um die Bereitstellung und Übertragungsfähigkeit des Gelernten anzubahnen, ist es notwendig, „den Lerngegenstand so in die Tiefe zu verfolgen, daß er seine Übertragungsmöglichkeit hergibt. Er muß so in seinem kategorialen Bestand erfaßt werden, in seinem Denkbestand, daß das Übertragbare offenkundig wird. Offenkundig übertragbar ist, was z. B. an allgemeinen Prinzipien, an Denkwegen und Denktechnik in einem Lernmaterial investiert ist."[61]

Damit wird im Hinblick auf den Sprachunterricht der Vorgang im Gegensatz zum Ergebnis didaktisch relevant. „Es geht also nicht", so betont von Hentig, „um einen Bewußtseinsinhalt, sondern um einen formalen Vorgang. Denn die Sprache erweist sich als formales Prinzip katexochen, ja als das umfassendste System formaler (d. i. übertragbarer) Ordnungen, eine Subsumierung einer unendlichen Fülle von Erscheinungen, Beziehungen, Zuständen unter eine endliche Fülle von aufeinander bezogenen Strukturen und Funktionen."[62] Erziehung zu Sprachbewußtsein wird damit zu einem Vorgang der Befreiung „von den Fixierungen in der naiven Erfahrung, in der Muttersprache, in der Mundart, in der Grammatisierung, und zwar indem die Fixierung bewußt gemacht wird"[63]. Diese Befreiung ist iden-

---

57 Vgl. dazu Nickel, Die Alten Sprachen 69 ff.; Luther, Sprachphilosophie 397 ff.
58 Vgl. Hentig, Platonisches Lehren 261.
59 Roth, Pädagogische Psychologie 293.
60 Roth, ebenda.
61 Roth, Pädagogische Psychologie 288.
62 Hentig, Platonisches Lehren 259.
63 Hentig, ebenda.

tisch mit dem Schaffen einer „Disposition zum Lernen von Sprache" — „nämlich als Möglichkeit, die Gliederung und Zusammenordnung der Welt außerhalb der Muttersprache zu vollziehen"[64].

Die formalbildende Wirkung des Lateinunterrichts liegt „in den methodischen Anstrengungen, zu denen man beim Lernen gezwungen wird"[65]. Denn „formale Bildung" ist „Übung statt Ausstattung, Bildung (im Sinne des Wortes) statt Kenntnisse, Vorgang statt Stoff, Sokrates statt Sophisten"[66]. — Welche Verfahren nun sind im Lateinischen investiert, die dadurch verfügbar gemacht werden, daß man sie nachvollzieht? H. von Hentig konstatiert, daß die „logische" Grammatik die Sprache als Bildungsmittel unbrauchbar macht. Wenn die lateinische Sprache das Denken lehren und fördern soll, dann müsse sie die Kategorien des Verstehens („Sinnstrukturen") anschaulich werden lassen. Die Grammatik muß zu einer psychologischen Grammatik werden[67], zu einer Art „Grammatik des Denkens"[68], deren Gesetze nicht die Logik und deren Erscheinungsformen nicht Sprachlehre seien, sondern die Grundfiguren kommunikativen Verstehens[69]. Dazu gehören beispielsweise die Sinnstrukturen: Täter — Tun, Person — Sein, Person — Haben, Ich — Sprecher, Du — Angesprochener, Er — Besprochener, Kundgabe — Auslösung — Darstellung, Vergangenheit — Gegenwart — Zukunft, Handeln — Leiden — Geschehen, Sein — Nichtsein — Möglichsein[70]. Diesen Sinnstrukturen entsprechen bestimmte Sprachstrukturen, die nur dann richtig benutzt werden können, wenn man auf die Sinnstrukturen zurückgeht, d. h. wenn man sich um den Sachverhalt kümmert. „Und darin liegt eine wirklich allgemeine, 'formale' Wirkung des Latein — ein übertragbares Verfahren: es übt mich in der kritischen Hinwendung von der Sprache zum Sachverhalt, vom Symbol zur Wirklichkeit und umgekehrt, es erzieht mich zu dem Bewußtsein, daß die Welt durch Sinnstrukturen gegliedert wird, durch die ich sie auf mich beziehe."[71]

Eine Antwort auf die Frage, ob die Alten Sprachen, näherhin das Lateinische, in besonderem Maße zur „formalen Bildung" beitragen können oder nicht, erhalten wir somit nur dann, wenn wir nicht vom Fach und seinen Inhalten primär ausgehen, sondern jene Bedingungen untersuchen, an die Voraussetzungen und Ziele einer jeden Formalbildung geknüpft sind: den Prozeß des Lernens und Denkens.

---

64 Hentig, ebenda.
65 Hentig, Linguistik 132.
66 Hentig, Platonisches Lehren 260.
67 Hentig, Platonisches Lehren 267.
68 Hentig, Platonisches Lehren 270.
69 Hentig, ebenda.
70 Hentig, Platonisches Lehren 272.
71 Hentig, Platonisches Lehren 277.

Abschließend muß jedoch mit aller Deutlichkeit darauf hingewiesen werden, daß H. von Hentig mit seinem instrumentalen Lernzielansatz das multivalente Modell des altsprachlichen Unterrichts[72] auf Sprachreflexion im engeren Sinn[73] restringiert und damit um andere Transferchancen verkürzt, die auf anderen Ebenen und in anderen Formen liegen. Denn für den Transferwert eines Faches ist entscheidend, wie groß und vielfältig die Ausstrahlungskraft seiner Stoffe und Methoden auf andere Bereiche ist, wie groß sein „Facettenreichtum", sein „Perspektivenreichtum", kurz seine Komplexität und Multivalenz ist. Für den AU gewinnen damit neben Sprachreflexion die Aspekte eines textreflektorischen, linguistischen, literarischen, historischen und philologischen Grundfaches in ihrer Summe an Bedeutung (H. Vester).

Im Hinblick auf diese Vielschichtigkeit muß ernüchternd festgestellt werden, daß die Fachdidaktik als Transferwissenschaft sich in einem deplorablen Zustand befindet. In welch vielfacher Hinsicht hier Gegenstände, Wissensinhalte, Fähigkeiten und Fertigkeiten, Einstellungen und Auffassungsweisen auf ihre Übertragbarkeit hin untersucht werden müssen, ist oben in der Übersicht über die Transferforschung angedeutet worden. Einen ersten Versuch, formalbildende Elemente des lateinischen Sprachunterrichts zu operationalisieren, hat H. Vester und seine Lehrplankommission unternommen. Die entsprechende Publikation des operationalisierten Lernziels „Transfer" steht allerdings noch aus.[74]

Transfer als Lernziel des AU: Synkritisches Lernen (D. Lohmann)

Auf der Ebene der kognitiven Lerntheoretiker[75] bewegt sich D. Lohmann, der für den Bereich des Literaturunterrichts die Bedeutung des Vergleichs im Hinblick auf den Prozeß des bewußten Lernens herausarbeitet[76]. Er legt dar, daß der AU wie kaum eine andere Fachrichtung geeignet ist, „mit den Mitteln der Synkrisis und des dialektischen Lernens die Übertragbarkeit und das 'Lernen' selbst zu lehren"[77]. Für Lohmann steht also auch der formalbildende Kraft des Unterrichts im Vordergrund.

Lohmann bezieht alle Phasen des Unterrichts in die Betrachtung ein, betont allerdings die besondere Bedeutung der Synkrisis für den Bereich der Interpretation.[78] Das synoptische Verfahren gibt dem Lernenden für den Vergleich die festen und gleichbleibenden Kategorien der Identität und Nicht-Identität an die Hand, die

---

72 Vgl. Westphalen 19 ff., bes. 23. Ders.: Latein ohne Richtschnur? In: Antike Texte – moderne Interpretation. Anregung, Beih. München o. J., 84.
73 Vgl. hierzu Heilmann, Sprachreflexion und lateinischer Sprachunterricht, sowie oben S. 28 Anm. 41 und S. 48 f., unten S. 125.
74 Schriftliche Mitteilung von H. Vester.
75 Übersicht bei Roth, Pädagogische Anthropologie II 115 ff. Siehe ferner die Angaben o. Anm. 32.
76 Vgl. die kritischen Einschränkungen, die W. Heilmann gemacht hat, um eine Amputation der historischen Dimension zu verhindern: Zum Vergleichen im lateinischen Literaturunterricht. In: AU XIX 4 (1976), 81 – 91.
77 Lohmann 90.
78 Lohmann 66 ff.

in gleicher Weise in nahezu jedem Bereich anwendbar sind. Der Vergleich drängt im Blick auf die Relation, in der verglichene Elemente oder Aspekte zueinander stehen, jeweils auf ein neues Ganzes, das als solches außerhalb der jeweiligen Ganzheit der verglichenen Teilstücke liegt.[79] Es wird also ein selbsttätiger Lernprozeß aufgebaut, der vom Erkannten zum Unerkannten aufsteigt, vom „Faktum zum Horizont"[80]. Dabei ist „das synkritische Lernen aber niemals nur additiv, sondern es vollzieht sich im vertikal und horizontal aufgebauten logischen System. Der Satz vom 'Vorgehen vom Bekannten zum Unbekannten' muß daher seinerseits dialektisch verstanden werden: Ausgangspunkt (Bekanntes) und Zielpunkt (Unbekanntes) sind austauschbar, der gedankliche Prozeß ist reversibel, d. h., das neu Erkannte wird sogleich seinerseits Ausgangspunkt für die Rück-Projektion auf die andere Seite, von der ursprünglich auszugehen war. Auf diese Weise wird nicht nur durch die Synkrisis mit dem schon Bekannten das Neue erkannt und gelernt, sondern in einer Art 'Rück-Koppelung' werden neue Aspekte bei dem (angeblich) längst Bekannten sichtbar."[81]

Die bewußte Anwendung dieser einfachen Kategorien führt den Lernenden selbständig zu weiteren Ergebnissen. Denn jedes Einzelfaktum, das in das durch diese Kategorien bestimmte logische Begriffsschema eingefügt wird, erhält Bedeutung und eine Funktion, die es vorher nicht hatte. Im Zusammenhang mit diesem Aktivieren des Problembewußtseins durch das dialektische Lernen steht das Bewußtmachen des Prozesses selbst, d. h. die Weckung und Schulung eines Methodenbewußtseins. Da für jeden Lernakt die Bewußtmachung der Lernmethode eine Intensivierung des Lernerfolgs bedeutet, ist gerade hiermit die Möglichkeit einer gezielten Übertragung geschaffen.[82]

Die synkritische Methode ist auf allen Altersstufen einzusetzen[83], so daß sie als verbindendes Instrumentarium von Sprachreflexion, Textreflexion und Interpretationskunde angesehen werden kann. Der Vergleich als heuristisches und hermeneutisches Mittel verweist uns aber nicht nur auf den engeren Bereich der „Vergleichenden Literaturwissenschaft" und ihrer Methoden bei der Abgrenzung und Findung weiterer Transfermöglichkeiten, sondern auch auf den historischen Ort der Alten Sprachen, der ebenfalls weitere Transferchancen eröffnen kann: Die Beschäftigung mit den Sprachen und Literaturen der Antike führt zwangsläufig zu einer diachronen Kontrastierung innerhalb der gesamten europäischen Literatur- und Geistesgeschichte.[84]

---

79 Vgl. Hegel, G. W. F.: Wissenschaft der Logik II (hrsg. von G. Lasson). Hamburg 1934, 35 f.: „Ob etwas einem anderen Etwas gleich ist oder nicht, geht weder das eine noch das andere an; jedes derselben ist nur auf sich bezogen, ist an und für sich selbst, was es ist; die Identität oder Nichtidentität als Gleichheit und Ungleichheit ist die Rücksicht eines Dritten, die außer ihnen fällt."

80 Rombach, H.: Anthropologie des Lernens. In: Der Lernprozeß. Handbuch des Willmann-Instituts. Freiburg 1969, 6 ff.

81 Lohmann 29.

82 Lohmann 37.

83 Lohmann 103.

84 Lohmann 67 f.

Transfer von Fertigkeiten und Arbeitstechniken

In der Abkehr vom kognitiven Lernen nähern wir uns dem Bereich der philologischen Methoden. Gerade auf diesem Gebiet ist die Transferbedingung gleichartiger Erscheinungen in zahlreichen Ebenen gegeben. Auf welchen Feldern des Methodischen und der Arbeitstechniken am ehesten Möglichkeiten eines operationalisierten Transfers zu suchen sind, hat F. Maier anhand seiner „problem- und modellorientierten Interpretation" aufgezeigt[85], ebenso H.-J. Glücklich in seinem Beitrag „Texterschließung, Interpretationskunde und fächerübergreifende Denkmodelle"[86]. Da es sich bei der Interpretation nicht nur um eine Problematisierung der Textinhalte handelt, sondern gleichzeitig auch um eine Problematisierung des Arbeitsverfahrens, nämlich des Dekodierens und erneuten Enkodierens, ist es sicherlich nicht berechtigt, in diesem prozessualen Bereich von einem „existentiellen Transfer" zu sprechen.[87] Vielmehr handelt es sich hier um einen kommunikativen Vorgang, der ein Verstehensprozeß im Sinne einer Bewußtseinserweiterung ist, nicht ein Transfer von Einsichten und Kenntnissen in lerntheoretischem Verständnis.[88] — In diesem ganzen Bereich bedarf es allerdings noch weiterer systematischer Arbeiten der Fachwissenschaft und Fachdidaktik mit einem weiten Blick über den Zaun des engeren Fachgebiets.

Transfer und Übersetzung

Bei einem „non liquet" muß es fürs erste bei dem für den AU so wichtigen Lernziel des Übersetzens bleiben, gerade weil der AU sich durch dieses Lernziel vom übrigen Sprachunterricht abzuheben scheint. Hier müssen zuerst lerntheoretische Fragen geklärt, die spezifischen Prozesse des Übersetzungsvorgangs analysiert und psychologische Probleme erörtert werden, ehe das Übersetzen als „geistige Zucht"[89] in seine transferablen Elemente im kognitiven und affektiven Bereich operationalisiert werden kann. Nicht gemeint ist hier der „instrumentelle" Teil des Übersetzens, dem die transferierbaren Dekodiertechniken zuzuordnen sind, sondern das Übersetzen in seiner Prozeßhaftigkeit. In welchem Maße, so wäre zu fragen, wird unter Berücksichtigung der Ergebnisse H. von Hentigs das analytische, das synthetische und 'logische' Denken beim Übersetzungsvorgang geschult? In welchem Umfang werden durch die „Verpflichtung auf das Wort, den Text,

---

85 Maier, Interpretationsebenen im Lektüreunterricht.

86 Ferner Riedel, W.: Didaktischer Ansatz für das Fach Latein. In: AU XV, 5 (1972), 83 – 87.

87 Vgl. Entwürfe der Curricula für die Mainzer Studienstufe (hrsg. vom KM Rheinland-Pfalz). Mainz 1973, 168: „Historisch-wissenschaftlicher Transfer: Übertragung von am Text gewonnenen Erkenntnissen auf andere Texte und Gegenstandsbereiche; Existentieller Transfer: Umsetzung der am Text gewonnenen Erkenntnisse in die eigene persönliche und gesellschaftliche Situation". Im Anschluß daran dann Munding, „Existentieller Transfer" bei lateinischen Historikern. Vgl. die kritischen Einwände schon bei Glücklich, Gefährlicher Transfer.

88 Vgl. Nickel, Der moderne Lateinunterricht 99.

89 Vgl. Kerschensteiner, G.: Wesen und Wert des naturwissenschaftlichen Unterrichts. Leipzig 1928[4], Kap. 2: „Das Wesen der geistigen Zucht". Kerschensteiners Ausführungen sind eine Analyse des Übersetzungsvorgangs. Zum gesamten Problem siehe Nickel, Die Alten Sprachen 87 ff. (Literatur ebenda 296 – 302); außerdem den folgenden Beitrag.

die Sache, durch den Zwang zur Konzentration auf das sprachliche Detail, auf die Nuance die Verhaltensformen der Sachlichkeit, Genauigkeit, der intellektuellen Redlichkeit, der Hingabefähigkeit an ein schwieriges Problem als Voraussetzungen für das wissenschaftliche Arbeiten im späteren Studium und Beruf eingeübt?"[90]. Ist das Übersetzen ein Sonderfall von sprachlicher Kommunikation, insofern es nach H. G. Gadamer eine „Hinwendung zur Überlieferung", „ein Gespräch über einen Zeitabstand hinweg", „einen Sonderfall der Gesprächssituation" darstellt?[91] Ist Übersetzen ein Verfahren, das Verstehen fremder Äußerungen, d. h. fremder Inhalte in fremder Form zu lernen und zu üben?[92] Wie ist in linguistischer Hinsicht das Verhältnis der Kodierungsprozesse beim Texterschließen zu bestimmen?[93]

Transfer und Taxonomie

Aufgrund der Ergebnisse bisheriger Transferforschung muß besondere Aufmerksamkeit der Hierarchisierung der Leistungen gewidmet werden, wie sie durch die taxonomisch gestuften Kategorien H. Roths[94] gekennzeichnet werden. Es besteht nämlich die Gefahr, daß diese Kategorien, so wie sie einmal in der Lernpsychologie entstanden sind, generell in die pädagogische Praxis Eingang finden und verwendet werden. In den meisten Fällen lassen sich aber bei komplexen Lernprozessen Transfer und Aktualisierung von Lernresultaten kaum voneinander trennen. Jeder längere Lernprozeß und natürlich jede Aneinanderreihung von Lernprozessen verlangt Anwendung und Aktualisierung früher gewonnener Lernresultate, auch auf der Stufe des Wissens.[95] In allen umfangreichen und komplexen Lernprozessen ist im Grunde immer Transfer wirksam, lediglich das Ausmaß und die Art des Transfers sind unterschiedlich. Zudem hat die pädagogische Praxis es nicht nur mit der subjektiven, lernpsychologischen Seite des Anforderungsniveaus bei Leistungen zu tun, da sie sich ja um die Vermittlung von Lerninhalten bemüht. Diese bringen aber ihrerseits Bestimmungsgründe in die Ausgestaltung von Schwierigkeitsgraden eines Lernziels bzw. einer Schülerleistung mit hinein.[96]

Und gerade dann, wenn man jedes Lernen als Fähigwerden zum Transfer versteht[97], erscheint es unzureichend, den Begriff des Transfer einer bestimmten

---

90 Maier, Das Übersetzen 131. 121 – 134, bes. 130 f.
91 Gadamer, H. G.: Wahrheit und Methode. Tübingen 1975[4], 361 ff.
92 Vgl. Hermes, Latein in unserer Welt.
93 Vgl. Heilmann, Sprachreflexion 34 ff. Beyer, K.: Die Analyse kommunikativen Geschehens. In: AU XVIII 3 (1975), 21. Heupel, Reflexion über Sprache im Lateinischen.
94 Strukturplan 78 ff.
95 Vgl. Parreren 228 ff.
96 Vgl. Reichert, S.: Vereinheitlichung der Normenbücher? Eine analytisch-synoptische Studie. ISP Arbeitsbericht Nr. 16. München 1976, 100. Vgl. auch unten S. 126 ff.
97 Vgl. Bruner, S. J.: Relevanz der Erziehung. Ravensburg 1973, 103 ff.

Stufe zuzuordnen. Gerade die Stufenordnung der Lernziele läßt sich, wie mir scheint, wohl nur dadurch begründen, daß man die verschiedene Reichweite der Transferleistung zum Einteilungsgesichtspunkt macht.[98]

Bibliographie zu „Formale Bildung – Transfer"

AEBLI, H.: Die geistige Entwicklung als Faktor von Anlage, Reifung, Umwelt und Erziehungsbedingungen. In: ROTH, H. (Hrsg.): Begabung und Lernen. Deutscher Bildungsrat, Gutachten und Studien der Bildungskommission 4. Stuttgart 1974[9], 151 – 191.
AUSUBEL, D. P.: Psychologie des Unterrichts. 2 Bde. Weinheim 1974.
BAYER, K. (Hrsg.): Lernziele und Fachleistungen. Ein empirischer Ansatz zum Latein-Curriculum. In: AU XVI (1973), Beih. 1.
BERGIUS, R.: Übungsübertragung und Problemlösen. In: Handbuch der Psychologie I 1. Göttingen 1964, 284 – 325.
BERGIUS, R.: Analyse der „Begabung": Bedingungen des intelligenten Verhaltens. In: ROTH, H. (Hrsg.): Begabung und Lernen. Deutscher Bildungsrat, Gutachten und Studien der Bildungskommission 4. Stuttgart 1974[9], 229 – 268.
BLANKERTZ, H.: Theorien und Modelle der Didaktik. München 1971[5].
BREDENKAMP, K. u. J.: Was ist Lernen? In: WEINERT, F. E. u. a. (Hrsg.): Pädagogische Psychologie V. Weinheim 1976, 1 – 19.
BÜHLER, K.: Sprachtheorie. Jena 1934.
CLASEN, A.: Wozu Latein? Wie ist sein Platz im modernen Curriculum zu begründen? In: Kollegstufenarbeit in den Alten Sprachen I (hrsg. von K. BAYER/ K. WESTPHALEN). München 1971. 26 – 33 = Didaktik des altsprachlichen Unterrichts (hrsg. von R. NICKEL). WdF 461. Darmstadt 1974, 10 – 22.
DIETRICH, D.: Zur Geschichte des gymnasialen Lateinunterrichts im wilhelminischen Deutschland. In: Das Altertum 20 (1974), 179 – 188.
DOMNICK, J. / KROPE, P.: Abschlußbericht zum Projekt „Latinum". In: Neue Sammlung 11 (1971), 174 – 192.
DOMNICK, J. / KROPE, P.: Student und Latinum. Weinheim 1972.
DRÖGEMÜLLER, H.-P.: Latein im Sprachunterricht einer neuen Schule. In: AU XV (1972), Beih. 2.
EIKEBOOM, R.: Rationales Lateinlernen. Göttingen 1970.

---

[98] Konsequent ist es, daß die Transfermöglichkeit in den Hessischen Rahmenrichtlinien Latein Sekundarstufe II (hrsg. vom KM Hessen), 1975, 6 als oberstes Lernziel erscheint. Ebenso konsequent ist es, daß in den Hessischen RRL lediglich von „Transfermöglichkeit" oder „Transfererwartung" gesprochen wird, da es, wie ausgeführt, nach dem gegenwärtigen Stand unterrichtswissenschaftlicher Entwicklung in vielen Fällen unsicher ist, ob der Transfer in kontrollierbaren Lernaufgaben vollzogen werden kann (vgl. ebd. S. 3).

Für Hinweise habe ich zu danken: Prof. H. Blankertz (Münster), Prof. H. Steinthal (Tübingen), Dr. K. Treumann (Berlin), Prof. H. Vester (Birkenfeld).

EIKEBOOM, R.: Lernpsychologische Aspekte eines modernen Lateinunterrichts. In: BENEDIKT, E. u. a. (Hrsg.): Klassische Philologie. Wien 1973, 69 – 82.
ELLIS, H. C.: The Transfer of Learning. New York 1965.
ENGELKAMP, J.: Psycholinguistik. München 1974.
ENNEBACH, W.: Transfer. Zur Thematisierung eines formalen Lernziels. In: Gesamtschule 4,2 (1972), 17 – 21.
ERVIN–TRIPP, S. M. / SLOBIN, D. I.: Psycholinguistics. In: Annual Review of Psychology 17 (1966), 435 – 474.
EYFERT, K.: Das Lernen von Haltungen, Bedürfnissen und sozialen Verhaltensweisen. In: Handbuch der Psychologie, Bd. I 2. Göttingen 1964, 347 – 370.
FILLENBAUM, S.: Psycholinguistics. In: Annual Review of Psychology 22 (1971), 251 – 308.
FLAMMER, A.: Transfer und Korrelation. Weinheim 1970.
FOPPA, K.: Lernen, Gedächtnis, Verhalten. Köln 1968³.
FUCHS, R.: Formale Bildung im Lichte der Untersuchungen zum Transfer-Problem: Transfer von Fertigkeiten. In: Psychologische Beiträge 1957, 3, 265 – 280.
GAGNÉ, R. M.: Die Bedingungen des menschlichen Lernens. Hannover 1973.
GLÜCKLICH, H.-J.: Texterschließung, Interpretationskunde und fächerübergreifende Denkmodelle. In: Antike Texte – moderne Interpretation. Anregung, Beih. München o. J., 30 – 36.
GLÜCKLICH, H.-J.: Gefährlicher Transfer. Zu Möglichkeit und Sinn der Leistungsmessung. In: AU XVII 4 (1974), 91 – 92.
GUTACKER, B.: Lateinunterricht und Transfer sprachlicher Fertigkeiten. Diss. Frankfurt 1976.
HÄRING, L.: Curriculum und curriculare Lehrpläne. In: Kollegstufenarbeit in den Alten Sprachen II (hrsg. von E. HAPP / F. MAIER). München 1976, 5 – 24.
HEILMANN, W.: Lateinischer Sprachunterricht als Hinführung zur Lektüre. In: AU XIV 5 (1971), 21 – 32.
HEILMANN, W.: Sprachreflexion und lateinischer Sprachunterricht. In: Hessisches Institut für Lehrerfortbildung (Hrsg.): Protokoll des Lehrgangs 1848 „Didaktische Überlegungen zu einer Revision des altsprachlichen Unterrichts". Fuldatal 1972, 26 – 62.
HEILMANN, W.: Ziele des Lateinunterrichts. In: MDAV 18,4 (1975), 11 – 17.
HEILMANN, W.: Zum Vergleichen im lateinischen Literaturunterricht. In: AU XIX 4 (1976), 81 – 91.
HENTIG, H. von: Platonisches Lehren. Probleme der Didaktik dargestellt am Modell des altsprachlichen Unterrichts I. Stuttgart 1966.
HENTIG, H. von: Linguistik, Schulgrammatik, Bildungswert. In: Gymn. 73 (1966), 125 – 146 = Didaktik des altsprachlichen Unterrichts (hrsg. von R. NICKEL), WdF 461. Darmstadt 1974, 129 – 158.
HENTIG, H. von: Wissenschaft als Allgemeinbildung. Ein Modell für ein Oberstufenkolleg. In: Ders.: Spielraum und Ernstfall. Stuttgart 1969 (1973²), 309 – 343.
HERMES, E.: Latein in unserer Welt. In: Gymn. 73 (1966), 110 – 125 = Didaktik des altsprachlichen Unterrichts (hrsg. von R. NICKEL). WdF 461. Darmstadt 1974, 105 – 126.

HESSE, H. G.: Lernübertragung. In: WEINERT, F. E. u. a. (Hrsg.): Pädagogische Psychologie V. Weinheim 1976, 63 – 92.
HEUPEL, C.: Reflexion über Sprache im Lateinunterricht. In: Didaktik des altsprachlichen Unterrichts (hrsg. von R. NICKEL). WdF 461. Darmstadt 1974, 252 – 274.
HILGARD, E. R. / BOWER, G. H.: Theorien des Lernens, 2 Bde. Stuttgart 1970/71.
HÖRMANN, H.: Psychologie der Sprache. Berlin 1970.
HOGE, E. / WINTELER, A.: Die Taxonomie von Lernzielen als Instrument der Curriculumkonstruktion. In: Bundesinstitut für Berufsbildungsforschung, Hauptabt. F 2, Curriculumforschung. Berlin 1975, 29 – 62.
KAIMER, F.: Transfer und lateinischer Sprachunterricht = Unveröffentlichte Jahresarbeit, Institut für Psychologie der Universität Frankfurt. Frankfurt 1974.
KAISER, W.: Welche Hilfen kann das Englische dem griechischen Unterricht geben? In: Anregung 14 (1968), 20 – 27.
KLAFKI, W.: Studien zur Bildungstheorie und Didaktik. Weinheim 1967^9.
KLAUER, J.: Lernen und Intelligenz. Weinheim 1975^2.
KREFELD, H.: Berufsvorbereitung und grundlegende Geistesbildung. Frankfurt 1967.
KREFELD, H. (Hrsg.): Interpretationen lateinischer Schulautoren mit einer didaktischen Einführung. Frankfurt 1970^2.
KREFELD, H.: Bericht über die Arbeit des Ausschusses „Lernzieltaxonomie" des DAV. In: MDAV 19,1 (1976), 1 – 15.
KRINGS, H.: Neues Lernen. München 1972.
LEHMENSICK, E.: Die Theorie der formalen Bildung. Göttingen 1926.
LOHMANN, D.: Dialektisches Lernen. Die Rolle des Vergleichs im Lernprozeß. Stuttgart 1973.
LUTHER, W.: Die neuhumanistische Theorie der „formalen Bildung" und ihre Bedeutung für den lateinischen Sprachunterricht der Gegenwart. In: AU V 2 (1961), 5 – 31 = Didaktik des altsprachlichen Unterrichts (hrsg. von R. NICKEL). WdF 461. Darmstadt 1974, 69 – 104.
LUTHER, W.: Sprachphilosophie als Grundwissenschaft. Heidelberg 1970.
MAIER, F.: Das Übersetzen. Ein zentrales Thema der Altsprachlichen Fachdidaktik. In: GRUBER, J. / MAIER, F.: Zur Didaktik der Alten Sprachen in Universität und Schule. München 1973, 121 – 134.
MAIER, F.: Interpretationsebenen im Lektüreunterricht. In: Antike Texte – moderne Interpretation. Anregung, Beih. München o. J., 68 – 76.
MEILI, R.: Lehrbuch der psychologischen Diagnostik. Bern 1965^5.
MESSNER, R.: Funktionen der Taxonomien für die Planung von Unterricht. In: Zeitschr. für Päd. 16 (1970), 755 – 779.
MONTADA, L.: Die Lernpsychologie Jean Piagets. Stuttgart 1970.
MÜLLER, K. (Hrsg.): Gymnasiale Bildung. Texte zur Geschichte und Theorie seit Wilhelm von Humboldt. Heidelberg 1968.
MUNDING, H.: „Existentieller Transfer" bei lateinischen Historikern. In: Antike Texte – moderne Interpretation. Anregung, Beih. München o. J., 7 – 18.

NICKEL, R.: Altsprachlicher Unterricht. Erträge der Forschung 15. Darmstadt 1973.
NICKEL, R. (Hrsg.): Didaktik des altsprachlichen Unterrichts. WdF 461. Darmstadt 1974.
NICKEL, R.: Die Alten Sprachen in der Schule. IPTS-Schriften 3. Kiel 1974. Frankfurt 1978[2].
NICKEL, R.: Der moderne Lateinunterricht. Lernziele und Unterrichtsverfahren in der gymnasialen Oberstufe. Würzburg 1977.
NIETHAMMER, F. I.: Der Streit des Philanthropinismus und Humanismus in der Theorie des Erziehungs-Unterrichts unserer Zeit. Jena 1808.
OLBERT, J. / SCHNEIDER, B.: Gesammelte Aufsätze zum Transfer. Einige Beiträge zur Fremdsprachendidaktik. Schule und Forschung 20. Frankfurt 1973.
PALERMO, D. S. / MOLFESE, D. L.: Language acquisition from age five onward. In: Psychological Bulletin 78 (1972), 409 – 428.
PARREREN, C. F. van: Lernprozeß und Lernerfolg. Braunschweig 1972[2].
PAULSEN, F.: Geschichte des gelehrten Unterrichts. 2 Bde. Berlin-Leipzig 1921[3].
PIAGET, J. / INHELDER, B.: Die Entwicklung der elementaren logischen Strukturen. 2 Bde. Düsseldorf 1973.
RÖTTGER, G.: Erziehung zur geistigen Zucht im altsprachlichen Unterricht. In: AU III 5 (1959), 9 – 33.
ROTH, H.: Pädagogische Psychologie des Lehrens und Lernens. Hannover 1969[11].
ROTH, H.: Pädagogische Anthropologie. 2 Bde. Hannover 1971[3].
RUBENSTEIN, H. / ABORN, M.: Psycholinguistics. Annual Review of Psychology 11 (1960), 291 – 322.
SCHIEFELE, H.: Psychologische Befunde zum Problem des bildenden Lernens. In: Psychologische Rundschau 15 (1964), 116 – 134.
SCHMIDT, H.-D.: Formale Bildung im lateinischen Anfangsunterricht (Sexta). In: AU XIII 2 (1970), 33 – 57.
SCHULZ–VANHEYDEN, E.: Fachspezifische und fächerübergreifende Curricula und Curriculumprojekte: Alte Sprachen. In: FREY, K. (Hrsg.): Curriculum-Handbuch III. München-Zürich 1975, 382 – 391.
SKOWRONEK, H.: Transfer. In: Wörterbuch der Erziehung (hrsg. von Ch. WULF). München 1974, 589 – 591.
STIEFEL, R. Th.: Lerntransfer: Bilden mit Effekt. In: Plus 8 (1974), 21 – 27.
STRUKTURPLAN für das Bildungswesen. Deutscher Bildungsrat. Empfehlungen der Bildungskommission. Stuttgart 1971[3].
THORNDIKE, E. L.: The influence of first-year Latin upon ability to real English. In: School and society 17 (1923), 165 – 168.
THORNDIKE, E. L. / RUGER, G. J.: The effect of first-year Latin upon knowledge of English words of Latin derivation. In: School and society 18 (1923), 260 – 273. 417 – 418.
TRAVERS, R. W. M.: Grundlagen des Lernens. München 1975.
TROST, G. / PAUELS, L. / SCHNEIDER, B.: Repräsentativerhebung an deutschen Abiturienten. Studienstiftung des deutschen Volkes, Institut für Test- und Begabtenforschung. Bonn 1976.

VESTER, H.: Erfolgskontrolle und Latein in den USA. Ein Bericht über zwei empirische Untersuchungen zum Transferproblem. In: Gymn. 81 (1974), 407 – 414.
WEINERT, F. E.: Lernübertragung. In: Funk-Kolleg Pädagogische Psychologie II (hrsg. von F. E. WEINERT u. a.). Frankfurt 1974, 687 – 709.
WEINERT, F. E.: Kognitives Lernen: Begriffsbildung und Problemlösen. In: WEINERT, F. E. u. a. (Hrsg.): Pädagogische Psychologie V. Weinheim 1976, 37 – 61.
WESTPHALEN, K.: Zum Lernzielprogramm der Alten Sprachen auf der Kollegstufe. In: Kollegstufenarbeit in den Alten Sprachen I (hrsg. von K. BAYER/ K. WESTPHALEN). München 1971, 19 – 25.
WIEDERMANN, W.: Transfer im Unterricht. In: ALT–STUTTERHEIM, W. von u. a.: Unterrichtspraxis und Lerntheorie. München 1973, 109 – 112.
WILHELM, Th.: Theorie der Schule. Stuttgart 1969^2.
WIMMER, H.: Aspekte der Gedächtnisentwicklung. In: Zs. für Entwicklungspsychol. und Päd. Psychol. 8 (1976), 62 – 78.
WIMMER, H.: Gedächtnis, Gedächtnisentwicklung und schulisches Lernen. In: Unterrichtswissenschaft 5, 3 (1977), 14 – 22.
WOODROW, H.: Der Einfluß der Übungsart auf die Lernübertragung (Transfer). In: WEINERT, F. E. (Hrsg.): Pädagogische Psychologie. Köln 1974^8, 216 – 229 (Wiederabdruck der Arbeit von 1927).
WULF, Ch.: Heuristische Lernziele – Verhaltensziele. In: Bildung und Erziehung 25 (1972), 15 – 24.

Korrekturzusatz: Das Manuskript dieses Beitrages lag im April 1977 abgeschlossen vor. Änderungen konnten nicht mehr vorgenommen werden, so daß auch die neue Untersuchung von MESSNER, H.: Wissen und Anwenden. Zur Problematik des Transfers im Unterricht. Stuttgart 1978 nicht mehr berücksichtigt werden konnte.

Hans-Joachim Glücklich

Übersetzen aus den Alten Sprachen, dargestellt am Beispiel des Lateinischen

Allgemeine Bedingungen des Übersetzens

Übersetzen ist eine Ausdrucksform der Kommunikation des Lesers mit dem Autor. Dabei muß der Leser einerseits versuchen, sich in die Situation des Autors zu versetzen, in der sich dieser bei der Produktion seines Textes befand, andererseits wird er bemüht sein, das Erkannte sich selbst und den Zeitgenossen deutlich zu machen. Übersetzen aus den Alten Sprachen ist demgemäß eine stets aktualisierte Konfrontation eines Lesers in einer ganz konkreten individuellen und zeitgebundenen Situation mit dem nicht mehr veränderbaren Text aus vergangener Zeit. Damit die Produktionssituation des Textes erkannt werden kann, sind Analysen auf dem Gebiet der Pragmatik, der Morphosyntax und der Semantik notwendig.[1]

Der pragmatische Bereich des Übersetzens

Ein Text ist historisch nur dann einigermaßen richtig zu verstehen, wenn die in ihm erwähnten oder vorausgesetzten Realien und Kommunikationszusammenhänge erforscht werden und bekannt sind. Beispielsweise sind die folgenden Fragen zu klären: Wer sprach den Text? Welches Publikum hörte oder las ihn? Welche Erwartungen, Einstellungen und Kenntnisse hatte es? Welche konkrete Situation lag der Äußerung des Textes zugrunde? Wie faßte ein Redner, ein Dichter, ein Geschichtsschreiber, ein Philosoph seine Aufgabe auf, auf welche Schulung oder auf welche Studien konnte er dabei zurückgreifen, welche Gattungsgesetze hatten Einfluß auf die Textgestaltung? Welchen Appellwert hatten Wörter wie *bonus* oder *virtus*, historische Daten wie der Sieg Octavians über Antonius und Cleopatra? Was ist gemeint, wenn von *Vesta, Iuppiter Optimus Maximus, moenia, urbs, pax, amicitia (populi Romani), legatus* usw. die Rede ist, das heißt welche konkreten Vorstellungen verbanden sich damit?[2] Ohne ein solches Wissen läßt sich ein Text nicht verstehen und nur oberflächlich und mit beträchtlichem Fehlerrisiko übersetzen. Aus der Notwendigkeit eines solchen

---

1   Zur Einführung vgl. H.-J. Glücklich / R. Nickel / P. Petersen: interpretatio. Neue lateinische Textgrammatik. Freiburg 1979.

2   So schon Hoffmann 37: „Aller Sprachunterricht ist zugleich Sachunterricht und mehr als das. Denn das Wort ist nicht der Ausdruck des Gegenstandes an sich, sondern der Ausdruck des durch ihn bewirkten Erlebnisses der Seele." Dort 41 – 55 zahlreiche Beispiele.

Wissens folgt, daß der Lehrer die Grundlagen dazu im Studium erwerben und dieses Wissen immer weiter vertiefen muß, daß den Schülern die entsprechenden Informationen in Schülerkommentaren oder durch Sacherklärungen des Übungsbuches bereitzustellen sind und daß der Lehrer die Texte sorgfältig auf ihre pragmatischen Voraussetzungen prüfen und entsprechend einleiten und kommentieren muß oder (vor allem in der neugestalteten Oberstufe) Schülern Kurzreferate zu bestimmten inhaltlichen Bereichen auftragen sollte.

Der morphosyntaktische Bereich des Übersetzens

Der morphosyntaktische Bereich ist der am meisten durch den Grammatikunterricht geübte. Er leitet den Erschließungs- und Übersetzungsvorgang, weil von der sprachlichen Oberfläche des Textes die Überlegungen zu seiner Erschließung und Umsetzung ausgehen. In der Reihenfolge, in der der Autor seine Informationen gibt, werden sie auch vom Leser aufgenommen. Beim heutigen Leser eines antiken lateinischen Textes kann es dabei zu Schwierigkeiten kommen, weil (1) seine Anordnung der Satzglieder und der Gliedsätze und seine Satzverlaufserwartung, sein syntaktisches und morphologisches Repertoire von dem der lateinischen Sprache abweichen und weil (2) die Möglichkeiten des Lateinischen, einen Satz unter Bewahrung der Durchsichtigkeit auszudehnen, die des Deutschen übertreffen. Dabei bestehen für jede moderne Sprache teilweise andere Abweichungen von der lateinischen Sprache. Im folgenden werden einige Beispiele für das Verhältnis des Lateinischen zum Deutschen gegeben.

(1) Das Prädikat steht im Lateinischen häufig am Satzende bzw. am Kolonende, in deutschen Hauptsätzen folgt es, sofern es sich um Aussagesätze handelt, normalerweise dem Subjekt, in Gliedsätzen aber steht es am Schluß. Man vergleiche z. B. Caes. Gall. I 20, 1 *Diviciacus multis cum lacrimis Caesarem complexus obsecrare coepit, ne quid gravius in fratrem statueret* mit einer beliebigen deutschen Übersetzung. Die Stellung wird freilich häufig in Abhängigkeit vom Zusammenhang geändert, so daß sich ein Satzbau nach deutschen Vorstellungen ergibt: *Gallia est . . . divisa in partes tres, quarum unam incolunt Belgae . . .* (Gall. I 1,1); das Prädikat des Attributsatzes *quarum . . .* steht vorn, weil anschließend verschiedene Subjekte genannt werden; *apud Helvetios longe nobilissimus fuit et ditissimus Orgetorix* (Gall. I 2,1): die Helvetier stehen als 'Thema' (d. h. bereits Bekanntes, da I 1 am Ende ausführlich in ihrer Tapferkeit geschildert) am Satzanfang, *fuit . . . Orgetorix* als neue Information (Rhema) danach[3], dabei nimmt der Satz eine immer stärkere Eingrenzung auf sein Ziel 'Orgetorix' vor; *petunt ab Vercingetorige Haedui ...* (Gall. VII 63,4): Die Haeduer sind Subjekt aller vorher gemachten Hauptsatzäußerungen, die Wiederholung des Subjekts könnte entfallen; es steht aber zur Verdeutlichung, da im vorangehenden Satz auch andere Völker genannt werden und auch diese einen Anlaß hätten, sich an Vercingetorix zu wenden *(nacti obsides, quos . . . territant).*[4]

---

3   Zum Verhältnis Thema – Rhema als „Fortschritt im Text" vgl. Verf., AU XIX 5 (1976), 12.

4   Vgl. auch das Kapitel „Wortstellung" bei Cauer 95 – 108 mit zahlreichen lateinischen und griechischen Beispielen.

(2) Die Anordnung der Informationen ist im Lateinischen meist zeitlich-sachlich-linear: was zeitlich früher liegt oder was sachliche Voraussetzung ist, steht weiter vorne, was sich später ereignet und Folge ist, steht hinten im Satz: *Haedui* (1) *cum se suaque ab iis defendere non possent,* (2) *legatos ad Caesarem mittunt* (3) *rogatum auxilium* (Gall. I 11,2): erst besteht die im *cum*-Satz geschilderte Lage, dann schicken die Haeduer Gesandte, das Ziel ist das Aussprechen eines Hilfeersuchens. Im Deutschen lassen sich sowohl die gleiche als auch eine andere Abfolge denken, z. B. „die Haeduer (2) schicken Gesandte (3) mit einem Hilfeersuchen zu Caesar, (1) weil . . .", „die Haeduer (2) schicken Gesandte (3) mit einem Hilfeersuchen zu Caesar, (1) weil . . ."[5]

(3) Das Lateinische unterscheidet sich vom Deutschen unter anderem durch

— einen zusätzlichen Kasus (Ablativ),

— verschiedene Verteilung der Kasusfunktionen,

— das Fehlen des Artikels[6],

— die Möglichkeit, das Attribut und dessen Beziehungswort weiter auseinanderzustellen, ohne daß die Eindeutigkeit des Bezugs beeinträchtigt wird,

— die meist synthetische statt analytische Formenbildung (verschiedene Personal-, Tempus- und Modusmorpheme werden zu einer Form verbunden, während im Deutschen mehrere eigene Wörter stehen: *lauda-v-isse-t* 'er hätte gelobt'),

— die Vielfalt der Perfektbildung (*v-, u-, s-,* Reduplikations-, Dehnungsperfekt),

— die unterschiedlichen Funktionen von Tempora und Modi (z. B. narratives und konstatierendes Perfekt, Konjunktivverwendung in vielen Gliedsätzen),

— die für deutsches Verständnis bestehende Mehrdeutigkeit von Endungen (z. B. *-i:* Genitiv Singular und Nominativ Plural, *tegam:* Konjunktiv Präsens oder Futur; aber auch das Deutsche hat Fälle solcher 'Mehrdeutigkeit', z. B. „der Frau": Genitiv oder Dativ Singular),

— die mangelnde inhaltliche Eindeutigkeit von Konjunktionen wie *cum, ut, quod* (die freilich im Deutschen bei 'daß' und 'wenn' ähnlich ist),

— eigentümliche, im Deutschen nicht oder kaum oder nicht in der Vielfalt der Anwendungsmöglichkeiten vorhandene syntaktische Elemente, die in ihrer Funktion eine Zwischenstellung zwischen Satzglied und Gliedsatz einnehmen: AcI (NcI), Prädikativum, Ablativ mit Prädikativum, *-nd*-Fügungen wie *ad civitates sollicitandas*[7]; diese Elemente haben mit Satzgliedern gemeinsam, daß sie wie diese durch eine bestimmte Kasusendung als Subjekt, Objekt oder adverbiale Bestimmung in einen Satz eingeordnet sind, nicht durch eine Konjunktion; mit den Gliedsätzen haben sie gemeinsam, daß sie eine eigene Verbalinformation enthalten; eine Sonderstellung hat dabei das Prädikativum, da

---

5 Vgl. Schmidt, AU I 8 (= II 3) (1956), 23 mit Hinweis auf ältere methodische Literatur.

6 Dazu Schmidt, AU I 8 (= II 3) (1956), 16.

7 Der sogenannte NcI gehört nur bedingt hierher, denn er ist besser als das Hinzutreten einer Infinitivergänzung zu einem Prädikat im persönlichen Passiv zu erklären; vgl. Verf., AU XIX 5 (1976), 19 – 21; A. Scherer: Handbuch der lateinischen Syntax, Heidelberg 1975, 194.

sein Bezugswort (das Subjekt dieser prädikativen Verbalinformation) gleichzeitig allein Satzglied im übergeordneten Satz ist, während die anderen Elemente immer nur insgesamt (d. h. mit nominalem und verbalem Bestandteil zusammen) ein Satzglied im übergeordneten Satz sind;

— die deutlichere Berücksichtigung der Zeitbezeichnungen und Zeitenverhältnisse;

— die größere Differenzierung bei den Demonstrativpronomina *(hic, iste, ille)*, den Indefinitpronomina *(quis, quisquam)* und den Negationen *(non, ne)*.

(4) Das Lateinische nutzt die Möglichkeit der Expansion von Satzgliedern zu erweiterten Satzgliedern oder zu Gliedsätzen in größerem Ausmaß als das Deutsche. Attribute werden erweitert, wo das Deutsche einen Attributsatz bevorzugt *(Caesaris in se indulgentiam requirunt)* 'sie sehnen sich nach der maßvollen Behandlung, die Caesar ihnen angedeihen ließ', (Gall. VII 63, 8). Sätze werden durch vielfältige Expansionen zu 'Perioden'[8], bei denen die Gliedsätze und die typisch lateinischen Zwischenformen zwischen Satzglied und Gliedsatz an der Stelle stehen, wo sie auch als einfache Satzglieder stünden, der Satzbau aber dennoch anfängt, für deutsches Verständnis kompliziert zu wirken, weil die deutsche Sprache heute wie andere Sprachen auch den Bau längerer Sätze einschränkt.[9]

Der semantische Bereich des Übersetzens

Semantische Deutungen und Überlegungen erfolgen auf den Ebenen des Wortes, des Satzes und der Stellung seiner Glieder sowie auf der Ebene des Textes.

Auf der Wortebene können einige gängige Vokabeln, die Vorgänge oder Dinge benennen, die noch heute in identischer oder fast identischer Form bestehen (z. B. *ire, laudare, frumentum, proficisci)*, ohne Reflexion umgesetzt werden. Meist aber müssen der syntaktisch-morphologische und der pragmatische Bereich berücksichtigt werden, wenn man die treffende Wiedergabe eines lateinischen Wortes, einer lateinischen Form, eines lateinischen Syntagmas finden will. Begriffe wie *honor, invidia, patres* lassen sich nur unter Berücksichtigung der Pragmatik verstehen und passend wiedergeben. Im syntaktischen Bereich kann man z. B. darauf verweisen, daß Verben verschiedene Bedeutungen haben, je nach dem, ob sie mit einem AcI oder mit einem abhängigen Wunschsatz verbunden sind (etwa *persuadere*), und daß der AcI Aussagen oder Wünsche ausdrücken kann. Aber auch die Wortfolge an sich hat eine semantische Funktion und kann in der vom Autor gewählten Abfolge bestimmte Assoziationen (Konnotationen[10], vom Leser eingebrachte mitschwingende Vorstellungen) zusätzlich zu der inhalt-

---

8 Als Beispiele für die Erschließung und Übersetzung längerer Perioden sind Caes. Gall. II 25, Cic. Arch. 18, Xen. Mem. I 1, 17 f. besprochen von H. Kummer: Sprache und Wirklichkeit, AU III 1 (1957), 16 – 23; Cic. rep. II 56 bei Verf., AU XIX 5 (1976), 8 – 12.

9 Ein Beispiel für die Normalstellung expandierter Satzglieder kann Gall. I 28,1 sein: *Quod ubi Caesar resciit, quorum per fines ierant, his, uti conquirerent et reducerent, si sibi purgati esse vellent, imperavit.* Die Abfolge der Gliedsätze entspricht hier der Satzgliedfolge adverbiale Bestimmung — Dativ-Objekt — Akkusativ-Objekt — Prädikat.

10 Vgl. R. Nickel, AU XVIII 2 (1975), 32 f.

lichen Bedeutung (Denotation) der Vokabeln hervorrufen. Die Stellungsfiguren müssen erkannt und können bisweilen in wirkungsgleiche deutsche Wendungen umgesetzt werden. Die Häufung bestimmter Wörter oder Endungen vermittelt ebenfalls bestimmte Eindrücke. Die Wahl syntaktischer Mittel, z. B. des Partizipialstils oder eines gliedsatzreichen Stils, die Deutlichmachung von gedanklichen Verknüpfungen oder die Auslassung von Konnektoren (z. B. bei Sall. Catil. 5, Caes. Gall. VII 63) bestimmen den Charakter eines Satzes oder Textes und müssen bei der Übersetzung durch einen entsprechenden Stil berücksichtigt werden. Und schließlich werden insgesamt die Wahl syntaktischer Mittel und die Bedeutung einzelner Vokabeln von Inhalt und Form des gesamten Textes beeinflußt.

Texterschließung und Übersetzung

Übersetzen besteht somit aus zwei Arbeitsbereichen:

(1) der Texterschließung und Satzerschließung, d. h. der Erfassung des Sinnes und seiner morphosyntaktischen und semantischen Gestaltung im Lateinischen;

(2) den Überlegungen zum Umsetzen des Erkannten ins Deutsche und der Auswahl entsprechender deutscher Mittel aus eventuell mehreren erwogenen Möglichkeiten.

Beide Arbeitsbereiche durchdringen sich zum Teil, sind aber arbeitstechnisch aus drei Gründen zu trennen:

(1) Eine vorschnelle Umsetzung ins Deutsche (z. B. aufgrund erlernter unreflektierter Gleichsetzungen lateinischer und deutscher sprachlicher Phänomene) kann an der Beobachtung semantischer und stilistischer Eigenheiten hindern, von der Kombination aller sprachlichen und inhaltlichen Beobachtungen abhalten und zu einem schlechten oder falschen deutschen Satzbau durch krampfhaftes Festhalten an der schnell formulierten Umsetzung des Satzbeginns führen.

(2) Beide Arbeitsbereiche bilden verschiedene mit dem Lateinunterricht verbundene Fähigkeiten aus: Die *Texterschließung* erzieht zum Beobachten, Analysieren, Kombinieren, zur Sprachreflexion (als Nachdenken über unterschiedliche sprachliche Erfassung der Wirklichkeit in verschiedenen Sprachen[11]) und zur Textreflexion (als Nachdenken über Aufbau, Ablauf, Zusammenhang, Inhalt und Intention eines Textes); metasprachliche Fähigkeiten (als Vermögen, über Sprache und Texte präzis und abstrahierend zu sprechen) werden entwickelt. Das *Übersetzen* bildet die deutsche Sprachkompetenz, die Konzentration und Präzision sprachlicher Formulierung aus.

(3) Die ausführlichen und wertvollen Beobachtungen bei der Erschließung lateinischer Texte, die relativ langsam und 'mikroskopisch' erfolgt, liefert viele syntaktische, stilistische, semantische und inhaltliche Beobachtungen, die der Grundstein zu einer philologisch-historischen Interpretation sind. Gleichzeitig ergibt

---

11 Dazu grundlegend das Buch von Wandruszka mit seinen Beispielen aus den neueren Sprachen. Wandruszka modifiziert Humboldts Ansicht, daß die Verschiedenheit der Sprachen auf einer Verschiedenheit der Weltansichten beruhe (Ueber das vergleichende Sprachstudium in Beziehung auf die verschiedenen Epochen der Sprachentwicklung 1820; Werke III, Darmstadt 1972⁴, 1 − 25) durch Herausarbeiten der akzidentiellen Faktoren der einzelnen Sprachstrukturen.

sich, welche Beobachtungen ins Deutsche umgesetzt und welche weder nachgeahmt noch sonstwie in der Übersetzung berücksichtigt werden können. Dieses Inventarium an Beobachtungen fördert damit auch die unter (2) genannten Ziele und kann als 'Übersetzungskommentar'[12] schriftlich fixiert werden und die Übersetzung in besonders prägnanten Fällen begleiten.

Übersetzungsmethoden

Die Versuche und Anleitungen zu einer Texterschließungs- und Übersetzungsmethode lassen sich im Rahmen von vier Gegensatzpaaren beschreiben und werten: Text — Satz; lateinische Wortfolge — deutsche Satzverlaufserwartung; formale — inhaltliche Erschließung; Verstehen — Übersetzen.

Text — Satz

Während die meisten Autoren bei ihren Versuchen, Übersetzungsanleitungen für die Schule zu geben, vom Einzelsatz ausgehen[13], betonen einige, daß der Einzelsatz nicht ohne den Textzusammenhang verstanden werden kann[14]. Dies ist ohne Zweifel richtig. Umstritten ist nur die Frage, ob die Betrachtung des Textzusammenhangs der Erschließung der einzelnen Sätze vorangehen kann und soll. Die Befürworter des Beginns mit satzübergreifenden, den Textzusammenhang erschließenden Arbeitsschritten, wollen mit Beobachtungstechniken der Textlinguistik eine erste Inhaltsvorstellung vermitteln. Dabei sind insbesondere die Textsemantik und die Textsyntax wichtig.

Die *Textsemantik* untersucht, was die Bedeutung eines Textes ist und wie sich diese aufbaut. Dazu werden Rekurrenz, Paraphrase, Anaphora, Kataphora und Koreferenz untersucht, die zusammen den bedeutungsmäßigen Zusammenhang eines Textes ausmachen, die semantische Kohärenz. Die Ausbreitung eines Themas oder eines Themateils stellt man anhand der wörtlichen Wiederholung *(Rekurrenz)* von Ausdrücken fest, anhand ihrer Umschreibung durch ähnliche Wörter *(Paraphrase)* oder durch rückverweisende oder vorverweisende Pronomina *(Anaphora* bzw. *Kataphora)*, anhand der gemeinsamen Beziehung verschiedener Ausdrücke auf ein und dieselbe Person oder Sache *(Koreferenz)*, anhand der durch Parallelität oder durch Opposition bewirkten semantischen Kontiguität von vorkommenden Ausdrücken. Mit diesen Beobachtungen kann man inhaltliche Schwerpunkte und Bezüge vor jeder ins Einzelne gehenden Satzerschließung ansatz- und vermutungsweise feststellen.

Die *Textsyntax* untersucht, wie die Bedeutung eines Textes syntaktisch ausgedrückt ist. Ihre Beobachtungen richten sich auf die Zuordnung der Sätze durch Konnektoren, Tempora, Modi und Diathesen. Die *Konnektoren* machen inhaltliche Bezüge der einzelnen Sätze zueinander deutlich. Die *Tempora* gliedern den

---

12 Vgl. dazu Verf., AU XVIII 1 (1975), 5 — 18 mit den Beispielen Verg. ecl. 1, 1 — 15 und Catull. 5, 1 — 6.

13 Ein Überblick über die methodisch verschiedenen Verfahren findet sich bei Nickel, Altsprachlicher Unterricht 96 — 139 und Verf., Lateinunterricht 58 — 76.

14 So W. Heilmann in seinen im Literaturverzeichnis genannten Arbeiten. Vgl. auch P. Barié, AU XVIII 2 (1975), 47 ff.

Text in Vorder- und in Hintergrund (z. B. Erzähltempus Perfekt, Hintergrundsschilderung im Imperfekt, inhaltlich notwendige Nachträge vorhergegangener Ereignisse im Plusquamperfekt, Voraussagen im Futur). Die *Modi* zeigen die Intention (Aussagen, Wünsche, Einschränkungen), die *Diathese* zeigt Zielrichtungen von Aussagen (Aktiv: Betonung des Akteurs; Passiv: Betonung des von einem Vorgang Betroffenen; unpersönliche Verben: Betonung des Vorgangs an sich).

Die Beobachtungstechniken der Textsyntax setzen gute syntaktische Kenntnisse voraus, wie sie der Grammatikunterricht intendiert und auch weitgehend erreicht. Dagegen ist es heute schwerer möglich, die für die Beobachtungstechnik der Textsemantik notwendigen Vokabelkenntnisse vorauszusetzen, da diese aufgrund vieler Umstände (Stundenzahl, Lernfähigkeit, teilweise fehlende Festlegung der zu lesenden Standardautoren) herabgesetzt sind. Eine textsemantische Erschließung erfordert also ausführliche Vokabellisten zu den Texten, die vor der Lektüre überflogen oder studiert werden. Dabei besteht die Gefahr, daß aus den Vokabellisten ein Inhalt erraten wird und daß der metaphorische Gebrauch von Wörtern zu Mißverständnissen führt. So ist diese Methode eher dann anzuwenden, wenn der Lehrer als lenkende und kontrollierende Instanz anwesend ist oder wenn sie begleitend, nicht aber vorangestellt zu anderen Texterschließungsmethoden tritt. Denn wie bei jeder Texterfassung geht man auch beim Erschließen lateinischer Texte Satz für Satz vor, eine Berücksichtigung des Textzusammenhangs kann dabei im Normalfall immer rückwärts zum bereits erschlossenen Text und innerhalb des jeweils zu erfassenden Satzes erfolgen. Die Techniken der Textsemantik und der Textsyntax helfen dabei, eine Mißachtung des Zusammenhangs und eine falsche Deutung des Einzelsatzes und seiner Bestandteile zu vermeiden.

Lateinische Wortfolge – deutsche Satzverlaufserwartung

Lateinische und deutsche Wortfolge unterscheiden sich. Zur Wahl könnte also stehen, ob man die Glieder des lateinischen Satzes in der dort vom Autor gegebenen Reihenfolge zur Kenntnis nimmt und analysiert oder ob man von vornherein nach einem deutschen Satzbauschema[15] (wer? was tut er? wem? wen/was? wie? wo? usw.) den lateinischen Satz 'abfragt' und sich so aus ihm Informationen für den Aufbau eines deutschen Satzes besorgt. Beide Verfahren setzen in dieser formalen Weise eine gute Kenntnis der Morphologie, insbesondere eine Fähigkeit zur Diskrimination verschiedener Endungen, voraus. Das genau der lateinischen Wortfolge nachgehende Verfahren hat den Vorteil, nicht gegen die vom Autor gewollte Informationsfolge zu verstoßen und nicht die durch die Einbindung des Satzes in den Text bewirkte individuelle Wortfolge zu mißachten und einen Text als Abfolge separater Sätze zu mißhandeln. Es ist aber für deutsche Verhältnisse, insbesondere für Schüler, sehr anspruchsvoll, die nominalen Satzglieder vor dem Prädikat oder der Verbform, von der sie abhängen, genau zu bestimmen und sich so eine präzise Erwartung auf die kommende Verbalinformation herauszuarbeiten, aus der Vielfalt möglicher Satzverläufe und Satzgliedfunktionen, die sich nach den ersten Wörtern eines Satzes ergeben, durch

---

15 Es ist auch das Schema der alten Chrie; dargestellt am Beispiel von Caes. Gall. II 33, 2 von Schmidt, AU I 8 (= II 3) (1956), 9.

immer stärkere Einschränkung der Auslegungs- und Zuordnungsmöglichkeiten einen Satz und seine Glieder 'sukzessive' zu 'determinieren'. Diese Fähigkeit, gleichsam lateinisch zu denken, ergibt sich zumeist erst aus langem Umgang mit lateinischen Texten[16].

Auch unter dem Gesichtspunkt dieses zweiten Gegensatzpaares kommt es also wieder darauf an, die Vorteile der Berücksichtigung der lateinischen Wortfolge mit denen eines deutschen Ordnungsprinzips zu verbinden. Das kann geschehen, indem man sich von Wortblock zu Wortblock in der Weise vorantastet, daß man (1) eine Verbalinformation nach der anderen feststellt, gleichgültig, ob es sich um eine finite oder infinite Form handelt, und (2) zu jeder Verbalinformation – noch ehe man die nächste sucht – feststellt, (a) was sie als Vokabel meint, (b) ob sie selbständig, d. h. Hauptsatzprädikat, oder eingebettet, d. h. Infinitiv, Partizip, -nd-Form, oder durch Konjunktion oder Modus als Gliedsatzinformation gekennzeichnet ist, und daß man (3) die Satzglieder in der Umgebung der jeweiligen Verbalinformation nach den Regeln der Valenzgrammatik[17] der Verbalinformation zuordnet[18]. Das Verfahren kombiniert die lineare Erfassung der Satzglieder mit dem Ausgehen von Verbformen und vermeidet die Nachteile radikaler Wort-für-Wort-Methoden ebenso wie der radikalen Konstruktionsmethode[19].

Formale – inhaltliche Erschließung

In der Konfrontation verschiedener Übersetzungsmethoden spielt auch die Gegenüberstellung von formal-grammatischer und inhaltlicher Erschließung eine Rolle. Sie ist mehr theoretischer Natur. Wie dargestellt, ist eine Erfassung des Satzsinnes nicht ohne Vergleich mit der Textumgebung möglich, und ein Ausgehen nur von den Wortbedeutungen hat große Unsicherheitsfaktoren. Das Streben des Lesers geht auf Sinnerfassung. Sie ist aber nicht ohne formale Beobachtung möglich. Auch ein Äußern möglicher Erwartungen über das, was der nächste Satz bringen könnte, und ein Suchen danach, ob dieser nächste Satz den Vermutungen ganz oder teilweise entspricht, kann nur zu Teilerfolgen führen, dann nämlich, wenn der Autor ähnlich 'normal' seinen Text gestaltet, wie es der Leser erwartet. Der heutige Leser unterscheidet sich aber von dem antiken Autor in seinen Erwartungen stark, und vor allem ist es die Eigenart der meisten erhaltenen lateinischen Texte, daß ihre Autoren originell, herausfordernd oder prononciert ihre Gedanken formulieren, so daß man auf Überraschungen gefaßt sein muß. Daraus ergibt sich, daß die formale und die inhaltliche Erschließung kombiniert erfolgen müssen: die Abfolge der Informationen des lateinischen Textes leitet zunächst die Feststellung der Verbalinformationen und von jeder Verbalinformation aus-

---

16 Die genaue lateinische Wortfolge beachten insbesondere die Methoden von Rosenthal und Lohmann.

17 Vgl. dazu unten S. 228.

18 Beispiele für dieses schrittweise Vorgehen „von Kolon zu Kolon" bei Röttger, G.: Erziehung zur geistigen Zucht im altsprachlichen Unterricht. AU III 5 (1959), 9 – 33, besonders 22 ff.; Verf.: Lateinunterricht 64 – 68.

19 Vgl. auch die Einwände gegen die ältere Konstruktionsmethode bei Kracke, Neumann, Schmidt 1956, welche die grundsätzlichen Argumente von Hoffmann 158 ff. wieder aufgreifen (dort 160 ff. eine Reihe von Beispielen zur Satzanalyse).

gehend die Erschließung ihrer Umgebung nach der Verbvalenz oder nach der Reihenfolge der jeweiligen Einzelwörter. Dabei wird jede Verbalinformation und jedes mit ihr in Zusammenhang gebrachte Satzglied nicht nur formal erfaßt, sondern sogleich auch inhaltlich gedeutet. Die formale Erfassung geht also jeweils nur einige zeitliche Bruchteile der Inhaltsfeststellung voraus, indem sie die Reihenfolge der Erschließung und die Zuordnung der Satzglieder bestimmt.

Verstehen – Übersetzen

Die Darstellung der anderen Gegensatzpaare hat gezeigt, daß ein sofortiges Übersetzen lateinischer Texte weder sinnvoll noch notwendig ist und es vielmehr auf das exakte Erfassen und auf das gründliche, den Verästelungen des lateinischen Textes folgende Verstehen ankommt, wenn der lateinische Text brauchbar gedeutet werden soll. Die Dokumentation des Verständnisses kann dann auf verschiedene Weise erfolgen.

Möglichkeiten, das Text- oder Satzverständnis vor der Übersetzung zu dokumentieren, sind: detaillierte Inhaltsangaben[20], Schilderung des Text- bzw. Satzablaufs und der grammatischen und inhaltlichen Verhältnisse, graphische Darstellungen des Satzverlaufs und der vorhandenen Über-, Unter- und Zuordnungen[21].

Eine Möglichkeit, Textverständnis vor oder nach der Übersetzung zu dokumentieren, ist auch die Interpretation[22]. Sie ist an keine feste Form gebunden und versucht, Form und Inhalt des Textes in allen beobachteten Bezügen untereinander wie zum Denken und Empfinden des Lesers darzustellen.

Die Übersetzung ist an den Wortlaut des Textes gebunden und versucht, ihn möglichst getreu unter Ausschaltung der entstandenen subjektiven Empfindungen wiederzugeben, ohne daß sie in allem der Wortfolge des Originals folgen und Mißverständnisse und im lateinischen Text nicht mögliche Assoziationsmöglichkeiten vermeiden kann. Von der Zielsetzung hängt es dabei ab, ob spezifische Redensarten, Bilder und Vorstellungen bewahrt (so daß sie einer zusätzlichen Kommentierung bedürfen) oder in moderne deutsche umgesetzt werden. Das erste Verfahren möchte die historische Umgebung berücksichtigen und spürbar machen, das zweite den Appellwert des Textes durch eine auf die Gegenwart zielende Appellwirkung nachvollziehen lassen.[23] Die Übersetzung in der Schule könnte nach dem Prinzip verfahren, daß aus den im Grammatikunterricht erlernten Übersetzungsmöglichkeiten für die jeweiligen grammatischen Phänomene die Möglichkeit herausgesucht wird, bei der die Abfolge der lateinischen Informationen möglichst bewahrt wird, ohne daß sich gekünstelt klingende und wegen vieler Unterordnungen zu komplizierte Sätze ergeben.[24]

---

20   Vgl. Wilsing I 140 – 144 mit den Beispielen Caes. Gall. VI 36 und Liv. 39, 51.

21   Vgl. Maier 1968; Steinthal.

22   Carius, W.: Die Interpretation als Ziel des Lateinunterrichts. AU III 1 (1957), 31 – 54. Die methodische Verschiedenheit von Übersetzung und Interpretation betont Wilsing I 147 – 153.

23   Die erstere Tendenz nähert sich dabei der hermeneutischen Position von Ortega y Gasset, die zweite der von Betti; vgl. Jäkel, AU III 1 (1957), 97.

24   Zur Anwendung dieses Prinzips ausführlicher Verf., Lateinunterricht 73 – 76.

Bibliographie zu „Übersetzen aus den Alten Sprachen"

AHRENS, E. (Hrsg.): Lateinausbildung im Studienseminar. Frankfurt am Main 1966².
BÜNTING, K.-D.: Einführung in die Linguistik. Frankfurt am Main 1971.
CAUER, P.: Die Kunst des Übersetzens. Berlin 1914⁵.
DRESSLER, W.: Einführung in die Textlinguistik. Tübingen 1973².
FINK, G.: Die Arbeit mit Langenscheidts Großem Schulwörterbuch Lateinisch-Deutsch im Rahmen der Anfangslektüre. Berlin-München 1977.
GLÜCKLICH, H.-J.: Der Übersetzungskommentar. AU XVIII 1 (1975), 5 − 18.
GLÜCKLICH, H.-J.: Lineares Dekodieren, Textlinguistik und typisch lateinische Satzelemente. AU XIX 5 (1976), 5 − 36.
GLÜCKLICH, H.-J.: Lateinunterricht. Didaktik und Methodik. Göttingen 1978.
GLÜCKLICH, H.-J. / NICKEL, R. / PETERSEN, P.: interpretatio. Neue lateinische Textgrammatik. Freiburg 1979.
HAEGER, F. / SCHMIDT, K.: Compendium Linguae Latinae. Hilfsbuch zur lateinischen Lektüre. Stuttgart 1969.
HEILMANN, W.: Strukturelle Sprachbetrachtung im Lateinunterricht. AU XVI 5 (1973), 7 − 25.
HEILMANN, W.: Textverständnis aus der Textstruktur bei der Lektüre lateinischer Prosa. AU XVIII 2 (1975), 5 − 21.
HERMES, E.: Verstehen und Übersetzen. AU IX 2 (1966), 5 − 14.
HERMES, E.: Von der Gliederung des lateinischen Wortschatzes. Materialien zur Anleitung im kritischen Gebrauch des Wörterbuchs. Beilage zu AU X 4 (1967).
HOFFMANN, F.: Der lateinische Unterricht auf sprachwissenschaftlicher Grundlage. Leipzig 1921² (ND Darmstadt 1966).
JÄKEL, W.: Reifeprüfung und 13. Schuljahr. AU III 1 (1957), 91 − 107.
JÄKEL, W.: Wortgleichung und Synonymik. AU VI 1 (1962), 51 − 61.
KERSCHENSTEINER, G.: Wesen und Wert des naturwissenschaftlichen Unterrichtes. Leipzig-Berlin 1928³.
KRACKE, A.: Übersetzen oder Verstehen? AU I 3 (1952), 54 − 69.
KUPPLER, G.: Übersetzung als Handwerk. AU IX 2 (1966), 15 − 55.
LOHMANN, D.: Die Schulung des natürlichen Verstehens im Lateinunterricht. AU XI 3 (1968), 5 − 40.
MAIER, F.: Zur Methodik des Übersetzens. Über die „Kästchenmethode". Anregung 14 (1968), 368 − 374.
MAIER, F.: Die Version aus dem Griechischen. Schwerpunkte der Syntax. München 1969.
MAIER, F.: Das Übersetzen. Ein zentrales Thema der altsprachlichen Fachdidaktik. In: J. GRUBER / F. MAIER (Hrsg.): Zur Didaktik der Alten Sprachen in Universität und Schule. München 1973, 121 − 134.
MAIER, F.: Die Version aus dem Lateinischen. Schwerpunkte der Syntax mit Anhängen zur Stilistik und Übersetzungstechnik. Bamberg 1977.
MAIER, F.: Lateinunterricht zwischen Tradition und Fortschritt I. Bamberg 1979.
NEUMANN, W.: Konstruieren oder Lesen? AU I 3 (1952), 5 − 36.
NICKEL, R.: Altsprachlicher Unterricht. Darmstadt 1973.

NICKEL, R.: Experimentelles Lesen und strukturale Analyse lateinischer Texte im Unterricht. AU XVIII 2 (1975), 22 – 37.
NICKEL, R.: Der moderne Lateinunterricht. Lernziele und Unterrichtsverfahren in der gymnasialen Oberstufe. Freiburg-Würzburg 1977.
NICKEL, R.: Die Alten Sprachen in der Schule. Frankfurt am Main 1978[2].
PRIESEMANN, G.: Die Problematik des Fremdsprachen-Unterrichts, aufgezeigt am Kapitel 'Übersetzung' im altsprachlichen Unterricht. AU VII 4 (1964), 63 – 91.
ROSENTHAL, G.: Lebendiges Latein! Leipzig 1924.
SCHMIDT, K.: Übersetzen als geistige Schulung. AU I 8 (= II 3) (1956), 5 – 32.
SCHMIDT, K.: Psychologische Voraussetzungen des Übersetzungsvorganges. AU VI 1 (1962), 5 – 50.
SCHMIDT, K.: Mehrdeutigkeit und Determination. Zur Problematik des Verstehens lateinischer Texte. AU XI 2 (1968), 68 – 98.
STEINTHAL, H.: Graphische Zeichen zur Verdeutlichung des lateinischen Periodenbaus. Anregung 16 (1970), 376 – 383.
WANDRUSZKA, M.: Sprachen, vergleichbar und unvergleichlich. München 1969.
WILSING, N.: Die Praxis des Lateinunterrichts. I, Stuttgart 1963[2]. II, Stuttgart 1964[2].
ZAPFE, W.: Methodische Anleitung zum Verstehen und Übersetzen lateinischer Texte. AU XVIII 2 (1975), 79 – 89.

Ernst Rieger
Kreativität

Stellenwert der Kreativität in der Pädagogik

Historische Voraussetzungen

Mag die selbständige geistige Leistung schon immer ein hohes Erziehungsziel gewesen sein, so steht das Phänomen der menschlichen Kreativität doch erst seit etwa zwei Jahrzehnten im Mittelpunkt der pädagogischen Forschung. Der „kometenhafte Aufstieg" der Kreativitätsforschung hat seinen tieferen Grund wohl in dem machtpolitischen Wettlauf zwischen den USA und der UdSSR um den Vorrang in der Raumfahrt. Stand durch den Behaviorismus die Beschäftigung mit Tierversuchen fast ausschließlich im Vordergrund, so fand infolge des „Sputnikschocks" von 1957 in den USA die Kreativität auch im Bildungswesen schlagartig Anerkennung, ja öffentliche Förderung. Infolge dieses historischen Gebotes der Stunde kam Joy Paul Guilford mit seinen Forschungen in die Mitte der öffentlichen Bildungsdiskussion, so daß die wissenschaftlichen Untersuchungen über Kreativität eine ungeahnte Intensivierung erfuhren. Dieser amerikanischen Entwicklung konnte sich schließlich die Pädagogik in der Bundesrepublik im Laufe der sechziger Jahre kaum verschließen, wenn es sich hier auch wohl bis heute mehr um Rezeption und Aufarbeitung amerikanischer Forschungen handelt als um eigentliche „kreative" Leistungen. Gewiß aber wird in Schule und Berufswelt kreative Leistung an Bedeutung stark gewinnen, zumal im Kielwasser der Computertechnologie die routinemäßige geistige Arbeit mehr und mehr der Automation anheimfallen wird.

Kreativität im Sprachgebrauch der Pädagogik

Hat man unter Kreativität, abgeleitet von *creare* (er-)schaffen, schöpfen, ursprünglich einen „Schöpfungsakt", d.h. die originale Leistung des Künstlers[1] verstanden, so ist der Begriff heute zum Mode- und Schlagwort geworden. Allerdings gibt es noch keine eindeutige und allgemein akzeptierte Definition für „Kreativität", so daß man sich mit einer approximativen Beschreibung über den Umfang und Inhalt

---

1   Cic. nat. deor. 2, 57: Censet enim (Zeno) artis maxime proprium esse creare et gignere. Vgl. auch Aebli 270.

des Begriffes behelfen muß. Somit ist „Kreativität" als *Tun* und *Leistung* oder *Verhalten* zu definieren mit dem Wesensmerkmal des *Offenseins für viele Lösungen beim Problem-Lösen.*

„Kreativ" ist demnach jener Mensch, der im gleichen immer wieder etwas anderes sehen kann. Er versucht nicht krampfhaft, das eine, erste Bild zu fixieren, sondern sieht von Mal zu Mal mehr, wobei es auch „kreativ" ist, noch einmal von vorn anzufangen; im ganzen also das Verhalten eines Sokrates und Platon, nichts für endgültig zu halten, in der Erkenntnis, die Wahrheit von heute könne der Irrtum von morgen sein, wie es Heisenberg einmal formuliert hat.

Dieser globale Umriß des kreativen Verhaltens mag hier genügen; im Zusammenhang mit der Frage nach Kreativitätsentfaltung im Lateinunterricht werden die Konturen noch schärfer zu ziehen sein. Doch das skizzierte Verhalten setzt auch *spezifische intellektuelle Fähigkeiten* voraus. Nach Ausubel[2] sind dies:

Die Fähigkeit, eine Situation zu beurteilen, ob sie im „Gleichgewicht" ist oder Widersprüche aufweist; die Fähigkeit, Art und Ursache von Widersprüchen näher zu identifizieren; der Kreative ist fähig, Unsicherheit und Konflikte zu ertragen; er besitzt eine große Ideenflüssigkeit; er weist eine hohe Flexibilität im Umgang mit Ideen, Prinzipien, Konzepten auf; ferner verfügt er über große Energie und erhebliche Frustrationstoleranz, was ihn davor schützt, bei der Suche nach Problemlösungen vorzeitig aufzugeben. Kreative Menschen besitzen einen guten Blick für die Adäquatheit von Lösungen; und sie haben eine ausgeprägte Kommunikationsfähigkeit. Und Guilford[3] betont, kreatives Leistungsvermögen setze eine ausgeprägte Fähigkeit im Umgang mit divergentem wie konvergentem Denken voraus, da es nicht nur auf das Entdecken möglichst vieler und ungewöhnlicher Lösungsansätze, sondern auch darauf ankomme, zwischen unterschiedlichen Lösungen auszuwählen und einen eingeschlagenen Weg konsequent bis zum Schluß zu gehen.

Bedeutung der Kreativität für Schule und Unterricht

Wenn Kreativität sich in einem bestimmten Verhalten und in besonderen Fähigkeiten äußert, so stellt sich für die Schulpädagogik die Frage, inwieweit Kreativität beeinflußbar ist. Mag für kreative Leistung Erwachsener die eigentliche Ursprünglichkeit als wesentliches Kriterium gelten, so geht es beim Kind wohl eher um persönlich erstmalige Einsichten oder Erkenntnisse. Dabei scheint in der Forschung festzustehen, daß kreatives Verhalten sich im Laufe des menschlichen Lebens nicht immer fortschreitend entwickelt. Thurstone und Guilford[4] fanden weithin Anerkennung mit der Auffassung, es sei dem einzelnen Menschen nur eine obere und untere Grenze kreativer Verhaltensfähigkeiten angeboren. Daraus ergibt sich als Aufgabe für Bildung und Ausbildung in der Schule, die kreativen Anlagen innerhalb dieser Grenzen zu entfalten. Ausgehend von den Wesensmerkmalen der

---

2   Bei Ullmann 141–151.

3   Bei Ullmann 48.

4   Bei Ullmann 122.

Kreativität und auf sie zielend, ist dafür eine Neuorganisation des Unterrichts von den Interaktionsformen her die zwingende Konsequenz.

Daß also dem Lehrer eine schwierige, aber reizvolle Rolle zufällt bei der Entscheidung darüber, ob Kreativität entfaltet und gefördert wird, liegt auf der Hand. Ihm kommt es in erster Linie zu, *im Lernenden Freude am Lernen und der Eigeninitiative zu wecken und wachzuhalten,* soll Lehren und Lernen von Erfolg gekrönt sein. Nichts kommt dem Lehrer hier mehr entgegen als das Neugierverhalten der Schüler, das es auszuschöpfen gilt[5], mag der „kreative Schüler" bisweilen auch unbequem erscheinen.

Ferner muß es dafür dem Lehrer gelingen, im Klassenzimmer ein gewisses Fluidum, eine *Atmosphäre des Menschlichen zu schaffen,* da ohne echte zwischenmenschliche Beziehungen die hervorragendsten Lerntechniken wohl wirkungslos bleiben müssen. Thomas Gordon (S. 35) nennt fünf Voraussetzungen für eine gute Lehrer-Schüler-Beziehung: „Die Beziehung zwischen Lehrer und Schüler ist gut, wenn sie aufgebaut ist auf: 1. Offenheit und Transparenz, so daß jeder dem anderen gegenüber ehrlich sein kann; 2. Anteilnahme, wenn jeder weiß, was er dem anderen bedeutet; 3. gegenseitiger Abhängigkeit anstatt einseitiger Abhängigkeit; 4. der nötigen Distanz, die jedem erlaubt, Kreativität und Individualität zu entwickeln; 5. gegenseitiger Befriedigung der Bedürfnisse." Da der Lehrer das Vertrauen seiner Klasse jeweils neu zu gewinnen hat, sind Gerechtigkeit gegen alle Schüler sowie konsequentes Erziehungsverhalten als Kardinaltugenden zu üben. Dabei muß der Unterricht so organisiert werden, daß dem Schüler unter Unterbindung von Zügellosigkeit echte Freiheit zu selbstverantwortlichem Tun geschaffen wird, damit er eigenes Denken und individuelles Problemlösen angehen kann, ohne Angst vor negativen Bestätigungen von allen Seiten. Trotz des Zeitproblems in einer kurzen Unterrichtsstunde muß der Lehrer stets bemüht sein, dem Schüler echte Fragemöglichkeiten zu bieten.

Eine dritte Aufgabe liegt darin, den *kreativen Denkprozeß* überhaupt *zu fördern,* d.h. dem Schüler Anregungen zu geben, originelle Lösungen für naheliegende Probleme zu suchen, wozu sich z.B. im Deutschunterricht der Unterstufe Bildergeschichten vorzüglich eignen. Außerdem muß der Lehrer den Grundsatz bejahen, bei aller Präzision der Fragestellung mit einer Frage nicht schon die Antwort vorwegzunehmen, sondern jede Frage so zu stellen, daß sie auch das Risiko einer falschen Antwort beinhaltet und somit divergierende Denkprozesse anregt und ggf. vielfältige Lösungen zuläßt.

Schließlich muß sich der Lehrer zur Förderung kreativen Verhaltens *selbst disziplinieren* (auch in Gebärden!), um nicht Antworten sofort zu bewerten, sondern erst Antworten in der Technik des „brainstorming" zu sammeln, um möglichst vielen Schülern die Möglichkeit zu schaffen, individuelle Lösungen vorzutragen. Denn „nichts verhindert einen kreativen Prozeß so sehr wie die Gefahr seiner Bewertung" (Gordon S. 131). Nach dem bisher Gesagten ist festzustellen, daß der kreative Denkprozeß keineswegs vorhersagbar, geschweige denn programmierbar ist und daß somit der Lehrer eine Hauptrolle zu spielen hat. „Dies bedeutet, daß die *erste Schule* des Problemlösens *das Gespräch mit dem Klassenlehrer* ist, nicht

---

5 Vgl. dazu R. Willer oben S. 58 f.

die Gruppenarbeit und nicht die individuelle Arbeit. Nichts vermag dieses gemeinsame Nachdenken von Lehrer und Klasse zu ersetzen, keine Form der selbständigen Arbeit und kein Trainingsprogramm für Kreativität" (Aebli S. 280 f.).

Wenn nun ein „Kreativität anvisierender Unterricht" von den Interaktionsformen her zu organisieren ist und wenn zum Unterricht die „aktuelle Lebenssituation" gehört, so muß der Unterricht unbedingt auch Selbständigkeit und Eigenständigkeit anzielen, wobei die Sozialisationsphase des Lernens in der Form der Gruppenarbeit oder der individuellen Arbeit auf keinen Fall fehlen darf.[6]

Kreativitätsentfaltung im Lateinunterricht

Kreativitätsentfaltung als Legitimationskriterium

Seit den bildungstheoretischen Ansätzen durch die Curriculumforschung, wie sie von S.B. Robinsohn initiiert worden sind, hat jedes Schulfach seine Berechtigung nachzuweisen, insbesondere aber gilt dies für die in unserer technisierten Welt so unbequemen Alten Sprachen. Da gerade mit Fortschreiten der Computertechnologie sich die Nachfrage nach kreativer Leistung stark steigert, kann Kreativitätsentfaltung als angemessenes Kriterium für die Legitimation eines Faches gelten. Nach Affemann[7] kann die Stellung eines Faches im Fächerkanon nur allgemeine Anerkennung finden, insofern es auch Kreativität zu fördern vermag. Im folgenden ist also der Versuch unternommen, auf dem Hintergrund der Bedeutung der Kreativität für Schule und Unterricht aufzuweisen, durch welche Inhalte und Unterrichtsverfahren gerade der Lateinunterricht der Förderung von Kreativität dient.

Kreativitätsentfaltung im lateinischen Sprachunterricht

Wenn Kreativität mit einem Verhalten definiert ist, so hat die Frage nach Kreativitätsentfaltung beim Schüler bei der Frage nach dem hierfür bestimmenden Lehrerverhalten anzusetzen. Für den lateinischen Anfangsunterricht mit 10- bis 12jährigen formuliert Einstein: „Um Kreativität anzuregen, muß man einen kindlichen Hang zum Spielen und Sehnsucht nach Anerkennung entwickeln." Damit ist die Frage gestellt, mit welchen konkreten *Unterrichtsverfahren* der Lehrer seine Sache

---

6 Vgl. Aebli S. 281.
    Die Bedeutung der Kreativität für den konkreten Unterricht ist auch in der Bildungspolitik unbestritten, ja trotz CuLP gefordert, wenn Hans Maier sagt: „Ich bitte alle, ..., sich doch aus der Vorstellung zu lösen, der Lehrplan sei eine von Stunde zu Stunde sklavisch zu befolgende Handlungsanweisung. Er ist vielmehr ein alle Beteiligten sichernder Vorgaberahmen, der Freiheiten läßt, die benutzt sein wollen. ... Dies soll kein Freibrief sein für Lässigkeit oder Willkür, sondern eine Ermahnung: Lösen Sie den Anspruch, Philologe zu sein, dadurch ein, daß Sie sich trauen, der Philologentugend der praktischen Vernunft auch im Schulalltag zur Geltung zu verhelfen!" In: Das Gymnasium in Bayern 1977, H. 12, 7.

7 Affemann, R. 121. Vgl. hierzu auch Maier, F.: Lehrplan Latein: Direktive oder Unterrichtshilfe? Zum lateinischen Lektüreunterricht in der Mittelstufe. In: Anregung 23 (1977), 367–377.

zum Anliegen des Schülers umsetzen kann, welche *methodischen*[8] *Möglichkeiten* den mühsamen Weg wenigstens gangbarer gestalten können.

Zugute kommt dem Lehrer im lateinischen Sprachunterricht, von den ersten Lateinstunden an weiter zunehmend, das Wesen der lateinischen Sprache mit seinem Baukastensystem, so daß sich im Erfassen des Phänomens „Sprache als Zeichensystem" ein buntes und weites Übungsfeld auftut, zum *Denken in Strukturen hinzuführen* und durch *Bildenlassen einfacher Regeln* das Abstrahieren zu fördern und damit das individuelle Abstraktionsvermögen auf ein immer höheres Niveau zu heben, wobei sich allmählich Methodenbewußtsein wecken läßt und früher oder später auch einstellen wird.

Vertraut man im Unterricht dem Grundsatz, dem Schüler alles finden zu lassen, was er selbst entdecken kann, so erlebt man nicht selten, welche originellen Merkhilfen („Eselsbrücken") die Schüler z.B. bei ähnlich klingenden Wörtern selbst aufbauen. Die Fähigkeit und Lust kann der Lehrer nutzen und bisweilen zum *Dichten von Merkversen* anregen.[9] Beim Einführen von neuen Vokabeln kann man den Schüler schon sehr früh als „*Wortarchitekten*" einsetzen, wobei er abgeleitete Substantiva selber „herstellt", z.B. orare – orator – oratio. Auf den Einsatz als Wortarchitekt folgt der des „*Satzarchitekten*", etwa nach dem Motto: Aus zwei mach eins! Dieses Verfahren fördert die eigenständige Denkleistung des Lernenden im Erfassen der Satzentwicklung von der Parataxe zur Hypotaxe, was auch für die Einbettung von Aussagen in Partizipialstrukturen gilt. Der Lehrer gibt zwei Hauptsätze vor, der Schüler fügt sie dann zu einem Satzgefüge zusammen, wodurch seine Sprachbeherrschung wesentlich gesteigert werden kann.

Mehr den Spieltrieb des Anfangslateiners ansprechend, fördert das *Bilden von Konsequenzketten* kreatives Verhalten, z.B. nach dem Stimulus: Welche Änderungen im Satz bewirkt die Änderung des Subjekts? Im Hinblick auf den Grundsatz der *Anschaulichkeit* lassen sich Schüler sicher zu selbständigem Denken aktivieren, indem man den Bedeutungsinhalt von Substantiva und dann auch von Präpositionalausdrücken zeichnerisch darstellen läßt, wobei der geistige Arbeiter den Unterschied von Abstraktum und Konkretum rasch von selbst erfassen wird. In Weiterführung bildlicher Gestaltung kann man logisch stringentes Denken dadurch fördern, daß man z.B. über die Zusammenhänge des Systems der Consecutio temporum oder der logischen Sinnrichtungen von Partizipaussagen zu ihrer Kernaussage „*Kleincomputer*" konstruieren läßt, mit deren Hilfe jeweils alle Möglichkeiten aufgezeigt und durchkombiniert werden können. Als Beispiel kann hier die „Drehscheibe"[9a] für die logischen Sinnrichtungen des lateinischen adverbial gebrauchten Partizips dienen.

---

8   Verstanden ist hier μέϑοδος als der Weg zu etwas, als der Weg, auf dem man ein bestimmtes Ziel verfolgt; ferner als das planmäßige Verfahren zur Erreichung eines bestimmten Zieles und schließlich als die Art und Weise, zu forschen, zu denken und zu handeln, um bestimmte Erkenntnisse zu gewinnen.

9   Vgl. Lateinische Reimregeln zum leichteren Erlernen des genus und der Deklinationen. Bamberg 1969⁹.

9a Das folgende Bild wurde von Jutta Platzer angefertigt und im Unterricht eingesetzt.

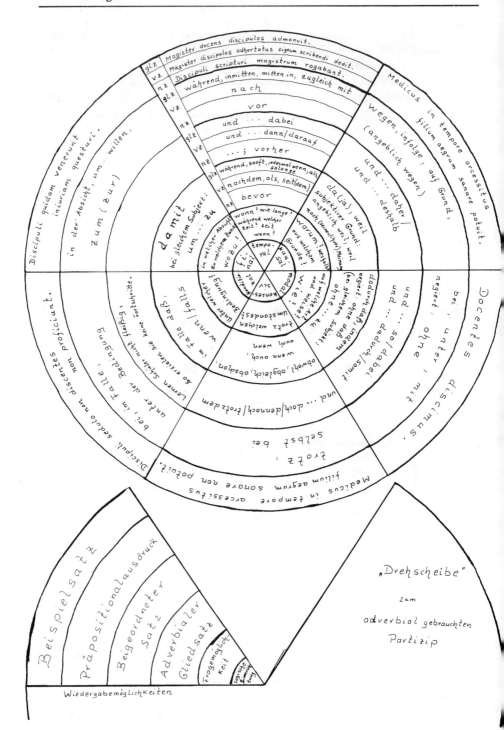

Diese Fähigkeit zu kombinatorischem und logischem Denken, d.h. alle Möglichkeiten von Zusammenhängen im voraus zu bedenken, läßt sich schon im Anfangsunterricht entwickeln, wenn man den Schüler immer wieder die Gelegenheit bietet, seinen Scharfsinn zu trainieren dadurch, daß er aus einem gegebenen *Wortvorrat („Wortsalat")* die mögliche Anzahl sinnvoller Sätze suchen und bilden soll.

Als weitere kreativitätsfördernde Unterrichtsverfahren des frühen Zweitspracherwerbs, die auch motivierend wirken, lassen sich praktizieren:
- *Lichtbildervortrag,* z.B. über das Forum Romanum oder über das römische Haus, mit lateinischem Kommentar durch Schüler.
- *Bildergeschichten,* zu denen Schüler lateinische Bildüberschriften und „Sprechblasen" formulieren und bisweilen sogar eine lateinische Geschichte schreiben.
- *Pantomime* mit lateinischen Auflösungen durch die Klasse.
- Ein *„lateinischer Spaziergang",* während dem alle Eindrücke notiert werden, die vom Teilnehmer bereits in lateinischer Sprache ausgedrückt werden können.
- *Darstellendes Spiel* in verschiedenen einfachen Formen.

Zur Anregung der Eigeninitiative bei Schülern soll der Lehrer zu *Beginn jeder Stunde fünf Minuten* unter dem Motto *bereitstellen:* Wer hat etwas aus der Antike entdeckt oder einen interessanten lateinischen Satz zu bieten?

Im fortgeschrittenerem Stadium schließlich wird der Lehrer zur *Meinungsäußerung über Einzelsätze, Sentenzen und Textstücke* aus dem Lehrbuch stimulieren, ein Verfahren, das nach hinreichender mündlicher Übung in die schriftliche Form übergehen kann und soll, um so den Lateinunterricht auch als Kulturkunde von Anfang an zu gestalten. Hierzu legt der Lehrer für die ganze Klasse ein *„Interpretationsheft"* an, in das jeder Schüler im Laufe eines Schuljahres zu einem Problem seine Stellungnahme einträgt als Diskussionsgrundlage in der Gruppe, eine Unterrichtsbereicherung, die außerdem noch unmittelbar auf den Lektüreunterricht vorbereitet. Daß hierbei der Schüler stets das Gefühl haben soll, an alle sachbezogene Fragen stellen zu können, sei nur erwähnt. Doch auch so läßt sich „die Sehnsucht nach Anerkennung" stillen, denn für ein gelungenes Beispiel wird die Klasse unmittelbare Anerkennung haben.

Wenn andererseits bei allen angeführten Verfahren der Schüler Fehler macht, so sieht er dabei selbst am deutlichsten ein, inwieweit er die Sprache und seine Inhalte noch nicht kennt. Das Bewußtwerden der Lücken wiederum kann zum Wunsch zur Erweiterung seines Wissens führen, was wahre Motivation für seine weitere Arbeit bedeutet, eine Motivation, deren Fehlen im Lektüreunterricht der Mittelstufe oft so schmerzlich zu beklagen ist.[10]

Kreativitätsentfaltung im lateinischen Lektüreunterricht

Auf den zwei Säulen der Betrachtung von Sprache und Text und der Begegnung mit Literatur ruht nach Maier[11] der Lateinunterricht der Mittelstufe. Als tragfähiges Fundament für diese beiden Säulen sind wohl unbestritten das *Übersetzen*

---

10 Vgl. dazu R. Willer oben S. 59 f.
11 Fr. Maier (s. o. Anm. 7), 369 ff.

und das *Interpretieren* anzusehen. Wir wenden uns zunächst der Tätigkeit des Übersetzens zu.[12]

Bei der Betrachtung von Sprache und Text soll dem Betrachter mit zunehmender Erfahrung der Blick geschärft werden für Sprache als Modell, wobei das Übersetzen, die Wiedergabe geformter Gedanken in der Muttersprache, in allen Phasen problemlösendes Denken fordert und fördert. Da ferner diese Tätigkeit sich an Kunstwerken vollzieht, ist Übersetzen auch noch als Kunst anzusprechen, wenn diese Kunst auch in der Schule nicht so einfach als Ziel zu verfolgen sein wird. Inwiefern entfaltet nun das Übersetzen als geistige Arbeit Kreativität des Übersetzenden? Kreativität heißt hier auch und vor allem, das nachzuschöpfen, was andere vorgedacht haben. Für den konkreten Unterricht bedeutet dies, beim Schüler Bereitschaft zu wecken, von anderen gedachte und formulierte Gedanken nachzudenken. Wenn sich nun kreatives Verhalten darin äußert, nichts für endgültig zu halten, so ist diese Tugend gerade beim Übersetzungsvorgang zu üben, wo es gilt, alle angebotenen Möglichkeiten und ihre verschlüsselten Botschaften beweglich zu verwerten und zu überprüfen, Abhängigkeiten und Zusammenhänge zu finden, eine Sache sofort sinnvoll zu ordnen und aufzugliedern, aber auch eine Idee aufzugeben, wenn sie unhaltbar ist, da kreativ sein auch bedeutet, noch einmal von vorne anzufangen, so daß ein Übersetzer nie mutlos werden, sondern eben immer neue Kraft schöpfen soll, zumal kreativ jener Mensch ist, der im Gleichen immer wieder etwas anderes sehen kann und nicht krampfhaft das erste beste Bild festzuhalten versucht, sondern von Mal zu Mal mehr sieht. Dem Lehrer nun, der mit seiner Klasse einen Übersetzungsprozeß vollzieht, muß stets bewußt sein, daß während dieses komplexen Vorgangs Fehler natürlich sind und bisweilen der Flexibilität im Denkprozeß förderlich sein können. Der Schüler wiederum muß darauf vertrauen können, aufgrund eines Irrtums nicht sofort abqualifiziert zu werden, sondern sich in den vom Lehrer eingeräumten Gelegenheiten zum Fragen Klarheit verschaffen zu können. Unter all diesen Aspekten ist das Übersetzen keine mechanische Tätigkeit mehr, sondern fordert und fördert Kreativität, wenn der am Text arbeitende Mensch um das Erfassen einer Wortbedeutung im Kontext und um die der Muttersprache adäquate Wiedergabe einer lateinischen Struktur ringt.[13]

Hand in Hand mit den schöpferischen Leistungen des Übersetzens muß, darin herrscht in der gegenwärtigen Diskussion der Fachdidaktik Übereinstimmung, die *Interpretation* gehen, soll der Vorwurf vom inhaltslosen Inhalt nicht unwiderlegt bleiben. Interpretieren und Werten müssen also neben dem Übersetzen das funda-

---

12 Eine Behandlung des Phänomens vom Übersetzen aus der Sicht der Fremdsprachenpsychologie wie der Fachdidaktik muß hier unterbleiben. Zur Beziehung von Übersetzen und Kreativität sei verwiesen auf Maier, Lateinunterricht 185, 187 ff.

13 Die Phasen des kreativen Denkprozesses während des Übersetzungsvorgangs spielt Maier, Lateinunterricht 189 ff. an einem konkreten Satzbeispiel durch.
Vgl. hierzu auch den Film „Reflektorische Begegnung mit dem Lateinischen – Ein Experiment an der Universität Mainz (mit Schülern der 10. und 12. Jahrgangsstufe)". FWU-Nr. 33 27 81 (bei Interesse anzufordern beim Institut für Unterrichtsmitschau und didaktische Forschung, München). Dieser Film hat die Begegnung eines Schülers (6. Lateinjahr bei L 2) mit einem unbekannten Text zum Inhalt und zeigt, welche Prozesse beim Übersetzen ablaufen und welche Wege und Irrwege beschritten werden.

mentale pädagogische Anliegen des altsprachlichen Unterrichts sein, um die in der Antike artikulierten Grundfragen menschlicher Existenz, kurz: das Humanum zum Tragen kommen zu lassen. Ohne Aspekte und Techniken moderner Texterschließung und Texterörterung weiter auszuführen, mögen die folgenden Gedanken als Anregungen – ohne Anspruch auf Vollständigkeit – dienen, wie beim Interpretieren in der „Begegnung mit Literatur" die kreative Eigentätigkeit des jungen Menschen aktiviert und entfaltet werden kann.

Eigenständige Leistungen kann hier der wohldosierte Einsatz des *„wandernden Interpretationsheftes"*[14] provozieren und fördern, das vom Sprachunterricht her schon bekannt sein soll. Durch *„schriftlich fixierte Fragen"*[15] kann dabei der Lehrer gezielte Hilfen anbieten, ohne dabei die Spontaneität der Schüler schon im Keim zu ersticken. Unter dem Aspekt der Motivation stellt sich dem Unterrichtenden gerade für die Gestaltung der ersten Begegnung des Schülers mit lateinischer Originallektüre die Frage, wie das Interesse des Lernenden befriedigt und vor allem wachgehalten werden kann. Dies wird umso mehr gelingen, je mehr der einzelne für das gemeinsame Vorhaben eigenständig beitragen kann. Der Lehrer wird also die Klasse mehr und mehr auch in die Planung des Unterrichts einbeziehen, um so dem jungen Menschen die Sachhintergründe wie vor allem die im Text aufblitzenden Probleme selbst entdecken und diskutieren zu lassen. Ein besonderer Anreiz kann es hier für die Klasse sein, die so gemeinsam erarbeiteten und zusammengestellten Erkenntnisse und Ergebnisse eines Lektüreprojekts in einem eigenen *„Lektürebüchlein"*[16] einer eigenen Publikation zuzuführen. Eine nicht zu unterschätzende schöpferische Leistung wird von einer Klasse verlangt, aber auch freigesetzt, wenn man sich einmal mit ihr in das Wagnis einläßt, die Textpartie eines *Prosatextes zu dramatisieren* bis hin zu irgendeiner Art Aufführung des selbst erstellten Stücks.[17]

Auswahlbibliographie und abgekürzt zitierte Literatur

AEBLI, H.: Grundformen des Lehrens. Eine Allgemeine Didaktik auf kognitionspsychologischer Grundlage. Stuttgart 1976⁹.
AFFEMANN, R.: Lernziel Leben. Der Mensch als Maß der Schule. Stuttgart 1976.
APEL, G.: Kreativität in der Abhängigkeit. In: GROSS, H. (Hrsg.): Zukunft aus Kreativität. Düsseldorf-Wien 1971, 73 – 86.

---

14 Vgl. Maier, F.: Das „wandernde" Interpretationsheft. In: Anregung 18 (1972), 145– 148.

15 Vgl. Maier, F.: Die Stellung schriftlich fixierter Fragen im Lektüreunterricht der Kollegstufenarbeit in den Alten Sprachen. ISP Kollegstufenarbeit. München 1971, 99–105.

16 Ein Beispiel aus der Praxis des Verfassers: Cornelius Nepos: Alcibiades, Cliniae filius, Atheniensis. Das Leben – ein Drama. Unveränderte Beiträge aller Schüler der Klasse 8 c des Wittelsbacher-Gymnasiums in München. 1977.

   Vgl. auch Dohm, H.: Caesar, Bellum Gallicum VII 70 im Zeichentrickfilm. Versuch einer Textübertragung mit den Mitteln des Films. In: Anregung 23 (1977), 150–158.

17 Vgl. G. Schwinge unten S. 119 f.

BLOOM, B. S.: Taxonomie von Lernzielen im kognitiven Bereich. Weinheim-Basel 1972[1] (1976[5]).
BRÄUTIGAM, W.: Anthropologie der Neurose. In: GADAMER, H. G. / VOGLER, P. (Hrsg.): Neue Anthropologie. Bd. 6: Philosophische Anthropologie, 1. Teil. München 1975, 114 – 137.
CLARK, Ch.: Brainstorming. München 1967[2].
CORRELL, W.: Programmiertes Lernen und schöpferisches Denken. München 1966[3].
CORRELL, W.: Einführung in die pädagogische Psychologie. Donauwörth 1969[3].
EBERT, W.: Kreativität und Kunstpädagogik. Düsseldorf 1973.
FURCK, C.: Zensuren und Zeugnisse. In: GROOTHOFF, H. H. / STALLMANN, M. (Hrsg.): Neues Päd. Lexikon, Stuttgart/Berlin 1971[5], 1296 f.
GORDON, Th.: Lehrer – Schüler – Konferenz. Wie man Konflikte in der Schule löst. Hamburg 1977.
GUILFORD, J. P.: Kreativität und Schule. München 1973[3].
GUILFORD, J. P. / HOEPFNER, R.: Analyse der Intelligenz. Weinheim 1976.
HAVEN, H.: Darstellendes Spiel. Funktionen und Formen. Düsseldorf 1970.
HEINELT, G.: Kreative Lehrer – Kreative Schüler. Wie die Schule Kreativität fördern kann. Freiburg 1976.
KEMMLER, L.: Neue Untersuchungen zum schöpferischen Denken (creativity). In: Psychologische Rundschau 20 (1969), 103 – 114.
KIRSTL, W. / DIEKMEYER, U.: Creativitätstraining. Die Technik kreativen Verhaltens und produktiver Denkstrategien. Stuttgart 1971.
KRAUSE, R.: Kreativität. München 1972.
KUHLEMANN, G.: Schulpädagogische Literatur. Ein Schlüssel zu 2600 aktuellen Fachbüchern. Freiburg (Herder-Taschenbuch 9047) 1977, bes. 138 – 141.
KUNERT, K.: Einführung in die curriculare Unterrichtsplanung. Ein Arbeitsbuch für Lehrer aller Schulstufen. München 1976.
LANDAU, E.: Psychologie der Kreativität. München 1974[3].
MAIER, F.: Lateinunterricht zwischen Tradition und Fortschritt I. Zur Theorie und Praxis des lateinischen Sprachunterrichts. Bamberg 1979.
MASSIALAS, B. G. / ZEVIN, J.: Kreativität im Unterricht – Unterrichtsbeispiele nach amerikanischen Lerntheorien. Stuttgart 1969.
MATUSSEK, P.: Psychodynamische Aspekte der Kreativitätsforschung. In: Der Nervenarzt 38 (1967), 143 – 151.
MUSSEN, P.: Einführung in die Entwicklungspsychologie. München 1974[4].
OERTER, R.: Psychologie des Denkens. Donauwörth 1975[4].
PIAGET, J.: Urteil und Denkprozeß des Kindes. Düsseldorf 1974.
PIAGET, J.: Sprechen und Denken des Kindes. Düsseldorf 1975.
PIAGET, J.: Psychologie der Intelligenz. Olten 1971.
PIELOW, W. / SANNER, R. (Hrsg.): Kreativität und Deutschunterricht. Stuttgart 1973.
ROHR, A. R.: Kreative Prozesse und Methoden der Problemlösung. Weinheim 1975.
SCHIFFLER, H.: Fragen zur Kreativität. Ravensburg 1974[2].
SCHÖNPFLUG, U.: Psychologie des Erst- und Zweitspracherwerbs. Eine Einführung. Stuttgart/Berlin/Köln/Mainz 1977.

STEINBUCH, K.: Programm 2000. Stuttgart 1970.
TORRANCE, P. E.: Lernprozesse bei problemlösendem und schöpferischem Verhalten. Berlin: RIAS Funkuniversität 1969. (63. Vortragsfolge. Als Manuskript vervielfältigt).
ULMANN, G.: Kreativität. Weinheim 1968.
WEIDMANN, F.: Kreative Schüler — Beispiele kreativen Schülerverhaltens im Religionsunterricht aller Schulstufen. Zürich 1974.

Gerhard Schwinge

Das Spiel im altsprachlichen Unterricht

Pädagogische und didaktische Begründung des Schulspiels

„Der Unterricht im Lateinischen und Griechischen hat eine zweifache Aufgabe: Der Schüler soll die Sprache erlernen, um damit dem Wesen der Sprachen näher zu kommen; im Inhalt aber, den ihm diese Sprachen vermitteln, soll er überschaubare Modelle finden, an denen er Einsichten gewinnen und Haltungen erleben kann." So leitet Herbert Rauscher sein Büchlein „Spiel im altsprachlichen Unterricht"[1] ein. Für eine solche Zielsetzung sind im altsprachlichen Unterricht Methoden erforderlich, die den ganzen Menschen erfassen, nicht nur den Intellekt.[2] Das Kind tut etwas mit Leib und Seele, auch das Erlernen einer Sprache. Sprache muß erlernt werden; Sprache will aber auch erlebt werden, will man ihrem Wesen näher kommen. Das Erleben steigert das Interesse, Interesse fördert den Erfolg. Wie aber läßt sich das Kind für die Sache interessieren, vielleicht sogar begeistern? Eine Möglichkeit bieten das Schulspiel im weiteren und das Unterrichtsspiel im engeren Sinne. Ihr Anliegen ist es, den Lerngegenstand attraktiver, das Unterrichten lebendiger und den Lernerfolg wirksamer zu machen. Das Schulspiel wie auch das Unterrichtsspiel dienen demnach der Motivation für das Fach und fördern die Sprachbeherrschung.[3] Dazu kommt: Das Kind wird von einer nur rezeptiven

---

1 H. Rauscher, Darstellendes Spiel 12.

2 „Der Schüler ist ein Mensch mit Leib und Seele, mit Verstand und Herz, Gefühl und Gemüt. In ihm ist mehr anzusprechen als der Intellekt allein, in ihm ist mehr zu beleben als der bewußt gesteuerte Wille" (H. Rauscher, Darstellendes Spiel 12).

3 Man vgl. dazu etwa die Präambel zum Lehrplan Latein an den Höheren Schulen in Bayern: Amtsblatt des Bayerischen Staatsministeriums für Unterricht und Kultus, Nr. 16 vom 26. August 1964, 356: „Die Freude am lebendigen Gebrauch der fremden Sprache wird durch das Spiel wesentlich gefördert. Einfachste Dialoge, die gemeinsame Umformung von geeigneten Lesestücken des Übungsbuches oder Abschnitten aus der Lektüre in Dialogspiele beleben den Unterricht und fördern die Sprachbeherrschung". Vgl. auch H. Rauscher, Das Spiel im Unterricht 149: Das Spiel ist „Ergänzung und Hilfsmittel" zugleich, „weil es geeignet ist, einmal das Phänomen Sprache zu verlebendigen und zu verdeutlichen, und zum anderen, weil es geeignet ist, die durch die Sprache vermittelten Inhalte zu erhellen und fruchtbar zu machen. Es ist schließlich ein Mittel schlechthin, Freude und Aufgeschlossenheit zu erzeugen, zwei Voraussetzungen, ohne die wir Latein und Griechisch nicht mehr unterrichten können."

Sprachaneignung zu einem mehr aktiven Umgang mit sprachlichen Erscheinungen geführt; es produziert Sprache und stellt die davon erfaßten Inhalte dar; insofern fördert das Spiel die kreativen Kräfte des Heranwachsenden.[4] Das Spiel erfüllt also ein hohes pädagogisches Ziel[5]; es gehört somit zu den Unterrichtsprinzipien, die einem wissenschaftlichen Fach die pädagogische Dimension geben. Es verlangt nicht nur das Auffassen, Begreifen, Einüben und Einprägen des Stoffes, sondern in gesteigertem Maße auch das Sprechen, das Einfühlen, das Miteinandersein und -tun, die Mimik und Gestik, das Lachen, das Aus-sich-Herausgehen. Ständig wird der gleichzeitige Einsatz der rationalen, emotionalen und körperlichen Fähigkeiten gefordert. Das Spiel wirkt also – ganz im Sinne der neuhumanistischen Bildungsidee – an der Ausbildung *aller* Kräfte mit. Es verhindert letztlich, daß Latein (wie auch jedes andere Fach) zu einer Schule bloßer Wissensvermittlung wird. „Spiel ist kein Allheilmittel, aber es kann dazu dienen, die schulischen Abläufe zu menschlichen Abläufen umzuwandeln."[6]

Das Spiel hat dienende Funktion. Verabsolutiert es sich, indem es nicht mehr die Aufgabe erfüllt, das zu Lernende in Szene umzusetzen, den Unterricht emotional abzustützen, auf den Heranwachsenden bildend und prägend einzuwirken, sondern indem es sich zu einem eigenständigen Unterrichtsvorhaben erhebt, dann gehört es nicht in die Schule, zumindest nicht in den Lateinunterricht.[7]

Begriff und Funktion des Schulspiels und Unterrichtsspiels

Das Spiel in der Schule verwirklicht sich in zwei verschiedenen Typen, dem „Schulspiel" und dem „Unterrichtsspiel".

„Schulspiel" ist ein schillernder und stark überfrachteter Begriff; er umfaßt alle Formen des Spiels, die *in der Schule* oder in Verbindung *mit der Schule* durchgeführt werden, also das personale Spiel wie das mediale Spiel, bei dem Puppen verschiedener Art, Masken, Schatten, Tonband, Film und Folie Spielträger sind. Unter dem sehr viel engeren Begriff „Unterrichtsspiel" werden in erster Linie alle Kleinformen des Spiels, alle Spielelemente zusammengefaßt, die im jeweiligen *Fach*unterricht eingesetzt werden. Unterrichtsspiel meint also zuerst nicht das sog. Theaterspielen, obwohl auch dieses – freilich nur in einem sehr be-

---

4 Vgl. dazu bes. Lutz, J.: Das Schulspiel. München 1957, 37 ff.

5 „Das darstellende Spiel in der Schule bewirkt eine Bereicherung von Unterricht und Erziehung, wenn es dort angewendet wird, wo mit seiner Hilfe ein pädagogisches Ziel leichter oder gründlicher verwirklicht werden kann. Es ist geeignet, die schöpferische Eigentätigkeit anzuregen, die Phantasie zu wecken, das Wissen um die eigenen Fähigkeiten und ihre Grenzen zu vertiefen und Erfahrungen über die Menschen und die Umwelt zu vermitteln. Zudem fördert es den Sinn für das Kunstwerk." So im Beschluß der Kultusministerkonferenz vom 15.12.1967.

6 So Kampmann, L.: Lern- und Spielort Schule. In: schul-management 1975, H. 4, 42.

7 „Denn alles was in der Schule geschieht, ist dem Gesetz der Schule und ihrer Aufgabe, den jungen Menschen zu bilden und zu erziehen, unterworfen. Auch das Schulspiel muß dieser Aufgabe dienen – oder es gehört nicht in die Schule." Dorvitz, W.: Vom pädagogischen Sinn und Wert des Schulspiels. In: Sinn und Wege des Schulspiels. Frankfurt 1957, 170.

schränkten Maße — zuweilen in den Unterricht eingebaut wird. Das Unterrichtsspiel hat mit dem Schultheater oder der Schulbühne im alten Sinn nichts gemeinsam. Nährboden ist ihm die Klassengemeinschaft. Das Ziel des Unterrichtsspiels sind die Befruchtung und Verlebendigung des Unterrichts innerhalb der einzelnen Klasse und des einzelnen Faches. Aus dem Unterrichtsspiel kann ein Schulspiel, hier als kleines Theaterstück gemeint, herauswachsen. Die Aufführung für die Öffentlichkeit kann sich als gelegentliche Begleiterscheinung ergeben, hat aber nur zweitrangige Bedeutung.

Für den altsprachlichen Unterricht eignet sich in der Regel das Unterrichtsspiel. In den fachgebundenen Lernprozessen kann es folgende Funktionen erfüllen:

— ein Lernvorhaben einleiten oder motivieren,
— einen Gedanken veranschaulichen helfen,
— Problemlösungen aufzeigen,
— Gelerntes in einem neuen Zusammenhang erproben,
— Lernergebnisse ausweisen.

Dabei braucht das Ziel nicht immer die gelungene Spieldarbietung zu sein.[8]

Die Praxis des Unterrichtsspiels

Formen des Spiels im sprachlichen Elementarunterricht

Für den sprachlichen Elementarunterricht der Unter- und Mittelstufe eignen sich folgende Spielformen:

Gesellige Spielformen: Dazu gehören die sogenannten Wettkampfspiele, in denen das agonale Prinzip zum Tragen kommt. Der Formen-Fußball — bei den Mädchen der Formen-Völkerball — kann an Stelle des oft als langweilig empfundenen Abfragens treten. Zwei Parteien fragen sich gegenseitig Formen oder Wörter ab; da werden im übertragenen Sinn „Tore" geschossen, oder die einzelnen Spieler werden „abgeworfen"; wer versagt, scheidet aus; am Ende gibt es Sieger und Besiegte. Die Schüler sind durchweg mit Begeisterung bei der Sache. Und wie beim Sport will niemand verlieren. Dazu kommen Buchstabenspiele, Wortketten an der Tafel (durch Hinzufügen oder Wegnehmen eines Buchstabens werden neue Wörter gebildet), das Wettübersetzen einzelner Formen, das Bilden von Wortschlangen oder Formenschlagen, die Stafettenspiele.

Solo-Spielformen: Dazu gehören alle Rätselspiele, wie Kreuzwort-, Silben- und Bildrätsel, die man auch als Hausaufgabe stellen kann, außerdem der sog. Merkrekord, die Scharade, die Reizwortspiele, die Zusammensetzspiele, das Erfinden kurzer lateinischer Geschichten aus (an der Tafel oder im Heft) vorgegebenen Begriffen.

Dialog-Spiele: Zwiegesprächsszenen eignen sich zur Einleitung der Stunde, also zur Wiederholung und Vertiefung des Lernstoffes. Eine fingierte Zwiegesprächs-

---

8 Vgl. dazu allgemein Schiffler, H.: Schule und Spielen. Ravensburg 1976 (= Workshop Schulpädagogik: Materialien. 19).

szene (vielleicht unter Verwendung einer Handpuppe) verlebendigt den inhaltlichen Zusammenhang und weckt die Aufmerksamkeit für die sprachlichen Erscheinungen. Gelegentlich ist eine Spielsituation auch der Durchnahme des neuen Stoffes förderlich, z. B. bei der Behandlung der Komparation, der Präpositionen, der Komposita, der „unregelmäßigen" Verben, der Zeitverhältnisse, des Aktiv und Passiv, von Erscheinungen der Kasuslehre (etwa Ablativus comparativus oder limitationis).

Pantomime: Manche Wörter, Begriffe und sprachliche wie inhaltliche Zusammenhänge werden verständlicher, schneller begriffen und intensiver verarbeitet, wenn sie pantomimisch vorgespielt werden.

Erarbeitung eines „Unterrichtsspiels"

Durch das Unterrichtsspiel lassen sich grammatische Probleme oft besser und schülergemäßer lösen. Auch kann es das Erfassen des Inhalts von Übungssätzen, Lesestücken, Sprichwörtern, Inschriften erleichtern, weil es veranschaulicht, verdeutlicht und eine Vertiefung bewirkt. Der Inhalt so mancher Prosastücke der Übungsbücher wird von den Schülern oft besser und nachhaltiger erfaßt, wenn man das Stück in eine Dialogform setzt, es in Szenen aufteilt und vorspielen läßt. Wie aber läßt sich ein lateinischer Text in szenisches Spiel umsetzen? Die Dramatisierung eines Prosatextes erfolgt durch Klärung folgender Fragen:

— Wo und wann spielt das Ereignis?
— Wer ist daran beteiligt oder kann zusätzlich beteiligt werden?
— Was geht vor sich?
— Was ging dem Ereignis voraus und was folgte?

Mit Hilfe der auf diese Weise erfragten Materialien wird ein Dialog gebaut. Die Schüler lassen ihre Phantasie spielen und aktivieren ihre Lateinkenntnisse, indem sie die Handlungssituation in der Abfolge von Rede und Gegenrede in lateinische Sprachform bringen. Gewisse Regeln der Dramatisierung werden ihnen dabei bekannt.

Folgendes Beispiel[9] mag den Vorgang der Dramatisierung verdeutlichen:

Vorgegebener Prosatext (zur Wiederholung der Komparation):

Die gemeinsame Mutter aller

Filii Tarquinii Superbi cum inter se certarent, quis post patris mortem rex futurus Romae esset, Delphis Apollinem consultaverunt. Hic iis suasit: „Is vestrum, Romani, Romam olim imperio reget, qui primus matri osculum dederit!"

Tum dimissi sunt. In itinere autem L. Brutus, qui Tarquinios, cognatos suos, comitabatur, tamquam casu se humi praecipitavit, ut terrae, communi omnium matri, osculum imprimeret. Filii Tarquinii eum stulte irriserunt; Brutus autem solus intellexerat, quid deus suasisset. Ac profecto postea L. Brutus primus Romae consulare imperium obtinuit.

---

9   Weitere Beispiele dafür bei Schwinge, G.: Das Spiel im altsprachlichen Unterricht. Dramatisierung von Prosatexten. In: Anregung 22 (1976), 177 ff. Vgl. auch unten S. 263.

Zunächst ist die Kernstelle des Textes zu finden: *Is vestrum* . . . Dann sind die „Dramatisierungs"-Fragen zu klären: Wo und wann spielt die Handlung? Was ging voraus? — Aus dem Text ergeben sich drei Szenen: in Rom, in Delphi, auf dem Heimweg.

Wer ist beteiligt? — Die 2 Söhne des Tarquinius, ein Priester als Sprecher Apolls.

Welche Personen könnten noch beteiligt sein? — Der Vater Tarquinius, mehrere Priester oder Tempeldiener, Begleiter, Sklaven, „Volk", ein Monitor. Was geht der Reihe nach vor sich ? — Der Verlauf der Handlung wird festgelegt.

Aus diesen Elementen erarbeitet der Lehrer zusammen mit der Klasse den Dialog; bestimmend ist dabei immer die Frage: Was sagt dieser oder jener in der betreffenden Situation oder was könnte er sagen? Bei der Dialogisierung des Streitgesprächs der zwei Söhne des Tarquinius läßt sich die gesamte Komparation wirkungsvoll wiederholen. Die Schüler machen Textvorschläge, die gekürzt zueinander gestellt und an der Tafel sowie im Heft festgehalten werden. Es könnte sich folgender Spieltext ergeben:

„Die gemeinsame Mutter aller"

Personen: Pater Tarquinius Superbus
Frater maior   Filii Tarquinii Superbi
Frater minor
Brutus
Sacerdotes Delphici (duo)
Monitor

I. (Romae)

Frater minor:	Quis post patris mortem rex Romae erit?
Frater maior:	Ego rex ero, quia maior natu sum.
Fr. minor:	Minime! Ego quoque rex esse possum. Melior imperator sum. Multos hostes superavi. Praeterea: pulchrior sum.
Fr. maior:	Tace, parvule! Mihi mens sana in corpore firmo.
Fr. minor:	Mehercule! Mihi mens sana in corpore pulchro. Ecce! Pater.
Pater Tar.:	Cur rixamini? An de regno?
Fratres:	Rixamur de regno.
Pater:	O stultos homines! Meate Delphos et consultate Apollinem!
Fr. minor:	Optime! Quam celerrime petamus Delphos! Ne cunctemur!
Pater:	Brutus venit. — — O Brute! Mitto filios meos Delphos, ut Apollinem consultent. Visne eos comitari?
Brutus:	Libenter comitabor eos. Quando meabimus?
Fratres:	Statim.

II. (Delphis)

Fr. et Br.:	Salvete, sacerdotes sacri oraculi! Romani sumus.
Sacerdotes:	Salvete, peregrini! Quid desideratis?
Fr. Minor:	Scire cupimus, quis nostrum rex Romanorum futurus sit.
Sacerdos I:	Quid deo dedicatis?
Fr. maior:	Ego hunc anulum . . .
Fr. minor:	Ego hoc . . .

Das Spiel im altsprachlichen Unterricht 119

Sac. II:	Manete hoc loco et exspectate responsum dei! (Sac. abeunt)
Fr. minor:	Dum spiro, spero. (Murmur Pythiae . . .)
Sac. I.:	Quid illis respondebimus?
Sac. II.:	Delibero. ––––– Audite, Romani! Apollo dixit: Is vestrum rex Romanorum erit, qui primus matri osculum dederit.
Brutus:	– – – – – – Intellexi.

III. (Romam iter facientes)

Fr. maior:	Ego primus matri osculum dabo, quia maior natu sum.
Fr. minor:	Minime! Ego! Quia fortior et pulchrior sum.
Fr. maior:	Longum et molestum est iter.
Fr. minor:	Fessus sum. Hic nos recreare possumus. Sub hac arbore . . .
Brutus:	(cadit in terram eamque osculatur.)
Fratres:	Quid facis, o Brute?
Fr. minor:	Qua de causa humi iaces?
Brutus:	Primus terrae osculum impressi.
Fratres:	Ha?
Brutus:	Apollo dixit: Is nostrum olim Romam imperio reget, qui primus matri osculum dederit.
Fratres:	Non intellegimus.
Brutus:	Terrae, id est communi matri omnium osculum dedi. Ego solus intellexi, quid deus suasisset. Ego Romanos imperio regam.
Fratres:	Heu! – Is solus intellexit. – Heu! (Omnes abeunt.)
Brutus:	(Paulo post rubra veste vestitus in scena)
Monitor:	Profecto postea L. Brutus primus Romae consulare imperium obtinuit.

Anschließend erfolgt die „Rollenverteilung", und der erarbeitete Text kann im Klassenzimmer gespielt werden, mehrmals, immer wieder von anderen Schülern. Die Schüler sollen in jedem Falle Gelegenheit haben, den erarbeiteten Spieltext auch zu spielen. Die Arbeit am Text freilich ist grundsätzlich wichtiger.

Am Ende des Schuljahres kann die Klasse dieses kleine Spiel zusammen mit noch anderen lateinischen Spielen vor allen Lateinschülern der Schule als Stabpuppenspiel (als Spiel „aus dem Versteck") aufführen. Die Stabpuppen lassen sich vorher in Zusammenarbeit mit dem Kunsterzieher im Kunsterziehungsunterricht erstellen.

Formen des Spiels im Lektüreunterricht

Welche Spielformen eignen sich für Schüler höherer Klassen im Lektüreunterricht?

Eine *Rede* in Szene zu setzen, sie ausdrucksvoll sprechen zu lassen, die Reaktionen der Zuhörer (wie im Parlament) einzubauen, Lob und Kritik der Zuhörer anzuhängen (eventuell auch mit Einsatz des Tonbandes) ist ein verhältnismäßig wenig aufwendiges, aber doch reizvolles Spielvorhaben.

Das *Hörspiel, Hörbild* oder *Feature* sind Spiel-Projekte, die schon größeren Aufwand erfordern; nötig sind dazu Dias, Musik (vielleicht mit Hilfe von Orff-Instrumenten). Gegenstand können z. B. sein das Leben und Werk eines Dichters oder Schriftstellers oder auch der Inhalt einer gelesenen Textpartie.

Das *Puppen-, Masken-* und *Schattenspiel* eignet sich, literarische Themen (bes. der Dichtung: Episoden aus Vergils Aeneis oder Homers Odyssee) in Szene zu setzen. Schüler, die das personale Spiel vor Zuschauern nicht mögen, machen bei dem „Spiel aus dem Versteck" oft begeistert und ungehemmt mit. Hier empfiehlt sich die Zusammenarbeit mit den Lehrern für Musik und für Kunsterziehung.

Zum Theaterspiel wird sich das Unterrichtsspiel in sehr seltenen Fällen ausweiten; damit ist die länger dauernde, in Einzelakte gegliederte Aufführung eines von den Schülern selbstverfaßten oder original griechischen bzw. lateinischen Dramas gemeint, z. B. eine Komödie des Menander oder des Plautus. Für ein derartiges Schulspiel ist ein hoher Arbeitsaufwand nötig, auch der Einsatz von zahlreichen Medien (Tonband, Projektor, Film, Beleuchtungskörper für Licht- und Farbenwechsel, Requisiten, Bühne, Kostüme, usw.). Der Leistungsfähigkeit einer Klasse sind hier bald erkennbare Grenzen gesetzt; freilich hat eine Aufführung vor anderen Klassen, bei einem Elternabend, vor einer größeren Öffentlichkeit oft eine ungemein stimulierende Wirkung auf die Einsatzbereitschaft der Schüler für das Fach und die Schule. Das Mitspielen, das Erfolgserlebnis können hier beim einzelnen einen persönlichkeitsfördernden Effekt haben.

Veröffentlichte Beispiele für Spiele im altsprachlichen Unterricht

Buchners Verlag Bamberg

Puer vere Romanus	von Otto Blank	1967
Pyramus et Thisbe	von Gerhard Schwinge	1967^2
Iucundus Servus	von Otto Blank	1972

Klett-Verlag Stuttgart

Altsprachliche Textausgaben Fabulae I		1976
Die Fabula von Theseus und dem Minotaurus	von Walter Sauter	
De schola et doctrina	von Gotthard Stephan	
De septem uno ictu necatis	von Heinrich Schiesser	
Altsprachliche Textausgaben Fabulae II		1976
Terror Sueborum	von Wilhelm Kuchenmüller	
Cicero et Catilina	von Wilhelm Kuchenmüller	

Literaturhinweise

Allgemeine Literatur zum Spiel in der Schule (Auswahl)

AMTMANN, P. (Hrsg.): Handbücher für musische und künstlerische Erziehung:
  Band 1: Spiel im Unterricht. München 1965.
  Band 2: Darstellendes Spiel im Deutschunterricht. München 1965.
  Band 5/6: Puppen, Schatten, Masken. München 1965.
  Band 8: Darstellendes Spiel im neusprachlichen Unterricht. München 1967.
  Band 9: Das Schulspiel – Zielsetzung und Verwirklichung. München 1968.

ARNDT, F.: Puppenspiel ganz einfach. München 1960².
BUDENZ, T.: Das Pantomimenbuch. München 1961.
BULL, R.: Lerneffektives Spielen im Unterricht. Kiel 1971.
DORVITZ, W.: Vom pädagogischen Sinn und Wert des Schulspiels. In: Sinn und Wege des Schulspiels. Frankfurt 1957.
FETTIG, H.: Hand- und Stabpuppen. Stuttgart 1970.
FLITNER, A.: Spielen – lernen. Praxis und Deutung des Kinderspiels. München 1972.
HAVEN, H.: Darstellendes Spiel – Funktionen und Formen. Düsseldorf 1970.
HUIZINGA, J.: Homo ludens. Vom Ursprung der Kultur im Spiel. Reinbek 1956.
KOCHAN, B.: Rollenspiel als Methode sprachlichen und sozialen Lernens. Scriptor Taschenbücher Nr. 34.
LUTZ, J.: Das Schulspiel. München 1957.
MÜLLER, W. (Hrsg.): Spiel und Theater als kreativer Prozeß. Berlin 1973.
SCHEUERL, H.: Das Spiel – Untersuchungen über sein Wesen, seine pädagogischen Möglichkeiten und Grenzen. Weinheim 1969⁹.
SCHIFFLER, H.: Schule und Spielen. Ravensburg 1976. (= Workshop Schulpädagogik: Materialien. 19).
SCHUL–MANAGEMENT 1975, H. 4: In der Schule spielen?
SCHUL–MANAGEMENT 1976, H. 5: Schul-Theater.

Fachspezifische Literatur

RAUSCHER, H.: Darstellendes Spiel im altsprachlichen Unterricht. Bd. 7 der Reihe: Handbücher für musische und künstlerische Erziehung (hrsg. von P. AMTMANN). München 1966.
  Das Spiel im Unterricht. In: Dialog Schule – Wissenschaft. Klassische Sprachen und Literaturen 5. München 1970, 144 – 157.
SCHWINGE, G.: Möglichkeiten des Unterrichtsspiels im Lateinunterricht. In: Dialog Schule – Wissenschaft. Klassische Sprachen und Literaturen 7. München 1974, 189 – 200.
  Das Spiel im altsprachlichen Unterricht. Dramatisierung von Prosatexten. In: Anregung 22 (1976), S. 177–179.

Ulrich Tipp

Leistungserhebung und Leistungsbewertung

Vorbemerkung[1]

Um die Doppelfunktion schulischer Prüfungen zu beschreiben, hat man die Begriffe „Lernzielkontrolle" und „Leistungsmessung" geprägt.[2]

Die Lernzielkontrolle als der weitere Begriff umgreift alle Möglichkeiten, mit denen allgemein das Erreichen von Lernzielen festgestellt wird. Die Leistungsmessung als der engere Begriff erfaßt nur die Prüfungsvorgänge, bei denen das Erreichen der Lernziele in der Form von benoteten, also „gemessenen" Leistungen festgestellt wird. Es ist klar, daß Lernzielkontrolle und Leistungsmessung auf weite Strecken hin in denselben äußeren Formen in Erscheinung treten[3], aber auch, daß Unterricht zwar kontinuierlich das Erreichen von Lernzielen feststellt, nicht aber aus ständigem Prüfen besteht.[4] Der Begriff „Leistungsmessung" ist nun aber seit geraumer Zeit ins Zwielicht geraten.[5] Man hält ihn für gefährlich und für

---

1 Diese Vorbemerkung ist weitgehend von F. Maier (Lateinunterricht zwischen Tradition und Fortschritt. Bamberg 1979, 233 f. übernommen.

2 Vgl. dazu etwa Plößl 64 ff., Glaser bei Strittmatter 9 ff., Fricke passim, Rapp passim.

3 Vgl. dazu bes. Happ 65 ff. (hier weiterführende Literatur).

4 „Unterricht soll nicht aus ständigem Prüfen bestehen" (Westphalen, K.: Praxisnahe Curriculumentwicklung. Donauwörth 1974², 52).

5 Noch wenig problematisiert ist der Begriff „Leistungsmessung" bei Gaude/Teschner, bes. 18 ff. Leistung und Messung als Probleme sind diskutiert von Maier, F.: Probleme der Leistungsmessung im altsprachlichen Unterricht. In: Bayer 17 ff. – Ansätze einer Problematisierung werden erkennbar bei Kornadt, H. J.: Objektive Leistungsbeurteilung und ihre Beziehung zur Lehrzielsetzung. In: Gymn. 82 (1975), 240 ff., bes. 257 f. – Sehr scharf stellt die Problematik heraus v. Hentig, H.: Abitur-Normen gefährden die Schulreform. In: Flitner/Lenzen 21 ff. bes. 28 f.; er verurteilt die bis ins letzte quantifizierende „Berechnung", also die „Messung" im Vorgang des Prüfens als unwissenschaftlichen buchhalterischen Akt. Neuerdings wichtig Höhne, E.: Zur Problematik von Leistung und Leistungsmessung im Erziehungsfeld. In: Schorb/Simmerding 33 ff.

übertrieben. Für gefährlich deshalb, weil er die Auffassung suggeriere, man könne Leistungen in allen Fächern, auch in den geisteswissenschaftlichen, exakt „messen", also letztlich Qualität quantifizierend gültig feststellen; für übertrieben deshalb, weil die in dem Begriff angedeutete Exaktheit der Quantifizierung die vergebliche Erwartung auf volle Objektivierbarkeit der Leistungsfeststellung aufkommen lasse. Der Begriff „Leistungsmessung" wird deshalb immer stärker in den Hintergrund der didaktischen Diskussion gedrängt. An seine Stelle treten der Begriff „Leistungsbeurteilung"[6], oder das Begriffspaar „Leistungserhebung und Leistungsbewertung". Leistungserhebung umfaßt die Organisationsformen, Leistungsbewertung die Systeme und Kriterien der Feststellung von Leistung in Noten oder Punkten. So stehen sich also entweder gegenüber Lernzielkontrolle und Leistungsbeurteilung oder Lernzielkontrolle und Leistungserhebung/Leistungsbewertung. In den beiden zuletzt genannten Begriffen ist der duale Vorgang der Leistungsbeurteilung in zwei — getrennt hintereinander ablaufende — Phasen auseinander genommen. Obwohl eine solch strikte Trennung in der Praxis nicht möglich ist, da Überlegungen zur Bewertung immer auch schon bei der Erstellung von Prüfungsarbeiten eine Rolle spielen, bildet sie die Grundlage der folgenden Ausführungen; nur auf diese Weise kann größtmögliche methodische Klarheit erreicht werden.

Grundsätzliche Probleme der Leistungserhebung

Ziele und Inhalte

Ziel jeder schulischen Leistungserhebung ist die Feststellung,
— inwieweit der einzelne Schüler bzw. die Gruppe die vorgegebenen Lernziele erreicht hat,
— welchen Lernfortschritt der einzelne Schüler bzw. die Gruppe seit der letzten Leistungserhebung erzielt hat,
— welche Position der einzelne Schüler in der Gruppe einnimmt.

Die erste Feststellung ist dabei die wesentlichste, da allein die Lernziele einen objektiven Maßstab darstellen. Die zweite liefert nur dem Lehrer Information über die Effizienz seines pädagogischen Wirkens und eventuell über die Angemessenheit der Prüfungsaufgabe. Die dritte ist vielleicht für die Beurteilung, vor allem aber für

---

6   Der Begriff „Leistungsbeurteilung" wird z.B. in Österreich offiziell verwendet: Vgl. etwa Die Leistungsbeurteilung. Prüfen — Noten — Aufsteigen (hrsg. von Friedrich, H.). Graz/Wien 1975. Siehe auch Kleber, W. u. a.: Beurteilung und Beurteilungsprobleme. Eine Einführung in Beurteilungs- und Bewertungsfragen in der Schule. Weinheim/Basel 1976: Hier wird der Begriff Leistungsmessung zwar noch verwendet (65 ff.), doch wird das Moment der Quantifizierung als bedenklich erkennbar. Bezeichnend ist der Titel des Buches von Hans-Joachim Kornadt: Lehrziele, Schulleistung und Leistungsbeurteilung. Düsseldorf 1975. Hier ist der Begriff „Leistungsbeurteilung" durchgängig verwendet.

die pädagogische Betreuung des Einzelschülers von Belang. Mit dieser Überprüfung und Feststellung bestimmter Sachverhalte verfolgt die Leistungserhebung zugleich einen pädagogischen Zweck: Denn dadurch, daß auch die Schüler über ihre Lernfortschritte informiert werden, sollen sie einerseits zur Arbeit motiviert, soll ihr Lernbedürfnis und ihre Leistungswilligkeit gesteigert werden, und andererseits erhalten sie zugleich Gelegenheit, ihre Kenntnisse und Fähigkeiten zu erproben und unter Beweis zu stellen. Dieser Zweck kann allerdings nur erreicht werden, wenn die Prüfung so angelegt wird, daß die Schüler eine echte Erfolgschance haben und wenn Leistungserhebung nicht als Mittel zur Disziplinierung oder gar Bestrafung von Schülern mißbraucht wird.

Da die Lernziele sozusagen ein objektiver Bezugspunkt für die Leistungserhebung sind, darf zwar – wie anfangs erwähnt – nicht jede Lernzielkontrolle zugleich Leistungserhebung sein, es muß aber andererseits jede Leistungserhebung eine Lernzielkontrolle darstellen, d.h.: geprüft werden kann nur, was als Lernziel im Lehrplan ausgewiesen ist. Diese Forderung ist nicht nur pädagogisch sinnvoll, sondern auch aus juristischen Gründen unerläßlich. Dabei muß man sich auf kognitive Lernziele beschränken, denn allein sie sind abprüfbar und im Grad ihrer Erfüllung vergleichbar. Affektive Lernziele, so wesentlich sie auch sein mögen, können nicht Gegenstand der Leistungserhebung sein. Wir sind hier mit H.J. Glücklich der Meinung, daß „die Vermittlung von Gesinnungen . . . bedenklich und nicht sinnvoll überprüfbar" ist, und daß „Meinungen der Schüler oder des Lehrers . . . ihren Platz im Unterricht haben, in der Leistungsmessung aber gar nicht oder nur mit vielen Einschränkungen."[7] Innerhalb des kognitiven Bereichs ist darauf zu achten, daß in der Gesamtheit der Prüfungen eines Jahres möglichst viele der wesentlichen Lernziele und -inhalte abgeprüft werden, weil die Prüfungsanforderungen in erheblichem Maße das Schüler-, aber auch das Lehrerverhalten und somit den ganzen Unterricht beeinflussen.

Da jedoch auch ein Curricularer Lehrplan mit verschiedenen Ponderierungen in die Praxis umgesetzt werden kann, ist in diesem Zusammenhang die Frage nach dem eigentlichen Sinn und Ziel des altsprachlichen Unterrichts von wesentlicher Bedeutung, denn nur von daher kann entschieden werden, welches die besonders wichtigen Lernziele sind. Gerade in dieser Frage konnte aber noch kein allgemeiner Konsens erzielt werden.

R. Nickel hat – für den Bereich des einführenden Sprachunterrichts – die beiden kontroversen Positionen, die in dieser Frage bezogen werden, folgendermaßen beschrieben:

„1. Gegenstand des Unterrichts ist die *Lektüre* lateinischer Autoren. Die *Sprache und ihre Erlernung stehen im Dienst der Lektüre*. Sprachunterricht hat eine ausschließlich propädeutische Funktion.
2. Lektüre ist nicht mehr das ausschließliche Ziel des Unterrichts. Das Erlernen der Sprache und die Arbeit mit und an der Sprache haben einen Eigenwert im Hinblick auf eine sprachlich-formale Bildung."[8]

---

7 Gefährlicher Transfer – Zu Möglichkeiten und Sinn der Leistungsmessung. In: AU XVII 4 (1974), 92.
8 Altsprachlicher Unterricht. Darmstadt 1973, 41 f.

Es liegt auf der Hand, daß die Entscheidung für eine dieser Positionen zwangsläufig erhebliche Auswirkungen auf die Unterrichtspraxis und damit auch auf die Inhalte und Formen der Leistungserhebung haben muß.

Deshalb soll kurz auf dieses Problem eingegangen werden (ausführlicher S. 165 ff.). Gesteht man der Lesefähigkeit alleinige Priorität zu, so ist die logische Konsequenz der Versuch, Latein durch das Lesen lateinischer Texte – möglichst bald durch die Lektüre von Originaltexten – ohne systematischen Grammatikunterricht zu lehren. Die vom Schüler geforderten Kenntnisse bleiben dabei auf die häufigsten sprachlichen Erscheinungen beschränkt. Diese Idee liegt z.B. dem 'Cambridge Latin Course'[9] zugrunde. Dagegen ist einzuwenden, daß eine solche Methode den Verzicht auf erhebliche formalbildende Möglichkeiten des Sprachunterrichts bedeutet und überdies auch in ihrer Effizienz im Hinblick auf das angestrebte Ziel der Lektürefähigkeit höchst fragwürdig erscheint. Sehr bedenklich ist dabei auch, daß diese Art Unterricht dem sprachlich weniger gut begabten Schüler große Schwierigkeiten bereitet und vor allem auch erhebliche Gewandtheit in der Zielsprache (Deutsch) voraussetzt. Denn dies nimmt dem Lateinischen einerseits die Möglichkeit, sich durch andere Anforderungen, als sie in den Neueren Sprachen üblich sind, zu profilieren, vielleicht sogar sprachkompensatorisch zu wirken, und weist ihm andererseits die fatale Rolle eines Faches zu, das – nicht zuletzt sozial – selektiv wirkt.

Andererseits wird man durch den Verzicht auf die Lektüre originaler Texte als Zielleistung auf lange Sicht dem Lateinunterricht die Existenzbasis entziehen, da sich eine rein formale Bildung anhand beliebiger Inhalte durchführen läßt. „Die dem Prinzip der formalen Bildung innewohnende *Austauschbarkeit der Bildungselemente* läßt die Notwendigkeit einer Fortexistenz der alten Sprachen im Fächerkanon der Schule – trotz aller ihnen zugeschriebenen formalbildenden Wirkung – nicht mehr stringent erscheinen."[10]

Somit bleibt nur der Weg des Kompromisses, d.h. eines einführenden Sprachunterrichts, der auf beide Ziele hin ausgerichtet ist. Dabei können – und müssen – die praktischen Lösungsversuche freilich noch sehr verschieden aussehen. Von ausschlaggebender Bedeutung ist dabei, ob Latein als 1., 2., 3. oder erst auf der Oberstufe spätbeginnende Fremdsprache gelehrt wird, und wieviele Unterrichtsstunden in den Stundentafeln dafür vorgesehen sind (vgl. S. 163 ff.). Denn je später der Unterricht einsetzt und je geringer die Stundenzahl ist, umso mehr wird zwangsläufig das Lernziel „Lesefähigkeit" im Vordergrund stehen müssen, umso weniger wird man die Kenntnis seltenerer sprachlicher Erscheinungen und die aktive Beherrschung der Fremdsprache im Unterricht anstreben und bei Leistungserhebungen voraussetzen können.

Der jeweiligen Unterrichtssituation kommt also bei der Entscheidung über die relative Bedeutung der einzelnen Lernziele erhebliches Gewicht zu. Im Bereich des einführenden Sprachunterrichts wird diese Ponderierung in hohem Maße durch das Lehrbuch vorgenommen, das den Unterricht und damit auch die Formen der Leistungserhebung weitgehend bestimmt.

---

9   Cambridge UP 1967 ff. – Vgl. auch oben S. 49 f.
10 Nickel, R.: Altsprachlicher Unterricht (s. Anm. 8), 86. – Vgl. auch oben S. 48 f. und 83.

Bestimmung des Schwierigkeitsgrades von Aufgaben

Die Bestimmung des Schwierigkeitsgrades einer Aufgabe ist ein außerordentlich komplexes Problem, das aus mehreren Gründen nicht vollständig, sondern immer nur annähernd gelöst werden kann:
— Schwierigkeit ist keine absolute Größe, die durch objektive Meßverfahren allgemeingültig festgestellt werden kann.
— Sie kann vielmehr nur unter Bezug auf die Prüflinge, denen die Aufgabe gestellt werden soll, bestimmt werden.
— Dabei muß von einer zu erwartenden Normalleistung der Prüfungsgruppe ausgegangen werden, da zum einen die ganze Gruppe unter- oder überdurchschnittlich leistungsfähig sein kann, zum anderen in der Regel jede Aufgabe für die einzelnen Gruppenmitglieder einen unterschiedlichen Schwierigkeitsgrad aufweist, der durch ganz individuelle Faktoren, wie Intensität der Vorbereitung, Gesundheitszustand usw. beeinflußt wird.
— Diese Normalleistung wäre aber nur dann eindeutig verifizierbar, wenn die Aufgabe an einer statistisch relevanten Zahl von Versuchspersonen getestet werden könnte — was bei einer Schulaufgabe o.ä. im allgemeinen nicht möglich ist.

Um trotz dieser Schwierigkeiten zu einer annähernd zutreffenden Beurteilung zu gelangen, muß der Aufgabensteller möglichst viele der Faktoren berücksichtigen, die den Schwierigkeitsgrad bestimmen. Dabei können äußere Faktoren und innere Faktoren, die das Anforderungsniveau der Aufgaben selbst betreffen, unterschieden werden.

Äußere Faktoren sind:
— Alter und geistige Reife der Prüflinge
Z.B. sind Aufgaben mit einem hohen Abstraktionsgrad im allgemeinen umso schwieriger, je jünger die Prüflinge sind.
— die allgemeinen Kenntnisse der Prüflinge
Der Schwierigkeitsgrad einer Lateinaufgabe kann verschieden sein, je nachdem, welche Kenntnisse die Prüflinge z.B. in der Muttersprache, in anderen Fremdsprachen, in Geschichte, Politik etc. besitzen.
— die Terminplanung
Dabei kann sowohl der Prüfungstermin selbst eine Rolle spielen, als vor allem die zur Lösung der Aufgabe gewährte Zeit.
— die zur Verfügung stehenden Hilfsmittel
So wird die Lösung bestimmter Aufgaben z.B. sehr viel leichter, wenn die Benutzung eines Lexikons gestattet ist.
— die technische Durchführung der Prüfung
Selbst scheinbare Kleinigkeiten, wie z.B. das vorherige Vorlesen eines Übersetzungstextes, können hier deutliche Unterschiede bewirken.
— der vorausgegangene Unterricht
Er ist der mit Abstand wichtigste aller äußeren Faktoren, und nur von daher kann der Schwierigkeitsgrad einer Aufgabe verläßlich eingeschätzt werden. Denn er ist umgekehrt proportional zu der Intensität, mit der die Inhalte der

Prüfungsaufgaben und die zu ihrer Lösung nötigen Methoden und Denkoperationen vorher durchgenommen bzw. geübt wurden.

Die inneren, aufgabenimmanenten Faktoren sind quantitativer und qualitativer Natur.

Quantitative Faktoren sind:
— der Gesamtumfang der Prüfungsaufgabe
— die Fülle der abgeprüften Kenntnisse

Dabei darf man nicht davon ausgehen, daß der Schwierigkeitsgrad bei steigenden Anforderungen in dieser Hinsicht immer zunimmt. Zwar bedeutet ein besonders großer Umfang auch einen höheren Schwierigkeitsgrad, da die physische und psychische Belastbarkeit der Prüflinge einer härteren Probe unterzogen wird, aber andererseits kann bei einem sehr geringen Umfang die Aufgabe dadurch schwierig sein, daß der Prüfling keine Möglichkeit hat, Fehlleistungen anderweitig auszugleichen.

Qualitative Faktoren sind:
— das Abstraktionsniveau und die Komplexität der Aufgabenstellung
  Der Schwierigkeitsgrad wird umso höher, je problematischer es für den Prüfling ist, die Aufgabe genau zu erfassen und selbständig in Teilbereiche aufzulösen, um Lösungswege finden zu können.
— das Niveau der zur Lösung der Aufgabe erforderlichen geistigen Leistung
  Dieser letzte, ganz entscheidende Punkt, ist seit geraumer Zeit Gegenstand intensiver Forschung. Um das Anspruchsniveau verschiedener Aufgaben klassifizieren zu können, wurden lernzieltaxonomische Skalen entwickelt, von denen die sechsstufige Skala von Bloom (knowledge — comprehension — application — analysis — synthesis — evaluation) und die vierstufige Skala von Roth (Reproduktion — Reorganisation — Transfer — Problemlösendes Denken) besondere Bedeutung gewannen. Da die Einstufung konkreter Aufgaben jedoch keineswegs immer leicht ist und umso schwieriger wird, je differenzierter die angewandte Skala ist, geht man nun (z.B. in den Einheitlichen Prüfungsanforderungen in der Abiturprüfung, abgekürzt EPA[11]), um ein möglichst griffiges Instrumentarium für die Praxis zu haben, von nur noch drei „Anforderungsbereichen" aus, wobei die Bereiche I und II die Roth'schen Stufen „Reproduktion" (I), „Reorganisation" (teils I, teils II) und „Transfer" (II) umfassen, der Bereich III mit der Stufe „Problemlösendes Denken" identisch ist.

Grundsätzlich gilt, daß die Aufgabe umso schwieriger ist, je höher der „Anforderungsbereich" ist, dem sie zugeordnet werden muß. Dabei ist allerdings zu bedenken, daß eine zutreffende Einstufung jeder Frage — wie oben ausgeführt — nur unter genauer Berücksichtigung des Unterrichts stattfinden kann. Denn beispielsweise muß eine Frage, die scheinbar zum Bereich III gehört, dann dem Bereich I zugeordnet werden, wenn die Lösung aus dem Unterricht bekannt ist. Außerdem gibt es einerseits schon innerhalb des Anforderungsbereiches I sehr schwierige Aufgaben — so z.B. wenn die Kenntnis wissenschaftlicher Theorien abgeprüft wird — andererseits können zur Lösung einer „Problemfrage" durchaus auch einmal recht

---

11 Neufassung

schlichte Gedankengänge genügen. Trotz solcher möglicher Ausnahmen ist diese Klassifizierung aber ein vorzügliches Mittel, um diesen Aspekt der Schwierigkeit einzelner Aufgaben genauer analysieren zu können.

Nicht anwendbar ist diese Methode jedoch auf komplexe Aufgaben, die alle Anforderungsbereiche zugleich in sich schließen und damit auf einen ganz wesentlichen Teil der Leistungserhebung in den Alten Sprachen, nämlich die Übersetzung. In jüngster Zeit wurden nun Versuche unternommen, auch den Schwierigkeitsgrad von Übersetzungstexten exakter bestimmen zu können, als dies die rein subjektive Einschätzung durch einen wie auch immer erfahrenen Lehrer vermag. Einen ersten Schritt zur Lösung dieses Problems stellte der „Entwurf eines Kriterienkatalogs zur Einschätzung des Schwierigkeitsgrades von Übersetzungsaufgaben" dar, der den EPA von 1975 angefügt wurde. Auf der Grundlage dieses Entwurfes wurde in der Folgezeit ein praktikables System entwickelt und von E. Mayer vorgestellt.[12] Zwar muß man dem Verfasser sicher beipflichten, wenn er abschließend feststellt, daß das Verfahren „nicht perfekt"[13] sei, aber man kann hoffen, daß es tatsächlich hilft, „grobe Fehlgriffe bei der Auswahl von Arbeits- und Prüfungstexten zu vermeiden".[14]

Sind nun alle in diesem Abschnitt genannten äußeren und inneren Faktoren – gegebenenfalls unter Anwendung der entsprechenden Feststellungsverfahren – analysiert worden, so muß die Synthese erfolgen, indem die Bedeutung der einzelnen Faktoren und ihr gegenseitiges Verhältnis (verstärkend oder neutralisierend) innerhalb der konkreten Prüfungsaufgabe eingeschätzt wird, so daß dann schließlich der Schwierigkeitsgrad der gesamten Aufgabe bestimmt werden kann.

Festlegung eines angemessenen Schwierigkeitsgrades

Nachdem nun die Kriterien und Methoden bekannt sind, mit denen der Schwierigkeitsgrad einer Aufgabe bestimmt werden kann, erhebt sich sogleich die weiterführende Frage, was der angemessene Schwierigkeitsgrad für eine Prüfungsaufgabe im altsprachlichen Unterricht an einem Gymnasium ist. Als angemessen wird allgemein ein „mittlerer" Schwierigkeitsgrad angesehen. Dies ist sicher richtig, da die Ziele der Leistungserhebung weder durch allzu leichte, noch durch allzu schwere Aufgaben erreicht werden können. In beiden Fällen besitzen die Aufgaben, da fast alle Prüflinge sie lösen bzw. nicht lösen können, zu wenig Trennschärfe und Aussagekraft und wirken eher demotivierend, da intensive Vorbereitung entweder nicht erforderlich oder vergeblich zu sein scheint. Damit ist freilich nur ein ganz weiter allgemeiner Rahmen abgesteckt. Denn der „mittlere" Schwierigkeitsgrad reicht immer noch von ziemlich leichten bis zu ziemlich schweren Aufgaben, wobei noch dazu die Grenzen zum allzu Leichten bzw. Schweren im Einzelfall oft fließend sind.

---

12 Zur Einschätzung der Schwierigkeit von lateinischen Übersetzungstexten. In: Anregung 24 (1978), 283 ff. Vgl. auch Maier, F.: Lateinunterricht 293 ff.
13 ebenda 296.
14 ebenda 296.

Deshalb ist es nötig, auch in diesem Fall auf die wesentlichen Kriterien einzugehen, an Hand derer die Angemessenheit einer Aufgabe beurteilt werden kann.
Wie bei der Feststellung des Schwierigkeitsgrades selbst müssen auch hier äußere (relative) und innere (absolute) Faktoren berücksichtigt werden.
Relative äußere Kriterien sind:
— das Anspruchsniveau vergleichbarer Fächer
Eine Angleichung des Schwierigkeitsgrades in allen Fächern, in denen die gleichen Berechtigungen erworben werden können, ist durch die selbstverständliche Forderung nach Chancengleichheit geboten und zugleich eine Existenzfrage für die Alten Sprachen. Dabei braucht am Ende dieses Assimilationsprozesses keineswegs eine signifikante Niveausenkung von Seiten der Alten Sprachen zu stehen. Diese Angleichung ist zwar in erster Linie Aufgabe der Lehrpläne, der EPA etc., aber auch der einzelne Lehrer sollte diesen Bezugspunkt nicht ganz aus den Augen verlieren.
— das innerhalb des Faches übliche Anspruchsniveau
Dabei sollte eine möglichst weitgehende Vereinheitlichung innerhalb der einzelnen Schule, innerhalb der Schulen des Landes und schließlich auch innerhalb der Länder der Bundesrepublik das Ziel sein. Dabei ist allerdings zu bedenken, daß der Schwierigkeitsgrad einer Aufgabe — wie oben ausgeführt — nur dann verläßlich eingeschätzt werden kann, wenn alle dazu nötigen Informationen vorliegen. Prüfungsaufgaben können also nur dann sinnvoll verglichen werden, wenn diese Informationen (bei Veröffentlichungen z.B. durch ausführliche Kommentierung) mitgeliefert werden.
— die Leistungsfähigkeit der Prüflinge
In welchem Umfang dieses vollkommen relative Kriterium der Begabung und des tatsächlichen Wissensstandes der Prüflinge bei der Festlegung des Schwierigkeitsgrades berücksichtigt werden darf oder muß, ist wohl die wesentlichste Frage in diesem ganzen Problemkreis. In der Praxis dürfte dieser Bezugspunkt eine dominierende Rolle spielen: „Die Lehrer ... verwenden in der Regel einen auf die jeweils unterrichtete Klasse bezogenen Maßstab und stellen damit unterschiedliche Anforderungen."[15] Dieses Verfahren ist zweifellos pädagogisch vertretbar, da es dem Ziel dient, die jeweils betroffenen Schüler weder zu unter- noch zu überfordern, stellt aber, vor allem, wenn es als Grundprinzip angewandt wird, einen krassen Verstoß gegen das Prinzip der Chancengleichheit dar. Denn das Ergebnis ist zwangsläufig, daß für den einzelnen Schüler die Schwierigkeit der ihm gestellten Aufgabe vom Zufall diktiert wird, da sie vom Leistungsvermögen der Gruppe abhängig ist, zu der er gerade gehört. In letzter Konsequenz durchgeführt würde diese Methode sogar bedeuten, daß die Anforderungen mit dem steigenden bzw. sinkenden Leistungsvermögen einer Gruppe entsprechend gehoben und gesenkt würden, so daß sich an den Ergebnissen nichts ändern könnte. Daß dieses Verfahren, trotz solch augenfälliger Ungerechtigkeiten ständig praktiziert wird, ist darauf zurückzuführen, daß auch der Lehrer bestimmte Erwartungen von Seiten der Schüler, Eltern und Schulbehör-

---

15 Krüger, G.: Die Verwendung Informeller Tests bei der schriftlichen Leistungskontrolle. In: AU XV 4 (1972), 61.

den zu erfüllen hat. Da ausnehmend schlechte Prüfungsergebnisse nur allzu leicht als mangelnder Unterrichtserfolg, allzu gute Ergebnisse als Folge zu geringer Anforderungen gedeutet werden können, wird der Lehrer in der Regel versuchen, sie zu vermeiden, und deshalb lieber den Schwierigkeitsgrad entsprechend variieren. Zwar könnte der Prüfer dem jeweiligen Niveau erst bei der Bewertung Rechnung tragen, er berücksichtigt diese Zwänge aber meistens schon bei der Festlegung der Anforderungen. Wegen der offensichtlichen Problematik dieses Verfahrens erscheint es jedoch dringend geboten, daß dieser rein subjektive Gesichtspunkt der Leistungserwartung gegenüber der Notwendigkeit der Vereinheitlichung innerhalb des Faches und der Fächer zurücktritt. Dies hat auch eine Arbeitsgruppe des DAV kürzlich empfohlen: „Bei gleichen Prüfungsvoraussetzungen sollten auch bei unterschiedlicher Leistungserwartung Aufgaben des gleichen Schwierigkeitsgrades gestellt werden."[16] Jede Normierung des Schwierigkeitsgrades aber, die das Ergebnis des Vergleiches bestimmter vorliegender Aufgaben ist, wird — ganz abgesehen von den methodischen Schwierigkeiten des Verfahrens — auch dadurch in ihrem Wert gemindert, daß ihre Grundlage letztlich auch nur subjektive Meinungen sind, nämlich die Meinungen der jeweiligen Aufgabensteller, welcher Schwierigkeitsgrad angemessen sei.

Deshalb muß als Entscheidungsbasis vor allem der absolute innere Maßstab herangezogen werden, nämlich der stoffimmanente, d. h. durch die Lernziele und Lerninhalte vorgegebene Schwierigkeitsgrad.[17]

Denn da einerseits jede Leistungserhebung nur dann sinnvoll ist, wenn sie überprüft, inwieweit die Lernziele erreicht bzw. die Lerninhalte erarbeitet und verstanden wurden, andererseits aber das Erreichen bestimmter Lernziele und die Beschäftigung mit bestimmten Lerninhalten an sich mehr oder weniger hohe Anforderungen stellt, ist nicht nur der Inhalt, sondern auch der Schwierigkeitsgrad einer Prüfungsaufgabe in hohem Maße durch diese Vorgaben festgelegt. Wird das Anspruchsniveau, z.B. um es dem Leistungsvermögen der Schüler anzupassen, bewußt besonders niedrig oder besonders hoch angesetzt, so ist das in der Regel nur durch den Verzicht auf bestimmte Lernziele und -inhalte bzw. durch die Überbetonung besonders schwieriger Teilaspekte möglich. Beide Vorgänge sind aber mit der Aufgabe einer objektiven und sachlichen Lernzielkontrolle unvereinbar.

Demgegenüber sollte jede Prüfungsaufgabe so angelegt sein, daß der Prüfling sie erfolgreich — und das bedeutet im Rahmen der Schule mit mindestens „ausreichendem" Erfolg — lösen kann, der die relevanten Lernziele in einem Ausmaß erreicht hat, das es ihm ermöglicht, auf dieser Basis sinnvoll weiterzuarbeiten. Das Ziel der Lektürefähigkeit muß dabei im altsprachlichen Unterricht der grundlegende Maßstab sein, und zwar sowohl für die Relevanz der Lernziele, als auch für

---

16 In: MDAV 20,1 (1977), 10.

17 Dieses Kriterium kann selbstverständlich nur dann voll zur Geltung kommen, wenn die Lernziele und -inhalte des Lehrplans nicht nur sachlich, sondern auch pädagogisch angemessen sind.

das Ausmaß, in dem sie erreicht werden müssen. Außerdem ist der Intensitätsgrad, mit dem die Lerninhalte zu behandeln sind, genau zu beachten. So bedingt z.B. „Vertrautheit" eine viel eingehendere Behandlung des Stoffes im Unterricht, als „Einblick", und entsprechend wird der Grad der geistigen Durchdringung des Sachverhaltes sein müssen, welcher Voraussetzung für die Lösung der jeweiligen Aufgabe ist.

Diese Kriterien können selbstverständlich nur soweit Grundlage der Leistungserhebung sein, als ihnen bereits im Unterricht Rechnung getragen wurde. Denn jede Leistungserhebung muß auch in dem Sinn „angemessen" sein, daß sie auch hinsichtlich des Schwierigkeitsgrades in enger Beziehung zu dem vorangegangenen Unterricht steht. Auf keinen Fall darf das Anforderungsniveau der Prüfung erheblich über dem des Unterrichts liegen. Dies wird sicher dann nicht der Fall sein, wenn auch der Unterricht konsequent lernzielorientiert gestaltet wurde. Individuelle Verschiedenheiten der Unterrichtsgestaltung können ihren Niederschlag durchaus auch in der Leistungserhebung finden; dies darf aber nicht dazu führen, daß von den Vorgaben des Lehrplans abgewichen wird.

Werden aber sowohl der Unterricht als auch die Leistungserhebung klar lernzielorientiert gestaltet, so ist der dadurch objektiv bedingte Schwierigkeitsgrad „angemessen" und sollte nur in besonders gelagerten Fällen aus pädagogischen Erwägungen heraus verändert werden. Liegen solche Sonderfälle vor – z.B. wenn das Wissensdefizit einer Lerngruppe nicht selbst verschuldet, sondern auf äußere Umstände, wie einen langen Unterrichtsausfall o.ä. zurückzuführen ist –, so muß es das Ziel des Unterrichts sein, die Schüler so schnell wie möglich an das objektiv geforderte Niveau heranzuführen. In allen anderen Fällen sollte grundsätzlich von diesem Niveau ausgegangen werden. Auf keinen Fall darf eine leistungsstarke Gruppe aus falschem Prestigedenken heraus überzogenen Anforderungen ausgesetzt werden. Eher zu vertreten ist die gelegentliche Unterschreitung des eigentlich angemessenen Schwierigkeitsgrades, um auch leistungsschwächere Schüler durch ein Erfolgserlebnis zu motivieren.

Bei Beachtung all dieser Gesichtspunkte ist es sicher möglich, den Schwierigkeitsgrad der Aufgaben im altsprachlichen Unterricht in noch höherem Maße als bisher angemessen zu gestalten und zu vereinheitlichen. Die totale Gleichheit ist selbstverständlich nicht zu erzielen und wäre auch als unerträgliche Beschneidung der pädagogischen Freiheit keineswegs wünschenswert. Um die noch verbleibenden individuellen Unterschiede auszugleichen, ist es jedoch unbedingt notwendig, daß der Prüfer dem Gebot der Fairness gehorchend seine Leistungserhebung so transparent wie möglich gestaltet und die Prüflinge rechtzeitig und detailliert über alle Modalitäten der Prüfung informiert.

Formen der Leistungserhebung[18]

Vorbemerkung

„Das Übersetzen . . . beansprucht erfahrungsgemäß die meiste Unterrichtszeit, gilt allgemein als die wichtigste Arbeitsform und bildet die Grundlage der Leistungsbeurteilung."[19] Diese Stellung konnte die Übersetzung trotz vieler Angriffe in den letzten Jahren weitgehend behaupten: so macht sie in der Regel zwei Drittel der schriftlichen Gesamtleistung im Abitur aus. Allerdings wird sie als alleinige Prüfungsmethode vor allem im Lektüre-, aber auch schon im einführenden Sprachunterricht aus mehreren Gründen in Frage gestellt; tatsächlich ist sie infolge ihres hohen Komplexitäts- und Schwierigkeitsgrades einerseits und der weitgehenden Beschränkung auf rein sprachliche Lernziele andererseits als einzige Form der Leistungserhebung nicht mehr akzeptabel. Denn

- ihre Komplexität kann der von der Curriculumforschung erhobenen Forderung, daß die in den Lehrplänen genannten Lernziele gesondert abgeprüft werden müssen, nicht genügen und macht darüber hinaus die Fehlerdiagnose, die die Voraussetzung für eine sinnvolle Therapie ist, schwierig oder bisweilen sogar unmöglich,
- ihr allgemein hoher Schwierigkeitsgrad entspricht nicht immer dem Kriterium der Angemessenheit und erschwert die Anpassung des Anspruchsniveaus der Alten Sprachen an das vergleichbarer Fächer.

So führt die Tatsache, daß gewisse Lernziele durch die Übersetzung überhaupt nicht, andere nur undifferenziert abgeprüft werden können, eindeutig zu der Erkenntnis, daß sie trotz ihrer unbestreitbaren Bedeutung als fachspezifische Methode der Alten Sprachen durch andere Formen der Leistungserhebung ergänzt werden muß. Für die Phase des Elementarunterrichts wurden deshalb in den letzten Jahren bereits vielfältige Übungs- und Prüfungsformen entwickelt und erprobt, die das Abprüfen einzelner Feinziele ermöglichen. Erfreulicherweise bemühen sich auch die neueren Lehrbücher um derartige methodische Varianten im Übungsteil, so daß diese Formen der Leistungserhebung ohne großen Aufwand im Unterricht entsprechend vorbereitet werden können.[20]

In der Phase des Lektüreunterrichts dienen die „Interpretations-" oder „zusätzlichen" Aufgaben zwar vornehmlich dem Zweck einer Überprüfung der von der Übersetzung nicht erfaßten Lernziele im Bereich „Literatur", aber auch hier ist es möglich und sinnvoll, Aufgaben aus dem Bereich der Sprach- und Textreflexion zu stellen. Um zu verhindern, daß durch diese neuen Formen die Bedeutung der

---

18 Da die Bestimmungen der einzelnen Kultusbehörden hinsichtlich der jeweils zulässigen Formen der Leistungserhebung verschieden sind und zudem ständigen Veränderungen unterliegen, sind die folgenden Ausführungen bewußt allgemein gehalten und nicht auf bestimmte administrative Vorgaben hin konzipiert.

19 Nickel, R.: Altsprachlicher Unterricht 96.

20 Z.B. Krüger. — Erb. J.: Unterrichtsverfahren für den Lateinunterricht auf der Orientierungsstufe. In: Anregung 20 (1974), 158 ff. — Fink, G.: Was sonst als hin und her? In: Anregung 21 (1975), 237 ff. — Westhölter, P.: Informeller Schulleistungs- und Einstufungstest Latein für die 9. — 11. Jahrgangsstufe. Düsseldorf 1973. Zum Übungsteil einiger Lehrbücher vgl. auch unten S. 258 ff.

sprachlichen Lernziele in unerwünschter Weise zurückgedrängt werden könnte, wurde z.B. für das Abitur sogar festgelegt, daß auch die „zusätzliche Aufgabe" sich weitgehend an Sprache und Inhalt lateinischer Texte orientieren und das Sprach- und Textverständnis des Schülers so abprüfen muß, daß er nicht ausreichende Sprachkenntnisse nur in mäßigem Umfang durch gute Leistungen in anderen Bereichen ausgleichen kann.

Übersetzung

Einzelsätze können unter Umständen durchaus effizient im Übungsbuch eingesetzt werden, um bestimmte sprachliche Phänomene vorzustellen; sie sollten bei der Leistungserhebung aber nur mit Vorsicht verwendet werden, da sie sehr leicht zu einer Häufung von Schwierigkeiten führen. Bei der Übersetzung aus der Fremdsprache hat der Prüfling außerdem keine Gelegenheit, die Aussagen in ihrem jeweiligen Kontext zu verstehen. Das erschwert aber einerseits das Übersetzen und leistet andererseits dem gedankenlosen Austausch lateinischer Begriffe gegen „gelernte", aber oft nur partiell äquivalente deutsche Wörter Vorschub. Aus diesem Grund ist auch das Übersetzen von Einzelwörtern und -formen oft problematisch. Jedenfalls können solche Übersetzungen wohl nur im Rahmen einer Aufgabe verlangt werden, die verschiedene Formen der Leistungserhebung nebeneinander enthält. Im folgenden verstehen wir deshalb unter „Übersetzung" die Übersetzung eines Textes, d. h. mehrerer inhaltlich zusammengehöriger Sätze.

Dabei sind drei Arten zu unterscheiden:
– die Übersetzung eines deutschen Textes ins Lateinische
– die Übersetzung eines modernen, z.B. vom Lehrer selbst verfaßten, lateinischen Textes ins Deutsche
– die Übersetzung eines lateinischen – meist römischen – Originaltextes ins Deutsche.

Die Übersetzung in die Fremdsprache hat zweifellos ihre Berechtigung im Rahmen eines auf formale Bildung abzielenden Sprachunterrichts. So hat Otto Schönberger überzeugend dargelegt, daß sie andersartige Kenntnisse und Denkoperationen verlangt, als die Übersetzung aus der Fremdsprache.[21] Sie dient der Internalisierung des Grundwissens z.B. im Bereich der Formenlehre, ist ein Vorteil für Schüler mit Startschwierigkeiten in der Muttersprache und hat den Vorzug leichter und eindeutiger Korrigierbarkeit. Dennoch kann sie in größerem Umfang nur noch im Anfangsunterricht bei Latein als 1. Fremdsprache betrieben werden, da bei Latein als 2. oder gar 3. Fremdsprache der Zeitmangel dazu zwingt, das Ziel der Lektürefähigkeit auf möglichst schnellem und direktem Weg anzustreben. Aus diesem Grund verwendet man hier vor allem die Übersetzung aus dem Lateinischen.

Im *Anfangsunterricht* können dem Prüfling keine Originaltexte vorgelegt werden, und es ist auch nur gelegentlich möglich, auf einzelne Originalsätze zurückzugreifen. Der Lehrer muß also seine Übersetzungstexte im allgemeinen selbst verfassen bzw. Texte aus anderen Lehrbüchern o.ä. adaptieren. Dabei lehnt man sich

---

21 Bayerisches Staatsministerium für Unterricht und Kultus: Handreichung zur Fortbildung für den altsprachlichen Unterricht. Unmodernes zum Lateinunterricht. Augsburg 1971.

anfangs im allgemeinen stark an das Übungsbuch an und lockert diese enge Bindung dann mit der Zeit immer mehr. Es ist aber grundsätzlich zweckmäßig, vor allem die sprachlichen Erscheinungen zu berücksichtigen, die seit der letzten Leistungserhebung neu durchgenommen wurden.

So wurde z.B. die folgende Schulaufgabe in enger Anlehnung an die vorhergegangenen Kapitel des Übungsbuches konzipiert[22]:

> Die Sibylle führt Aeneas in die Unterwelt:
> Cum illa comite per fauces Orci ire non dubitavit. Cohortem monstrorum etiam gladio fugare temptavisset, nisi ab illa vate monitus esset, ne imagines vanas timeret. Cum autem Cerberum, illum canem formidulosum, vidisset, valde territus est. Sed Sibylla: ,,Utrum patrem de sorte gentis vestrae rogabis, an ad tuos redire vis?" Tandem a Charonte trans Acherontem flumen nave transportati in sedem Mortis Noctisque venerunt. Ibi umbras multorum virorum, qui ei noti erant, vidit, sed properare debuit, ut eos appellare non posset. Denique ad patrem suum venit ibique multa mira de temporibus futuris audivit.

Neben sprachlicher Korrektheit ist dabei *mit fortschreitendem Kenntnisstand* der Schüler besonders darauf zu achten, daß die Sätze dem Ziel der Lektürefähigkeit Rechnung tragen. Sie sollten deshalb einerseits keine ausgefallenen Schwierigkeiten enthalten, andererseits aber einen gewissen ‚color Latinus' aufweisen, damit die Bewältigung lektürerelevanter Schwierigkeiten (z.B. Wortstellung!) früh genug geübt werden kann. Um dies zu erreichen, sollte man – sobald die Kenntnisse der Schüler dies zulassen – bei der Herstellung der Aufgaben zunächst auf einzelne, sprachlich und inhaltlich passende Originalsätze zurückgreifen, später dann überhaupt Originaltexte als Grundlage nehmen und durch Auslassungen, Umstellungen, Ersetzen einzelner Wörter etc. entsprechend vereinfachen.

So konnte z.B. bereits am Ende des dritten Lernjahres in einer L2-Klasse der folgende Text, der sehr viel originales Sprachmaterial enthält,[23] als Schulaufgabe gegeben werden:

> ‚Idem velle atque idem nolle, ea demum firma amicitia est.' Nemo nostrum hanc sententiam nescit. Tamen amicitia res est difficillima, quod suo quisque studio maxime ducitur, neque alterum respicit. Praeterea fit – nescio quo modo –, ut magis in aliis cernamus vitia, quam in nobis ipsis. Itaque amicis saepe iniqui sumus, cum iustitia etiam in inimicos nobis colenda sit. Sunt enim officia etiam adversus eos servanda, a quibus iniuriam acceperis. Est enim puniendi modus; atque haud scio an satis sit eum iniuriae suae paenitere, qui lacessiverit, ut et ipse ne quid tale postea faciat et ceteri sint ad iniuriam tardiores.

In der Phase des *Lektüreunterrichts* schließlich wird immer ein Originaltext gegeben, der jedoch auch eventuell durch gewisse Veränderungen, vor allem Auslassun-

---

[22] Es handelt sich um das erste Jahr im L2-Unterricht (7. Klasse). Als Lehrbuch wurde verwendet CURSUS LATINUS I (Buchners Verlag Bamberg 1972). Die Schulaufgabe wurde im Anschluß an Kapitel 54 geschrieben.

[23] Die beiden letzten Sätze z.B. stammen aus Cic. de off. I 34 und wurden nur leicht verändert.

gen, vereinfacht werden kann. Dabei wird man sich in der Regel bemühen, einen geeigneten Textabschnitt im Werk desjenigen Autors zu finden, der im Unterricht gelesen wird. Im Idealfall sollte der Prüfungstext darüber hinaus auch inhaltlich mit den Lernzielen und -inhalten des Unterrichts in Beziehung stehen. Dies muß unbedingt dann der Fall sein, wenn der Text von einem anderen Autor stammt. Die Entscheidung für einen „fremden" Autor kann manchmal zweckmäßig sein, um sicherzustellen, daß die Schüler den Text nicht kennen, was bei Autoren mit einem kleinen Gesamtwerk sonst nicht immer gewährleistet ist.[24] Als Beispiel für einen Text, der sowohl von dem im Unterricht behandelten Autor stammt, als auch eine enge inhaltliche Beziehung zur laufenden Lektüre aufweist, möge der folgende (überarbeitete) Abschnitt aus Petron (Sat. 21,5 ff.) dienen, der während der Lektüre der Cena Trimalchionis als Übersetzungstext in einer Leistungskursklausur im ersten Kurshalbjahr (Ausbildungsabschnitt) vorgelegt wurde:

> Encolp und seine Freunde sind bei der „Dame" Quartilla zu Gast:
> In proximam cellam ducti sumus, in qua tres lecti strati erant et reliquus lautitiarum apparatus splendidissime expositus. Iussi ergo discubuimus, et gustatione mirifica initiati vino etiam Falerno inundamur. Excepti etiam pluribus ferculis cum laberemur in somnum, „Itane est?" inquit Quartilla, „etiam dormire vobis in mente est, cum sciatis Priapi genio pervigilium deberi?" ...
> Postea autem omnibus iam dormientibus duo Syri, qui expilaturi triclinium intraverant, inter argentum avidius rixabantur et lagoenam fregerunt. Ad quem strepitum ancilla exclamavit et partem ebriorum excitavit. Syri postquam se deprehensos intellexerunt, pariter secundum lectum conciderunt et stertere coeperunt.
> Iam pueri redierant ad ministerium, cum intrans cymbalistria et concrepans aera omnes excitavit. Refectum igitur est convivium et rursus Quartilla ad bibendum revocavit.

Dieser Text könnte umgekehrt während einer anderen Lektüre wohl kaum sinnvoll als Prüfungsaufgabe dienen. Auch bei der Übersetzung im Lektüreunterricht bedeutet „Angemessenheit" also nicht zuletzt Bezug auf die Lernziele und -inhalte des Unterrichts.

Neben der wohl wichtigsten Komponente der sprachlichen Schwierigkeit des Textes selbst[25] sind — wie bereits angedeutet — bei der Frage nach der Angemessenheit auch das Problem der Lexikonbenutzung und die Frage der zur Verfügung stehenden Zeit von Interesse. Beide Probleme sind dabei nicht voneinander zu trennen, da häufiges Nachschlagen von Wörtern nicht unerhebliche Zeit beansprucht. Der oben vorgestellte Petrontext z.B. ist nur als angemessen zu betrachten, wenn die Benutzung eines Lexikons gestattet ist,[26] die dann wiederum als

---

24 Die Übersetzung eines ohnehin aus dem Unterricht bekannten Textes wird man nur ausnahmsweise bei Stegreifaufgaben o.ä. verlangen.

25 Vgl. dazu Mayer passim.

26 Grundlage für die wortschatzmäßige Angemessenheit muß ein begrenzter, eindeutig bestimmter Wortschatz sein, dessen Beherrschung vorausgesetzt werden kann und der für den Schüler in Form einer Wortkunde aufbereitet ist. Ist die Benutzung eines Lexikons nicht zulässig, so müssen alle Wörter, die nicht zu diesem Wortschatz gehören und nicht ohne weiteres erschlossen werden können, angegeben werden.

Zeitfaktor berücksichtigt werden muß. Wird die Benutzung eines Lexikons jedoch bereits im Elementarunterricht gestattet — was uns keineswegs unbedenklich erscheint —, so sollten die Texte so konzipiert sein, daß dem Prüfling eigentlich alle Wörter bekannt sein müßten. Ist das jedoch der Fall, so kann das Lexikon nur dazu dienen, das eine oder andere zufällig vergessene Wort nachzuschlagen, so daß kaum mehr Zeit zu veranschlagen ist, als für die Übersetzung ohne Lexikon. Jede allzu großzügige Handhabung in diesem Fall leistet nur einer äußerst gefährlichen Nachlässigkeit in der Wortschatzarbeit Vorschub.

Was aber ist die angemessene Normalrelation Wortzahl : Zeit? In diesem Punkt herrschen sehr unterschiedliche Meinungen. In den einzelnen Bundesländern wird mit der Zeitbemessung verschieden verfahren; z.B. nennt ein Seminarbericht des Landesinstitutes Schleswig-Holstein „1 Wort pro Minute" als „Richtzahl".[27] In Bayern dagegen hält man die Relation 2 Wörter pro Minute für angemessen. Da ein bloßer Vergleich dieser Werte ohne genaue Angaben über die sonstigen Prüfungsmodalitäten sehr wenig aussagt, wird im folgenden von dem in Bayern üblichen Maßstab ausgegangen, der nach allgemeiner Erfahrung bei Texten mittlerer Schwierigkeit ohne Lexikonbenutzung keine Überforderung der Schüler bedeutet. Für den Umfang der Arbeiten auf den einzelnen Stufen gelten bislang folgende Richtwerte:

Im Sprachunterricht der Unterstufe: circa 50—80 W.   in 30—40 Min.
Im Sprachunterricht der Mittelstufe: circa 80—90 W.   in 40—45 Min.
In der Lektürephase: bis zu 120 W.   in bis zu 60 Min.

Was die Länge des Textes angeht, so ist grundsätzlich zu bedenken, daß die Herstellung bzw. Erhaltung eines Sinnzusammenhanges immer einen gewissen Textumfang bedingt und daß allzu rigorose Kürzungen von Originaltexten das Verständnis erheblich erschweren können; unter Umständen kann eine Übersetzung also dadurch sogar schwieriger werden, daß man sich zu starr an diese Richtwerte hält. Die aufgeführten Richtwerte gelten nur, wenn kein zusätzlicher Aufgabenteil zur Übersetzung gefordert wird.

Durch eine Angleichung der Übersetzungstexte hinsichtlich der genannten Aspekte Lernzielorientiertheit, sprachlicher Schwierigkeitsgrad und Umfang—Zeit—Relation können die Anforderungen in diesem Bereich der Leistungserhebung weitgehend vereinheitlicht werden. Dennoch wird von der subjektiven Entscheidung des einzelnen Prüfers immer noch so viel abhängen, daß der Spielraum seiner pädagogischen Freiheit nicht übermäßig beschnitten wird.

Informelle Tests im Elementarunterricht

Man unterscheidet standardisierte und informelle Tests. Standardisierte Tests sind ein zuverlässiges, objektives Meßinstrument, da die Durchführungsmodalitäten und das Bewertungsverfahren genau festgelegt sind, wobei Vortests an einer statistisch relevanten Zahl von Prüflingen die Basis dieser Festlegungen bilden. Derartige Tests sind für die Alten Sprachen in der Bundesrepublik derzeit nicht verfügbar.

---

27 Seminarberichte aus dem IPTS. Beiheft 15. Handreichungen zu Klausur und Normenbuch: Latein/Griechisch. Kiel 1976, 4.

Möglich sind deshalb nur Tests, die ein Lehrer oder eine Gruppe von Lehrern für eine bestimmte Schülergruppe selbst erstellt. Derartige Tests nennt man „informelle Tests".[28]

Sie werden seit einigen Jahren in zunehmendem Maße neben der traditionellen Prüfungsform der Übersetzung verwendet. Der geringere Komplexitätsgrad solcher Tests bedingt
— größere Validität (im Sinne der Inhaltsgültigkeit) durch engen Bezug zu einzelnen Lernzielen,
— größere Objektivität durch die Ausschaltung subjektiver Faktoren bei der Auswertung.

Diese größere Objektivität ist jedoch nur dann gewährleistet, wenn es sich um Testformen mit gebundener Aufgabenbeantwortung handelt, bei der der Prüfling eine Auswahl unter vorgegebenen Antworten trifft, oder wenigstens mit freier definitiver Beantwortung, d.h. Aufgaben, bei denen eine eindeutige richtige Lösung möglich ist. Dies ist bei Aufgaben im Lernzielbereich „Sprache" im allgemeinen der Fall.

Einzelne Testfragen bzw. -aufgaben ("items") können mit einer Übersetzung kombiniert oder zu einer kompletten Prüfungsaufgabe ohne Übersetzung zusammengestellt werden.[29] Dabei ist der Schwierigkeitsgrad jedes einzelnen "item" sowie sein Gewicht innerhalb der Gesamtaufgabe zu berücksichtigen, damit insgesamt ein angemessenes Anforderungsniveau hergestellt wird. So wird man bei der Kombination mit einer Übersetzung im allgemeinen Testitems in den niedrigeren Anforderungsbereichen bevorzugen, andernfalls Aufgaben aller Anforderungsbereiche entsprechend miteinander kombinieren. Welches Gewicht den Aufgaben in den höheren Anforderungsbereichen dabei zukommen sollte, kann nicht generell entschieden werden. Einigkeit herrscht nur darüber, daß der Anteil von Aufgaben, die sich nicht auf Reproduktion und Reorganisation beschränken, mit zunehmendem Alter der Schüler vergrößert werden sollte.

Folgende Aufgabenformen sind von besonderem Interesse für die Praxis[30]:

Die Antwort-Auswahl-Aufgaben (multiple-choice tests)

Sie sind vielseitig verwendbar, einfach in der Antworttechnik und schnell und eindeutig zu korrigieren. Ihre Konstruktion macht allerdings, vor allem wenn auch höhere Lernzielstufen erfaßt werden sollen, erhebliche Mühe. Denn es ist notwendig, neben der richtigen Antwort mindestens drei sogenannte „Distraktoren" (falsche Antworten) anzubieten; diese Distraktoren müssen alle mehr oder weniger plausibel erscheinen, da sie sonst ihre Aufgabe, das Auffinden der richtigen Lösung zu erschweren, nicht erfüllen. Deshalb ist die Herstellung solcher Aufga-

---

28 Vgl. Krüger 63 f.
29 Was im konkreten Einzelfall möglich ist, ergibt sich aus den einschlägigen Vorschriften der Kultusbehörden.
30 Die Zahl der Beispiele ist aus Raumgründen sehr knapp gehalten.

ben sehr zeitintensiv und erfordert neben großer Sachkenntnis sowohl Phantasie als auch eine ausgezeichnete Kenntnis der psychischen Faktoren, die bei der Entstehung von Fehlern eine Rolle spielen. Multiple-choice tests sind universell verwendbar. Sie reichen von einfachen Diskriminationsaufgaben zu Wortschatz und Formenlehre, wie z.B.[31]

— „audeo" bedeutet
ich vermehre
ich höre
ich freue mich
ich wage

oder — Welche der folgenden Formen ist ein Futur?
scribitis
debetis
videbitis
tribuitis

bis zu Aufgaben im Bereich der Syntax und des Textverständnisses, z.B.

Kann man in dem Satz „imperator milites cohortatus signum proelii dedit" genau bestimmen, wer ermahnt worden ist?
Ja, der Feldherr ist ermahnt worden ☐
Ja, die Soldaten sind ermahnt worden ☐
Nein, dazu ist der Gesamttext nötig ☐
Nein, niemand ist ermahnt worden, es
handelt sich um Soldaten einer Kohorte ☐

Die Zuordnungsaufgaben

Hier muß vorgelegtes Sprachmaterial anhand bestimmter Kriterien überprüft und sortiert werden (vgl. auch unten S. 247), z. B.

Ordne die folgenden Formen in die richtige Kategorie ein.
voveas — possidemus — natabunt — praedicor — incitemini — cernentur — impediet — aperiuntur — concurrant — obsidebitur — arcessimur — consentiatis

Indikativ Präsens	Konjunktiv Präsens	Futur
....	....	....

Die Transformationsaufgaben

Sie können vor allem im Bereich der Formenlehre (z.B. Verwandlung vorgegebener Formen ins Passiv, in den Konjunktiv, in den Plural usw.), aber auch in der Syntax zur Anwendung kommen, z.B.

---

31 Die folgenden drei Beispiele finden sich bei Krüger 68 ff.

Mache abhängig von ‚apparet':
Cives Romani ludos amant.
In circo saepe viri miseri necantur.
Amici nostri ludos spectavere.
Amici fortitudine gladiatorum delectati sunt.
Aulus ludos spectare non potuit.
Aulus aeger fuit.

Die Ergänzungsaufgaben

Bei dieser Aufgabenart müssen Formen oder Sätze vervollständigt werden, z.B.

Ergänze das Relativpronomen

a) Conviva adest, ... nuptias Simuli videre desiderat.
b) Amicus, ... Simulus ad nuptias invitat, gaudet.
c) Amicus Simulum, ... gratiam habet, laudat.
d) Simulus eam feminam amat, ... maritus erit.[32]

Die Umordnungsaufgaben

z.B. Aus den Wörtern

misera — et — avaritiam — erat — servorum — superbiam — vita

sind durch Verteilen auf die Kästchen zwei sinnvolle Sätze zu bilden; das Wort, das beiden Sätzen gemeinsam ist, bedeutet in jedem etwas anderes![33]

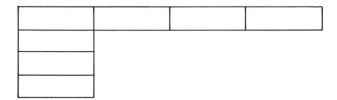

Zusätzliche Aufgaben im Lektüreunterricht

Für das Abitur wurde durch die EPA — wie oben erwähnt — die Form der zweigeteilten Aufgabe, bestehend aus einer Übersetzung und einer „Interpretationsaufgabe" bzw. „zusätzlichen Aufgabe" verbindlich festgelegt. Man darf deshalb wohl davon ausgehen, daß diese Form bereits jetzt den Regelfall in der Kursphase der neugestalteten Oberstufe darstellt und überhaupt in der Lektürephase zunehmend angewandt werden wird. Als Grundlage für die Erstellung derartiger „zusätzlicher Aufgaben" wurde die folgende detaillierte und lernzieltaxonomisch hierarchisierte Matrix ausgearbeitet.[34]

---

32 Nach: INSTRUMENTUM I (Buchners Verlag Bamberg, 1978), Kap. 34 Z.
33 Fink, G. (s. Anm. 20), 242 f.
34 Entnommen aus Maier, Lateinunterricht 240 f.

Matrix zur Konstruktion der „Interpretationsaufgabe"

AUFGABEN-TYPEN	Inhaltsbereiche		
	Lateinische Sprache (S) S_I	Sprach- und Textreflexion (R) R_I	Lateinische Literatur und ihre Wirkungsgeschichte (L) L_I
NENNEN ERKENNEN AUSWÄHLEN	z. B. Einzelkenntnisse aus Wortkunde, Formenlehre, Syntax und Metrik Kenntnis aus der Wortbildungs- und Bedeutungslehre	z. B. Einzelkenntnisse aus dem Bereich der Sprachfunktion. Stilistik und Textgrammatik Kenntnis des Begriffsumfangs von Leit- und Kernbegriffen	z. B. Einzelkenntnisse aus der römischen Literatur. Gesellschaft und Kultur Kenntnis römischer Leitbegriffe und der ihnen zugrunde liegenden Wertvorstellungen Kenntnis repräsentativer Texte der lateinischen Literatur und von literarischen Genera, Formen und Stoffen Kenntnis philosophischer Fragestellungen
ZUSAMMENSTELLEN	Zusammenstellen von Wörtern und Begriffen, die zu einer Wortfamilie oder zu einem Wortfeld gehören	Zusammenstellen von Begriffen, die einen Text vorherrschend bestimmen Zusammenstellen von sprachlichen Elementen, die für eine bestimmte Textsorte charakteristisch sind	Zusammenstellen von Merkmalen, die für eine literarische Form charakteristisch sind
ZUWEISEN	Zuweisen von Fremdwörtern zu ihren lateinischen Grundwörtern Zuweisen eines Wortes zu seiner etymologischen Wurzel	Zuweisen von Wörtern und Begriffen zu bekannten Inhaltsbereichen	Zuweisen von literarischen Kernstellen zu ihren Werken oder Autoren
BESCHREIBEN	Beschreiben von begrenzten semantischen und syntaktischen Zusammenhängen Beschreiben von rhetorischen Gestaltungsmitteln	Beschreiben der Handlungs-, Argumentations- oder Gedankenfolge eines Textes Beschreiben der Struktur eines Textes nach stilistischen oder textlinguistischen Gesichtspunkten	Beschreiben des kommunikativen, pragmatischen und literarischen Textzusammenhangs Beschreiben der Rezeptionsbedingungen eines Textes
Anforderungsbereich I			
Reproduktion			Reorgani-

Leistungserhebung und Leistungsbewertung 141

	z. B. S$_{II}$	z. B. R$_{II}$	z. B. L$_{II}$
ANALYSIE-REN	Analysieren von Begriffsinhalten Analysieren von metrischen Schemata	Analysieren der semantischen, syntaktischen und stilistischen Struktur eines Textes	Analysieren der Wirkung eines Textes, seines Geltungsbereiches und Gegenwartsbezuges
PARA-PHRASIE-REN	Paraphrasieren eines kurzen Textabschnittes mit dem Ziel, tragende Begriffe und Wörter herauszustellen	Paraphrasieren eines vorgelegten längeren Textes mit dem Ziel, die wesentlichen Gedanken herauszuarbeiten	Paraphrasieren einer als bekannt vorausgesetzten Kernstelle eines literarischen Werkes
ERKLÄREN	Erklären von Begriffen aus ihrer etymologischen Wurzel Erklären von begrenzten semantischen Zusammenhängen	Erklären der Funktion von sprachlich-syntaktischen und stilistischen Erscheinungen im Textzusammenhang Erklären von Aussagen und Vorstellungen nach textlichen Gesichtspunkten	Erklären der besonderen sozialen, politischen, religiösen, philosophischen und literarischen Bedingungen eines Textes Erklären eines literarischen Gattungsbegriffes
ERSCHLIES-SEN	Erschließen der Bedeutung eines unbekannten Wortes oder Begriffes aus seiner etymologischen Wurzel und/oder aus den weiteren Wortbildungselementen	Erschließen des Verfassers eines vorgelegten Textes anhand von stilistischen Merkmalen Erschließen von Situations-, Sach-, Zeit-, Orts- und Adressatenbezügen	Erschließen des Vorbilds einer Aussage anhand von ideen- bzw. problemgeschichtlichen Gesichtspunkten
EINORDNEN	Einordnen von besonderen sprachlichen Erscheinungen in das Sprachsystem bzw. in das System der Grammatik	Einordnen von Situations-, Sach-, Zeit-, Orts- und Adressatenbezügen	Einordnen von Textaussagen in den geschichtlichen, literarischen, kulturellen oder philosophischen Zusammenhang
ENTWIK-KELN	Entwickeln des Bedeutungswandels eines Wortes oder Begriffes anhand von Beispielen	Entwickeln von komplexen Sprach- und Denkzusammenhängen innerhalb eines Textes	Entwickeln von komplexen, politischen und philosophischen Sachzusammenhängen oder Problemstellungen
Anforderungsbereich II			
sation	Transfer		

AUFGABEN-TYPEN	Inhaltsbereiche			
	Lateinische Sprache (S) S_{III}	Sprach- und Textreflexion (R) R_{III}	Lateinische Literatur und ihre Wirkungsgeschichte (L) L_{III}	
z. B.	z. B.	z. B.	z. B.	
DEFINIE-REN	Definieren eines aus vorgegebenen sprachlichen und inhaltlichen Elementen zu schaffenden Begriffs	Definieren von Methoden der Übersetzungstechnik und Texterschliessung	Definieren von literaturwissenschaftlichen oder philosophischen Termini, möglichst auf der Grundlage eines Textes Definieren von philosophischen Denkmethoden	
INTERPRE-TIEREN	Interpretieren eines Leitbegriffes aus dem Textzusammenhang	Interpretieren eines Textabschnittes unter einer Leitfrage oder nach formalen und/oder inhaltlichen Gesichtspunkten	Interpretieren eines Textes mit dem Ziel, Meinungen, Tendenzen und Ideologien aufzudecken oder Gegenwarts- und Existenzbezüge herzustellen	
BEGRÜN-DEN	Begründen der besonderen Übersetzung eines Wortes oder Begriffes Begründen der besonderen Auflösung bzw. Zerlegung eines längeren Satzes im Deutschen	Begründen einer Übersetzungsmethode Begründen eines angewandten Verfahrens zur Analyse eines komplexen Satzes	Begründen der Aussagen oder der Urteile eines modernen Autors zu einer antiken Denkposition Begründen bestimmter moralischer Prinzipien oder erkenntnistheoretischer Aussagen antiken Denkens aus dem geistes- und ideengeschichtlichen Zusammenhang	
VERGLEI-CHEN	Vergleichen des Bedeutungsumfangs lateinischer und deutscher Begriffe oder der Ausdrucksmöglichkeiten für eine bestimmte logische Kategorie	Vergleichen zweier Texte nach Gesichtspunkten der Stilistik und Textsortenbeschreibung Vergleichen von Übersetzung und Original ggf. mit Übersetzungskritik	Vergleichen von Texten untereinander Vergleichen verschiedener Werturteile zu literarischen Leistungen der Antike Vergleichen der Aussagen eines modernen Autors mit denen eines römischen Autors über dieselbe Sache oder Frage	
STELLUNG-NEHMEN	Stellungnehmen zur vorgelegten Übersetzung eines Begriffs Stellungnehmen zur metrischen Nachgestaltung einer Versgruppe im Deutschen	Stellungnehmen zum Verhältnis von inhaltlicher Aussage zu den dafür eingesetzten sprachlich-stilistischen Ausdrucksmitteln	Stellungnehmen zu einem Text und seinem Inhalt Stellungnehmen zur literarischen Wertung und Rezeption eines Textes	

Anforderungsbereich III

Problemlösendes Denken

Dadurch, daß diese Matrix alle Lernzielstufen einschließt, umfaßt sie selbstverständlich auch die oben für den Bereich des Elementarunterrichts vorgestellten Aufgabentypen, die im allgemeinen den niederen Anforderungsbereichen zuzuordnen sind. Andererseits können — wie bei den multiple-choice tests gezeigt — auch in jener Phase bereits gelegentlich Aufgaben aus den höheren Anforderungsbereichen gestellt werden, so daß eine eindeutige Trennung von Aufgabenformen, die für die beiden Unterrichtsphasen jeweils in Frage kommen, nicht möglich ist. Trotz dieses fließenden Überganges kann aber konstatiert werden, daß der Großteil der in dieser Matrix aufgelisteten Aufgaben erst während des Lektüreunterrichts möglich oder angemessen ist, so daß die grundsätzliche Trennung zweckmäßig erscheint.

Was den angemessenen Schwierigkeitsgrad betrifft, so schreiben die EPA für die „Interpretationsaufgabe" vor, daß die Aufgaben aus den Anforderungsbereichen II und III ein größeres Gewicht haben sollten, als die aus dem Bereich I. Die „Handreichungen" für den Lateinunterricht in der Kollegstufe in Bayern[35] legen für das Abitur fest, daß die richtige Beantwortung der Aufgaben aus den Bereichen „Wissen" und „Reorganisation" noch nicht die Note 4 erbringen darf. Man sollte jedoch nicht vergessen, daß zwei Drittel der Note durch die Übersetzung bestimmt werden, die in großem Umfang Anforderungen aus den höheren Bereichen stellt, so daß es — auch wegen der Angleichung an das Niveau anderer Fächer — nicht sinnvoll erscheint, in den Klausuren das Niveau der zusätzlichen Aufgaben allzu hoch anzusetzen.[36] Hinsichtlich des Umfangs hat es sich als zweckmäßig erwiesen, bei einer normalen Oberstufenklausur (bei der 30 Minuten für die zusätzliche Aufgabe zur Verfügung stehen) die Aufgaben so zu stellen, daß 20 Bewertungseinheiten zu erreichen sind, wobei eine Bewertungseinheit einem relevanten Informationsdetail entspricht.

Stehen die zusätzlichen Aufgaben in unmittelbarem Zusammenhang mit dem Übersetzungstext, so ist darauf zu achten, daß der Grundsatz ‚ne bis in idem' nicht verletzt wird, d.h. daß die Fragen keine erneute Überprüfung der Kenntnisse darstellen, die bereits durch die Übersetzung nachgewiesen werden konnten bzw. sollten.

Einige Beispiele mögen die Umsetzung der Matrix in die Praxis demonstrieren. Dabei beschränken wir uns, um den Unterschied zu den Tests des vorhergehenden Abschnittes deutlich zu machen, auf Aufgaben in den Anforderungsbereichen II und III, die im Elementarunterricht noch nicht gestellt werden könnten. Diese Aufgaben sind von F. Maier gestaltet.[37]

Im Anschluß an jede Aufgabe ist ein „Erwartungshorizont" (EH) angegeben; er deutet an, in welcher Richtung die Beantwortung durch Schüler erfolgen sollte oder könnte.

---

35 Handreichungen für den Lateinunterricht in der Kollegstufe. 3. Folge: Band II. München 1977, 155.

36 Eine ausführlichere Darstellung dieses Problems findet sich bei Tipp, U.: Neue Formen der Leistungsmessung in Latein. In: Bayer 80 ff.

37 Entnommen aus: Maier, Lateinunterricht 244 ff.

PARAPHRASIEREN

S_{II} Paraphrasieren Sie den folgenden Text, wobei Sie besonders die tragenden Begriffe herausstellen:

„Errat, si quis existimat servitutem in totum hominem descendere. Pars melior eius excepta est: Corpora obnoxia sunt et adscripta dominis, mens quidem sui iuris, quae adeo libera et vaga est, ut ne ab hoc quidem carcere, cui inclusa est, teneri queat. . . . Corpus itaque est, quod domino fortuna tradidit; hoc emit, hoc vendit." (Sen. benef. 3,20)

EH. *Sklaventum* trifft nicht den ganzen Menschen; sein besserer Teil, *Geist und Gesinnung,* bleibt davon unberührt. Der Geist ist so frei und unabhängig, daß er nicht einmal von seinem Kerker, dem Körper, festgehalten werden kann. Nur der *Körper* ist dem Sklavendasein ausgeliefert, dem *Herren* als Eigentum zugeschrieben. Der Körper ist vom Schicksal dem Herrn gegeben, er allein ist also Gegenstand von Kauf und Verkauf.

ERKLÄREN

R_{II} Welche Funktion erfüllen im folgenden Satz (ggf. des Übersetzungstextes) die verwendeten Stilmittel:

Nos pro patria, pro libertate, pro vita certamus; illis supervacaneum est pugnare pro potentia paucorum.

EH. Satz 1: Anapher *(pro . . . pro . . . pro)* steigert die Eindringlichkeit mit der die Bereiche, wofür gekämpft wird, angesprochen werden, und läßt — auch akustisch — die drei Bereiche als eine Einheit empfinden.

Klimax *patria — libertate — vita* verbindet die wertvollsten Bereiche, für die es sich zu kämpfen lohnt, in einer Weise, daß das zuletzt genannte Glied als höchstes Gut die vorausgehenden erst richtig in ihrem Wert begreifbar macht.

Satz 1/2:
Asyndeton (keine Verbindung zwischen den Sätzen) kennzeichnet einen energischen Gegensatz zwischen den Aussagen des ersten und zweiten Satzes.

Satz 2:
Alliteration *(pugnare pro potentia paucorum):* Das Klangspiel der gleichanlautenden Wörter verbindet die Wortgruppe zu einer Einheit und setzt sie als Ganzes in einen wirkungsvollen Kontrast zur Klimax des ersten Satzes.

oder:

S_I Erklären Sie im folgenden, Ihnen bekannten Text aus dem Zusammenhang die Wortverbindung *naturalis quaedam hominum quasi congregatio!*

„Est igitur res publica res populi, populus autem non omnis hominum coetus quoquo modo congregatus, sed coetus multitudinis iuris consensu et utilitatis communione sociatus. Eius autem prima causa coeundi est non tam imbecillitas quam naturalis quaedam hominum quasi congregatio." (Cic. rep. 1,39)

EH: Ursache für Gemeinschaftsbildung ist eine im Menschen angelegte Veranlagung zur „Herdenbildung". Die etymologische Wurzel von *congregatio* ist *greg-:* Herde. Dieser Trieb ist dem Menschen von Natur gegeben, der Ausdruck *congregatio* ist hier allerdings absichtlich, da eigentlich den Tieren zugehörig, nur bildhaft *(quasi)* dem Menschen zugeordnet. Dadurch kommt nachdrücklich zur Geltung, daß die Verbindung von Menschen zu einem Volk, zu einem Staat mehr ist: nicht jeder beliebige zusammengescharte, „verherdete" *(congregatus)* Haufen, sondern eine auf Recht und gemeinsamen Nutzen gegründete Vereinigung *(sociatus)* von Menschen.

ERSCHLIESSEN

R_{II} Wer ist der Autor des folgenden Textes?

„Qui ubi primum adolevit, pollens viribus, decora facie, sed multo maxume ingenio validus, non se luxui neque inertiae corrumpendum dedit, sed, uti mos gentis illius est, equitare, iaculari, cursu cum aequalibus certare: et, cum omnis gloria anteiret, omnibus tamen carus esse; ..."

Welche sprachlichen und stilistischen Eigenheiten bedingen Ihre Entscheidung?

EH. archaisierende Sprache: *maxume, uti;* Akkusativ Plural *omnis* statt *omnes;*

gehäufte historische Infinitive: *equitare, iaculari, ... certare, carus esse;*
bevorzugtes Stilmittel: Asyndeton (wodurch gedankliche Dichte bzw. eine gedrängte Darstellung der Handlungen und Vorgänge erreicht wird)
Autor: Sallust (Iug. 6,1)

R_{II} Eine richtige Texterschließung erfordert auch, die in einem Text enthaltenen direkten oder indirekten Angaben über Ort, Zeit, Umstände, Personen bei der Deutung zu berücksichtigen.

In welche Lebenssituation des Autors Cicero läßt sich demnach der folgende Text einordnen?
Führen Sie aus dem lateinischen Text die Gesichtspunkte an, die ihre Antwort bestimmen!

„Accepi ab Aristocrito tres epistulas, quas ego lacrimis prope delevi; conficior enim maerore, mea Terentia, nec meae me miseriae magis excruciant quam tuae vestraeque. Ego autem hoc miserior sum quam tu, quae es miserrima, quod ipsa calamitas communis est utriusque nostrum, sed culpa mea propria est. Meum fuit officium vel legatione vitare periculum vel diligentia et copiis resistere vel cadere fortiter: hoc miserius, turpius, indignius	Aristokritos hat mir drei Briefe von Dir überbracht, deren Schrift ich mit meinen Tränen beinahe verwischt hätte. Ich bin ganz aufgelöst vor Trauer, liebe Terentia; Dein und Euer Elend greift mir noch mehr an das Herz als das meinige. Ich bin insofern noch schlimmer dran als Du, die Du es auch so überaus schwer hast, als das Unglück, das uns an sich beide trifft, allein durch meine Schuld herbeigeführt wurde. Es wäre meine Pflicht gewe-

nobis nihil fuit. Qua re cum dolore conficior, tum etiam pudore: pudet enim me uxori meae optimae, suavissimis liberis virtutem et diligentiam non praestitisse." (Cic. fam. 14,3,1 f.)

sen, durch Annahme der mir von Cäsar angebotenen Legatenstelle der Gefahr aus dem Wege zu gehen, mit Umsicht und unter Einsatz von Mannschaften Widerstand zu leisten oder in tapferem Kampf zu fallen: Wie es jetzt steht, konnte es gar nicht schlimmer, schändlicher und unwürdiger kommen. Daher fühle ich mich ebenso niedergedrückt, wie ich mich schäme, schäme, weil ich mich Dir, Du herzensgute Frau, und den herzlieben Kindern nicht als Mann der Tat und Umsicht erwiesen habe.

(Übersetzung: Georg Dorninger)

EH: *Accepi . . . tres epistulas*   Briefsituation;
Anrede: *mea Terentia*   Brief Ciceros an seine Frau.

Vorherrschende Ausdrücke, die Ciceros Lebenssituation kennzeichnen: *lacrimae, maeror, miseriae, calamitas, dolor, pudor, culpa*.

Erwähnte Personen: Terentia, Ciceros „herzliebe Kinder", Aristokritos, der Briefüberbringer: griechischer Name, wohl Ciceros Sklave;

Lebenssituation: Cicero befindet sich in einer elenden Lage, in die er sich durch eigenes Verschulden gebracht hat, und zwar fern von Frau und Kindern: Wohl Brief aus der Verbannung in Griechenland (in Dyrrhachium), 58 v.Chr.

ENTWICKELN

R_{II} ,*Vita activa*' und ,*vita contemplativa*' waren nach antikem Denken gegensätzliche Lebensformen. Entwickeln Sie kurz, welchen Zusammenhang Seneca im folgenden Ihnen bekannten Text zwischen den beiden Lebensformen herstellt!

„Ergo secundum naturam vivo, si totum me illi dedi, si illius admirator cultorque sum. Natura autem utrumque facere me voluit, et agere et contemplationi vacare: utrumque facio, quoniam ne contemplatio quidem sine actione est.

— „Sed refert", inquis, „an ad illam voluptatis causa accesseris, nihil aliud ex illa petens quam assiduam contemplationem sine exitu: est enim dulcis et habet illecebras suas." — Adversus hoc tibi respondeo: aeque refert, quo animo civilem agas vitam, an semper inquietus sis nec tibi umquam sumas ullum tempus, quo ab humanis ad divina respicias." (Sen. de otio 5,8 f.)

EH: Seneca geht aus von einem Leben „gemäß der Natur"; dieses verwirklicht sich in der völligen Hingabe an die Natur, in ihrer Bewunderung und Verehrung. Diese Natur verlangt das „Tätigsein" und die „Betrachtung". Beides gehört zusammen. Betrachten geschieht nicht ohne Tätigsein; dieses in der *contemplatio* sich vollziehende Tätigsein ist zweckfrei, ohne Bezug auf die (politische) Gemeinschaft. Die politische Tätigkeit sollte nicht rastlos währen, sondern Zeit zu Betrachtung des Höheren finden. Das Betrachten ist auch Tätigsein, das (politische) Tätigsein bedarf der Betrachtung. Seneca löst den Gegensatz zwischen den beiden Lebensformen nicht auf, mildert aber die Spannung zwischen beiden merklich.

INTERPRETIEREN

S_{III} Was bedeutet im folgenden Text das Wort *vertere?*
In welchem anderen Verbum innerhalb des Textes können Sie einen Anhaltspunkt zu dessen Deutung entnehmen? Welches Problem deutet Cicero an diesem Leitwort des Textes an?

„Si plane sic verterem Platonem aut Aristotelem, ut verterunt nostri poetae fabulas, male, credo, mererer de meis civibus, si ad eorum cognitionem divina illa ingenia transferrem." (Cic. fin. 1,7)

EH: *vertere:* übersetzen; ähnliche Bedeutung und Wortverwendung bei *transferre:* übertragen.

Cicero spricht das Problem des Übersetzens vom Griechischen ins Lateinische an; dabei hebt er das Übersetzen philosophischer Texte von der Übertragung dichterischer Stücke (Schauspiele) ab: Philosophische Texte lassen sich nicht so ohne weiteres (etwa in einer umgestaltenden Bearbeitung) ins Lateinische übertragen und den römischen Landsleuten bekanntmachen.

STELLUNGNEHMEN

S_{III} Der Übersetzer des nachfolgenden Martialgedichtes (VI 60) versuchte das Original auch sprachlich und metrisch möglichst nachzugestalten. Nehmen Sie dazu kritisch Stellung!

„Laudat, amat, cantat nostros mea Roma libellos,
meque sinus omnis, me manus omnis habet.
Ecce rubet quidam, pallet, stupet, oscitat, odit.
Hoc volo: nunc nobis carmina nostra placent.

Lobt doch und liebt und summt mein Rom meine Verse beständig,
mich trägt jeder im Kleid, jeder hat mich in der Hand.
Und ein Jemand wird rot und wird blaß, starrt, gähnt und zeigt Abscheu.
Grade das will ich: erst jetzt sagt meine Dichtung mir zu.
(Übersetzung: R. Helm)

EH: Die deckungsgleiche metrische Nachgestaltung in Zeile 1 und die fast deckungsgleiche in Zeile 3 zwingen im Deutschen zu sprachlichen Füllungen oder schiefen Wiedergaben: Zeile 1: „doch", „und", „und", beständig Konzessionen an das Metrum; dadurch wird die durch das Asyndeton gegebene Prägnanz gestört und die Dichte aufgelockert; das

Hyperbaton bei *nostros libellos* ist nicht nachahmbar, so daß *mea Roma* seine herausgehobene Stellung verliert.

Zeile 3: *ecce* „und", *quidam* „ein Jemand", *rubet/pallet* „wird rot/ blaß" sind durch das Metrum bedingte Wiedergaben, die sprachlich nicht voll gerechtfertigt oder im Deutschen hart sind. Die Nachahmung der asyndetischen Reihung ist zum Teil gelungen, man spürt hier in der Übersetzung etwas von der Brillanz der dichten lateinischen Ausdrucksweise.

Von den Pentametern ist der erste fast deckungsgleich metrisch nachgebildet, der zweite ist im zweiten Teil nicht voll gelungen. Auch hier hat die metrumgetreue Nachbildung zu sprachlichen Umgestaltungen geführt.

Zeile 2: Subjekt wurde personalisiert, das eigentliche Subjektssubstantiv ist jeweils zu einem Präpositionalausdruck gestaltet, das Prädikat wurde in zwei Bedeutungen auseinandergenommen (dies alles freilich vornehmlich auch aus stilistischen Erwägungen im Deutschen).

Der Vers wirkt im Deutschen fülliger; das Asyndeton ist zwar wirksam nachgestaltet, doch ist durch die Beseitigung der Anapher die Hervorhebung des gemeinsamen Objekts *me* und damit auch die Verbindung der beiden Teilsätze nicht spürbar gemacht.

Leistungsbewertung

Die soziale Funktion der Leistungsbewertung

Alle im ersten Teil angesprochenen Probleme der Leistungserhebung sind für sich betrachtet zunächst rein pädagogischer Natur; juristisch und bildungspolitisch brisant werden sie erst im Zusammenhang mit der Leistungsbewertung und der damit zusammenhängenden Frage der Gewährung bestimmter Berechtigungen. Nur die Tatsache, daß das Erreichen bestimmter Noten so bedeutend für den einzelnen geworden ist (Numerus clausus!), daß man die Verteilung von Sozialchancen heute bereits als eine der Hauptfunktionen der Schule ansieht, hat einerseits für die Schüler zu dem vielbeklagten Leistungsdruck geführt und zwingt andererseits die Schulen dazu, ein Höchstmaß an Objektivität und Einheitlichkeit bei Anforderungen und Bewertungsmaßstäben anzustreben. Diesem Zwang kann sich aus Gründen der Gerechtigkeit in der augenblicklichen Situation selbst dann niemand entziehen, wenn er als unerwünschte Einschränkung des pädagogischen Ermessensspielraumes empfunden wird. Das Dilemma, in dem sich der Lehrer dadurch befindet, wird von A. Clasen zutreffend beschrieben: „In der Verantwortung gegenüber den Schülern lebt der Lehrer in einem dauernden Widerstreit: er möchte möglichst objektiv urteilen, um *allen* in gleicher Weise gerecht zu werden, möchte dabei aber die Freiheit der Einzelentscheidung, den Spielraum des eigenen Ermessens, nicht einbüßen, um auch dem *einzelnen* in seiner Individualität gerecht werden zu können. Es ist dies die eigentliche Aporie der Leistungsmessung, der unaufhebbar Widerspruch beider Prinzipien, der *sachbezogenen, unpersönlichen Objektivität* einerseits und der *pädagogisch-individuellen Beurteilung* andererseits."[38]

---

38 In: Bayer, K. (Hrsg.): Leistungsmessung im altsprachlichen Unterricht (s. Anm. 36), 68.

Wenn jedoch Zehntelnoten über Lebensschicksale entscheiden — ein Sachverhalt, den nicht zuletzt die Pädagogen selbst beklagen — dann muß das Instrumentarium der Leistungserhebung und -bewertung so präzise wie möglich sein und muß in einer pädagogisch wie juristisch unanfechtbaren Weise gehandhabt werden.

Die Technik der Leistungsbewertung

Der Terminus „Leistungsbewertung" umfaßt zwei verschiedene Tätigkeiten:
— erstens die Korrektur, d.h. die Überprüfung, inwieweit eine Schülerarbeit im Detail vollständig oder lückenhaft, richtig oder falsch ist,
— zweitens die notenmäßige Bewertung der ganzen Arbeit.

Die Korrektur

Jede Korrektur kann unter zwei verschiedenen Aspekten erfolgen: Entweder wird überprüft, wieviele Fehler (Negativ-Korrektur) oder wieviele zutreffende Lösungen (Positiv-Korrektur) eine Arbeit enthält. Die Entscheidung, welche der beiden Methoden vorzuziehen ist, kann nicht nur aus allgemeinen Erwägungen heraus — wie z.B. Motivierung der Schüler durch Positiv-Korrektur — gefällt werden, sondern muß sich vor allem an der Verwendbarkeit für die Korrektur bestimmter Aufgabenformen orientieren.

Korrektur der Übersetzung

Bei der Korrektur von Übersetzungen hat sich bisher nur das Feststellen von Fehlern, also die Negativ-Korrektur, als praktikabel erwiesen. Zwar wurde eine sogenannte „Positiv-Korrektur" entwickelt, sie unterscheidet sich jedoch nur im Verfahren, nicht aber im grundsätzlichen Ansatz von der Negativ-Korrektur, denn auch sie beruht „in technischer Hinsicht . . . auf dem Prinzip des Punktabzugs. Weist die Übersetzung eine Schwäche, einen sprachlichen Verstoß oder eine Sinnwidrigkeit auf, werden dafür Punkte . . . in Abzug gebracht."[39]

Bei einer echten Positiv-Korrektur müßte demgegenüber allein die Kommunkationsleistung, nicht aber die sprachliche Richtigkeit als Beurteilungsmaßstab dienen. „Fehler" würden nur in Form von Sinnentstellungen relevant, d.h. identische sprachliche Verstöße würden nicht nur nach dem Ausmaß, in dem sie die Information beeinträchtigen, sondern vor allem auch entsprechend der Bedeutung der Information, die sie beeinträchtigen, völlig unterschiedlich gewertet. Ein solches Verfahren könnte grundsätzlich durchaus adäquat sein, wenn man die funktionale Effizienz einer Übersetzung als Maßstab nimmt, sie wäre im Rahmen schulischer Leistungsbewertung aber aus mehreren Gründen höchst problematisch und entspricht außerdem keineswegs dem augenblicklich gültigen Lernzielkatalog des altsprachlichen Unterrichts.

Bei beiden Verfahren, sowohl bei der Negativ-, als auch bei der mit Punktabzügen arbeitenden Positiv-Korrektur muß deshalb das gleiche Problem im Mittelpunkt

---

39 Clasen bei Bayer 50.

der Überlegungen stehen: nämlich die Frage nach der Bewertung des einzelnen sprachlichen Verstoßes. In beiden Fällen wurden Matrices entwickelt, die als Grundlage der Transformation von Fehlleistungen in zählbare Fehler bzw. abzugsfähige Punkte die Korrekturmaßstäbe vereinheitlichen sollen.

MATRIX FÜR DIE NEGATIV–KORREKTUR[41]
Die von K. Bayer entwickelte, sehr detaillierte „bayerische" Matrix der Negativ-Korrektur (Seite 151 und 152) „ist so aufgebaut, daß die *Fehlerursachen* systematisiert und in Beziehung gesetzt sind zu den vier kognitiven Lernzielstufen nach H. Roth; einige Entsprechungen zum affektiven Bereich sind versuchsweise hinzugefügt. Grundannahme ist hierbei, daß es keinen Fehler gibt, der mittels der aufgezählten Kriterien ... nicht zu klassifizieren ist."[40]

Diese Matrix gibt zunächst nur eine relative Gewichtung der einzelnen Fehlerarten, wobei Verstöße im Bereich höherer Lernzielstufen ein größeres Gewicht haben. „Es darf aber davon ausgegangen werden, daß ein derartiger ‚Bewertungspunkt' im Regelfall einem Fehler entspricht."[42] Geht man von dieser Gleichsetzung aus, so reicht die Matrix von einem 1/4 Fehler für leichte Verstöße im Bereich der Muttersprache bis zu 4 Fehlern für den schweren Konstruktionsfehler.

MATRIX FÜR DIE POSITIV–KORREKTUR
Die Matrix zur Positiv-Korrektur (S. 153) ist grundsätzlich ähnlich, jedoch einfacher konstruiert und verzichtet auf einen direkten Bezug zur Lernzieltaxonomie.[43]

Sie reicht von einem abzuziehenden Punkt für einen „leichten" Verstoß im Bereich des Wortschatzes bis zu 6 Punkten für einen „schweren" Verstoß im Bereich „Textverständnis, Interpretation".

EPA–MATRIX
Eine dritte Matrix als Grundlage für die Korrektur der Übersetzung im Abitur enthalten die neuen EPA.

Sie geht von den auch in den beiden anderen Matrices verwendeten Lernzielbereichen „Vokabular", „Formenlehre", „Syntax" und „Textreflexion" aus und gewichtet die Verstöße in diesen Bereichen dann entsprechend den Anforderungsbereichen, denen sie zuzuordnen sind, wobei sie nur noch von zwei Anforderungsbereichen („I und II" bzw. „II und III") ausgeht.

Diese Matrix enthält an Möglichkeiten der Fehlergewichtung nur halbe, ganze und Doppelfehler.

Um zu einer Vereinheitlichung der Fehlerbewertung zu kommen, ist es unbedingt nötig, ausgehend von der EPA-Matrix als Grundlage, die Matrices für die Positiv- und Negativ-Korrektur so zu überarbeiten, daß erstens die relative Gewichtung der verschiedenen Fehlerarten identisch ist, und daß zweitens die einem bestimmten Verstoß entsprechende Fehlerzahl (bei Negativ-Korrektur) sich in gleicher Weise

---

40 In: Bayer, K. (s. Anm. 36), 38.
41 Bayer, K. (s. Anm. 36), 40 f.
42 In: Handreichungen (s. Anm. 35), 152.
43 Seminarberichte ...(s. Anm. 27), 10, sowie Bayer, K. (s. Anm. 36), 51.

MATRIX FÜR DIE NEGATIV–KORREKTUR (s. o. Seite 150)

Lernzielstufen		Ursachen	Auswirkungen		
Kognitive Fähigkeiten	Affektive Fähigkeiten				
	Sorgfalt	Graphische Ordentlichkeit	Schriftbild		01
			Rechtschreibung		02
			Zeichensetzung		03
	Sprachgefühl	Muttersprache (Deutscher Stil)	Ausdruck		04
			Satzbau		05
Reproduktion (S 1)	Fleiß	Wortschatz (Vokabular)	Wort nicht übersetzt / fälschlich eingefügt		11
			Wort, Begriff, Wendung falsch übersetzt		12
Reorganisation (S 2)		Formenlehre	Form falsch bestimmt (P, N, M, T, Gv/K, N, G)		13
			Formalkategorien verwechselt (Aktiv/Passiv; Nomen/Verbum/Partikel)		14
		Syntax	Elementarsyntax verfehlt (Kongruenz, Reflexivum/Prädikativum)		15
⟨Binnen-⟩ Transfer (S 3)			Kasussyntax verfehlt (einschließlich Präpositionen)		16
			Nominalformen des Verbums verfehlt (Aci, Nci, Partizip, Gerund/iv, Supin)		17
Problemlösendes Denken (S 4)	Kreativität		Beziehung der Satzglieder	im Kolon nicht erfaßt	21
				kolonüberschreitend verfehlt	22
			Organisation der Periode	Signal fehlgedeutet oder mißachtet	23
				Willkürliche Auslassung, Ergänz., Umgruppierung	24
		Textverständnis	Erfassen des Sinnes im Gesamtzusammenhang		25

Tipp

Gesamtqualität			Sinn					
verbessert (Pluspunkte möglich)	nicht beeinträchtigt	gemindert	unscharf erfaßt	beeinträchtigt	noch erkennbar	sehr entstellt		völlig zerstört
			Struktur nicht verändert		Struktur 1× verändert	Struktur 2× verändert	Struktur öfter verändert	Struktur zerbrochen
A	B	C	D	E	F	G	H	I
01 +	—	—	—	—	—	—	—	—
02 +	—	0,25	—	—	—	—	—	—
03 +	—	0,25	—	—	—	—	—	—
04 +	0,25	0,5	0,5	1,0	—	—	—	—
05 —	—	—	—	1,0	—	—	—	—
11 —	—	—	0,5	1,0	1,0	1,0	1,0	1,5
12 —	—	—	0,5	1,0	1,0	1,0	1,5	1,5
13 —	—	—	0,5	1,0	1,0	1,5	1,5	1,5
14 —	—	—	—	1,0	1,5	1,5	1,5	2,0
15 —	—	—	—	1,0	1,5	1,5	2,0	2,0
16 —	—	—	—	1,0	1,5	1,5	2,0	2,0
17 —	—	—	—	1,5	1,5	2,0	2,0	2,0
21 —	—	—	—	1,5	1,5	2,0	2,0	2,5
22 —	—	—	—	—	1,5	2,0	2,5	3,0
23 —	—	—	1,0	1,5	2,0	2,5	3,0	3,5
24 —	—	—	—	—	2,5	3,0	3,5	3,5
25 +	—	—	1,5	2,0	2,5	3,0	3,5	4,0

MATRIX FÜR DIE POSITIV–KORREKTUR (s. o. Seite 150)

	Lernziele	Ursache: Verstoß gegen	Abk.	„leichte" Verstöße	„mittlere" Verstöße	„schwere" Verstöße	Besonders gute Lösungen
	1	2	3	4	5	6	7
(S1)	Beherrschung des Grundvokabulars	Wortschatz, Redewendungen (Lexik)	Vok	–1	–3	–5	
(S2)	Kenntnis der Formenlehre	Formenlehre (Grammatik)	Gr T N M	–1	–3	–5	
(S3)	Kenntnis der syntaktischen Strukturen	Satzlehre (Konstruktion)	K Bez	–2	–4	–6	
(S4)	Fähigkeit, lat. bzw. griech. Texte in das Deutsche zu übersetzen	Textverständnis, Interpretation (Begriffe, Wendungen, log. Zuordnung und Beziehung der Satzglieder etc.)	TV Int	–2	–4	–6	+1 bis +4
		Grammatik und Stil der deutschen Sprache	DGr Stil Sb A	(0)	–1	–3	+1 +2

154 Tipp

EPA–MATRIX (s. o. Seite 150)

Anforderungs-bereich \ Lernziele		Vokabular Begriffe und Wendungen	Formenlehre	Syntax; formale Struktur	Textreflexion
Anforderungsbereiche I und II	halbe Fehler	Vok(abel) A (Ausdruck)	T(empus) c(asus) N(umerus) usw.	Bez(iehung)	Tv(Textverst.)
Anforderungsbereiche II und III	ganze Fehler	Vok(abel) A (Ausdruck)	T(empus) M(odus) Gv (Genus verbi) usw.	K(onstruktion) Sb (Satzbau) Fu(nktion)	I(nterpretation)
	Doppel-Fehler			K(onstruktion)	I(nterpretation)

Verstöße im Bereich der muttersprachlichen Kompetenz werden in folgender Weise gekennzeichnet: D(eutsche) Gr(ammatik); R(echtschreibung); Z(eichensetzung).

auf die Note der gesamten Arbeit auswirkt, wie die diesem Verstoß entsprechende abzuziehende Punktzahl (bei Positiv-Korrektur).

Wenn entsprechende Matrices vorliegen, ist die Entscheidung für die Negativ- oder Positiv-Korrektur ohne Belang, da bei beiden Verfahren das Ergebnis, d.h. die Note für eine bestimmte Arbeit identisch sein muß bzw. Abweichungen jedenfalls nicht auf das Korrektursystem zurückzuführen sind.

Denn in der Praxis wird man – unabhängig von der verwendeten Korrekturweise – feststellen müssen, „daß der Identifizierung eines Fehlers durch den Lehrer nach wie vor die entscheidende Bedeutung zukommt, und daß dementsprechend auch bei strikter Anwendung der Matrix und ihrer Gewichtungen von verschiedenen Lehrern recht unterschiedliche Fehlerzahlen ermittelt werden können."[44]

Dies ist nicht zuletzt darauf zurückzuführen, daß die Grundfrage nach dem eigentlichen Zweck der Übersetzung als Form schulischer Leistungserhebung nicht einheitlich beantwortet wird. Je nachdem aber, ob sich der Korrektor mit einer im Deutschen einigermaßen erträglichen Wiedergabe zufrieden gibt, oder ob er gar verlangt, der Prüfling müsse die textpragmatische Komponente so weit berücksichtigen, daß es ihm gelingt, im Rahmen seiner Übersetzung „das Informationsdefizit des heutigen Lesers auszugleichen"[45], wird eine bestimmte Übersetzung auch bei gewissenhafter Anwendung der Matrix immer noch – wenn auch sicher in geringerem Maße als sonst – unterschiedlich beurteilt werden.

Diese zwangsläufig verbleibenden Divergenzen sind jedoch dann weitgehend unproblematisch, wenn der Prüfer für genügend Transparenz sorgt, indem er seine Bewertungskriterien erläutert und auch im laufenden Unterricht praktiziert, und wenn er um die relative Höhe seiner Anforderungen weiß und dieses Wissen bereits bei der Auswahl eines Textes als weiteres Kriterium für die Angemessenheit des Schwierigkeitsgrades berücksichtigt.

Die Korrektur anderer Aufgaben

Bei Aufgaben, die in gebundener Form beantwortet werden, ist die Entscheidung für eine Positiv- oder Negativkorrektur ohne jede Bedeutung, da bei der Endberechnung immer die falschen mit den richtigen Lösungen verrechnet werden.

Bei Aufgaben mit freier Beantwortung muß eine Positiv-Korrektur erfolgen, um festzustellen, inwieweit die gegebene Antwort die wesentlichen Informationen enthält.

Grundlage für die Korrektur muß in beiden Fällen ein eindeutiger, detaillierter „Erwartungshorizont" sein. Bei einfachen Aufgaben des Anforderungsbereiches I ist der Erwartungshorizont mit dem Wissen des Korrektors um die richtige Lösung automatisch gegeben, bei komplexeren Aufgaben der Anforderungsbereiche II und III mit freier Beantwortung muß er erstellt werden. Eine derartige Ausarbeitung und alle damit zusammenhängenden Überlegungen müssen grundsätzlich bereits mit der Herstellung der Aufgabe(n) Hand in Hand gehen. Der Erwartungshorizont enthält die inhaltlich wesentlichen Gesichtspunkte, deren Vorhandensein oder Fehlen ausschlaggebend für die Bewertung ist. Eine solche Aufstellung ist dann auch eine verläßliche Basis, um der richtigen Lösung bzw. den richtigen (Teil-)Lösungen die entsprechende Zahl erreichbarer Bewertungseinheiten zuzuteilen. Dabei entspricht in der Regel jede wesentliche Informationseinheit einer Bewertungseinheit. Ist eine Teilaufgabe jedoch besonders leicht oder schwer, so können ausnahmsweise auch einzelnen Informationseinheiten halbe oder mehrere Bewertungseinheiten zugeordnet werden.

---

44 Pietschmann, J. In: Handreichungen ... (s. Anm. 35), 173.
45 Nickel, R.: Die Alten Sprache in der Schule. Kiel 1974, 127.

Die jeweils pro Aufgabe höchstens erreichbare Zahl von Bewertungseinheiten ist den Prüflingen bei Prüfungsbeginn bekanntzugeben. Erfolgt die Korrektur mittels eines solchen Erwartungshorizontes, der bestimmten (Detail-)Antworten genaue Bewertungseinheiten zuordnet, so ist die Korrektur ebenso problemlos wie objektiv und kann jederzeit transparent gemacht werden.

Die für jede Aufgabenstellung vorgesehenen Bewertungseinheiten werden dann voll gegeben, wenn folgende Voraussetzungen erfüllt sind:
1. sachliche Richtigkeit,
2. Vollständigkeit,
3. eine dem Aufgabentyp angemessene, prägnante, logische Darstellung.

Die Benotung

Kriterien

Die letzte und für den Schüler entscheidende Phase ist die notenmäßige Bewertung der ganzen — ein- oder mehrteiligen — Prüfungsarbeit. Diese den Prüfungsvorgang abschließende Umsetzung des Korrekturergebnisses in eine Note muß anhand von Skalen erfolgen, die bestimmten (Gruppen von) Fehlerzahlen bzw. zuerkannten Bewertungseinheiten die Noten von 1 bis 6 bzw. die Notenpunkte von 15 bis 0 zuordnen. Eine Vereinheitlichung auch dieser Skalen ist unbedingt notwendig, allerdings selbstverständlich nur dann sinnvoll, wenn vorher eine entsprechende Verständigung über den Schwierigkeitsgrad der Aufgaben und über die Modalitäten der Korrektur stattgefunden hat, da ansonsten jede Basis für eine Angleichung der Skalen fehlt. Das Hauptproblem bei der Erstellung solcher Skalen ist — ebenso wie bei der Festlegung des angemessenen Schwierigkeitsgrades — die Frage, ob von einer vorgegebenen objektiven Norm oder relativ vom Leistungsstand der Prüfungsgruppe auszugehen ist. Die objektive Norm ist in diesem Fall der Grad, in dem die Lernziele erreicht sein müssen (konkret: die Fehlerzahl, die höchstens gemacht werden darf bzw. die Zahl von Bewertungseinheiten, die mindestens erreicht werden muß), damit eine Arbeit besser als „ungenügend", „mangelhaft" usw. eingestuft werden kann. Der relative Bezugspunkt ist die tatsächliche Qualität der erbrachten Leistungen. Zu fordern ist auch hier die Priorität der objektiven Norm und ein weitestgehendes Zurückdrängen jener relativen Benotung, die augenblicklich die Praxis zu bestimmen scheint.[46]

Dabei kann die Frage, welche Noten welchem Grad der Lernzielerfüllung entsprechen, natürlich nicht bis ins Detail „objektiv" beantwortet werden, aber es gibt Skalen, die auf einer so breiten Basis von Erfahrungswerten beruhen, daß man sie ohne Bedenken als „standardisierte" Mittel der Leistungsbewertung betrachten kann.

---

46 So schreibt Bengl 316: „Für die Leistungsbewertung spielt nicht nur die Notenskala, sondern auch die Notenstreuung eine Rolle. . . . Eine wesentliche Ursache ist, daß die Mehrzahl der Lehrer von dem sehr verschiedenen Niveau der Klassen ausgeht."

Bei der Erstellung solcher Skalen wird im allgemeinen zunächst der Grenzwert zwischen den Notenstufen 4 und 5 festgelegt – wohl weil sich am ehesten präzise feststellen läßt, welche Leistung einen solchen Grad von Lernzielerfüllung nachweist, daß sie noch „ausreichend" genannt werden kann, und weil diese Grenze von besonderer juristischer Bedeutung ist – dann werden, ausgehend von diesem Fixpunkt, die Noten den Fehlern bzw. Bewertungseinheiten nach dem Prinzip der Äquidistanz zugeordnet.[47]

Selbstverständlich können auch solche Skalen immer nur Richtwerte angeben. Sie müssen dann von vornherein modifiziert werden, wenn eine Aufgabe aus bestimmten Gründen keinen „normalen" Schwierigkeitsgrad aufweist, es sei denn, man stellt absichtlich einmal eine leichte Aufgabe, um die Schüler zu motivieren – aber solche Abweichungen sollten die Ausnahme sein. Sie können auch dann modifiziert werden, wenn sich durch die Bearbeitung eindeutig erweist, daß die ganze Aufgabe oder Teilaufgaben vom Prüfer in ihrem Schwierigkeitsgrad falsch eingeschätzt wurden – auf keinen Fall aber dürfen sie es nur wegen eines ausnehmend guten oder schlechten Notendurchschnitts! Wesentlich ist jedoch, daß Richtwerte vorhanden sind, und daß Abweichungen davon auf eindeutig begründbare Ausnahmen beschränkt bleiben müssen.

Die Benotung von Übersetzungen

Was die Benotung von Übersetzungen angeht, so ist die folgende Skala repräsentativ für die bayerische Praxis.[48] Sie setzt einen „normalen" Schwierigkeitsgrad und eine Korrektur nach der in Bayern verwendeten Matrix voraus.

Länge der Arbeit, gemessen an der Zahl der Wörter:			
lateinisch:	100	200	300
griechisch:	120	240	360
Note bei Fehlerzahl			
1	0– 3,5	0– 5,0	0– 6,5
2	4,0– 7,5	5,5–10,5	7,0–13,5
3	8,0–11,5	11,0–16,0	14,0–20,5
4	12,0–15,5	16,5–21,5	21,0–27,5
5	16,0–19,5	22,0–27,0	28,0–34,5
6	20,0–...	27,5–...	35,0–...

---

47 Äquidistanz bei der Notenverteilung auf der Skala sehen nun auch die neuen EPA (s. Anm. 11), vor. Das Prinzip erscheint grundsätzlich durchaus plausibel, bedürfte aber dennoch einer wissenschaftlichen Überprüfung. Immerhin gibt es auch signifikante Abweichungen, z.B. bei der Bewertung neusprachlicher Textaufgaben. Auch ist es nicht unüblich, die Spanne für die Note 5 etwas zu vergrößern. – Das Verfahren, einfach von den tatsächlichen Leistungen ausgehend die Skalierung nach „Punktsprüngen" vorzunehmen (so in: Seminarberichte (s. Anm. 27), 22) ist allerdings unbedingt abzulehnen.

48 In: Bayer, K. (s. Anm. 36), 44.

Vergleicht man die hier angegebenen Grenzwerte zwischen 4 und 5 mit der Grundregel der EPA, daß eine Übersetzungsleistung dann noch ausreichend ist, wenn sie auf je 100 Wörter des lateinischen Textes 10 ganze Fehler enthält, so stellt sich heraus, daß diese Relation zwar bei Texten der in Bayern üblichen Abiturlänge (240—250 W.) genau übereinstimmt, daß kürzere Texte jedoch sehr viel großzügiger benotet werden.

Clasen legt die folgende Skala für die Positiv-Korrektur vor[49], in der bei 100 erreichbaren Punkten (= 100 Wörtern) die Grenze zwischen 4 und 5 bei 60/61 Punkten liegt, die Noten von 1 bis 4 aber nicht äquidistant verteilt sind, sondern die Bandbreite für die 1 verkleinert, für die 3 vergrößert ist:

> 61—70 Punkte: Note 4
> 71—85 Punkte: Note 3
> 86—95 Punkte: Note 2
> 96—100 Punkte: Note 1

Auch diese Skala entspricht, wie er versichert, der Formel der EPA, was die Grenze zwischen 4 und 5 betrifft.

Übereinstimmungen oder Unterschiede in den Skalen haben allerdings solange keine Aussagekraft, als nicht feststeht, daß die Fehler- bzw. Punktzahlen auf die gleiche Weise ermittelt werden. — Inwieweit dies augenblicklich bereits der Fall ist, müßte erst noch genau untersucht werden. Besteht jedoch Einheitlichkeit im Korrekturmodus, dann können und müssen auch die Skalen so angelegt werden, daß sie zu gleichen Ergebnissen führen.

Die Benotung anderer Aufgaben

Auch bei der Benotung anderer Aufgaben kommt dem Grenzwert zwischen den Noten 4 und 5 besondere Bedeutung zu. In der ersten Fassung differierten die „Normenbücher" (EPA) der einzelnen Fächer in diesem überaus wichtigen Punkt erheblich: Während im Fach Latein die Grenze bei 50% der erreichbaren Bewertungseinheiten (in der „zusätzlichen Aufgabe") gezogen wurde, gingen andere Fächer bis auf 33% herunter. Mittlerweile scheint ein allgemeiner Konsens über eine sinnvolle Grenzziehung bei 40% erzielt worden zu sein.

Diese Grenze liegt z.B. auch der bayerischen Skala[50] für die Benotung der „zusätzlichen Aufgabe" im Abitur (bei 46 erreichbaren Bewertungseinheiten) zugrunde:

---

49 In: Bayer 67.

50 Vgl. dazu Maier, F./Reuter, H.: Die zentrale Stellung der „zusätzlichen Aufgaben" in der schriftlichen Abiturprüfung. In: Kollegstufenarbeit in den Alten Sprachen, Bd. II (Hrsg. von Happ, E./Maier, F.) München 1976, 115.

Prozent-verhältnis	Bewertungseinheiten auf Notenstufen verrechnet		Note
0% - 19%	0 ↓ 9	bis 9	6
20% - 40%	10 ↓ 18	bis 12	5-
		bis 15	5
		bis 18	+5
41% - 55%	19 ↓ 25	bis 20	4-
		bis 23	4
		bis 25	+4
56% - 70%	26 ↓ 32	bis 27	3-
		bis 30	3
		bis 32	+3
71% - 85%	33 ↓ 39	bis 34	2-
		bis 37	2
		bis 39	+2
86% - 100%	40 ↓ 46	bis 41	1-
		bis 44	1
		bis 46	+1

Geht man von 20 erreichbaren Bewertungseinheiten aus — wie es oben für die „zusätzliche Aufgabe" einer normalen Oberstufenklausur vorgeschlagen wurde — so hat sich die folgende, ebenfalls von der 40%-Grenze ausgehende Skala[51] als gut praktikabel erwiesen (Seite 160).

Dabei sind diese oder analog konstruierte Skalen[52] sowohl für die Benotung von Aufgaben geeignet, die neben einer Übersetzung gestellt werden, als auch für die Benotung selbständiger Aufgaben ohne Übersetzungsteil. Der sinnvollerweise im allgemeinen geringere Schwierigkeitsgrad von Aufgaben, die mit einer Übersetzung kombiniert sind, darf nicht dazu führen, daß bei der Benotung strengere Maßstäbe angelegt werden, da ansonsten der erwünschte Effekt eines Ausgleichs der Schwierigkeitsgrade innerhalb der ganzen Arbeit zunichte gemacht würde.

---

51 Diese Skala wurde vom Verfasser bei Bayer 88 vorgeschlagen und später in die Handreichungen (s. Anm. 35) 227 übernommen.

52 Zu beachten ist, daß bei der 15-Punkte-Bewertung die Zahl von 20 Bewertungseinheiten nicht unterschritten werden sollte, da sonst die Zuordnung der Notenpunkte größte Schwierigkeiten macht.

BE	Note	Notenpunkte
20 19 18	1	15 14 13
17 16 15	2	12 11 10
14 13 12	3	9 8 7
11 10 9	4	6 5 4
8 7 6	5	3 2 1
5 0	6	0

Schlußfolgerungen und Zukunftsperspektiven

Trotz aller Bemühungen wird es eine letztlich „objektive" Leistungsbeurteilung im Rahmen der Schule nicht geben können. Dennoch ist bei der augenblicklichen sozialen Bedeutung der Schulnoten die maximal erreichbare Objektivierung der Beurteilungsverfahren eine unausweichliche Notwendigkeit.

Sie kann nur erreicht werden, wenn
— der Schwierigkeitsgrad der Aufgaben,
— die Bewertungskriterien und
— die Benotungsmaßstäbe
so weit als möglich vereinheitlicht werden.

Die zwangsläufig — und glücklicherweise — immer noch verbleibenden, nicht unerheblichen Spielräume müssen in pädagogischer Verantwortung genutzt werden, wobei dem Gebot der Transparenz überragende Bedeutung zukommt.

Die grundsätzlich wünschenswerte bundesweite Vereinheitlichung dürfte, realistisch betrachtet, auf Grund der unterschiedlichen bildungspolitischen Zielvorstellungen der Bundesländer in der Praxis auf erhebliche Schwierigkeiten stoßen.

Auswahlbibliographie und abgekürzt zitierte Literatur

BAYER, K. (Hrsg.): Leistungsmessung im altsprachlichen Unterricht. Donauwörth 1976.
BENGL, H.: Notenskalen und Notenstreuung. In: Anregung 22 (1976), 315 – 319.
FLITNER, A. / LENZEN, D. (Hrsg.): Abitur-Normen gefährden die Schule. München 1977.
FRICKE, R.: Kriteriumorientierte Leistungsmessung. Stuttgart/Berlin/Köln/Mainz 1974.
FRIEDRICH, H. (Hrsg.): Die Leistungsbeurteilung. Prüfen – Noten – Aufsteigen. Graz/Wien 1975.
GAUDE, P. / TESCHNER, W. P.: Objektivierte Leistungsmessung in der Schule. Frankfurt a. M. 1971^2.
GLÜCKLICH, H.-J.: Klassenarbeiten und Abiturprüfung auf der Studienstufe. In: AU XVII 3 (1975), 23 – 45.
GLÜCKLICH, H.-J.: Gefährlicher Transfer. Zu Möglichkeit und Sinn der Leistungsmessung. In: AU XVII 4 (1975), 91 – 92.
GLÜCKLICH, H.-J.: Lateinunterricht. Didaktik und Methodik. Göttingen 1978.
HAPP, E. (Hrsg.): Handreichungen für die Leistungsmessung in der Kollegstufe. Staatsinstitut für Schulpädagogik. München 1974.
KLEBER, W.: Beurteilung und Beurteilungsprobleme. Eine Einführung in Beurteilungs- und Bewertungsfragen in der Schule. Weinheim/Basel 1976.
KORNADT, H.-J.: Objektive Leistungsbeurteilung und ihre Beziehung zur Lehrzielsetzung. In: Gymn. 82 (1975), 240 – 275.
KORNADT, H.-J.: Lehrziele, Schulleistung und Leistungsbeurteilung. Düsseldorf 1975.
KRÜGER, G.: Die Verwendung Informeller Tests bei der schriftlichen Leistungskontrolle im Lateinunterricht. In: AU XV 4 (1972), 59 – 86.
MAIER, F.: Lateinunterricht zwischen Tradition und Fortschritt I. Zur Theorie und Praxis des lateinischen Sprachunterrichts. Bamberg 1979.
MAIER, F. / REUTER, H.: Die zentrale Stellung der „zusätzlichen Aufgabe" in der schriftlichen Abiturprüfung. In: Happ, E. / Maier, F. (Hrsg.): Kollegstufenarbeit in den Alten Sprachen II. München 1976, 109 – 133.
MAYER, E.: Zur Einschätzung der Schwierigkeit von lateinischen Übersetzungstexten. In: Anregung 24 (1978), 283 – 296.
NICKEL, R.: Altsprachlicher Unterricht. Darmstadt 1973.
NICKEL, R.: Die Alten Sprachen in der Schule. Frankfurt a. M. 1978^2.
PLÖSSL, W.: Lernziele – Lernerfahrungen – Leistungsmessung. Aspekte einer effektiven Unterrichtsgestaltung. Donauwörth 1975^4.
RAPP, G.: Messung von Lernergebnissen in der Schule. Bad Heilbrunn 1975.
SCHORB, A. O. / SIMMERDING, G. (Hrsg.): Lehrerkolleg – Wider den Schulstreß. Lernzielkontrolle und Leistungsmessung. München 1978.
SEMINARBERICHTE AUS DEM IPTS. Beiheft 15. Handreichungen zu Klausur und Normenbuch: Latein/Griechisch. Kiel 1976.

STAATSINSTITUT FÜR SCHULPÄDAGOGIK MÜNCHEN: Handreichungen für den Lateinunterricht in der Kollegstufe. 3. Folge: Band II. Donauwörth 1977.
STRITTMATTER, P. (Hrsg.): Lernzielorientierte Leistungsmessung. Weinheim/Basel 1973.
WESTHÖLTER, P.: Informeller Schulleistungs- und Einstufungstest Latein für die 9. – 11. Jahrgangsstufe. Düsseldorf 1973.

Friedrich Maier
Latein als erste, zweite, dritte und vierte Fremdsprache

Latein wird am Gymnasium in verschieden langen Lehrgangsformen angeboten; diese setzen jeweils in verschiedenen Jahrgangsstufen ein.[1]

Latein als erste Fremdsprache (L I) : ab Jahrgangsstufe 5,
Latein als zweite Fremdsprache (L II) : ab Jahrgangsstufe 7,
Latein als dritte Fremdsprache (L III) : ab Jahrgangsstufe 9,
Latein als vierte oder spätbeginnende[2] Fremdsprache (L IV) : ab Jahrgangsstufe 10 bzw. 11.

Die organisatorische Situation

Die zur Verfügung stehenden Stundenzahlen

Den einzelnen Lehrgangsformen (Lateinkursen) sind von den Schulverwaltungen in den Ländern der Bundesrepublik jeweils bestimmte Stundenzahlen zugewiesen. Am Beispiel von drei Bundesländern sei dies gezeigt.

---

1 Dazu eine eingehende Darstellung bei Barié, P./Prutscher, U.: Überlegungen zur Konstruktion eines grundständigen Lateinlehrgangs (Latein I), eines dreijährigen Lateinlehrgangs (Latein IV), eines Lehrgangs für Latein als 3. Fremdsprache. In: MDAV 19,3 (1976), 1 ff.

Siehe neuerdings dazu auch: Glücklich, H.-J.: Lateinunterricht. Didaktik und Methodik. Göttingen 1978, 88 ff.

2 In Hamburg: „Latein als neu aufgenommene Fremdsprache", s. Richtlinien und Lehrpläne. Freie und Hansestadt Hamburg, Bd. IV: Oberstufe des Gymnasiums, 2. Teilband (hrsg. von Behörde für Schule, Jugend und Berufsbildung) 1974, Latein 9 ff.

Bayern (Bay), Nordrhein-Westfalen (N.-Wstf.), Rheinland-Pfalz (R.-Pf):
Stand: Schuljahr 1978/79[3]

Jgst.	Stundenzahlen in				Bundesländer
	L I	L II	L III	L IV	
5	6 5 5	— — —	— — —	— — —	Bay. N.-Wstf. R.-Pf.
6	6 5 5	— — —	— — —	— — —	Bay. N.-Wstf. R.-Pf.
7	4 4 4	5* 4 5	— — —	— — —	Bay. N.-Wstf. R.-Pf.
8	4 4 4	4 4 5	— — —	— — —	Bay. N.-Wstf. R.-Pf.
9	3 3 4	3 3 4	5 4 3	— — —	Bay. N.-Wstf. R.-Pf.
10 (Übergangsphase)	3 3 4	3 3 4	5 4 3	(2 WU) — —	Bay. N.-Wstf. R.-Pf.
11 (11 z. T. Übergangsphase)	5 3 6/3 5/3	4 3 6/3 5/3	5 3 6/3 3 (+ 2)	(3 WU) 3 3 3 AG	Bay. N.-Wstf. R.-Pf.
12 (Kursphase)	6/3 6/3 5/3	6/3 6/3 5/3	6/3 6/3 3 (+ 2)	3 6/3 3 AG	Bay. N.-Wstf. R.-Pf.
13	6/3 6/3 5/3	6/3 6/3 5/3	6/3 6/3 3 (+ 2)	3 6/3 3 AG	Bay. N.-Wstf. R.-Pf.

WU = Wahlunterricht AG = Arbeitsgemeinschaft
* 4 Stunden am Musischen Gymnasium

---

[3] Zahlen für Nordrhein-Westfalen wurden mitgeteilt von Dr. Vomhof, Schulkollegium Düsseldorf, für Rheinland-Pfalz von Ministerialrat Krimm.

Von den zur Verfügung stehenden Stundenzahlen ist die Organisation des Lateinunterrichts in den vier Lehrgangsformen entscheidend bestimmt. Diese Organisation schlägt sich in den einzelnen Lehrplänen nieder. Mit wie vielen Stunden kann jeweils gerechnet werden? Am Beispiel des Bundeslandes Bayern sei die Zeit-Kalkulation verdeutlicht: Nach einer ministeriellen Verfügung dürfen für Umfang und Verteilung des Fachstoffes nur 28 Schulwochen veranschlagt werden.[4]

Daraus ergeben sich folgende Gesamtzahlen von Stunden:

L I	(Jahrgangsstufe 5 – 11):	31 Jahreswochenstunden x 28 = 868
L II	(Jahrgangsstufe 7 – 11):	19 Jahreswochenstunden x 28 = 532
L III	(Jahrgangsstufe 9 – 11):	15 Jahreswochenstunden x 28 = 420
L IV	(Jahrgangsstufe 10 – 13):	11 Jahreswochenstunden x 28 = 308

Zum Verhältnis von Sprach- und Lektüreunterricht

Die aufgeführte Zeit-Kalkulation macht zwingend deutlich, daß sich die für den einführenden Sprachkurs zu veranschlagende Stundenzahl von L I bis L IV drastisch verkürzen muß, wenn für die Lektüre noch genügend Raum (vor der Kursphase) bleiben soll. Im allgemeinen setzt man die Dauer des Sprachunterrichts folgendermaßen an:[5]

L I	Jahrgangsstufe 5 – 8	(mit der Möglichkeit einer Übergangslektüre in 8)
L II	Jahrgangsstufe 7 – 9	(mit der Möglichkeit einer Übergangslektüre in 9)
L III	Jahrgangsstufe 9, 10	
L IV	Jahrgangsstufe 10, 11 (Wahlunterricht) und 12/1 oder Jahrgangsstufe 11, 12, 13	(bei Synchronisierung von Sprach- und Lektürekurs)[6]

Je kürzer die Phase des Sprachunterrichts wird, desto mehr muß der Sprachunterricht im Lektüreunterricht im Sinne einer Sicherung, Vertiefung und Erweiterung der Sprachkenntnisse leisten.[7]

---

4   KMS II/3 - 8/51 159 vom 3. Juni 1977: „Bei der Gestaltung von Lehrplänen geht man davon aus, daß dem Lehrer von 36 Unterrichtswochen innerhalb eines Schuljahres nur 28 für die eigentliche Durchnahme des Lehrstoffes, seine Vertiefung und Festigung bleiben. 8 Wochen sind erfahrungsgemäß für Schulveranstaltungen, Unterrichtsausfälle wegen Krankheit und für Prüfungen (Schulaufgaben) anzusetzen."

5   Hans-Joachim Glücklich (Ziele und Formen des altsprachlichen Grammatikunterrichts, S. 225) faßt die zeitlichen Grenzen des Grammatikunterrichts noch etwas enger; dieser Ansatz scheint in Ländern, in denen die Kursphase mit der Jgst. 11 beginnt, gerechtfertigt.

6   Siehe dazu unten S. 177 f.

7   Siehe dazu unten S. 171, 174, 176, 178.

Ausgerichtet auf diese Stundenzahlen müssen die Lateinkurse in den Lehrplänen bzw. Rahmenrichtlinien ihr besonderes Profil ausprägen; sie sind dabei so anzulegen, daß sie innerhalb des pflichtmäßigen Unterrichts zwischen den Jahrgangsstufen 7 bis 10/11 einen wesentlichen Teil ihrer Fachziele erreichen (L IV fällt hier aus dem Rahmen, s. dazu S. 176 ff.); denn für die meisten Schüler schließt der Lateinunterricht vor Eintritt in die Kursphase ab.

Die Gesamtzahl der einem Lateinkurs zugewiesenen Stunden muß auf die Anliegen des Sprach- und Lektüreunterrichts angemessen verteilt werden.

Aus dem folgenden Schaubild geht hervor, in welcher Weise sich die Phasen des Sprach- und Lektüreunterrichts in den verschiedenen Lateinlehrgängen auf die einzelnen Jahrgangsstufen verteilen; es wird daher auch erkennbar, welche Entfaltungsmöglichkeiten diesen Phasen jeweils verbleiben und welche Zwänge ihnen auferlegt sind.

Verhältnis von Sprach- und Lektüreunterricht

	Unterricht im Klassenverband	z. T. Kursphase	Kursphase

L I	5	6	7	Sprachunterricht 8	9	Lektüreunterricht 10	11	GK/LK

L II		7	8	Sprachunterricht 9	Lektüreunterricht 10	11	12	13

| L III | | | 9 | Sprachunterricht 10 | Lektüreunterricht 11 | | | |

L IV	entweder	—	11	Lektüreunterricht 12	13 GK/LK
	oder	(10)	(11)		GK
	oder	—	11 AG	AG	AG

In L I können sich Sprachunterricht und Lektüreunterricht voll entfalten, die Arbeit in der Oberstufe erhält eine solide Basis; in L II folgt auf einen verkürzten Sprachunterricht ein zweijähriger Lektüreunterricht; auch hier ist die Ausgangsbasis für die Teilnahme am Leistungs- bzw. Grundkurs der Oberstufe verhältnismäßig günstig. Der Niveauausgleich ist zwar nicht voll möglich, doch wird das Übungsdefizit im Laufe der Oberstufe bald abgetragen. Bei L III ist die Lehrgangsform am kürzesten; die sprachliche Einführungsphase ist in zwei Jahren zu bewältigen, damit noch ein Jahr für Lektüre übrig bleibt. Der Eintritt in den

Leistungs- bzw. Grundkurs der Oberstufe ist von hier nur begabten und interessierten Schülern möglich — und wohl auch diesen nur durch einen zusätzlichen Arbeitsaufwand.[8]

L IV zeigt eine besondere Konstellation; es wird in einigen Ländern der Bundesrepublik ab Jahrgangsstufe/Klasse 11 als Wahlpflichtfach angeboten, so in Nordrhein-Westfalen und in Hamburg; der Zugang zu einem speziellen Leistungs- und Grundkurs ist möglich. In Bayern ist der Besuch von L IV möglich über einen (→) Wahlunterricht in Jahrgangsstufe 10 und 11 oder durch eine Aufnahmeprüfung zu Beginn von 12/1, dabei ist der Zugang nur zu einem speziellen Grundkurs möglich, der als 4. Abiturprüfungsfach gewählt werden kann (mit der Möglichkeit einer zusätzlichen Latinumsprüfung).[9] In Rheinland-Pfalz wird L IV als Arbeitsgemeinschaft in 11, 12, 13 angeboten, jedoch wird die Teilnahme an dieser Arbeitsgemeinschaft nicht auf die Halbjahresleistungen angerechnet, bei „ausreichenden Leistungen" wird allerdings das Latinum bestätigt.

Die Grundanliegen des sprachlichen Elementarunterrichts

Dem sprachlichen Elementarunterricht (nur davon soll in diesem Bande gehandelt werden) wird aus der Gesamtzahl der für eine Lehrgangsform berechneten Stunden jeweils ein solcher Anteil zugemessen, daß sich seine Grundanliegen realisieren lassen; daß dabei von L I bis L IV Akzentverschiebungen erforderlich sind, ist erklärbar aus der sich verkürzenden Zeit und der geänderten Altersstufe der Schüler. Nachfolgend sind diese Grundanliegen genannt:

1. Den Schülern soll die Kenntnis der lateinischen Sprache vermittelt werden.

2. Die Fähigkeit der Schüler zu Sprach- und Textreflexion sowie zum Erschließen und Verstehen lateinischer Texte soll zunehmend gefördert werden.

3. Die Schüler sollen auf dem Weg über die lateinische Sprache und durch die Lektüre lateinischer Texte einen Einblick in die Kultur der Antike und deren Fortwirken erhalten.

In den Lehrplänen der Länder der Bundesrepublik sind diese drei Grundanliegen mehr oder minder deutlich ausgeprägt; sie sind teils modifiziert, teils stärker spezifiziert. An einigen Beispielen für Latein als erste Fremdsprache sei dies verdeutlicht:

---

8   In manchen Ländern der Bundesrepublik wird dafür in Jgst. 11 ein zweistündiger „Ergänzungskurs" oder „Liftkurs" angeboten, so z. B. in Nordrhein-Westfalen. In Rheinland-Pfalz ist L III fakultativ an den Neusprachlichen Gymnasien angeboten, mit je 3 Stunden in Jgst. 9 und 10. Latein kann in 11, 12, 13 als Grundkurs gewählt werden; dann müssen zusätzlich 2 Stunden genommen werden; angerechnet auf die GK-Halbjahresleistungen werden allerdings nur 3 Stunden.

9   Siehe dazu: Curricularer Lehrplan für Latein als spätbeginnende Fremdsprache in den Jahrgangsstufen 12 und 13 mit Hinweisen für den Wahlunterricht in den Jahrgangsstufen 10 und 11. In: KMBl, Sondernummer 14 (1978) vom 18. Mai 1978, 414. Vgl. auch Maier, F.: Latein als spätbeginnende Fremdsprache. Eine neue Erscheinungsform des Faches. In: Anregung 24 (1978), S. 360 – 366.

Bayern[10] gliedert die Curricularen Lehrpläne des Sprachunterrichts in die vier Richtziele:

1. Kenntnis der lateinischen Sprache,
2. Fähigkeit zu Sprach- und Textreflexion,
3. Einblick in die lateinische Überlieferung und ihre Wirkungsgeschichte bzw. in die antike Kultur und ihr Fortwirken,
4. allgemeine Studierfähigkeit.

Baden-Württemberg[11] leitet den Lehrplan des Sprachunterrichts folgendermaßen ein:

Dieser Lehrplan

– umfaßt Grundkenntnisse in der lateinischen Sprache und Anstöße zur Sprachreflexion;
– schließt Sachkenntnisse in römischer und griechischer Kultur sowie ihres Weiterwirkens ein;
– beschreibt einen Unterricht, der zur Fähigkeit führen soll, leichte lateinische Texte zu verstehen, zu übersetzen und zu interpretieren.

Nordrhein-Westfalen[12] formuliert die besonderen Möglichkeiten des „Curriculum Latein I" in folgender Weise:

1. Sprachwissen und Sprachreflexion
    – sukzessiver Aufbau von Sprache und Ordnung von Erfahrung
    – differenziertes Wissen sowie umfassende und intensive Reflexion
2. Lektüre
    – systematische Einführung in Methoden der Texterschließung und -interpretation an wenigstens zwei Modellen lateinischer Hochsprache
3. Inhalte
    – Verstehen gesellschaftlicher, politischer und allgemeinmenschlicher Bedingungen und Gegebenheiten im lateinischen Sprachraum.

---

10 Curriculare Lehrpläne für die Jahrgangsstufen 5 und 6 (Amtsblatt des Bayerischen Staatsministeriums für Unterricht und Kultus 1976, So.-Nr. 18, 775) für die Jahrgangsstufen 7 und 8 (Amtsblatt 1978, So.-Nr. 11, 334).
11 Vorläufiger Lehrplan für das Fach Latein für die Klassen 5 und 6 der Gymnasien in Normalform (Lehrplan Heft 8, 1978. Neckarverlag Villingen-Schwenningen, 61).
12 Latein Unterrichtsempfehlungen (hrsg. vom Kultusministerium des Landes Nordrhein-Westfalen), Sekundarstufe I – Gymnasium o. J., 10.

Rheinland-Pfalz[13] stellt die Grundanliegen des Lateinunterrichts ab der Klasse 5 und 7 vom Abschlußprofil der 10. Klasse her dar und differenziert deshalb sehr stark in Teilziele (im folgenden sind jeweils nur die Überpunkte genannt):

1. Fähigkeit zur Dekodierung (Sinnerschließung) von Texten der auf der Sekundarstufe I gelesenen Art,
2. Fähigkeit zur reflektierten Rekodierung,
3. Kenntnis wichtiger Bereiche der lateinischen Grammatik,
4. Kenntnis eines Basiswortschatzes (ca. 1600 Wörter) und der Wortbildungslehre,
5. Fähigkeit zur Benutzung von Schulgrammatiken, Wörterbuch und Wörterverzeichnissen,
6. Fähigkeit zur Beschreibung morphologischer, syntaktischer und stilistischer Phänomene (metasprachliche Fähigkeiten),
7. Einsicht in wichtige Sachgebiete der Antike,
8. Einblick in Intention und Gestaltung literarischer Formen.

Die Profile der einzelnen Lehrgangsformen im Sprachunterricht

Im folgenden sind die Profile der einzelnen Lehrgangsformen des Sprachunterrichts skizziert, wie sie sich innerhalb des administrativ vorgegebenen zeitlichen Rahmens ausprägen;[14] dabei ist hier auch der Sprachunterricht im Lektüreunterricht knapp berücksichtigt.[15] Die Darstellung gliedert sich jeweils nach den Stichworten Voraussetzungen, Adressaten, lernpsychologische Situation,[16] Ziele[17] und Methoden.

---

13 Lernzielorientierter Lehrplan Latein in der Sekundarstufe I als 1., 2., und 3. Fremdsprache, Entwurf (hrsg. vom Kultusministerium des Landes Rheinland-Pfalz) Sch 224, A 5 ff.

14 Diese Darstellung gründet auf Befragungen von Lehrern der Praxis, der Analyse von einschlägigen Lehrplänen, soweit sie veröffentlicht sind, und dem Studium der (für dieses Gebiet allerdings wenig ergiebigen) Literatur. Berücksichtigt wurde vor allem die Profilbeschreibung, die für die Seminarlehrer Bayerns von Kurt Benedicter, Donauwörth, Theodor Nüßlein, Würzburg, und Erich Werner, Erlangen, erarbeitet wurde.

Die gängigen Methodiken machen keine Aussagen zur Profilierung der einzelnen Lehrgangsformen im Fache Latein; lediglich Krüger-Hornig (Methodik des altsprachlichen Unterrichts. Frankfurt a. M. 1963, 198 ff.) geht auf Latein als 2. Fremdsprache etwas näher ein; für die heutige Situation treffen seine Ausführungen größtenteils nicht mehr zu. – Einen ersten knappen Versuch, die „Lehrgangstypen" voneinander zu unterscheiden, hat Rainer Nickel (Die Alten Sprachen in der Schule. Frankfurt 1978², 48 ff.) unternommen, er beschränkt sich auf wenige Unterscheidungskriterien; auf Latein IV geht er nicht ein.

Eine eingehendere Darstellung lieferten in letzter Zeit P. Barie und U. Prutscher (vgl. o., Anm. 1).

15 Genauer dazu bei Maier, F.: Lateinunterricht zwischen Tradition und Fortschritt. Bamberg 1979, 165 ff.

16 Darauf ist näher eingegangen bei Maier, F., ebenda, 23 ff.

17 Hier werden nicht die generellen Ziele des lateinischen Sprachunterrichts aufgeführt; es werden die Ziele nur unter dem Gesichtspunkt der Profilierung der jeweiligen Lehrgangsform formuliert.

Latein als erste Fremdsprache

Voraussetzungen: Nicht vorausgesetzt werden Spezialkenntnisse. Erforderlich sind eine hinreichende Kenntnis der Muttersprache und grammatikalischer Grundbegriffe sowie die Fähigkeit, Sätze nach Wortarten und Satzgliedern abzufragen und zu bestimmen; Vorbildungsunterschiede werden ausgeglichen.

Adressaten: An sich alle Schüler mit sprachlicher Begabung; besondere Eignungsmerkmale sind:

— die Fähigkeit zu begrifflichem und formallogischem Denken,
— ein allgemeines Sprachverständnis,
— ein gutes Wort- und Regelgedächtnis.[18]

Außerdem sollten die Schüler Freude daran haben,

— Neues, auch seinen unmittelbaren Erfahrungen Fernerstehendes kennenzulernen,
— über Gelesenes, Gehörtes, Gesehenes nachzudenken,
— auch selbst einmal Problemlösungen zu versuchen.[19]

Lernpsychologische Situationen

— noch unverbrauchtes Sachgedächtnis,
— gegenstands- und anschauungsbezogenes Denken,
— Suche nach ordnenden Beziehungen in der Fülle der Einzeltatsachen,
— großer Wissensdrang,
— erhöhte Lernbereitschaft und Lernfähigkeit,
— Begeisterungsfähigkeit, Empfänglichkeit für den Reiz des Neuen.

Ziele[20]

— sukzessives Einführen in das Ordnungssystem der lateinischen Sprache,
— Hinführen zur Fähigkeit der Distinktion, Analyse und Synthese sprachlicher Erscheinungen (Formen und Strukturen),
— behutsames Verfügbarmachen einer grammatischen Terminologie,
— allmähliches Vertrautmachen mit dem Funktionscharakter morphologischer und syntaktischer Elemente,

---

18 Orientiert an Seidemann, O.: Testpsychologische Entscheidungshilfen bei der Wahl zwischen Englisch und Latein als der ersten Pflichtfremdsprache in der Orientierungsstufe an Sekundarschulen (unveröffentlichtes Manuskript); nach Seidemann kommt es im Englischen neben dem allgemeinen Sprachverständnis mehr auf Wortfindung und Sprachgestaltung „sowie auf vorlogisches Sprachverstehen und Sprachgefühl..." an.

19 Siehe Barie/Prutscher (s. Anm. 1), 1. Dazu auch Wolf, E.: Latein als erste Fremdsprache. Anregung 21 (1975), 307 – 313.

20 Orientiert u. a. an v. Hentig, H.: Versuch einer Didaktik des Lateinunterrichts in Sexta. In: R. Ulshöfer (Hrsg.): Der Gymnasialunterricht. Stuttgart 1963, Reihe II, 2, 48 ff., bes. 56 ff. Vgl. auch Nickel, R.: Die Alten Sprachen in der Schule (s. Anm. 14), 49.

- Vergleichen und Gegenüberstellen lateinischer und deutscher Satzbaumuster, dadurch auch Ausgleichen von Vorbildungsunterschieden in der Beherrschung der Muttersprache (sprachkompensatorische Wirkung, Abbau von Sprachbarrieren),
- stetige Verfeinerung des sprachlichen Ausdrucks und Anleiten zu einem differenzierteren Gebrauch der Muttersprache,
- Schaffen einer Basis materialen und kategorialen Wissens für das Erlernen anderer Fremdsprachen, besonders des Englischen und Französischen,
- behutsames Hinführen zu eigenen Problemlösungsversuchen bei schwer zu übersetzenden Stellen,
- Anleiten zu einem bewußten, reflektierenden Umgang mit der Sprache,
- Entwickeln des formallogischen Denkens durch behutsames Erschließen der „Logik" der lateinischen Sprache.

Methoden:
Das expositorische/deduktive Lehrverfahren hat zweifellos vorzuherrschen, da dem Aufbau der kognitiven Struktur im Lernenden — analog der Ordnungsstruktur der lateinischen Sprache — der Vorrang gebührt.[21] An Vorkenntnisse im Deutschen (vor allem im Bereich der Fremdwörter) sollte man, wo immer es möglich ist, anknüpfen. Die sprachlichen Eigenheiten sind immer in den Zusammenhang eines Satzes und, wenn auch behutsam, in den Zusammenhang des Textes einzubetten.

Neben der Form ist auch die Funktion einer Erscheinung zu klären; demnach sind Formenlehre und Syntax zu synchronisieren; dabei lassen sich jedoch die Schwerpunkte der Syntax als geschlossene Einheiten gesondert behandeln. Die erarbeiteten Elemente dürfen für den Schüler nicht isoliert bleiben, sondern müssen in die sukzessiv aufzubauenden „Ordnungsrahmen" (Paradigma, Satzmodell, Grammatiksystem u. ä. m.) eingefügt werden. Die zusammenhängenden Textkapitel sind auch auf ihren Inhalt hin zu betrachten, auch behutsam unter der Fragestellung, was die sprachlichen Elemente dafür leisten. Methodenwechsel wirkt motivierend auf Interesse und Arbeitswilligkeit (auch Einsatz von Sprachlabor, Unterrichtsprogramm, von szenischem Spiel, Wettkampf).[21 a] Das Veranschaulichen durch graphische Mittel (Symbole, Schemata, Übersichten) ist ebenso erforderlich wie die Zuhilfenahme aller möglichen mnemotechnischen Mittel (Merkverse, Assoziationshilfen optischer und akustischer Art u. a.).[22]

Sprachunterricht im Lektüreunterricht
Hier ist die Möglichkeit geboten, die Gesamtschau über die erlernten Kenntnisse herzustellen und Sicherheit im Umgang mit der systematischen Grammatik zu

---

21 Über die Bedeutung des expositorischen Lehrverfahrens im Lateinunterricht vgl. Maier, F.: Lateinunterricht zwischen Tradition und Fortschritt (s. Anm. 15), 72 ff., bes. 77 ff.

21 a Zu Sprachlabor s. u. 278 ff., zu Unterrichtsprogramm 266 ff., zu szenischem Spiel s. o. 114 ff.

22 Genaueres dazu bei Barié-Prutscher (s. Anm. 1), 5 f. Zur Methodik immer noch wichtig Bayer, K.: Möglichkeiten moderner Methoden im Lateinunterricht. In: Moderner Unterricht an der Höheren Schule. München 1959, 90 ff. S. auch Jäkel, W.: Methodik des Altsprachlichen Unterrichts. Heidelberg 1966^2, bes. 42 ff., und Wilsing, N.: Die Praxis des Lateinunterrichts. Bd. I. Stuttgart 1964^2, 28 ff.

gewinnen. Die Festigung und die auf vertieftes Verstehen abzielende Wiederholung der grammatischen Erscheinungen können gelegentlich auch in eigens dafür angesetzten Unterrichtsstunden (mit entsprechenden Hilfsbüchern) erfolgen.

Latein als zweite Fremdsprache

Voraussetzungen:

Spezialkenntnisse sind nicht erforderlich; erwartet werden gesicherte Kenntnisse in der Muttersprache (Ausdrucksfähigkeit) und der grammatischen Grundbegriffe.[23]

Durch den vorausgehenden Englischunterricht wirken sich günstig aus: Anknüpfungspunkte im Bereich des Wortschatzes, ein gewisses Vertrautsein mit sprachlichen Strukturen (Infinitiv, Partizip), Fähigkeit zum Arbeiten mit Sprachmustern und zu situativem Erfassen von Texten. Weniger günstig wirken sich aus: fehlendes Verständnis für das System der Grammatik, mangelndes Empfinden für die Bedeutung und Funktion morphologischer Elemente (besonders der Endungen), mangelnde Übung im Analysieren von Strukturen, Gewöhnung an ein oft nur gefühlsmäßiges Erfassen von sprachlichen Gegebenheiten.[24]

Adressaten

Schüler, die ihrer bisherigen gymnasialen Ausbildung eine bestimmte Richtung geben wollen; sie nehmen die Gelegenheit wahr,
— eine Sprache nicht imitativ, wie größtenteils im Englischen, sondern in einer reflektierenden Annäherung zu lernen,
— eine Sprache zu lernen, die nicht unmittelbarer Kommunikation dient, sondern das Distanzieren zu der in der Sprache erfaßten Welt ermöglicht,
— durch das Erlernen einer synthetischen und größtenteils logisch aufgebauten Sprache zu Denkfähigkeiten und Sprachkenntnissen zu gelangen, die für wissenschaftliches Arbeiten nützlich und oft Voraussetzung (Latinum!) sind.

Lernpsychologische Situation

— Erwachen des theoretischen Gedächtnisses,
— zunehmende Fähigkeit, sich mit abstraktlogischen Sachverhalten zu beschäftigen,

---

23 Bei der zweiten Fremdsprache steht die Wahlentscheidung zwischen Latein und Französisch an. Kriterien dafür haben beschrieben Kraft, J./Mattheiß, L./Mayer, J. A.: Die Wahl Latein — Französisch für die siebte Klasse. In: Vorarbeiten zur Curriculum-Entwicklung. Modellfall Latein (hrsg. von Mayer, J. A.). Stuttgart 1972, 43 ff. Sie haben für die Fächer Französisch und Latein ein „kontrastierendes Fähigkeitsprofil" herausgestellt; das Fach Französisch erfordere „1. Besondere Wortflüssigkeit, 2. gute akustische und optische Differenzierungsfähigkeit, 3. gute klangliche Imitationsfähigkeit, 4. Assoziationsleichtigkeit, 5. Spontaneität", Latein dagegen erfordere in erhöhtem Maße: „1. Abstraktionsfähigkeit, 2. Distinktionsfähigkeit, 3. Kombinationsfähigkeit, 4. große Leistungsbereitschaft (intrinsische Motivation)." Referiert auch bei Nickel, R.: Die Alten Sprachen in der Schule (s. Anm. 14), 52 ff.

24 Wesentlich orientiert an der Profilbeschreibung für die Seminarlehrer Bayerns, s. Anm. 14.

— Abnahme der Konzentrationsfähigkeit,
— verminderte Lernbereitschaft und Lernfähigkeit,
— Interesse gerichtet auf Sinnzusammenhänge und Probleme in überschaubaren Bereichen,
— verstärktes Bedürfnis, den geistigen Horizont zu erweitern,
— zunehmendes Abgelenktsein durch außerschulische Bindungen und Hobbies.

Ziele[25]

— Schrittweises Einführen in das System der Sprache durch den gezielten Aufbau von „Ordnungsrahmen" (Bau des Wortes, Paradigma, Satzmodell, Grammatiksystem), dabei Aneignen eines systematisch gestrafften Wissens,
— allmähliches Vertrautmachen mit der begrifflichen Beschreibung der Sprache,
— Gewöhnen an das sorgfältige Beobachten und Unterscheiden der Formantien und an das Analysieren von Formen und Strukturen,
— gezieltes Einführen in die Funktion von morphologischen, syntaktischen und textgrammatischen Elementen, dabei Bewußtmachen der Funktion syntaktischer Erscheinungen im Modell des Satzes (auch im Vergleich und Kontrast mit dem Englischen und Deutschen),
— Betrachten der sprachlichen Eigenheiten, auch unter dem Gesichtspunkt ihrer „Logik" in der Sprachen,[26]
— Anleiten zum Übersetzen und Texterschließen als zu einem Problemlösungsverfahren, so daß von Anfang an verstärkt Operationen des analysierenden und kombinierenden Denkens gefordert werden,[27]
— vertieftes Eingehen auf den inhaltlichen Zusammenhang der Texte und Veranlassen einer persönlichen Auseinandersetzung mit den oft fremden und historisch fernen Sachverhalten und Denkweisen.

Methode

Vorrang hat am Anfang gewiß das expositorisch/deduktive Lehrverfahren, wobei die Stoffdarbietung größtenteils nach dem Prinzip der Analogie bzw. partiellen Identität erfolgen kann; es tritt jedoch das entdecken-lassende Lehren schon von Anfang an stärker in den Vordergrund. Die Konzentration auf das — durch statistischen Nachweis[28] für die spätere Lektürefähigkeit Wichtige ist geboten, vor allem im Bereich der syntaktischen Strukturen. Formenlehre und Syntax sind zu synchronisieren; dabei soll der Unterricht von vornherein auf das Erfassen der Funktion von sprachlichen Erscheinungen abgestellt werden (auch mit Hilfe graphischer Satzmodelle). Auf die Technik des Abfragens von Sätzen ist in der Anfangsphase

---

25 Dazu Nickel, R.: Die Alten Sprachen in der Schule (s. Anm. 14), 50; seine Ausführungen hierzu sind allerdings unzureichend. Ausführlicher: Latein-Unterrichtsempfehlungen (hrsg. vom Kultusministerium des Landes Nordrhein-Westfalen) (s. Anm. 12), 75.

26 Vgl. dazu etwa Priesemann, G.: Grundfragen und Grundlagen des altsprachlichen Unterrichts. Göttingen 1962, 43 ff.

27 S. dazu Glücklich, H.-J.: Das Übersetzen aus dem Lateinischen, oben S. 92 ff.

28 Eine Statistik über Schwerpunkte der lateinischen Syntax ist vorgelegt in Maier, F.: Lateinunterricht zwischen Tradition und Fortschritt (s. Anm. 15), 267 ff.

der Akzent zu legen. Die Schüler sollten sich dabei schon möglichst früh eine wirkungsvolle Methode zur Analyse längerer Satzkomplexe aneignen. Die schrittweise erlernten sprachlichen Einzelheiten sind auf jeden Fall zu systematisieren und auf diese Weise in das System der Grammatik einzuordnen.

Beachtung sollen dazu noch folgende Aspekte finden:
— Ausnützen der Mittel, die dem Konzentrationsmangel und der Lernunlust entgegenwirken: Overheadprojektor, Sprachlabor, Unterrichtsprogramm, Anschauungstafeln, optische und akustische mnemotechnische Hilfen, variable Übungsformen, Sprach- und Strukturvergleiche,
— Ausnützen der Fähigkeit zu situativem Erfassen von Textaussagen (vor allem beim Lernen des Wortschatzes),
— verstärktes Eingehen auf den Inhalt der Texte,
— Einbeziehen von Realien in den Unterricht,
— Berücksichtigen der erkennbaren außerfachlichen Interessen und Hobbies der Schüler.

Sprachunterricht im Lektüreunterricht

Hier ist die Aufgabe gestellt, die erlernten Sprachkenntnisse gegen das Vergessen abzusichern: durch Systematisierung und Vertiefung, mit Hilfe der System-Grammatik oder eines dafür geeigneten grammatischen Hilfsbuches. Im Zentrum der ständigen systematischen Wiederholung (auch bei der Eigenarbeit der Schüler) müssen stehen: der Wortschatz, die Stammformen der unregelmäßigen Verben und die Schwerpunkte der Syntax. Die nötige Lektürefähigkeit wird nur gewonnen, wenn die Analyse von Strukturen und Satzkomplexen weiterhin methodisch eingeübt wird. Als Ziel muß hier der Niveauausgleich zwischen L I und L II gesetzt sein.

Latein als dritte Fremdsprache[29]

Voraussetzungen

Fähigkeit im Erlernen von Fremdsprachen (es gehen in der Regel 4 Jahre Englisch, 2 Jahre Französisch voraus);
Beherrschen der Muttersprache und von Möglichkeiten ihrer grammatischen Beschreibung. Materiale und kategoriale Kenntnisse aus dem Englischen und Französischen. Fähigkeit im Umgang mit komplexeren Strukturen sowie eine gewisse Einsicht in Sprachfunktionen (beides gewonnen im vorausgehenden Fremdsprachenunterricht). Ungünstig aufgrund der sprachlichen Vorschulung wirken sich aus: mangelndes Empfinden für die Bedeutung sprachlicher Teilelemente (bes. Endungen);
Gewöhnung an ein oft nur gefühlsmäßiges Erfassen von sprachlichen Gegebenheiten. Mangelnde Vertrautheit mit dem System einer Grammatik. Kaum Vorübung im exakten Übersetzen von Texten.

---

29 Einige, allerdings nur marginale Andeutungen zu dieser Lehrgangsform bei Nickel, R.: Die Alten Sprachen in der Schule (s. Anm. 14), 50.

Adressaten

Schüler, die als 3. Fremdsprache Latein nehmen müssen oder Latein als Wahlfremdsprache nehmen; bei letzteren dürfte die Absicht dahinter stehen, die Sprache Latein in ihrer wissenschaftspropädeutischen Leistung und als Voraussetzung für spätere Studiengänge zu erlernen. Solche Schüler sind in hohem Grade motiviert; in der Regel entscheiden sich wohl nur begabtere und sprachlich interessierte Schüler bewußt für eine dritte Fremdsprache.

Lernpsychologische Situation

— Ausgeprägte Fähigkeit, sich mit abstraktlogischen Sachverhalten zu beschäftigen,
— Aufgeschlossenheit für größere Sinnzusammenhänge und Probleme,
— Lernbereitschaft infolge der Möglichkeit, an Bekanntes anzuknüpfen, Neues zu erschließen und eine Sprache in einem grammatischen Ordnungssystem zu erfahren,
— abnehmende Lernfähigkeit und geringere Merkfähigkeit,
— pubertätsbedingte Konzentrationsschwäche und vermindertes Durchhaltevermögen,
— Vorherrschen von außerschulischen Interessen und Hobbies.

Ziele

— Orientierender Durchblick durch das System der lateinischen Sprache,
— Aneignen eines an statistischen Häufigkeitsuntersuchungen orientierten Basiswissens in Wortschaft, Formenlehre und Syntax,
— eingehendes Darstellen nur von denjenigen syntaktischen Erscheinungen, deren Kenntnis zur Lektürefähigkeit unerläßlich ist,
— Anleiten zu einer auf kontrastive Schwerpunkte beschränkten Reflexion über Sprache und Text,
— Einführen in die Funktionen von Formen und Strukturen unter starker Anlehnung an die sprachliche Vorbildung im Deutschen und in den Fremdsprachen,
— Darstellen sprachlicher Eigenheiten unter dem Gesichtspunkt der Übersetzungsproblematik,
— Erarbeiten von Übersetzungs- und Texterschließungsmethoden, möglichst frühzeitig an originalem Satz- und Textmaterial,
— verstärktes Eingehen auf die Inhalte der Texte, die altersgemäß sein und Interesse erwecken müssen.

Methoden

Aufzubauen ist ein Grundgerüst der Sprache; dabei sind die sprachbestimmenden Ordnungsprinzipien herauszuarbeiten. Die Fähigkeit zum Segmentieren der Bauelemente des Wortes (Nomen und Verbum) ist ständig zu üben; die einzelnen Formen müssen immer in das System des Paradigmas eingeordnet werden. Eine gelegentliche Kontrolle durch aktive Formenbildung ist erforderlich. Zur Festigung des sprachlichen Basiswissens sollten Flexionstabellen und auf syntaktische Phänomene bezogene lateinische Sätze („Mustersätze") eingesetzt werden.

Der Stoff ist zumeist deduktiv darzubieten, auch mit Hilfe des Analogie-Verfahrens und unter Akzentuierung seiner Problemträchtigkeit.

Die Wortbedeutungen lassen sich erschließen durch einen verstärkten Rückgriff auf Lehn- und Fremdwörter im Deutschen. Die vorausgehend gewonnenen fremdsprachlichen Erfahrungen (lexikalische Entsprechungen, morphologische und syntaktische Muster in Analogie und Kontrast, z.B. die Infinitiv- und Partizipialkonstruktionen im Englischen, die Kongruenzen im Französischen) sind auszunützen. Die Spracharbeit orientiert sich an möglichst originalnahen Texten, am Ende des Sprachunterrichts möglichst an Originaltexten.

Sprachunterricht im Lektüreunterricht

Neben einer konsequenten Wiederholung der gelernten sprachlichen Erscheinungen besteht hier die Aufgabe der Ergänzung und Systematisierung des Stoffes. Das Einschleifen der Sprachstrukturen und Umsetzungsmechanismen zielt auf Förderung der Übersetzungsfähigkeit. Die Analyse von längeren Satzperioden muß gezielt und an häufigen Fällen geübt werden. Für begabte und interessierte Schüler muß der Eintritt in den Leistungs- oder Grundkurs der Oberstufe möglich sein (eventuell auch durch Besuch eines zusätzlich angebotenen „Ergänzungs"- bzw. „Liftkurses").

Latein als vierte oder spätbeginnende Fremdsprache

Voraussetzungen

Fähigkeit im Erlernen von Fremdsprachen (oft gehen 6 Jahre Englisch- und 4 Jahre Französischunterricht voraus). Beherrschen der Muttersprache (differenzierte Ausdrucksfähigkeit) und der Möglichkeiten ihrer grammatischen Beschreibung. Bereitschaft zu einem reflektierenden Umgang mit sprachlichen Erscheinungen. Günstige und ungünstige Auswirkungen der Vorschulung wie bei L III.

Adressaten

Schüler, die in ihrer bisherigen Laufbahn nicht die Möglichkeit hatten, Latein zu lernen, aber schon genauere Vorstellungen von ihrem zukünftigen Studium besitzen, das einen Nachweis von Lateinkenntnissen oder das Latinum voraussetzt.[30]

Auch Schüler, die aus anderen Schulformen (vor allem der Realschule) kommen und Latein als 2. Wahlpflichtfremdsprache für die Oberstufe nehmen.[31]

Lernpsychologische Situation

— Vorherrschen des theoretischen Gedächtnisses,
— Interesse an Problemstellungen, auch von sprachphilosophischer Art,

---

30   S. dazu den bayerischen „Curricularen Lehrplan für Latein als spätbeginnende Fremdsprache" (s. Anm. 9).

   S. auch Handreichungen für Latein als spätbeginnende Fremdsprache. Donauwörth 1979.

31   Dazu bes. Barié/Prutscher (s. Anm. 1), sowie unten S. 187 ff.

- allmähliches Bemühen um praktische Erkenntnisse,
- Zielstrebigkeit im Lernverhalten (vor allem bei Schülern, die das Latinum erreichen wollen),
- verringerte Lern- und Merkfähigkeit gerade in der Aneignung von Detailwissen,
- nur geringe intrinsische Motivation (vor allem bei Schülern, die Latein als 2. Pflichtfremdsprache wählen).

Ziele[32]

- Einführen in ein morphosyntaktisches Grund- und Aufbauprogramm,
- Vertrautmachen mit grundlegenden Aspekten des Sprachsystems,
- Vermitteln einer vertieften Einsicht in sprachliche Strukturen und Ordnungskategorien, wie sie am überschaubaren System des Lateinischen erkennbar werden, sowie in das Wesen und die Möglichkeiten der Sprache an sich,
- Aufzeigen der Bedeutung des Lateinischen als einer Basissprache im Hinblick auf bereits gewonnene Kenntnisse und Erkenntnisse in anderen Fremdsprachen (besonders im Englischen),
- Förderung der Fähigkeit, wissenschaftliche Fachbegriffe mit Hilfe der ihnen zugrundeliegenden lateinischen Wortbildungselemente zu verstehen und sachgemäß anzuwenden,
- Schulung des analytischen und kombinatorischen Denkens durch Arbeit an Wort, Satz und Text der lateinischen Sprache.

Methode[33]

Es bieten sich zwei Möglichkeiten der Lehrgangsgestaltung an; entweder eine zweiphasige Lehrgangsform, wobei auf einen gerafften sprachlichen Einführungskurs ein Lektürekurs folgt, oder eine Synchronisierung des einführenden Sprachkurses mit der Erstlektüre.

Im ersten Falle sind die vor allem durch statistische Untersuchungen festgestellten sprachlichen Grundkenntnisse zu vermitteln, die dann in einer „sprachlichen Vertiefungsphase" im Kurssystem der Oberstufe ergänzt, vertieft und gefestigt werden. Zu erlernen sind ein Elementar- und Ergänzungswortschatz (Grund- und Aufbauwortschatz). Die sehr komprimierte Darbietung des Stoffes konzentriert sich vornehmlich auf die Formenlehre und – parallel dazu – auf die Erscheinungen der Syntax, soweit ihre Kenntnis für das Verständnis der Satzfunktionen und für das Übersetzen eines lateinischen Textes notwendig ist. Eine systematisierende Behandlung der Syntax, vor allem an ihren Schwerpunkten, kann erst im Unterricht der Oberstufe erfolgen. Das Erlernen der Syntaxerscheinungen sollte durch prägnante Merksätze unterstützt werden.

Im zweiten Falle erfolgt die Vermittlung der Sprachkenntnisse schon an „sprachlich und sachlich interpretierbarer Kunstprosa". Die Schwerpunkte für das Sprach-

---

32 Orientiert vor allem an „Curricularer Lehrplan für Latein als spätbeginnende Fremdsprache" (s. Anm. 9).

33 Orientiert an Barié/Prutscher (s. Anm. 1), 8 ff. und „Curricularer Lehrplan für Latein als spätbeginnende Fremdsprache (s. Anm. 9), ebenso Handreichungen für Latein als spätbeginnende Fremdsprache (s. Anm. 30).

erlernen werden von einer frühzeitig festgelegten Ziellektüre her bestimmt. Der Stoff wird größtenteils textorientiert in 5 Phasen (Vorkurs, Einlesephase, Anwendungsphase, Abschlußphase) erarbeitet. Der Weg zum Sprachkönnen und Sprachverstehen zielt von vornherein unmittelbar auf das Original, wobei der Schüler auf „diesem Weg zum Original", sozusagen nebenbei, das Sprachsystem kennenlernt.[34]

In beiden Fällen ist der „Brückenbau" zu den bereits erlernten Sprachen stets methodisches Gebot, im Wortschatz ebenso wie in den Strukturen.

Sprachunterricht im Lektüreunterricht

Die Wiederholung, Vertiefung, Ergänzung und Erweiterung der Sprachkenntnisse erfolgt zwar weitgehend in der Form der statarischen Lektüre. Doch sollte gelegentlich auch mit geeigneten Hilfsmitteln das Identifizieren, Analysieren und Umsetzen von Strukturen an Satzelementen und Einzelsätzen trainiert werden. Gefordert sind auf jeden Fall eine allmählich systematisierende Zusammenschau der Einzelerscheinungen und die stete Übung in der Satzanalyse (auch in graphischer Form) zur Förderung der Übersetzungsfähigkeit, zumal wenn von einigen Schülern das Ziel der möglichen zusätzlichen Latinumsprüfung angestrebt wird.

---

[34] Näheres dazu bei Barié/Prutscher (s. Anm. 1), 9 ff.

Hermann Reuter
Der Beginn des Griechischunterrichts

Vorbemerkung

Griechisch wird am Gymnasium in zwei verschieden langen Lehrgangsformen angeboten; diese setzen jeweils in verschiedenen Jahrgangsstufen ein.
1. Griechisch als dritte Fremdsprache:
   ab Jahrgangsstufe 9
2. Griechisch als spätbeginnende Fremdsprache:
   ab Jahrgangsstufe 10

Im folgenden wird lediglich der Griechischunterricht beschrieben, wie er sich in den Jahrgangsstufen 9 und 10 der Lehrgangsform „Griechisch als dritte Fremdsprache" darstellt. Dabei findet in der Hauptsache die didaktische Konzeption Berücksichtigung, die die Grundlage für die Erstellung des Curricularen Lehrplans für Griechisch in den Jahrgangsstufen 9 und 10 in Bayern bildet.

Die organisatorische Situation

Zeitaufwand

Dem Griechischunterricht in den Jahrgangsstufen 9 und 10 sind in den Ländern der Bundesrepublik jeweils bestimmte Stundenzahlen zugewiesen. In der folgenden Übersicht soll dies am Beispiel einiger Bundesländer aufgezeigt werden (siehe nächste Seite).

Planung und Durchführung des Griechischunterrichts in den Jahrgangsstufen 9 und 10 sind von den zur Verfügung stehenden Stundenzahlen entscheidend bestimmt. Auch in den einzelnen Lehrplänen bilden die Stundenzahlen die Grundlage für eine Zeit-Kalkulation. Am Beispiel des Bundeslandes Bayern soll dies verdeutlicht werden:

Nach einer Verfügung des Bayerischen Staatsministeriums für Unterricht und Kultus[1] hat man bei der Gestaltung von Lehrplänen davon auszugehen, „daß dem Lehrer von 36 Unterrichtswochen innerhalb eines Schuljahres nur 28 für die

---

[1] KMS vom 3.6.1977 Nr. II/3 – 8/51 159.

Stand: Schuljahr 1978/79[2]

	Stundenzahlen in	
	Jgst. 9	Jgst. 10
Baden-Württemberg	6	6
Bayern	5	5
Bremen	6	5
Niedersachsen	5	5
Saarland	6	6
Schleswig-Holstein	5	5

eigentliche Durchnahme des Lehrstoffes, seine Vertiefung und Festigung bleiben. 8 Wochen sind erfahrungsgemäß für Schulveranstaltungen, Unterrichtsausfälle wegen Krankheit und für Prüfungen (Schulaufgaben) anzusetzen."

Daraus ergibt sich folgende Gesamtzahl von Stunden:
Jahrgangsstufen 9–10:
10 (jeweils 5) Jahreswochenstunden x 28 = 280.

Zum Verhältnis von Sprach- und Lektüreunterricht

Der sprachliche Elementarunterricht in den Jahrgangsstufen 9 und 10 sollte etwa eineinhalb bis zwei Jahre[3] in Anspruch nehmen.

Verbleibt nach Abschluß des Sprachunterrichtes in Jahrgangsstufe 10 noch Spielraum, so empfiehlt es sich, durch Lektüre von Originaltexten, die dem Kenntnisstand und dem Leistungsvermögen der Schüler angemessen sind, zum Unterricht in Jahrgangsstufe 11 überzuleiten.

Als besonders geeignet sind Texte von folgenden griechischen Autoren anzusehen:
Xenophon; Memorabilien, Anabasis
Lukian, Wundergeschichten
Neues Testament
u. ä.

---

2 Vgl. die synoptische Darstellung der Stundentafeln für den Sekundarbereich I in den Ländern der Bundesrepublik – eine Dokumentation des Landesinstituts für Curriculumentwicklung, Lehrerfortbildung und Weiterbildung, Düsseldorf 1978.

3 Vgl. Sekundarstufe I – Gymnasium Griechisch. Unterrichtsempfehlungen. Hrsg. vom Kultusministerium des Landes Nordrhein-Westfalen, oder auch Amtsblatt des Bayerischen Staatsministeriums für Unterricht und Kultus, So.-Nr. 12 vom 27. April 1977, 446.

Zur Motivation für die Wahl des Faches Griechisch in der Mittelstufe[4]

Im Rahmen des Fächerkanons ist Griechisch sehr häufig als Wahlpflichtfach verankert. Somit steht dieses Fach oft in „Konkurrenz" mit einer weiteren Fremdsprache, in der Regel mit dem Französischen. Daraus ergibt sich, daß die spezifischen Möglichkeiten und Ziele des Faches Griechisch auch um der Gewinnung und Erhaltung eines gewissen Maßes von Attraktivität exakt vor Schülern und Eltern dargelegt werden müssen.

Manche gute Gelegenheit dazu bietet der Lateinunterricht in den Jahrgangsstufen 5–8 (z.B. die Behandlung geeigneter Lesestücke, passende Sachinformationen, Erklärung von Abbildungen usw.). Auch ein behutsames Bekanntmachen mit dem System der griechischen Schrift anhand von Bildern, die griechische Inschriften darstellen, sowie eines Abdrucks des griechischen Alphabets ist denkbar.

Die Eltern und Schüler sollten in der Jahrgangsstufe 8 ausführlich über die Ziele des Griechischunterrichtes informiert werden. Dabei kann man darauf hinweisen, daß Griechisch wie jedes andere Fach des Gymnasiums zur allgemeinen Studierfähigkeit hinführt, sich aber in Inhalt und Methode deutlich von den übrigen Fächern unterscheidet. Zur Orientierung über die Eignung für das Fach Griechisch können die Leistungen in Latein dienen. Außerdem kann dargelegt werden, daß Griechisch vom Schwierigkeitsgrad her durchaus machbar ist (vgl. die Beschränkung auf das Übersetzen aus der Fremdsprache, die Reduzierung des Wortschatzes, der Formenlehre und der Syntax auf ein für die Lektüre griechischer Schriftsteller notwendiges Mindestmaß usw.).

Eine kurze Skizzierung der jeweiligen Unterrichtsziele verdeutlich den Unterschied zum Französischen: dort aktive Sprachkompetenz – hier passive Sprachkompetenz sowie Schwergewicht auf Literatur, Philosophie usw.

Daneben sollten auf Elternabenden folgende Gesichtspunkte eingehender erörtert werden:
– Einblick in die Terminologie verschiedener Wissenschaftsbereiche,
– Kenntnis der Grundlagen europäischer Literatur,
– Kenntnis der griechischen Geisteswelt als Grundlage europäischer Kutlur,
– Einblick in die Selbstfindung des Individuums im Laufe der Entwicklung des griechischen Denkens,
– Existentielles Fragen als Bestimmung des eigenen Standorts,
– Einblick in die Verschiedenheit griechischer und moderner Weltanschauung als Ansatz kritischer Analyse gegenwärtiger Situationen.

Auch Informationen in Gestalt von Broschüren und Faltblättern[5] können an die Eltern ausgeteilt werden.

---

[4] Nach Ramersdorfer, J.: Motivieren für Griechisch. In: DASIU 25, 1 (1978), 11 ff.

[5] Drei Titel seien hier genannt: Gundert, H.: Wozu Griechisch? Hrsg. von der Arbeitsgemeinschaft zur Förderung humanistischer Bildung in Bayern. Warum heute noch Griechisch? – Das Humanistische Gymnasium – eine moderne Schule. Beide hrsg. von der Altphilologischen Fachgruppe im Bayerischen Philologenverband.

Die Grundanliegen des sprachlichen Elementarunterrichts

Eigenständige Grundanliegen

Linguistische und allgemein wissenschaftspropädeutische Ziele[6] begründen die Eigenständigkeit des sprachlichen Elementarunterrichtes im Rahmen des Griechischunterrichts. Das hohe Maß an Regelmäßigkeit, das der Struktur der griechischen Sprache anhaftet, sowie verschiedenartige Unterrichtsmethoden, mit deren Hilfe die griechische Sprache als System erarbeitet werden kann, lassen Gesetzmäßigkeiten erkennen und regen somit zu schlußfolgerichtigem Denken an.

Die griechische Sprache ist für den Schüler wegen ihrer altertümlichen Strukturen als ein statisches, in ihrer Entwicklung aber auch als ein dynamisches System erfaßbar. So kann also durch das Erkennen sprachhistorischer Veränderungen und ihrer Gesetzmäßigkeiten Wissenschaftspropädeutik geübt werden. Zudem wird im sprachlichen Elementarunterricht das semantische Basiswissen des Schülers, das für die Aneignung der internationalen wissenschaftlichen Terminologie von großer Bedeutung ist, erweitert.

Vorbereitung auf den Lektüreunterricht

Daneben muß es aber auch das Ziel des griechischen Sprachunterrichtes in den Jahrgangsstufen 9 und 10 sein, die Schüler für den späteren Lektüreunterricht zu befähigen. Die Grundlage dazu bildet die Sicherung der sprachlichen Kenntnisse. Darüber hinaus sollte die Fähigkeit der Schüler zu Sprach- und Textreflexion sowie zum Erschließen und Verstehen griechischer Texte gefördert werden. Lektüre und Interpretation setzen aber auch ein Realienwissen voraus, das dem Schüler schon im Rahmen des Anfangsunterrichts – allerdings in bescheidenem Umfang – Schritt für Schritt vermittelt werden sollte. Auch in den sachgerechten Umgang mit fachwissenschaftlichen Hilfsmitteln, die im Unterrichtsalltag verwendet werden, ist der Schüler einzuführen.

Verwirklichung in den Lehrplänen

In den Lehrplänen der Länder der Bundesrepublik sind diese Grundanliegen zum Ausdruck gebracht. Am Beispiel Bayerns[7] sei dies veranschaulicht:

Der Curriculare Lehrplan für Griechisch in den Jahrgangsstufen 9 und 10 gliedert sich in die vier Richtziele:
1. Kenntnis der griechischen Sprache,
2. Fähigkeit zur Sprach- und Textreflexion,
3. Einblick in die griechische Kultur und Geisteswelt,
4. allgemeine Studierfähigkeit.

---

6 Vgl. Bayer, K.: Griechisch – Stellung des Faches und curriculare Gestaltung der Lehrpläne. In: Römisch, E. (Hrsg.): Griechisch in der Schule. Frankfurt 1972, 15 f.

7 Vgl. Amtsblatt des Bayerischen Staatsministeriums für Unterricht und Kultus, So.-Nr. 12 vom 27. April 1977, S. 446.

Die lernpsychologische Situation

Die entwicklungspsychologische Situation des Schülers[8] in der Mittelstufe des Gymnasiums läßt sich etwa folgendermaßen beschreiben:
— allmähliches Entdecken der eigenen Innenwelt,
— Interesse gerichtet auf Sinnzusammenhänge und Probleme in überschaubaren Bereichen,
— Vorherrschen des Sinngedächtnisses,
— zunehmende Fähigkeit, sich mit abstrakt-logischen Sachverhalten zu beschäftigen,
— Fähigkeit, eigene Fragen zu stellen und Kritik zu üben,
— starke Konzentrationsschwäche,
— verminderte Lernfähigkeit,
— zunehmendes Abgelenktsein durch außerschulische Bindungen und Hobbies,
— verstärktes Bedürfnis, den geistigen Horizont zu erweitern.

Zur Methode[9]

Allgemeine Hinweise

Im Vordergrund steht das deduktive Lehrverfahren[10]; allerdings wird man den Stoff zum größten Teil nach dem Prinzip der Analogie darbieten.[11] Diese Methoden erlauben es auch, schon für die Einführung eines neuen Lerninhalts an Lateinkenntnisse anzuknüpfen. Denn in der Regel haben alle Schüler, die sich für das Fach Griechisch entschieden haben, einen vorausgehenden Lateinunterricht besucht und besitzen deshalb bestimmte Lernerfahrungen und Voraussetzungen, auf denen der Griechischlehrer, aber auch das Lehrbuch aufbauen können (z.B. sprachliche Details wie Kasusfunktionen, AcI usw.). Die Lerninhalte gilt es auf ein Maß zu beschränken, das für eine spätere Lektüre unbedingt notwendig ist. Dies trifft vor allem für das Gebiet der Syntax zu, die von Anfang an gleichzeitig mit der Formenlehre behandelt werden sollte. Auch sollten den Schülern Methoden aufgezeigt werden, die eine erfolgversprechende Analyse von längeren Satzgefügen garantieren. Die Schritt für Schritt erworbenen sprachlichen Einzelheiten sind in das System der Grammatik einzuordnen. Um der Lernverdrossenheit und der Konzentrationsschwäche des Schülers zu begegnen, sollten Overheadprojektoren,

---

8   Diese Zusammenstellung wurde übernommen aus Maier, F.: Lateinunterricht zwischen Tradition und Fortschritt. Bamberg 1979, 25.

9   Immer noch empfehlenswert sind die methodischen Hinweise für den Griechischunterricht bei Klinz, A.: Griechischausbildung im Studienseminar. Frankfurt 1963.

10 Die Vorteile der deduktiven Methode sind dargelegt bei Roeske, K.: Didaktische und methodische Überlegungen zum griechischen Grammatikunterricht: Konsequenzen aus der Verschiebung und Kürzung des Griechischunterrichts. In: AU XI 3 (1968), 64 ff.

11 Arbeitsgrundlage können dabei Einzelsätze, Lektionen und Lesestücke eines Lehrbuchs, aber auch Originaltexte sein. Vgl. dazu Meyer, Th.: Modelle des Sprachunterrichts, 36 ff. und Steinthal, H.: Einzelprobleme des Lehrverfahrens im Sprachunterricht, 50 ff., beide in: Griechisch in der Schule (s. Anm. 6).

Unterrichtsprogramme, Anschauungsmaterialien und mnemotechnische Hilfen eingesetzt werden. Auch hat der Lehrer darauf zu achten, daß der Griechischunterricht für die bereits mit Latein vertrauten Schüler nicht ausschließlich eine Imitation des Lateinunterrichts wird.[12] Auf den Inhalt der Texte (vor allem der Lesestücke) ist vertiefend einzugehen. Auch sollten Realien in geeigneter Form in den Unterricht einbezogen werden.

Methodische Hinweise zur Behandlung der einzelnen Stoffgebiete[13]

Zur griechischen Schrift und zur Akzentlehre

Die Kenntnis des griechischen Alphabets sowie die Fähigkeit, die Akzentregeln anzuwenden, können auf folgende Weise erworben werden:
— Lesen und Schreiben griechischer Buchstaben, Wörter und Texte,
— Benennen der Quantität griechischer Vokale und Diphthonge,
— Gruppierung der Konsonanten,
— Vorsprechen, Nachsprechen, Chorsprechen,
— Akzentuieren griechischer Nomina und Verba in allen Flexionsformen,
— Differenzieren von Verbalformen auch nach den Akzenten.[14]

Zum Wortschatz

Im Verlaufe des Griechischunterrichts in den Jahrgangsstufen 9 und 10 müssen sich die Schüler ein Grundwortschatzvolumen aneignen, das später nur noch in geringem Umfange ergänzt werden soll. In Wortkunden und Übungsbüchern[15] sind diese Wörter nach der Häufigkeit ihres Vorkommens in der Schriftstellerlektüre ausgewählt. Zum Erlernen und Einprägen des Wortschatzes sollten den Schülern gezielte Hilfen geboten werden. Als solche können gelten:
— Besprechen und Erklären von Lautgestalt und Bedeutung der einzelnen Wörter (Bildungsweise, Bedeutungsentwicklung, Anknüpfen an Bekanntes),
— Identifizieren bekannter Bildungssilben,
— Erklären der Bedeutung von Prä- und Suffixen,
— Ableiten der Wortbedeutungen von Komposita,

---

12 Vgl. Glücklich, H.J.: Lernziele des Griechischunterrichts und griechischer Anfangsunterricht. In: Anregung 24 (1978), 367 ff. Dieser Beitrag hebt die Bedeutung griechischer Sprachkenntnisse für die Sprach- und Textreflexion und für die aktive Handhabung einer Wissenschaftssprache hervor. Er betont aber auch die Notwendigkeit, Doppelungen gegenüber dem Lateinunterricht, eine zu lange Ausdehnung des griechischen Grammatikunterrichts und eine damit verbundene zu kurze Lektürephase zu vermeiden. Vorschläge für die Gestaltung eines Basisunterrichts in der griechischen Grammatik sollen das Erreichen der genannten Ziele ermöglichen.

13 Die folgenden Ausführungen orientieren sich in der Hauptsache an dem Curricularen Lehrplan für Griechisch in den Jahrgangsstufen 9 und 10 (s. Anm. 7).

14 Zur Akzentlehre vgl. Meyer, Th.: Modelle des Sprachunterrichts (s. Anm. 11) 42 f.

15 Vgl. Meyer, Th. und Steinthal, H.: Grund- und Aufbauwortschatz Griechisch. Stuttgart (Klett) 1973 oder Bengl, H.: Wortkunde. In: Organon-Grammatik. Bamberg 1972, 106 ff.

- Systematisieren der auftretenden Beispiele (als Lern- und Merkhilfe),
- Zusammenstellen von Wortfamilien,
- Einprägen, Festigen und Wiederholen nach lernpsychologischen Gesichtspunkten,
- Bearbeiten von Zuordnungsaufgaben.

Zur Formenlehre

Den Schülern sollen in erster Linie die Gesetze der Formenbildung vor Augen geführt werden, damit sie in die Lage versetzt werden, selbständig weitere Formen zu bilden und die Paradigmata zu vervollständigen. Das Einüben sollte sich auf die für die Lektüre notwendigen Formen beschränken. Dabei ist es auch möglich, die sogenannten „unregelmäßigen" Verben im Rahmen des zu lernenden Wortschatzes zu behandeln.

Im einzelnen bieten sich für die Durchnahme der Formenlehre folgende Methoden an:
- Erarbeiten von Prinzipien der Formenbildung,
- Erklären von Formen und Akzenten aufgrund von Lautgesetzen,[16]
- Analyse der griechischen Formen nach ihren konstituierenden Elementen,
- Analyse und Synthese aller Formen der Nomina und Verba vocalia, der Temporalstämme der Verba muta, Verba liquida und der athematischen Konjugation,
- Übersetzen isolierter Verbalformen ins Griechische (nur Verba vocalia),
- Aufsagen von Pradigmata und Stammformen,
- Analyse und deutsche Wiedergabe aller griechischen Formen,
- Beobachten, Sammeln und Ordnen von formal gleichen oder ähnlichen Endungen bzw. Wortausgängen verschiedener Herkunft und Funktion,
- Vergleich mit Latein und modernen Fremdsprachen.

Zur Syntax

Neben der Durchnahme der Formenlehre ist schon unmittelbar mit Beginn des Griechischunterrichts in Jahrgangsstufe 9 auf syntaktische Erscheinungen aufmerksam zu machen, die für das Übersetzen sowie das Verständnis griechischer Texte grundlegend sind, wie Infinitiv, Partizip, Modi, Tempora; Kasusrektionen. Ähnlich der Formenlehre ist auch die Syntax nicht als vollständiges, sondern als formales und gedankliches System zu erarbeiten. Da die Schüler mit dem Fach Griechisch bereits in der Regel die dritte Fremdsprache erlernen, bieten sich hier etliche Transfermöglichkeiten an.

Folgende Methoden sind für die behandlung der Syntax denkbar:
- Erkennen, Analysieren und Benennen syntaktischer Erscheinungen,
- Beschreiben ihrer Funktion im Kontext,
- Entsprechende Übersetzung ins Deutsche,

---

16 Vgl. dazu Bissinger, M.: Sprachwissenschaften im Griechischunterricht der Jahrgangsstufen 9 und 10. In: Handreichungen für den Griechischunterricht in den Jahrgangsstufen 9–11. Staatsinstitut für Schulpädagogik München 1979.

- Hinweis auf die grundsätzlich unterschiedliche Funktion der syntaktischen Strukturelemente verschiedener Sprachen,
- Aufzeigen spezifisch griechischer Sprach- und Denkstrukturen im Vergleich zur Muttersprache und anderen Schulsprachen.

Zur griechischen Kultur und Geisteswelt

Im griechischen Anfangsunterricht soll dem Schüler auch ein Einblick in die griechische Kultur und Geisteswelt vermittelt werden. Dabei gilt es, die Kenntnisse über Mythologie und Geschichte, religiöse und philosophische Vorstellungen und deren Fortwirken, das Alltagsleben und die Kunst zu erweitern. Auch die Bereitschaft des Schülers zur Auseinandersetzung mit der griechisch-antiken Welt ist in Betracht zu ziehen.

Folgende Methoden bieten sich an:
- Analyse des Inhalts von griechischen Sätzen und Texten des Übungsbuches bzw. einfacher Originaltexte,
- Sammeln und Deuten einschlägiger Inhalte im Unterrichtsgespräch,
- Erklären der Abbildungen des Lehrbuches,
- Ergänzung durch Lehrer- und Schülerbeiträge, z. B. Diareihen, Bildbände, Museumsbesuch,
- Beurteilen von Sätzen und Texten, Diskussion der Interpretationsergebnisse und Stellungnahmen.

Zur Wissenschaftspropädeutik

Ziel des griechischen Elementarunterrichts muß es ferner sein, den Schüler in einfache, der Altersstufe angemessene Methoden wissenschaftlichen Arbeitens einzuführen.

Als solche können angesehen werden:
- Einfache wissenschaftliche Methoden, wie Analyse, Synthese, Induktion, Deduktion, Analogieverfahren,
- selbständige Planung und geregelte Durchführung geistiger Arbeit,
- konzentrierte Arbeitsweise,
- sinnvolle Benützung fachwissenschaftlicher Hilfsmittel, wie Grammatik, Wortkunde, Lexikon und Sachbuch.

Mit folgenden Methoden können diese Ziele erreicht werden:
- Gezielte Untersuchungen von sprachlichen Erscheinungen: Systematisieren, Ableiten von Regeln, Präzisieren von Unterscheidungsmerkmalen. Exaktes und methodenbewußtes Übersetzen,
- Anleitung zu konstanter Arbeitsleistung durch regelmäßige Übungen, Aufgaben und Leistungserhebungen. Sach- und altersgemäße Unterrichtsgestaltung als Anleitung zum eigenständigen Arbeiten der Schüler,
- Anleitungen zum konzentrierten Arbeiten. Genaues Übersetzen auch von nur mündlich vorgetragenen Sätzen,
- Arbeit mit Grammatik, Wortkunde und Lexikon. Lehrerhinweise,
- Erklären der Abbildungen des Lehrbuches.

Friedrich Maier/Hermann Reuter

Latein und Griechisch als Wahlfach mit Fortsetzung als spätbeginnende Fremdsprache

Die organisatorische Situation

Latein bzw. Griechisch werden vielfach auch als Wahlfach angeboten. In der Regel sind für diese Lehrgangsform die Jahrgangsstufen 10 und 11 vorgesehen. Es stehen dafür 2 oder 3 Wochenstunden pro Jahrgangsstufe zur Verfügung. In einigen Bundesländern bietet sich den Schülern, die einen Wahlkurs von ein- oder auch zweijähriger Dauer besucht haben, Gelegenheit, in der Kursphase Latein bzw. Griechisch als spätbeginnende Fremdsprache zu belegen, wobei es ihnen sogar möglich ist, in diesen Fächern die Abiturprüfung abzulegen.[1]

Das Angebot:[2]

Latein bzw. Griechisch als Wahlfach (mit der Möglichkeit einer Fortsetzung als spätbeginnende Fremdsprache) wird angeboten

— Schülern, die in ihrer bisherigen Laufbahn nicht die Möglichkeit hatten, Latein bzw. Griechisch zu erlernen, aber schon genauere Vorstellungen von ihrem zukünftigen Studium besitzen, das einen Nachweis von Latein- bzw. Griechischkenntnissen oder des Latinums bzw. Graecums voraussetzt,

— Schülern, die Interesse an der lateinischen bzw. griechischen Sprache und Literatur sowie an der Kultur der Antike haben.

Dieses Angebot gilt nicht für Schüler, die in ihrer gymnasialen Laufbahn in Latein bzw. Griechisch als Pflichtfremdsprache unterrichtet wurden.

Die Möglichkeiten der Qualifikation

In Bayern kann der Schüler nach dem Besuch eines zweijährigen Wahlunterrichts (Jahrgangsstufe 10 : 2 Stunden; Jahrgangsstufe 11 : 3 Stunden oder nach einer bestandenen Feststellungsprüfung, wobei er sich die dafür nötigen Kenntnisse im

---

1 Vgl. das Modell Bayerns, das auf Seite 189 vorgestellt wird.
2 Vgl. Amtsblatt des Bayerischen Staatsministeriums für Unterricht und Kultus, So.-Nr.: 14, S. 413 ff. und auch So.-Nr. 10 (26.4.79). Siehe dazu auch Handreichungen für Latein als spätbeginnende Fremdsprache (hrsg. vom Staatsinstitut für Schulpädagogik München). Donauwörth 1979.

Privatunterricht oder im Selbststudium erworben haben kann) einen besonders dafür gestalteten Grundkurs Latein bzw. Griechisch besuchen.

Dabei bieten sich folgende Möglichkeiten einer Qualifikation an:

1. Die in der Oberstufe belegten Wochenstunden sind auf die verpflichtend vorgeschriebene Zahl der Halbjahreswochenstunden anrechenbar (Nr. 12.2.1.2 EBASchOG).
2. Die Leistungsergebnisse aller vier Ausbildungsabschnitte können in die Gesamtqualifikation eingebracht werden; sie müssen eingebracht werden, wenn Latein bzw. Griechisch als spätbeginnende Fremdsprache mit der Colloquiumsprüfung: 4. Abiturprüfungsfach) abgeschlossen wird (EBASchOG, Anlage 6, Nr. 3.2 und Anlage 5, SET 1. 1 a und b);
3. Latein bzw. Griechisch können als viertes Abiturprüfungsfach mit der Colloquiumsprüfung in die Gesamtqualifikation eingebracht werden (EBASchOG, Anlage 6, Nr. 1).
4. Darüber hinaus können durch eine zusätzliche schriftliche Prüfung das Latinum bzw. das Graecum erworben werden, wobei die Colloquiumsprüfung zugleich der mündliche Teil der Ergänzungsprüfung ist.

Ziele:

Ziele des Unterrichts in Latein bzw. Griechisch als Wahlfach (mit der Möglichkeit einer Fortsetzung als spätbeginnende Fremdsprache) sind

— eine vertiefte Einsicht in Wesen und Aufbau der lateinischen bzw. griechischen Sprache zu vermitteln,

— auf der Grundlage der in anderen Fremdsprachen bereits gewonnenen Erkenntnisse die Bedeutung der lateinischen bzw. griechischen Wortbildungselemente zu verstehen und sachgemäß anzuwenden,

— durch Arbeit an Wort, Satz und Text der lateinischen bzw. griechischen Sprache das analytische und kombinatorische Denken zu schulen,

— durch sinngemäße Wiedergabe von Wortbedeutung und syntaktischen Erscheinungen die Ausdrucksfähigkeit in der Muttersprache zu verbessern,

— den Schüler zu befähigen, Wörter des alltäglichen Sprachgebrauchs und wissenschaftliche Fachbegriffe mit Hilfe der ihnen zugrundeliegenden lateinischen bzw. griechischen Wortbestandteile zu verstehen,

— die Begegnung mit Werken der lateinischen bzw. griechischen Literatur zu ermöglichen und deren Fortwirken in der abendländischen Kultur und Geistesgeschichte aufzuzeigen,

— durch die Beschäftigung mit sozialen, ethischen und philosophischen Fragestellungen, die sich bei der Lektüre lateinischer bzw. griechischer Texte als exemplarisch aufzeigen lassen, das Problembewußtsein zu schärfen,

— die Einsicht zu vermitteln, daß die Begegnung mit lateinischer bzw. griechischer Literatur dem Leser Orientierungshilfen zur Bewältigung des eigenen Lebens geben kann.

Latein und Griechisch als Wahlfach

Zum Unterrichtsprogramm des Wahlkurses

Für den Wahlkurs ist der Umfang der lateinischen bzw. griechischen Grundkenntnisse beschrieben: z. B. Lautlehre, Formenlehre, Satzlehre, Grundwortschatz. Ziel des Wahlunterrichtes sollte es zunächst sein, ein solides Fundament zu legen, auf dem später eine erfolgreiche Lektürearbeit aufgebaut werden kann. Mit Hilfe eines geeigneten Lehrbuchs soll das unbedingt notwendige sprachliche Elementarprogramm dargeboten werden, und zwar ein statistisch ermittelter Elementar- bzw. Grundwortschatz und Grundkenntnisse in der Formenlehre und Syntax.

Zum Aufbau des Unterrichts

Der Aufbau des Unterrichts gliedert sich in die Phasen des Wahlunterrichts und des Kursunterrichts; dies läßt sich folgendermaßen veranschaulichen:

Möglichkeiten der Qualifikation:

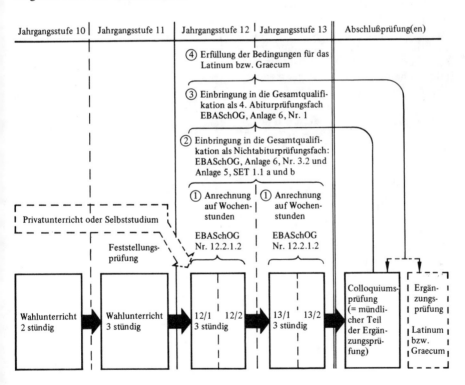

	Wahlunterricht		Unterricht der Oberstufe	
	Jgst. 10	Jgst. 11	12/1	12/2
			Latein	Griechisch
	Lehrbuchphase I Lehrbuchphase II	Sprachliche Vertiefungsphase	Lektürephase I:	
			Autorenlektüre:	Autorenlektüre:
	Behandlung der Formenlehre als unabdingbar notwendiges Elementarprogramm Behandlung der syntaktischen Erscheinungen, soweit ihre Kenntnis für das Verständnis der Satzfunktionen und für das Übersetzen eines lateinischen bzw. griechischen Textes notwendig ist Aneignung des Elementarwortschatzes (Latein) bzw. Grundwortschatzes (Griechisch)	Wiederholung und Vertiefung der Kenntnisse der Formenlehre. Ergänzung und Systematisierung der Kenntnisse der Satzlehre (orientiert an den Schwerpunkten) Schulung der Übersetzungsfähigkeit (auch anhand eines Lesebuchs, zumeist mit adaptierten Texten)	Nepos oder Gellius; Caesar	Xenophon (Anabasis) – Neues Testament oder Xenophon (Anabasis) – Lysias oder Lysias – Neues Testament.

(Kollegstufe)

13/1		13/2	
Latein	Griechisch	Latein	Griechisch
Lektürephase II:		*Lektürephase III:*	
Autorenlektüre:	Autorenlektüre:	Thematische Lektüre:	Autorenlektüre:
Sallust, Catilina; Catull oder Martial	Platon, Apologie des Sokrates Fragmente der Sophistik	„Philosophie in Rom" oder „Römisches Recht" oder „Antike Medizin" oder „Christliches Leben und Denken in der lateinischen Literatur" oder „Dichtung und/oder Geschichtsschreibung im lateinischen Mittelalter"	Homer, Ilias oder Odyssee oder eine Tragödie von Sophokles oder Euripides

Zum Aufbau des Curricularen Lehrplans für die Oberstufe

Für die Kursphase der Oberstufe ist ein Curricularer Lehrplan geschaffen worden, der, wie die bisher veröffentlichten Lehrpläne für die Fächer Latein und Griechisch, nach den vier Richtzielen gegliedert ist:

1. Kenntnis der lateinischen bzw. griechischen Sprache,
2. Fähigkeit zur Sprach- und Textreflexion,
3. Einblick in die lateinische bzw. griechische Literatur und Kultur,
4. allgemeine Studierfähigkeit.

Zur Methode[3]

Schüler, die sich zur Wahl dieses Latein- bzw. Griechischkurses entscheiden, bringen aus dem Unterricht in anderen Fremdsprachen Vorkenntnisse mit. Sie zeigen Interesse an Problemstellungen, auch von sprachphilosophischer Art. Durch eigene Lektüre oder auch andere Informationsmöglichkeiten besitzen sie vielleicht schon Kenntnisse über die antike Kultur und Geisteswelt. Im Lernverhalten der Schüler dürfte auch eine gewisse Zielstrebigkeit festzustellen sein, vor allem dann, wenn man Latein oder Griechisch als 4. Abiturprüfungsfach oder auch das Latinum bzw. das Graecum anstrebt.

---

[3] Vgl. dazu Roloff, B.: Griechisch als Wahlfach. In: Griechisch in der Schule (Hrsg. v. E. Römisch). Frankfurt 1972, S. 57 ff. und Maier F.: Latein als spätbeginnende Fremdsprache. In: Anregung 24 (1978), S. 360 ff.

Zu berücksichtigen ist aber auch, daß sich die Lern- und Merkfähigkeit der Schüler gerade bei der Aneignung von Detailwissen stark verringert. Ferner wird der Lerneifer durch viele Außenfaktoren negativ beeinflußt.

Der Lehrer wird auf den Entwicklungsstand und die Lernsituation der Schüler, wie sie hier angedeutet wurden, Rücksicht nehmen müssen.

Folgende methodische Prinzipien sind zu beachten:

1. Der Stoff soll klar und einprägsam dargeboten werden.
2. Es sollen sprachliche Grundkenntnisse vermittelt werden, die vor allem durch statistische Untersuchungen festgestellt sind.
3. Im Kurssystem der Oberstufe sollen die im Wahlkurs oder im Selbststudium erworbenen sprachlichen Kenntnisse vertieft und systematisiert werden. Dies gilt vor allem für die Erscheinungen der Syntax, deren Erlernen durch Merksätze unterstützt werden sollte.
4. Durch eine intensive Stoffdurchnahme und durch häufige, abwechslungsreiche Übung soll den Schülern Gelegenheit gegeben werden, schon während des Unterrichts viel zu lernen.
5. Der Lehrer sollte regelmäßig kleinere Übersetzungen oder andere Aufgaben verlangen, diese zu Hause korrigieren und die Ergebnisse dann gemeinsam mit den Schülern besprechen.
6. Bei der Textbearbeitung sollte die statarische Lektüre vorherrschen. Die Lektüre antiker Autoren muß durch zahlreiche Hilfen sprachlicher und inhaltlicher Art in den Textausgaben und Prüfungsarbeiten erleichtert werden.

Joachim Latacz
Die Entwicklung der griechischen und lateinischen Schulgrammatik

Vorbemerkungen zu Begriff und Darstellungsmethode

Zum Begriff

'Schulgrammatik' bezeichnet eine auf die speziellen Bedürfnisse der Schule zugeschnittene Grammatik, und zwar als Wissensgebiet (Lehr- und Lernfach) im weiteren, als Lehrbuch im engeren Sinne.[1] Der Begriff 'Schulgrammatik' bezeichnet also nicht eine bestimmte *Sehweise* von Grammatik (wie z.B.historische Grammatik, synchronische Grammatik, funktionelle Grammatik, Dependenzgrammatik, Transformationsgrammatik usw.), sondern einen bestimmten *Verwendungsraum*. Theoretisch könnte somit jede der genannten Grammatik-Sehweisen auch als Schulgrammatik auftreten, — vorausgesetzt, daß dabei deren wesenhafte Zielsetzung nicht beeinträchtigt würde.

Die Zielsetzung der Schulgrammatik wird bestimmt von invariablen und variablen Determinanten. Die wichtigste invariable Determinante ist die „Kenntnis des Objekts selbst"[2], d.h. die Aneignung der Gebrauchsnormen der betreffenden Sprache (der Muttersprache oder einer Fremdsprache), zu welchen weitergehenden Zwecken auch immer.[3] Die wichtigste variable Determinante ist das jeweils herrschende intellektuelle Klima mit seinen bildungs- und schulpolitischen Vorstellungen und Vorgaben ('Richtlinien'; vgl. z.B. griechisches γυμνάσιον : römische Grammatikschule : frühmittelalterliche Klosterschule : städtische Bürgerschule der Renaissance : humanistisches Gymnasium der Neuzeit : heutige sog. Gesamtschule).[4]

---

1 Eine Adressatendifferenzierung zwischen Schülern und Lehrern ist im Begriff nicht enthalten. Die historische Entwicklung geht aber beim Lehrbuch eindeutig von der Schüler- zur Lehrergrammatik, von der mehr pädagogisch angelegten Εἰσαγωγή zum perfektionistischen Stoff-Reservoir; die häufige Gleichsetzung von 'Schulgrammatik' mit engl. 'paedagogical grammar' geht daher fehl: der in Deutschland übliche Typ der Schulgrammatik ist eher unpädagogisch.
2 Arndt 1968 [1], 5.
3 Dazu Menzel 1972 [10], 80 – 108.
4 Grundsätzlich dazu Marrou [9], 1 – 6, vgl. 486 – 490; einzelnes bei Menzel 1972 [10], 18 – 20.

Das jeweilige Ziel wird erreicht durch Zusammenführung zweier ihrerseits variabler Grundkomponenten:
a) der materiellen Komponente (*was* wird gelehrt),
b) der (lern-)psychologischen (methodisch-didaktischen) Komponente (*wie* wird gelehrt).

Die materielle Komponente (der Stoff) ist *quantitativ* variabel (allerdings tendiert die Schulgrammatik zur Kanonisierung einer bestimmten Stoffquantität), die (lern-)psychologische Komponente (der Vermittlungsprozeß) ist *qualitativ* variabel (die Darbietungsform variiert von Schulgrammatik zu Schulgrammatik). Aufgrund dieser durch die schulpraktischen Erfordernisse bedingten stofflichen und methodischen Variabilität steht die Schulgrammatik in dauerndem notwendigen Gegensatz zu der ausschließlich auf möglichst vollständige Faktenermittlung und -systematisierung abzielenden, von pädagogischen Rücksichten freien *Grammatik als solcher* ('wissenschaftlichen Grammatik').

Zur Methode der vorliegenden Darstellung

Eine Geschichte der griechischen und lateinischen Schulgrammatik ist ein Desiderat. Die folgende Darstellung kann daher nicht Kompendium, sondern nur Planskizze sein. Für deren Gestalt waren folgende Überlegungen maßgebend:

a) Die Berücksichtigung der lernpsychologischen Komponente ist mangels historisch orientierter Vorarbeiten[5] und mangels ausreichender eigener Kompetenz nicht möglich.

b) Die infolgedessen allein zu behandelnde materielle Komponente kann wegen der natürlichen Abhängigkeit der Schulgrammatik von der „Grammatik als solcher" sinnvoll nur in Form einer Entwicklungsgeschichte der „Grammatik als solcher" dargestellt werden.

c) Für die Zeit bis zur Renaissance (ca. 1500) ist die eben erwähnte 'Abhängigkeit' im wesentlichen gleichbedeutend mit 'Identität'; die zentrale Frage nach den Einflüssen und Auswirkungen der 'Grammatik als solcher' auf die Schulgrammatik braucht daher erst für die Zeit seit ca. 1500 gestellt zu werden.

d) Die Einflüsse und Auswirkungen der „Grammatik als solcher" auf die Schulgrammatik in der Zeit von ca. 1500 bis zur Gegenwart können für bestimmte Zeiträume nur *summarisch* umrissen werden. Ihrer *konkreten* Bestimmung steht der Mangel an einschlägiger Einzelforschung entgegen. Einzelforschung dieser Art hätte analog der Handschriftenstemmatologie sämtliche gedruckten Schulgrammatiken (α) nach Autor, Umfang, Inhalt und kulturellem Kontext zu beschreiben, (β) anhand der Erscheinungsdaten (Wiederauflagedaten), Vorreden, Literaturangaben, Fußnoten usw. ihr gegenseitiges Abhängigkeitsverhältnis mit dem Ziel eines Stemmas zu klären, (γ) anhand einer Inhalts-, Aufbau- und Darstellungsanalyse den Grad ihrer Traditionalität bzw. Originalität zu bestimmen (Beispiele: Barwick 1922 [46] für die lateinische, Vorlat 1975 [72] für die englische, Erlinger 1969 [4] für die deutsche Grammatikgeschichte). Nach den Ergebnissen der eben genannten vergleichbaren Untersuchungen zu schließen, würde allerdings das im folgenden skizzierte Bild durch eine der-

---

5 Vgl. Arndt 1969 [2], 6.

artige Grammatiken-Stemmatologie zwar nuanciert, aber in den Grundlinien kaum verändert werden: die bisher vorliegenden (wenn auch nur einen Teil des Materials erfassenden) einschlägigen Arbeiten lassen schon jetzt die Feststellung von Hamp 1974 ([18], Sp. 258) als gerechtfertigt erscheinen:
"Roughly from the 15th century to World War II [...] the version of grammar available to the western public (together with its colonial expansion) remained basically that of Priscian with only occasional and subsidiary modifications."

Der Charakter der griechischen (und lateinischen) Schulgrammatik als Ergebnis ihrer Entstehungsweise

Die erste (Schul-)Grammatik des Abendlandes in Lehrbuchform, die des Dionysios Thrax, beginnt mit folgender Selbstdefinition: Γραμματική ἐστιν ἐμπειρία τῶν παρὰ ποιηταῖς τε καὶ συγγραφεῦσιν ὡς ἐπὶ τὸ πολὺ λεγομένων: „Grammatik ist die Kunde des bei Dichtern und Prosaikern in der Regel Gesagten." Das Wissensgebiet Grammatik wird damit definiert nach a) Gegenstand und b) Methode.

Der *Gegenstand* wird enger eingegrenzt, als es die bloße Fachbezeichnung (γραμματική, sc. τέχνη) ausdrückt: nicht allgemein Kunde des „*Geschriebenen*" (γράμματα) — worunter dann *alles* Geschriebene fiele —, sondern Kunde von dem, was bei *Dichtern und Prosaikern* gesagt wird: das bedeutet Einengung auf die schriftlich fixierte Hochsprache (Literatursprache); ferner: nicht Kunde von *allem*, was bei Dichtern und Prosaikern gesagt wird, sondern Kunde von dem, was meistenteils (∼ in der Regel) bei Dichtern und Prosaikern gesagt wird: das bedeutet Einengung auf die Norm.

Die *Methode* wird durch die Gleichsetzung des Wissensgebiets mit „Kunde", „Kundigsein" (Γραμματική ἐστιν ἐμπειρία) mitdefiniert: Kundigsein setzt ausgebreitete und gründliche Kenntnis des Gegenstands voraus; der Gegenstand ist die Sprachnorm der Literatursprache; die Methode muß danach in der (vergleichenden) Observation des literarischen Sprachgebrauchs bestehen.

Dionysios Thrax definiert also die Grammatik als eine aus vergleichender Observation des literarischen Sprachgebrauchs geschöpfte Kunde der hochsprachlichen Sprachnorm. Die erste (Schul-)Grammatik des Abendlandes ist damit definiert als *empirische Sprachnormkunde,* nicht als philosophische, logische, mathematische etc. Sprachgrundlagenforschung einerseits oder als rein positivistisch registrierende, norm-uninteressierte Sprachtatsachensammlung andererseits.[6] Diesen Charakter, der für die geistige Erfassung gegebener Einzelsprachen (z.B. Indianersprachen) auch heute noch Grammatikziel ist, hat sich die *Schul*grammatik des Griechischen und Lateinischen im wesentlichen bis zur Gegenwart bewahrt. Sie ist daher im Laufe der Zeiten bei andersgerichteten Sprachforschungsinteressen immer wieder einmal unmodern geworden, niemals aber unbrauchbar. Sie ist vielmehr infolge präziserer Observation und daraus resultierender präziserer „Kunde",

---

[6] Barwicks ([46], S. 215 – 225) Deutung dieser Definition („Kritik und Exegese der Autoren": 216) ist schon wegen des ὡς ἐπὶ τὸ πολύ unmöglich. Vgl. auch u. S. 193 mit Anm. 4.

gemessen an ihrer eigenen Zielsetzung, immer brauchbarer geworden. Da der Präzisierung der Observation grundsätzlich keine Grenzen gesetzt sind, ist sie auch für die Zukunft unbegrenzt verbesserungsfähig. Da jedoch die Grundbeobachtungen, auf denen sie aufbaut (wie Flexion, Kasuslehre, Redeteile), für diejenigen Objekte, an denen sie gemacht sind (die griechische bzw. lateinische Literatursprachnorm), augenscheinlich *zutreffen*, ist eine Verbesserung der Schulgrammatik durch radikalen *Umbau* ihres gesamten Systems nicht zu erwarten (s. u. S. 213 f.).

Bevor Grammatik als Kunde von Observationsdaten definiert werden konnte, mußten Observation und Verallgemeinerung ihrer Ergebnisse bereits über längere Zeit hinweg stattgefunden haben. Das Grammatik-Lehrbuch des Dionysios Thrax hat demgemäß eine lange Vorgeschichte. Ihren exakten Beginn und ihren exakten Verlauf kennen wir nicht. Wir verfügen für die Rekonstruktion der vordionysischen Grammatikgeschichte lediglich über zeitlich und räumlich isolierte Einzelpunkte, an denen Sprachobservation und Sprachreflexion jeweils für einen Moment faßbar werden. Als notwendige und sinnvolle Bestandteile eines Ganzen erweisen sich diese Punkte erst vom Endpunkt der Entwicklung, vom Werk des Dionysios Thrax (und seiner unmittelbaren Nachfolger), her. Trotz aller Dissoziation des Materials lassen sich jedoch zwei Stadien in der Grammatik-Vorgeschichte unterscheiden: das erste Stadium zeigt gänzlich unzusammenhängende Beobachtungen auf den disparatesten Gebieten der späteren 'Grammatik', ohne erkennbaren Systematisierungswillen des jeweiligen Observanten: wir bezeichnen es hier als 'Entdeckungsperiode'; das zweite zeigt deutliche Ansätze zu Ausbau und Erläuterung von Einzelbeobachtungen und zu deren Synthese zu größeren System-'Inseln' und gipfelt schließlich in der Zusammenfügung dieser Inseln – mit möglichen eigenen Ergänzungen und 'Füllungen' – zu einem Gesamtsystem durch Dionysios Thrax: dieses zweite Stadium nennen wir hier die 'Systematisierungsperiode'. Alle danach folgenden Perioden sind Perioden der Übertragung (auf das Lateinische), des Ausbaus und der (meist analogischen) Systemergänzung.

Entwicklungsgeschichte der griechischen und lateinischen Schulgrammatik

Die einzelnen Entwicklungsstadien
(vgl. die graphische Übersicht S. 197)

1. Die Entdeckungsperiode

Die frühesten Spuren einer *Objektivierung* der Sprache bieten die *homerischen Epen*. Dies erscheint nur natürlich, da die Weitergabe der komplizierten Technik hexametrischen Improvisierens von Sängergeneration zu Sängergeneration in den Jahrhunderten vor Homer schwerlich rein imitativ, ohne jede Sprachreflexion erfolgt sein kann; gewisse Grundeinsichten müssen sich während des langen Tradierungsprozesses zumindest in der Prosodie ergeben haben, sind aber wegen der Feinheit semantischer und syntaktischer Differenzierungen innerhalb der epischen Sprache auch für die Wortkunde (im weitesten Sinne) anzunehmen. Direkt faßbar wird uns solche Objektivierung in der Etymologie: Namensableitungen wie Odysseus von ὀδύσσομαι (Od. 19,407–9) oder Aphrodite von ἀφρός in Hes. Theog.

Die Entwicklung der Schulgrammatik

Graphische Übersicht

Zeitraum	Hauptperioden der Grammatik-Entwicklung	Bedeutung für die Schulgrammatik
ca. 700–350 v. Chr.	*I. Entdeckungsperiode* 1. Dichter und Rhapsoden 2. Philosophen (Vorsokratiker) 3. frühe Rhetoren 4. Sophisten 5. Platon	Systembildung (= Entstehung der ersten abendländischen Muttersprachengrammatik)

ca. 350–100 v. Chr.	*II. Systematisierungsperiode*
	1. Aristoteles
	2. Stoiker und Pergamener
	3. Alexandriner
	   a) Dionysios Thrax
	   b) Apollonios Dyskolos (2. Jh. n.)	

ca. 150 v. Chr. – 500 n. Chr.	*III. Übertragungs- und Anpassungsperiode* 1. Varro 2. Remmius Palaemon 3. Donat (Charisius, Diomedes u. a.) 4. Priscian	(wenig veränderte) Übernahme der Fremdsprachen- als Muttersprachengrammatik

ca. 500–1450	*IV. Reproduktionsperiode*
	1. Donat- und Priscian-Reproduktion
	   a) Alcuin
	   b) Aelfric
	   c) Alexander de Villa Dei und Eberhardus von Béthune
	   d) byzantinische Grammatiker
	
	2. Modistae
		(unveränderte) Übernahme der Muttersprachen- als Fremdsprachengrammatiken
		inhaltliche Theologisierung
		
		erster Anreiz zur Grundlagenreflexion (Nomina : res)

ca. 1450–1850	*V. Observationsperiode* 1. Humanistengrammatik (Beispiel: Sanctius) 2. Grammaire générale (= 'universale' oder 'philosophische' Grammatik) 3. Deskriptive synchronische Großgrammatik des 18. und 19. Jh.	'Scientia recte loquendi et scribendi' (Rückgang auf die Klassik) universale, philosophische Perspektive Stoff-Erweiterung (bes. Aufbau der Syntax); Übergang der Schulgrammatik zum Handbuch
ca. 1850 bis zur Gegenwart	*VI. Periode der Verwissenschaftlichung* 1. Vergleichende und Historische Grammatik 2. Moderne 'linguistische' Grammatik	diachronische Perspektive Zwang zur Überprüfung der Grundlagen: Präzisierung

195–7[7] zeigen, daß bereits lange vor 700 v. Chr. (wohl schon vor Einführung der Buchstabenschrift) die Wörter als sinnhafte Einheiten begriffen und zum Gegenstand verknüpfenden Nachdenkens gemacht worden waren.

Elementare Einsichten auf den später 'Phonologie' und 'Morphologie' genannten Gebieten muß dann der mit der Schrifteinführung verbundene (private) Lese- und Schreibunterricht gebracht haben[8]: Wahrscheinlich sind dabei nicht nur Anzahl und Qualität der Laute festgelegt worden (darauf führt die traditionelle Bezeichnung der Laute als γράμματα statt φωνήματα), sondern es sind auch schon die unterschiedlichen Wortausgänge zumindest des Nomens zur Einheit des späteren παράδειγμα zusammengesehen worden: ein *Archilochos*-Fragment (70 D.) wiederholt den Namen Λεώφιλος viermal innerhalb von zwei Versen in der wahrscheinlichen Reihenfolge Nom. – Gen. – Dat. – Akk.[9], und ein *Anakreon*-Fragment (3 D. = 303 Page) bietet die Reihe

Κλεοβούλ ο υ   μὲν ἔγωγ᾽ ἐρέω,
Κλεοβούλ ω ι   δ᾽ ἐπιμαίνομαι,
Κλεόβουλ ο ν   δὲ διοσκέω.

Daß dies nur Ausdruck spontanen Vergnügens an spielerischer Formenvariation sein soll[10], ist weniger wahrscheinlich, als daß es sich um den Reflex eines im Elementarunterricht schon des 7. Jahrhunderts zusammengestellten Nominalflexionsmusters handelt.[11]

Dem Elementarunterricht lag von Anfang an Homer zugrunde; Sprachreflexion begegnet daher auch fernerhin vorzugsweise in Verbindung mit der Homerinterpretation. Träger sind während des 7. und 6. Jahrhunderts die *Rhapsoden*, die ja ex officio ständig zur Einzelerklärung und damit zu differenzierender Observation gezwungen waren (vgl. Platons Ion); spätere Berichte über frühe Homerglossare[12] oder gar über frühe Schriften zur Sprachnorm Homers[13] bestätigen insoweit nur, was wir ohnedies anzunehmen hätten.

Neben solcher 'technischer' Observation (Buchstaben, Laute, Silben[14], Wörter, Wortformen, Wortbedeutungen, Bedeutungswandel) stehen früh auch schon weitreichende sprach*philosophische* Ansätze: *Parmenides* baut sein ganzes System auf der Deutung des doppelsinnigen (Vollverb: Kopula) ἔστιν auf und begründet mit seiner Behauptung (VS 28 B 8, 38–41), bestimmte Wörter seien von den Menschen „gesetzte" (κατέθεντο) ὀνόματα, die nicht ἀληθῆ seien (d.h. denen nichts

---

7   Zu weiteren Beispielen siehe Pfeiffer [37], 19 mit Anm. 7.
8   Der natürlich nicht erst um 550 begann (so z. B. Marrou [9], 70), sondern simultan mit der Einführung der Schrift.
9   Vgl. Pfeiffer [37], 30.
10 So Pfeiffer [37], 31; vgl. dort auch 105 Anm. 112.
11 So E. Schwyzer, Griechische Grammatik I, München 1953², 6; II, München 1950, 54.
12 Also Erklärungen von Wortfossilien. Damit dürfte vielleicht die Erkenntnis des Sprachwandels verbunden gewesen sein, die dann Platon ausspricht, z. B. Crat. 421 D.
13 Pfeiffer [37], 27.
14 In prägnanter Bedeutung scheint der Begriff zum ersten Mal bei Aischylos aufzutreten: Sept. (aus dem Jahr 467) V. 468: γραμμάτων ἐν ξυλλαβαῖς.

Reales entspreche), die in der Grammatikgeschichte periodisch wiederkehrende φύσις – νόμος – Debatte ('*spiegelt* die Sprache der Natur oder *deutet* sie sie?')

Große Bedeutung für die Erweiterung *praktischer* Sprachkenntnis hatte die *Rhetorik*, die im Zusammenhang mit dem gesellschaftlichen Wandel zur Demokratie obligatorisches Lernfach für die geistige Elite wurde; hier entstanden die ersten systematischen Lehrbücher, die Sprache (wenn auch noch nicht unter speziell grammatischem Aspekt) zum Gegenstand machten.

Verbunden mit der Rhetorik und teilweise aus ihr hervorgewachsen ist die *Sophistik*, deren Bildungsziel, die παιδεία, ohne ausreichende Sprachkompetenz gar nicht zu erreichen war. Folgerichtig legten die Sophisten seit *Protagoras* besonderen Wert auf die ὀρθοέπεια („richtiges Sprechen", vgl. das spätere Grammatikziel der *scientia recte loquendi et scribendi*, s. unten S. 210). Damit beginnt die normierende grammatische Systembildung. Protagoras entdeckt die drei grammatischen Geschlechter (er nennt sie noch ἄρρενα, θηλυκά und σκεύη, das dritte also „sächlich"), damit verbunden die Genuskongruenz von Substantiv und Adjektiv, und er unterscheidet als erster zwischen vier (intentional) verschiedenen „Grundformen" des Satzes: Wunsch-, Frage-, Antwort-, Befehlssatz; das wird später zur Differenzierung der Modi verbi führen. – *Prodikos* pflegte die praktische Semantik; seine subtilen Synonymendifferenzierungen dienten schon *Aristophanes* zum Gespött (Ran. 1181 ff.).

Das Ausmaß der grammatischen Entdeckungen der Sophisten ist wegen des fast vollständigen Verlusts ihrer Werke schwer abzuschätzen, dürfte aber eher größer gewesen sein, als gemeinhin angenommen: *Platon* legt im Kratylos (verfaßt zwischen 388 und 366) den „in diesen Dingen Erfahrenen" (424 C 7 u.ö.) einen eindrucksvollen Katalog von Erkenntnissen in den Mund: in der Phonologie die Unterscheidung zwischen Vokalen (φωνήεντα) und Konsonanten (ἄφωνα: 393 E 1), und bei den Konsonanten zwischen Mutae und Liquidae (424 C 6–8), in der Morphologie den Aufbau des Einzelworts aus Lauten (στοιχεῖα) und Silben (συλλαβαί: 424 C 6) sowie die Unterscheidung zwischen Nomen und Verbum (ὄνομα: ῥῆμα: 425 A 1 und bes. 426 E 2/3), – in der Syntax die Definition des Wortes (ὄνομα) als „kleinster sinnhafter Teil des Satzes" (385 C 7/8; ebenso später Dionysios Thrax, s.u.S. 204) sowie die Definition des Satzes als σύνθεσις aus ὄνομα und ῥῆμα (431 C 1), – in der Wortbildung zumindest ansatzweise den Begriff der Wurzel (422 B). Platons eigenes Interesse gilt im „Kratylos" und andernorts (bes. im „Sophistes") der sprach*philosophischen* φύσις–θέσις– Problematik, also dem Ursprungsproblem; die Erkenntnis des Zeichencharakters der Sprache, zu der er dabei kommt (σημεῖον: Soph. 262 A 6; vor allem aber Crat. 434 E 6–8), könnte seine eigene Leistung sein.[15]

Spätestens in der ersten Hälfte des 4. Jahrhunderts ist die Entdeckungsperiode abgeschlossen. Die große Zahl isolierter und heterogener Observationen und Spekulationen verlangt jetzt nach einer ordnenden Hand.

---

15 Gemeinhin wird diese Entdeckung erst Aristoteles zugewiesen, so z. B. Pfeiffer [37], 102

2. Die Systematisierungsperiode

Eingeleitet wird die Synthese der bis dahin zerstreuten Wissenselemente durch *Aristoteles*. Seine Leistung liegt wie auf anderen Gebieten weniger in der Entdeckung von Neuem (in der Lautlehre bringt er z.B. kaum einen Fortschritt) als in der methodisch konsequenten Organisation des verfügbaren Materials. Die von ihm perfektionierte Darstellungsart der auf- und absteigenden Definitionssystematik ist *nach* ihm auch für die Disziplin 'Grammatik' kanonisch geworden.

Als Beispiel diene der Anfang des sog. linguistischen Kapitels der 'Poetik' (Kap. 20, 1456 b 20 ff.):

„Τῆς δὲ λέξεως ἁπάσης τάδ' ἐστὶ τὰ μέρη· στοιχεῖον συλλαβὴ σύνδεσμος ὄνομα ῥῆμα ἄρθρον πτῶσις λόγος. στοιχεῖον μὲν οὖν ἐστιν . . . (folgt Definition und Differenzierung), συλλαβὴ δέ ἐστιν . . . σύνδεσμος δέ ἐστιν . . ." usw.: „Der sprachliche Ausdruck im ganzen hat folgende Teile: Element, Silbe, Verbindung (∼ *con-iunctio?)*, Nomen, Prädikat (zu ῥῆμα s. unten), Glied (∼ *articulus?)*, „Abänderung" (πτῶσις), Satz. – Das Element ist ein Laut, der nicht weiter geteilt werden kann (φωνὴ ἀδιαίρετος) . . . Dessen Arten sind der Vokal (τὸ φωνῆεν) einerseits, der Halbvokal (τὸ ἡμίφωνον) und der Nicht-Vokal (τὸ ἄφωνον) andererseits. Davon sind: der Vokal derjenige Laut, der ohne Anschlag (sc. eines Stimmwerkzeugs, wie Zunge, Gaumen) hörbaren Ton hat, – der Halbvokal derjenige Laut, der mit Anschlag hörbaren Ton hat, wie z.B. das *s* oder das *r*, – der Nicht-Vokal aber derjenige Laut, der mit Anschlag zwar für sich allein keinen Ton hat, zusammen mit tontragenden Lauten aber hörbar wird, wie z.B. das *g* oder das *d*. Diese unterscheiden sich voneinander (1) durch Stellungen und Stellen des Mundes (∼ Öffnungsgrad und Artikulationsstelle),(2) durch Behauchtheit oder Unbehauchtheit (δασύτητι καὶ ψιλότητι, das ist der Unterschied zwischen *tenues, mediae* und *aspiratae*, s.u.S. 203 f.),(3) durch Länge und Kürze (geht auf die Vokale, s.u. S. 203), (4) durch Höhe, Tiefe und Mittellage (= Berücksichtigung des musikalischen Akzents im Griechischen, vgl. u.S. 203)."

Das hier deutlich werdende Streben nach Lückenlosigkeit der Materialerfassung, verbunden mit der Präzision der analytischen Definitionsmethode, ist für die Verfasser grammatischer Lehrwerke nach Aristoteles zur Richtschnur geworden.

Materiell mutet uns das aristotelische System natürlich fremdartig an: die uns vertrauten Ebenen der Phonologie, Morphologie und Syntax (dazu im weiteren bei Aristoteles noch Wortbildung und Stilistik) gehen in der Aufzählung der λέξις-Teile 'durcheinander'. Der Grund ist, daß das ganze 'linguistische' Kapitel natürlich nicht Teil einer (noch nicht existierenden!) Grammatik, sondern einer Poetik (d.h. also: Dichtungskunde) ist; die λέξις wurde in 1450 a 9 als dritter der nach Aristoteles sechs Teile der *Tragödie* eingeführt; infolgedessen wird sie an unserer Stelle aus der Perspektive des *Dichters* bzw. *Literarkritikers* behandelt. Wenn diese Behandlung dennoch z.T. bereits deutlich 'technischen' Charakter annimmt, so ist das das Ergebnis des starken Systematisierungswillens des Aristoteles. Was auf diese Weise entsteht, ist keine Poetik mehr und noch keine Grammatik: eine unschätzbare Zwischenstufe auf dem Weg zur autonomen Γραμματικὴ Τέχνη.

Die wichtigsten materiellen Einzelerkenntnisse bei Aristoteles (ob referiert oder selbstentdeckt): zwei weitere Redeteile (σύνδεσμος und ἄρθρον; die genaue Bedeutung bei Aristoteles ist unklar); unter ῥῆμα wird nicht mehr nur das Verb verstanden, sondern auch die *nominale* Satzaussage (De interpr. 20 b 1), damit rückt ῥῆμα in die Nähe von 'Prädikat'; das Verb wird erstmalig als 'Zeitwort' definiert (1457 a 14: φωνὴ συηθετὴ σημαντικὴ μετὰ χρόνου: "Ein zusammengesetzter bedeutungshaltiger Lautkörper mit Zeit[angabe]"; als Beispiel werden eine Präsens- und eine Perfektform von βαδίζω angeführt). Der Begriff πτῶσις, den Dionysios Thrax später auf die Nominalflexion einschränken wird, hat noch die allgemeine Bedeutung „Abänderung" und wird zur Bezeichnung folgender Formvariationen verwendet: Deklination (nicht Konjugation), Tempus- (wohl auch Modus-)Bildung vom Präsens aus, Numerusbildung, Genusbildung, Komparation, Adverbbildung vom Adjektiv aus, Bildung denominativer Adjektiva, Bildung der Grund-Satzarten „Frage" und „Befehl" vom Aussagesatz aus. Diese Vielfalt der Verwendungsarten (die ein bestimmtes sprachphilosophisches Konzept verrät, dem wir dann klarer ausgeprägt in der Stoa wiederbegegnen, s. u. S. 202), bedeutet natürlich zugleich Kenntnis der jeweiligen grammatischen Phänomene als Einheiten (z. B. der Einheit 'Komparation').

Die Nomina werden sowohl strukturell (in „einfache" und „vielfache" = Simplicia und Komposita) als auch semantisch-funktionell differenziert (in κύρια ∿ „eigentliche", μετα-φορά ∿ „übertragene", γλῶσσα ∿ „dialektale" usw.; s. dazu unten bei der Stoa, S. 202). Das grammatische Geschlecht der Nomina wird nach dem Nominativauslaut bestimmt (bis zur Entdeckung von Wurzel und Stamm im 19. Jahrhundert unverändert tradiert): männlich (ἄρρενα) sind die auf ν, ρ und ς (und auf Doppelkonsonant mit ς: ψ und ξ), weiblich (θήλεα) die auf η, ω und α, „dazwischen" (τὰ δὲ μεταξύ) sind die auf ι υ ν und ς. Auf eine Muta endigt kein Nomen.

Fazit: Zu Aristoteles' Zeit, also um 350 v.Chr., war der größte Teil der elementaren Laut- und Formenlehre bekannt und zu System-Einheiten zusammengefaßt; die Syntax dagegen war noch wenig ins Blickfeld gekommen. Das Übergewicht der Laut- und Formenlehre in den griechischen und lateinischen Schulgrammatiken bis um 1800 hat hier seinen Ursprung.

Die rund 250 Jahre zwischen Aristoteles und dem in Alexandreia geborenen Aristarch-Schüler Dionysios Thrax (im folgenden: D.T.) müssen trotz vorzüglicher Aufhellungsbemühungen (speziell von Barwick und Dahlmann) immer noch als „Dunkle Jahrhunderte" der Grammatikgeschichte gelten. Sicher ist, daß die grammatischen Studien vom Peripatos auf die Stoa einerseits, und – nach der Gründung des Μουσεῖον (ca. 280) – auf die alexandrinische Philologie andererseits übergingen. Als drittes Zentrum trat in der 1. Hälfte des 2. Jahrhunderts Pergamon hinzu. Im geistigen Wettbewerb dieser drei mediterranen Kulturzentren des Hellenismus – Athen, Alexandreia, Pergamon – ist (neben vielem anderen) die griechische Nationalgrammatik und mit ihr unsere Schulgrammatik entstanden. Aus dieser Genese erklärt sich der Mischcharakter, den die Schulgrammatik bis zum heutigen Tage aufweist: einerseits die formalistisch-strukturale Ausrichtung nach dem alexandrinischen Leitprinzip der Analogie, andererseits der philosophisch-universale Einschlag als Erbteil der stoischen Philosophie (Pergamon stand durch seinen Repräsentanten *Krates von Mallos* auf stoischer Seite). D.T. hat diese beiden unterschiedlichen Ansätze der Sprachbetrachtung zu einem Bastard-System zusammengearbeitet, dessen innere Unlogik in vielen Punkten bis heute spürbar geblieben, in anderen Punkten gar nicht mehr empfunden wird. Als Beispiel zwei Ergebnisse der äußerst komplizierten einschlägigen Untersuchungen Karl Barwicks:

1. Tempussystem. Der Begriff 'Aorist' löst beim Griechischlernenden bekanntlich regelmäßig einen Verblüffungseffekt aus. Barwick hat gezeigt ([39], S. 51 ff.), daß D.T. diesen Begriff aus dem stoischen Tempussystem, in dem er als Bezeichnung einer *Aktionsart* seinen höchst sinnvollen Platz hatte, herausgebrochen und als Bezeichnung eines *Tempus* seinem eigenen System höchst sinnlos einverleibt hat — womit er die exzellente stoische Unterscheidung zwischen Tempus und Aktionsart für nahezu zwei Jahrtausende verschüttete.

2. Flexion. Die Komparation der Adjektiva erscheint in unseren Schulgrammatiken traditionell unter dem Oberbegriff „Nominalflexion" oder „Deklination". Das ist nach *unserem* Deklinationsbegriff unlogisch, da es sich bei der Komparation nicht um „Beugung", sondern um suffixale Stammerweiterung handelt. Anspruchsvollere Schulgrammatiken konstatieren die Unlogik, erklären sie aber nicht, sondern rechtfertigen sie mit „praktischen Gründen" (so z.B. Zinsmeister [119], S. 79). Auch diese Unlogik geht auf eine Vermengung der stoischen mit der alexandrinischen (d.h. der inhaltsbestimmten mit der formbestimmten) Sprachauffassung durch D.T. zurück: Die stoische Auffassung unterschied zwischen einer rein formalen, „zufälligen" oder „sich ergebenden" (συμ-βεβηκότα $\sim$ *accidentia)* Formenbildung *ohne* Bedeutungsveränderung des Grundbegriffs und einer Formenbildung *mit* Bedeutungsveränderung des Grundbegriffs (Ableitungen, Komposita). Beide Arten der Formenbildung nannten die Stoiker κλίσις ($\sim$ *declinatio*). Zur ersten Art rechneten sie die κλίσις nach dem Genus, Numerus und Kasus, aber auch durch Verkleinerung *(genus declinationis minuendi* bei Varro, ling. 8, 52) und durch Steigerung *(genus declinationis augendi* ebd.). Unter diesem κλίσις-Begriff (der auf Aristoteles' πτῶσις-Begriff zurückgeht, s. o. S. 201), war die Zusammenstellung der Kasusdeklination mit der Komparation höchst sinnvoll. D. T. engte den stoischen κλίσις-Begriff auf die Flexion nach Genus, Numerus und Kasus ein, ließ aber die Komparation an ihrem alten Platz stehen, — wo sie nun systemwidrig heute noch steht.

Der besonders von der modernen linguistischen Kritik wieder unterstrichene Mangel an logischer Konsequenz ist nach Ausweis schon dieser wenigen Beispiele durchaus nicht als unausweichliche Folge einer grundsätzlich naiven und dilettantischen Sprach-Observation in unsere Schulgrammatik hineingekommen, sondern großenteils als eher zufälliges Ergebnis einer bestimmten wissenschaftshistorischen Konstellation. Unter den Händen eines überlegeneren Geistes, als es D.T. war, hätte die erste Systematisierung der um 100 v.Chr. verfügbaren grammatikalischen Erkenntnisse vermutlich größere Homogenität gewonnen. So jedoch wurde die Techne des D.T. — wohl nicht zuletzt gerade wegen ihrer vereinfachenden formalisierenden Grundtendenz — zum Standardwerk und damit zum Modell nicht nur für die griechische, sondern auch für die lateinische Nationalgrammatik. Fürs Griechische blieb sie — immer wieder abgeschrieben, bearbeitet, kommentiert

− die *Summa grammaticae* bis zu den byzantinischen Grammatikern des Mittelalters, und durch deren Bearbeitungen hindurch (und an ihnen vorbei) sogar bis zu Melanchthon; ihr Autor heißt bis zur Renaissance oft einfach ὅ τεχνικός, wie Homer ὅ ποιητής heißt. Fürs Lateinische wurde sie − nachdem sich Varros primär stoisches System wohl vor allem für den Schulgebrauch als zu kompliziert erwiesen hatte (s.u. S. 207) − durch teilweise wörtliche Übersetzungen voll adaptiert. Damit gingen ihre Sprachbetrachtungsweise, ihre Methode, ihr äußerer Aufbau und ihre Terminologie (diese in oft künstlicher Wort-für-Wort-Übersetzung, mit allen daraus resultierenden Konnotationsverlusten) direkt ins Lateinische und vom Lateinischen später in die europäischen Nationalsprachen über (meist wiederum mit Wort-für-Wort-Übersetzungen, z.B. ἀντ-ωνυμία ∼ *pro-nomen* ∼ Fürwort).

Es kann danach festgehalten werden, daß die Kulturnationen des Abendlandes über den Schulunterricht (Grammatik leitete seit dem Ausgang der Antike das 'Trivium' ein) seit ca. 100 v.Chr. Sprache (und damit Welt) mit den Augen des Dionysios Thrax sehen gelernt haben. Bei dieser Bedeutung des Werks ist eine Skizze seiner Anlage wohl nicht unangebracht.

Die Anlage der Τέχνη Γραμματική *des Dionysios Thrax*[16]

Die älteste erreichbare Fassung der Techne umfaßt in der textkritischen Ausgabe Uhligs [79] 395 Zeilen; das wären ohne Apparat 10 Seiten. Davon ist ein Fünftel der Lautlehre, der Rest der Formenlehre gewidmet. Eine Syntax enthielt das Werk nicht.

Auf die *(I) Definition der Grammatik* (s. o. S. 195) folgen *(II) Prolegomena;* darin wird zunächst die Grammatik in 6 Sektionen gegliedert, vom prosodisch richtigen und textsortenangemessenen Lesen über Figuren-, Glossen- und Etymologien-Erklärung sowie Formenbestimmung bis zur ästhetischen Wertung („die das Schönste von allem in der Techne ist"). Dieser 'literaturwissenschaftliche' Grammatikbegriff der Prolegomena deckt sich nicht mit dem rein 'linguistischen' der Definition; er könnte eine 'Vorwegverteidigung' gegen stoische Angriffe sein[17] (im folgenden wird von D. T., wenn überhaupt, nur *einer* der 6 'Teile' behandelt: der 'linguistische' [Formenbestimmung]). − Es folgen 3 Zeilen über die 3 Akzente und 6 Zeilen über die 3 Interpunktionszeichen. − Nach einem (wohl unechten) Einschub über die Etymologie von ῥαψ-ῳδία folgt die *(III) Lautlehre* (Περὶ στοιχείου): Es gibt 24 Buchstaben (γράμματα, s. o. S. 198), von α bis ω; davon sind 7 φωνήεντα (∼ vocales): α ε η ι ο υ ω (sie heißen so, weil sie ihren Ton selbst tragen; s. o. S. 200 zu Aristoteles; 2 von ihnen sind immer lang:

---

16 Aufbau-Analyse und Bibliographie bei Fuhrmann [42]. − Den griech. Termini sind in Klammern die kanonisch gewordenen lat. Grammatiker-Übersetzungen beigefügt.

17 In den Augen der Stoiker, die in der Grammatik nur ein Teilglied eines umfassenden philosophischen Welterklärungsunternehmens sahen (vgl. Pfeiffer [37], 297), galten die alexandrinischen Philologen und Grammatiker als Handwerker; Krates provozierte den γραμματικός Aristarch, indem er sich stolz κριτικός nannte (vgl. Pfeiffer 199. 295 mit Anm. 60). Wenn der 'literaturwissenschaftliche' Abschnitt der Prolegomena mit seiner Betonung der κρίσις ποιημάτων daher überhaupt von D.T. stammen soll, muß er apologetisch gemeint sein.

η und ω, 2 kurz: ε und ο, 3 sind δίχρονα ['doppelzeitig', d. h. kurz oder lang]: α ι υ; sie treten zu 6 δί-φθογγοι [∿ diphthongi] zusammen: αι αυ ει ευ οι ου), die übrigen 17 sind σύμ-φωνα (∿ con-sonantes, con-sonae) . . . (es folgen Aufzählung und Definition); davon sind 8 ἡμί-φωνα (∿ semi-vocales): ζ ξ ψ λ μ ν ρ σ, 9 ἅ-φωνα (∿ mutae): β γ δ κ π τ θ φ χ; von diesen sind 3 ψιλά (∿tenues): π τ κ, 3 δασέα (∿ aspiratae): θ φ χ, 3 μέσα (∿ mediae); β δ γ (sie heißen μέσα, weil sie zwischen behaucht und unbehaucht stehen). Drei der σύμφωνα sind διπλᾶ (∿[consonantes] duplices ∿ 'Doppelkonsonanten'): ζ („ἐκ τοῦ σ καὶ δ"), ξ („ἐκ τοῦ κ καὶ σ"), ψ („ἐκ τοῦ π καὶ σ"), 4 sind ἀ-μετά-βολα oder ὑγρά (∿liquidae): λ μ ν ρ. [— Hier ist eingeschoben eine vollständige Aufzählung der Laute, auf die griech. Wörter enden können, mit Beispielen.] — Es folgt eine 25 Zeilen umfassende *(IV) Silbenlehre* (Definition der συλ-λαβή ∿ syl-laba, Erklärung der Länge bzw. Kürze von Silben durch die Scheidung zwischen φύσει ∿ natura und θέσει ∿ positione, Erklärung des Gesetzes 'vocalis ante vocalem corripitur', Erklärung der Silbenkürze vor Muta cum liquida).

Diese Akzent-, Interpunktions-, Laut- und Silbenlehre leitet in nahezu unveränderter Form auch heute noch unsere Schulgrammatiken ein, vgl. z. B. Zinsmeister [119], Bornemann-Risch [120].

Der gesamte folgende Teil, die *(V) Formenlehre,* steht unter dem Titel Περὶ λέξεως (λέξις ∿ vox [articulata] oder dictio). D. T. beginnt mit der (1) *Definition des Wortes* (λέξις ἐστὶ μέρος ἐλάχιστον τοῦ κατὰ σύνταξιν λόγου ∿ dictio est pars minima orationis constructae, id est in ordine compositae; Prisc. II 53, 8) sowie der (2) *Definition des Satzes* und geht dann zu den (3) *Redeteilen* über: Τοῦ δὲ λόγου μέρη ἐστὶν ὀκτώ (∿ partes orationis quot sunt? Octo!: Donat., Ars minor 355, 2)· ὄνομα (∿ nomen), ῥῆμα (∿ verbum), μετ-οχή (∿ parti-cipium; Definition: Μετοχή ἐστι λέξις μετ-έχουσα τῆς τῶν ῥημάτων καὶ τῆς τῶν ὀνομάτων ἰδιότητος ∿participium est [. . .] dicta, quod partem capiat nominis, partem verbi: Donat., Ars minor 387, 18), ἄρθρον (∿ articulus, bei den lat. Grammatikern wegen der Artikellosigkeit des Lateinischen in der Regel durch die interiectio ersetzt), ἀντ-ωνυμία (∿ pro-nomen), πρό-θεσις (∿ prae-positio), ἐπί-ρρημα (∿ ad-verbium), σύν-δεσμος (∿ con-iunctio).

Im folgenden werden diese 8 Redeteile in der gleichen Reihenfolge in 8 Unterabschnitten abgehandelt. Den größten Raum nehmen naturgemäß Nomen und Verbum ein; dabei werden die rein formalen Daten (Genus-, Numerus-, Kasusbildung; Tempus-, Modus-, Diathesenbildung) mit inhaltlichen (∿ stoischen) Betrachtungskategorien vermischt: beim Nomen wird z. B. einleitend in Appellativa und Eigennamen geschieden, es werden 'proto-typische' Nomina (Γῆ) von 'abgeleiteten' (παρ-άγωγα: Γαιήϊος) abgesetzt (dasselbe beim Verb: ἄρδω-ἀρδεύω), die Adjektiva werden in 'Seelisches bezeichnende' (σώφρων), 'Körperliches bezeichnende' (ταχύς) und 'Äußerliches bezeichnende' (πλούσιος) gegliedert, u. a. m.

Diese stoischen Elemente, die auch in die lat. Grammatiktradition übergingen und vielfach erst in der Neuzeit von der Formenlehre abgetrennt worden sind, verhindern jedoch nicht die vollständige Deskription aller rein morphologischen Erscheinungen. An Einzelheiten seien erwähnt: beim Genus heißt das 3. Geschlecht nunmehr οὐδ-έτερον (∿ ne-utrum); bei den ἀριθμοί (∿ numeri) werden

Die Entwicklung der Schulgrammatik 205

nicht nur ἑνικός (∼ singularis), δυϊκός (∼ dualis) und πληθυντικός (∼ pluralis) aufgezählt, sondern es werden auch die Singularia mit Pluralbedeutung ('Kollektiva') wie δῆμος (und vice versa: Ἀθῆναι; ἀμφότεροι) genannt, der spätere 'Nominativus' heißt hier noch [πτῶσις] ὀρθή (∼ [casus] rectus; die übrigen sind πλάγιαι ∼ obliqui: γενική ∼ genitivus, δοτική ∼ dativus, αἰτιατική ∼ accusativus, κλητική ∼ vocativus; bei den Modi (ἐγ-κλίσεις ∼ diversae *inclinationes* animi: Prisc. VIII 421, 17) erscheint neben der ὁριστική (∼ definitivus oder indicativus), προσ-τακτική (∼ imperativus), εὐκτική (∼ optativus), ὑπο-τακτική (∼ sub-iunctivus bei Prisc. VIII 421, 19, aber con-iunctivus schon bei Donat) auch die ἀπαρέμφατος (∼ infinitivus); bei den συ-ξυ-γίαι (∼ con-iugationes) wird bereits nach dem Stock-Auslaut in Verba vocalia (pura und contracta getrennt) und consonantia (muta und liquida getrennt) geschieden.

Die Übereinstimmung auch der Formenlehre mit unserer Schulgrammatik fällt ohne weiteres ins Auge.

Über die Regeln, die bei der 'Zusammenstellung' der Wörter zum Satz (= σύνταξις) wirksam sind, war vor D. T. offensichtlich noch wenig nachgedacht worden (vgl. o. S. 201 zu Aristoteles); auch D. T. selbst sah in der σύνταξις kaum mehr als eine selbstverständliche Sprachgegebenheit (vgl. seine Definition des *Wortes,* o. S. 204) und thematisierte sie infolgedessen nicht. Das mußte bei der Modellfunktion seines Abrisses zur Etablierung eines syntaxlosen Grammatiktyps führen; dieser Typ, der zur Norm sowohl der griechischen als auch der in ihrem Gefolge entstandenen lateinischen Schulgrammatik wurde, hielt sich bis ins 18. Jahrhundert hinein (s. auch u. S. 210).

Daran änderte auch das Lebenswerk jenes Sprachforschers nicht viel, der sich als erster und einziger antiker Grammatiker schöpferisch der Syntax widmete: *Apollonios Dyskolos* v. Alexandreia (2. Jh. n. Chr., unter Antoninus Pius zeitweilig in Rom). Seine Werke – ca. 30 Spezialabhandlungen über einzelne Redeteile (z. B. Ὀνοματικόν, Ῥηματικόν); erhalten sind nur drei kleinere Schriften über das Pronomen, das Adverb und über die Konjunktionen, außerdem die vier Bücher Περὶ συντάξεως – erschienen zu einem Zeitpunkt, als sich das Werk des D. T. bereits seit rund 250 Jahren in den Händen der Griechisch- und durch Übertragungen und Bearbeitungen auch der Lateinlehrer befand; da sie zudem keine Lehrbücher waren, sondern echte Forschungsarbeiten („ich frage mich, ob . . .", „ich erkläre mir das so . . ."), konnten sie niemals die gleiche Wirkung erreichen wie das Kompendium des D. T. Daß zumindest das Hauptwerk des Apollonios, die 'Syntax', Eingang in die abendländische Grammatiktradition fand, verdanken wir vor allem Priscian, der sie – in z. T. wörtlicher Übersetzung – als Bücher 17 und 18 seinen 'Institutiones grammaticae' anfügte.

Apollonios behandelt im wesentlichen das, was wir die 'Syntax des erweiterten Einzelsatzes' nennen würden (die nächsthöhere Stufe: Klassifikation der Sätze und Analyse des Satzgefüges, haben Antike und Mittelalter noch nicht erreicht). Dabei geht er von den einzelnen Redeteilen aus und zählt für jeden von ihnen die Veränderungen auf, die er durch die σύν-ταξις mit anderen Satzgliedern erleidet. Dieses enumerative Verfahren, das die übergeordnete Einheit des Satzganzen als 'auftraggebende' Instanz kaum in den Blick kommen läßt, hat sich bis in die modernen Schulgrammatiken hinein erhalten. Ansätze zu einer funktionalen Auffassung, bei der umgekehrt nach den verschiedenen 'Besetzungs'möglichkeiten der Hauptpositionen des Satzes – Subjekt, Prädikat, Ergänzung – gefragt wird, finden sich erst in jüngster Zeit (z. B. bei Rubenbauer-Hofmann-Heine [166], z. B. S. 122). Bei Priscian (XI 1) heißt Apollonios „maximus auctor artis grammaticae". Diese Hochschätzung ist berechtigt. Methode und Ergebnisse des Apollonios imponieren heute noch, vielfach sind sie erstaunlich modern.

Mit der 'Syntax' des Apollonios hat die antike Grammatik ihren schöpferischen Höhepunkt erreicht.[18] Entdeckung und Systematisierung sind nun abgeschlossen (die Zusammenfügung von Phonologie, Morphologie und Syntax durch Priscian wird ein im wesentlichen mechanischer Akt sein, s. u. S. 208). Es beginnt die *traditio*, die bis heute andauert.

3. Die Übertragungs- und Anpassungsperiode

Die für uns früheste nicht-fragmentarisch erhaltene Grammatik des Lateinischen ist die des *Marius Plotius Sacerdos* (Artes grammaticae; 3. Jh. n. Chr.; bei Keil GL VI 427 – 546). Sie selbst und alle aus späterer Zeit erhaltenen Artes (Charisius, Diomedes, Donat, Marius Victorinus, Dositheus, Martianus Capella, Priscianus usw.) sind bereits keine schöpferischen Übertragungen aus dem Griechischen mehr, sondern mehr oder weniger intelligente Kompilationen aus verschiedenen grammatischen Lehrbüchern zweier Hauptstränge der lateinischen Grammatik-Rezeption: (1) der frühesten römischen 'Schulgrammatik', die im 2. Jh. v. Chr. entstand, und (2) einer 'gelehrten', argumentierenden Anpassungsbemühung, die mit Varro beginnt und etwa bis zu Flavius Capers (2. Jh. nach Chr.) 'De latinitate' (verloren) reicht. Von rund 200 n. Chr. an wird das Erreichte nur noch „mit geringeren oder stärkeren Modifikationen von einem Geschlecht an das andere vererbt [. . .], darin modernen Schulgrammatiken vergleichbar" (Barwick [46], 89). Beide Hauptstränge basieren auf der Grundüberzeugung: maxima ex parte Romanus (sc. sermo) inde (sc. a Graeco sermone) conversus est (Quint. inst. I 5, 58). Spezifische Eigenheiten des Lateinischen werden daher als idiomata nostri sermonis (Remmius Palaemon bei Charisius 291 f.) aufgefaßt und teilweise gewaltsam an das griechische System angepaßt (die Artikellosigkeit, der 'Überschuß' eines Kasus, die andersartige Zeitauffassung des lat. Verbsystems, usw.).

Die Übernahme beginnt innerhalb des 1. Hauptstranges ('Schulgrammatik'): primus igitur, quantum opinamur, studium grammaticae in urbem intulit Crates Mallotes (Suet. gramm. 2, 1). Das war im J. 168 v. Chr. Möglicherweise hat *Krates* nicht nur Vorlesungen gehalten (plurimas acroasis subinde fecit: Suet. a.O.), sondern auch bereits eine pergamenische Bearbeitung des stoischen Grammatiklehrbuch-Typs Περὶ φωνῆς τέχνη nach Rom gebracht. Sicher ist das für *Diogenes von Babylon,* den Nachfolger Chrysipps in der Leitung der Stoa; vermutlich hat ein Mitglied des Scipionenkreises (Panaitios war Diogenes' Schüler) die Diogenes-Schrift Περὶ φωνῆς τέχνη ins Lateinische übertragen (Diogenes

---

18 Apollonios' Sohn Herodian widmete sich vornehmlich der Prosodie. Seine im engeren Sinne grammatischen Arbeiten (alle verloren) scheinen nur Ergänzungen gebracht zu haben.

besuchte 155 Rom). Die Übertragung wurde offenbar zur Grundlage der lat. Schulgrammatik, d. h.: die lat. Schulgrammatik entstand noch *vor* dem Erscheinen der Τέχνη γραμματική des D. T. (der, wie oben S. 201 f. gezeigt, seinerseits auf den Grammatikstudien der Stoiker fußte, möglicherweise [so Barwick 93] ebenfalls auf Diogenes v. Babylon). Noch *Varro* hat sich in De lingua latina und in seiner Ars grammatica (= Disciplinarum lib. I) eng an die stoisch-pergamenische Richtung angelehnt. Gleichzeitig beginnt aber schon bei ihm im Zuge seiner gelehrten Anpassungsbemühungen der Einfluß des inzwischen erschienenen Lehrbuchs des D. T. wirksam zu werden. Dieser Einfluß setzt sich dann ca. 50 Jahre später in der (verlorenen) Ars grammatica des *Remmius Palaemon* (unter Tiberius und Claudius), einem offenbar hochgelehrten und ideenreichen Werk, gegenüber der stoischen Grammatik-Basis so stark durch, daß vom stoischen System *nach* Palaemon im wesentlichen nur noch die formale Lehrbuchgliederung in 3 Teile übriggeblieben ist: I. Definition und Lautlehre – II. Formenlehre – III. (1) Sprachnormlehre: ἀρεταί καὶ κακίαι λόγου ∿ virtutes et vitia orationis (ἑλληνισμός; βαρβαρισμός, σολοικισμός ∿ latinitas; barbarismus, soloecismus), (2) Figurenlehre (rhetorisch): περὶ τρόπων καὶ σχημάτων ∿ de tropis et schematibus. Davon bewahrt nur noch Teil III (den D. T. bei der Abfassung seiner Τέχνη weggelassen hatte) in stärkerem Umfang stoisches Gut, die Teile I und II lehnen sich sowohl in den allgemeinen Kategorien der Sprachbetrachtung wie in der Terminologie engstens (meist in wörtlicher Übersetzung, s. o. S. 203) an D. T. an.

Soweit die grundsätzliche Andersartigkeit des Lateinischen eine *Anpassung* an das griechische System (und damit dessen Modifikation) unumgänglich machte, scheint diese vornehmlich von *Remmius Palaemon* geleistet worden zu sein: Er hat sowohl beim lat. Verbum als auch beim lat. Nomen vier ordines eingeführt, beim Verbum nach dem Ausgang der 2. Pers. Sg. Ind. Präs. Akt. (-ās, -ēs, -īs, -is), beim Nomen nach dem Gen. Sg.-Ausgang (-ae, -ī, -is, -ūs; -ei subsumierte er als Appendix dem 3. ordo, später wurden die Wörter auf -ēs, -ei zur 5. Deklination zusammengestellt); beide Einteilungen sind bis heute bewahrt worden. Andere hervorragende Einfälle wie der Ansatz eines casus septimus (∿ separativus) haben sich nicht durchgesetzt; auch von seinen Syntax-Ansätzen (z. B. Entwurf einer consecutio temporum) hat sich wenig bei seinen Nachfolgern erhalten.

Die Kompilationen seit Sacerdos erscheinen in drei Grundformen:

1. als Elementargrammatiken: Äußerst knapp, in Anlehnung an die stoische Περὶ φωνῆς τέχνη und an D. T. Τέχνη γραμματική, entsprechen sie der Schulgrammatik als 'Schülergrammatik' für den Anfangsunterricht; Beisp.: Donatus, Ars minor.

2. als Elementargrammatik mit erläuternden Zusatzabschnitten (∿ Schulgrammatik als Schüler- + Lehrergrammatik für den gesamten Grammatikunterricht; Beisp.: Charisius; Donat, Ars maior).

3. als ausführliche, argumentierende 'wissenschaftliche' Grammatik (anknüpfend an Varro, Remmius Palaemon, Caper, Terentius Scaurus usw. vor allem *Priscian*).

Die gleichen drei Grammatik-Typen kennen auch wir noch.

Den Abschluß der antiken Grammatik stellt die Zusammenfassung aller verfügbaren Kenntnisse in den 18 Büchern 'Institutiones grammaticae' des aus Caesarea in Mauretanien stammenden, unter Anastasios I. (491 – 518) und Justinian (527 – 565) in Konstantinopel lehrenden *Priscianus* dar. Das Werk ist die vollständigste deskriptive Grammatik des Lateinischen bis hin zu den großen wissenschaftlichen Grammatiken des 19. Jahrhunderts; es bildet infolgedessen (über Donat hinaus) die Hauptquelle für sämtliche lateinische (Schul-)Grammatiken des Mittelalters und der Renaissance. Unmittelbar als Schulgrammatik war es jedoch wegen seiner Detail- und Zitatenfülle sowie wegen seiner anspruchsvollen Argumentation nicht verwendbar; seine Kenntnis wurde im Mittelalter erst beim Abschlußexamen des Universitätsstudiums (Lizentiat) vorausgesetzt.

Priscian ist sich des Kompilationscharakters seiner Arbeit bewußt, s. z. B. Vorrede zu Buch V: „pleraque quidem a doctissimis viris, paucula tamen et a me pro ingenii mediocritate inventa exponam". – Den Inhalt des Werkes gibt er selbst im Widmungsschreiben so an: B. I: De voce et litera. – B. II: De syllaba. De dictione. De oratione et de octo partibus orationis. De nomine (Appellativa, Adiectiva, Derivativa, Patronymica, Possessiva). – B. III: De comparativis et superlativis. De diminutivis. – B. IV: De denominativis. – B. V: De generibus. De numeris. De figuris. De casu. – B. VI: De nominativo et de genitivo. – B. VII: De ceteris obliquis casibus. – B. VIII: De verbo. – B. IX: De regulis generalibus omnium coniugationum. – B. X: De praeterito perfecto. – B. XI: De participio. – B. XII u. XIII: De pronomine. – B. XIV: De praepositione. – B. XV: De adverbio et interiectione. – B. XVI: De coniunctione. – B. XVII u. XVIII: De constructione sive ordinatione partium orationis inter se (= Apollonios Dyskolos, s. o. S. 205).

Dank der Bildungskontinuität im Oströmischen Reich (insbes. Universität von Konstantinopel) und der Übernahme des Schulwesens durch die Kirche im weströmischen Reichsteil ist die Priscian- und damit die allgemeine Grammatikkenntnis auch während der periodischen Bildungszusammenbrüche im Europa der Völkerwanderungszeit niemals ganz abgerissen; durch die Mission wurde sie nach Nordwesteuropa (Irland, Schottland, England) exportiert und hat von dort aus über die karolingische Renaissance wieder auf Kontinentaleuropa zurückgewirkt.

4. Die Reproduktionsperiode

Zwischen Priscian und der Renaissance werden in der lateinischen und griechischen Grammatik keinerlei neue Entdeckungen gemacht. Der Grammatikunterricht in den Kloster- und Kathedral- bzw. (im Ostreich) Patriarchatsschulen basiert im Griechischen auf D. T. und Apollonios, im Lateinischen auf *Donat* (die Schüler lernen 'ihren' Donat, so wie in der Neuzeit 'ihren' Landgraf-Leitschuh). Obwohl der Grammatikunterricht des Lateinischen (im Westreich später auch des Griechischen) nunmehr Fremdsprachenunterricht ist, werden die antiken Grammatik-Lehrbücher didaktisch nicht verändert. Übertragungen in die europäischen Nationalsprachen bleiben Ausnahmen (z. B. die auf englisch abgefaßte lat. Grammatik des Aelfric um 1000); die Regel bilden die überaus zahlreichen lateinisch geschriebenen, für den Schulgebrauch abgekürzten Donat- und Priscian-Fassungen. Unter diesen nehmen nach den Grammatiken des *Alcuin* (Ende des 8. Jahrhunderts) und des Franken *Hrabanus Maurus* (um 830) als Lehrbücher den ersten Platz ein das 'Doctrinale' des *Alexander de Villa Dei* (= Alexandre de Villedieu in der Normandie, später Minorit in Paris), zuerst erschienen um

1200 und bis ca. 1500 in 50 Auflagen und ca. 230 kommentierten Ausgaben in ganz Europa verbreitet, sowie der 'Graecismus' (so benannt von den zahlreichen griechischen Wörtern) des *Eberhardus von Béthune* (Nähe Lille), erschienen 1212 und ebenfalls sehr stark benutzt. Beide Werke sind zur Lernerleichterung in Versen abgefaßt (Alexander: 2645, Eberhardus: 4440 leoninische, d. h. binnengereimte, Hexameter).

Das Niveau dieser Reimgrammatiken ist durchaus unverächtlich; als Beispiel diene aus dem 'Syntax'-Teil des 'Doctrinale' die Behandlung der Attractio relativi:

> Quando relativum generum casus variorum
> inter se claudunt, qui rem spectant ad eandem,
> per genus hoc poterit utrilibet equiperari:
> Est pia stirps iesse quem Christum credimus esse.

Wie schwierig allein das Verständnis der Verse (ohne die Sache) war, zeigen die Kommentare, die nicht etwa nur Erklärungen der jeweils behandelten grammatischen Erscheinung mit Beispielen und Diskussion der Literatur geben, sondern durch übergeschriebene Interlinearglossen das elementare Textverständnis zu sichern bemüht sind.

Die Sterilität des reproduktiven Grammatikbetriebs wird seit etwa der Mitte des 12. Jahrhunderts durchbrochen durch die folgenreiche Bewegung der *Modistae* (so genannt nach dem üblichen Titel ihrer grammatischen Werke 'De modis significandi'; am bekanntesten ist die dem *Duns Scotus* zugeschriebene um 1300 erschienene 'Grammatica speculativa sive De modis significandi'). Die Bewegung erwächst aus der Neubegegnung der Scholastik mit der griechischen Philosophie, insbesondere mit Aristoteles, im Gefolge der Kreuzzüge mit ihren byzantinischen, arabischen (Averroes, Avicenna) und jüdischen Wissenschaftseinflüssen. Ziel der Bewegung ist die logische Begründung der gramm. Regeln durch ihre Zurückführung auf universallogische Prinzipien; Ausgangspunkt ist Aristoteles, De interpretatione 1: „Wie die Schrift, so ist auch die Sprache nicht dieselbe bei allen Völkern. Aber die geistigen Vorgänge als solche, von denen die Wörter vornehmlich Zeichen sind, sind dieselben für die ganze Menschheit". Sprache wird dementsprechend von den Modistae als Reflex, Abbildung (speculum → Grammatica speculativa) der Wirklichkeit über das vermittelnde Zwischenglied von Vorstellungen (conceptus, conceptiones) aufgefaßt, und in betontem Gegensatz zur eindimensionalen (die Beziehungen der Wörter untereinander untersuchenden) traditionellen Deskriptionsgrammatik wird versucht, eine zweidimensionale Erklärungsgrammatik (Beziehungen zwischen Wörtern und Dingen, nomina et res) zu schaffen. Mit dieser Zielsetzung, innerhalb deren z. B. die Unterscheidung von 'Oberflächen-' und 'Tiefenstruktur' selbstverständlich ist, gehen die Modistae in die gleiche Richtung wie die spätere 'Grammaire raisonnée' oder 'Grammatica universalis' und die moderne 'Transformationsgrammatik'. Daß die Modistae, wohl vorwiegend über die Renaissance-Grammatik (z. B. über Scaliger [149] und Sanctius [153] tatsächlich auf die Universale Grammatik (z. B. von Port-Royal) und über sie auf die neuere Schulgrammatik einwirkten, ist nach der früher üblichen Geringschätzung der ganzen Richtung („unnütze Subtilitäten und . . . Scheinwissen": Bursian [15], 89) in neuester Zeit besonders von Padley gezeigt worden.[19]

---

[19] Padley [68], besonders die Kapitel 4 und 5 sowie S. 260 – 263, aufbauend auf Robins [23], 17.

Auf den zeitgenössischen Grammatikunterricht hatten die Sprachtheorien der Modistae allerdings so gut wie keinen Einfluß; in den Schulen und weithin auch Universitäten behaupteten für das Lateinische weiterhin Donat, Priscian, Alexander und Eberhardus das Feld, und auch für das Griechische wurde die antike Tradition — hier von den byzantinischen Gelehrten — lediglich fortgeführt (Grammatiken von Manuel Moschopoulos, um 1300; Manuel Chrysoloras, um 1375; Theodoros v. Gaza, um 1450; Konstantin Laskaris, 1476; Demetrios Chalkondylas, 1493, u. a.).

5. Die Observationsperiode (ca. 1450 — 1850)

Die Wiederentdeckung der Antike in der europäischen Renaissance des 14. — 16. Jahrhunderts führte zu einer Neubelebung auch der grammatischen Studien. Im Anschluß an grammatische Werke italienischer Humanisten (bes. Laurentius Valla, 1444 [137]) entstehen unter Auswertung der wiederentdeckten nichtchristlichen antiken Autoren insbesondere nach der Erfindung des Buchdrucks in ganz Europa Unmengen[20] von Schulgrammatiken, die dem im Mittelalter etwas heruntergekommenen Grammatikunterricht an den nun überall aus dem Boden schießenden Bürgerschulen eine neue, solide Grundlage geben.

Das grammatische System der Antike wird dabei von den Humanisten unverändert gelassen; die Fortschritte liegen (1) in der Wiederherstellung der klassischen Sprachreinheit durch Zurückdrängung der theologischen (Bibel- und Kirchenväter-)Texte und durch strenge Observation des Sprachgebrauchs der lateinischen und griechischen Klassiker, (2) in der wesentlich verbesserten didaktischen Aufbereitung des Stoffes (durchgehend Prosa-Lehrbücher; Vereinfachungen, klarere Definitionen, besser ausgewählte Beispiele, größere Übersichtlichkeit durch differenzierendes Druckbild, Tabellen u. dgl.). Ihren Impetus beziehen die Verfasser der Schulgrammatiken vornehmlich aus ihrer Frontstellung gegen das 'Doctrinale' mit seiner theologischen Grundausrichtung, in geringerem Maße auch gegen die universallogische Tendenz der Modistae. Grammatik*ziel* ist die auf präziser Observation beruhende 'scientia recte scribendi et loquendi' (s. u. S. 211 zu Frischlin). Der Humanistenhang zu ausgedehnter Polemik führt zu vielen äußerlichen Verbesserungen der Schulgrammatik, das System bleibt unangetastet (nennenswerte sachliche Fortschritte fast nur in der Grammatik des Griechischen: Aussprachegesetze, Erkenntnis der Kontraktionsregeln).

Die frühen Humanistengrammatiken zeichnen sich durch außerordentliche Kürze (um die 30 Seiten), Klarheit und Einfachheit aus.[21] Die Syntax nimmt in den Grammatiken beider Sprachen getreu der alten Tradition (s. o. S. 205) nur sehr geringen Raum ein und wird zunächst nur in separaten Abhandlungen erörtert (z. B. J. Varennius, 1522 [97]). Eine (durchaus beherzigenswerte) Begründung

---

20 Nicodemus Frischlin sagt in der Vorrede zu seiner 'Strigilis Grammaticae . . .', Straßburg 1594: "Nam hodie ferme tot sunt Grammaticae quot sunt illustriores scholae, in universo Christiano orbe".

21 Z. B. die erste griech. Schulgrammatik Deutschlands, das 'Elementale Introductorium in idioma graecanicum', Erfurt 1501 (Verf. unbekannt), aber auch die griech. und lat. Schulgrammatiken Melanchthons, 1518 bzw. 1526, immer wieder aufgelegt und bis weit ins 18. Jh. hinein gebräuchlich.

dafür lautet bei N. Clenardus, 1530 [102], S. 104): „De Graecorum constructione tantum praecipienda sunt ea, in quibus nobiscum non consentiunt". In der Regel wird aber der Verzicht auf die Syntax mit deren Kompliziertheit und hohem Subjektivitätsgrad begründet: Syntax kann nur durch vieles Lesen, Schreiben und Sprechen erlernt werden, nicht durch jahrelanges Regelstudium, das das erklärte Lernziel – flüssiges Schreiben und Sprechen in der Fremdsprache – nur hinauszögern würde. Die Kürze der Humanistengrammatik hat dieselbe Ursache: die Grammatik soll den Lehrer, der Zentrum des Unterrichts ist, unterstützen, nicht ersetzen oder behindern; daher beschränkt sich die Schulgrammatik auf die Grundtatsachen, stellt also eine Art 'Fibel' dar; genauere Erläuterungen, oft auch didaktische Hinweise, enthalten die regelmäßig beigegebenen Appendices für den Lehrer (siehe unten) zu Sanctius'*Minerva*). – Oft erscheinen die Humanistengrammatiken noch in der antiken und mittelalterlichen (dort mnemotechnisch bedingten) Frage-Antwort- (=ʼΕρωτήματα-)Form, die erst mit der wachsenden Selbstverständlichkeit des Buches allmählich verschwindet (z. B. N. Frischlin, 1585 [152]: „Quid est grammatica? – Grammatica est recte seu pure loquendi scientia . . ." usw. Die Reihenfolge der Fragen und Antworten entspricht dem traditionellen Grammatikschema).

Als Beispiel für die Anlage der humanistischen Schulgrammatik beider Sprachen möge die bis ins 19. Jahrhundert hinein hochberühmte lateinische Schulgrammatik des F. Sanctius dienen (Salamanca 1587 u. ö.), bekannt unter dem Namen 'Minerva'.

Die Schulgrammatik umfaßt 37 Seiten (Oktavformat). Der Aufbau ist einfach: I. De partibus orationis. – II. De quantitate syllabarum. – III. De constructione. – Teil I ist noch einmal unterteilt in 1. Induktion der grammatischen Grundbegriffe 'Laut, Silbe, Wort usw.' und 2. Regeln. – Die partes orationis werden in Teil I 1 in folgender lapidarer Kürze induziert:

> Grammatica est ars recte loquendi: cuius finis est congruens oratio. Oratio constat ex vocibus: voces ex syllabis: syllaba ex literis. Litera est individui toni comprehensio: estque Vocalis aut Consona. Vocalis est litera, quae per se syllabam efficit; ut a, e, i, o, u. Ex his quatuor fiunt Diphthongi: ae, oe, au, eu; ut aes, poena, laurus, eurus: & yi Graeca; ut Harpyia. – Consona sine vocali syllabam non efficit. Sunt autem quindecim (folgt Aufzählung und Einteilung mit näheren Bemerkungen; dann:) Syllaba est . . . (Definition, Einteilung in kurze, lange und ancipites). Vox seu dictio est, qua unumquodque vocatur. Cui accidunt Accentus, Figura, Species (folgen die Definitionen). Voces omnes aut numeri participes sunt aut expertes. Numerus est differentia vocis secundum unitatem aut multitudinem (Einführung von 'Singular' und 'Plural'). Voces numeri participes sunt: Nomen, Verbum, Participium, – expertes numeri: Praepositio, Adverbium, Coniunctio. Quae partes orationis appellantur.

Darauf folgt der Regelteil. Sämtliche Genusregeln mit Beispielen werden z. B. auf 2 Seiten untergebracht, sämtliche Deklinationsregeln der 5 Deklinationen mit Beispielen und den wichtigsten Regelabweichungen auf 4 1/2 Seiten. – Im Teil III werden behandelt: Kongruenz, reflexive und nicht-reflexive Possessiv-Pronomina, die gesamte Kasus-Rektion, Aktiv und Passiv, Transitivität und Intransitivität, Verba impersonalia, Verba substantiva, Partizip, Gerundium und Gerundivum, Supinum (nur I; mit Induktion des Inf. Fut. Pass. -tum iri), der Gebrauch der Präpositionen, Adverbien und Konjunktionen – alles auf 14 Seiten. Eine Syntax des erweiterten Satzes wird nicht gegeben (s. dazu o. S. 205).

Der eigentlichen 'Grammatica' geht eine 466 Seiten umfassende gelehrte Begründung für den Lehrer voraus: die 'Minerva' (nach Ilias V: Athene macht Diomedes sehend). In dieser berühmten Abhandlung, die in späteren Schulgrammatiken bis ins 19. Jahrhundert hinein den Schülern zumindest der Oberklassen zur Lektüre empfohlen wird[22], sucht Sanctius nach dem Vorgang J. C. Scaligers [149] in dauernder kritisch-polemischer Auseinandersetzung mit der gesamten vor ihm liegenden Grammatiktradition seit Platon (1) eine rationale Begründung der lateinischen Sprachregeln zu geben („causas rationesque", S. 2) und (2) diese rationale Begründung nicht mit Grammatiker-Ansichten zu belegen („improbantes ... illud Ipse dixit", S. 4), sondern mit dem Sprachgebrauch der klassischen Autoren selbst („testimonia", „exempla", „usus", S. 4/5). Mit dieser doppelten Zielsetzung führt Sanctius, wie sich leicht sehen läßt, die Intention der Modistae mit der des Humanismus zusammen.

In der Folgezeit haben sich die beiden Stränge wieder getrennt: die rationalisierende Richtung wurde von der (philosophischen) 'Grammaire raisonnée' oder 'Grammatica universalis' (z. B. der von Port-Royal[23]) fortgeführt, die positivistische (empirische) von den griechischen und lateinischen Schulgrammatiken des 17. und 18. Jahrhunderts, die immer stärker zu monströsen Beispielsammlungen anschwollen.[24]

Die Wiedervereinigung der beiden Stränge erfolgt (von Humboldt abgesehen) speziell für die Grammatik der Alten Sprachen *theoretisch* in einer Programm-Erklärung F. A. Wolfs im 'Organon der Alterthumswissenschaft' (in: 'Museum der Alterthumswissenschaft', Bd. 1, 1807), *praktisch* in den großen wissenschaftlichen Grammatiken von Buttmann [113], Matthiä [114] und Kühner [115] und anschließend in den von ihnen abhängigen Schulgrammatiken des 19. Jahrhunderts.[25]

Insgesamt gesehen bringen die rd. 400 Jahre der Observationsperiode für die Schulgrammatik eine starke Erweiterung und Verfeinerung, jedoch keine Änderung des Systems und der grammatischen Sehweise (auch die 'Grammaire raisonnée' findet nur an wenigen Systemstellen Eingang in die Schulgrammatik, allerdings an wichtigen; s. Latacz 1974 [19]).

Wirklichen Gewinn zieht die Schulgrammatik aus der Stoff-Erweiterung speziell des 18. Jahrhunderts nur in der bis dahin stets stiefmütterlich behandelten Syntax. In dem auf aktive Sprachbeherrschung ausgerichteten Latein- und Griechisch-Unterricht der Antike, des Mittelalters und der Renaissance mußte ein ausgebreiteter Syntax-Teil als entbehrlich erscheinen (s.o.S. 210 f.). Der im 17. Jahrhundert einsetzende und im 18. Jahrhundert sich verstärkende Rückgang der Sprechpraxis,

---

22 Z. B. in Schellers 'Ausführlicher lat. Sprachlehre oder sogenannten Grammatik', Leipzig 1790³, XV.

23 Sahlin bei Brekle [61], X, XV; Donzé [62], 26 f.

24 Z. B. Scheller [158], Broeder [160]. Das 17. Jh. hatte nach dem ersten Abschluß der Editions- und Kommentierungstätigkeit den Aufschwung der 'Realien-' oder 'Antiquitäten'-Studien gebracht; die materielle Aufschwemmung der Schulgrammatiken im 18. Jh. ist eine Folge davon (so z. B. Broeder: 500 Seiten, schon mit den später obligatorisch gewordenen Anhängen über Metrik, rhetorische Figuren und den Kalender [nur die Maße und Gewichte fehlen noch]; in der Vorrede Betonung der Vollständigkeit und des Chrestomathie-Charakters sowie der Eignung für das Erlernen der *Hin*übersetzung).

25 Einzelheiten bei Latacz 1974 [19].

der Latein und Griechisch zu 'toten' Sprachen macht, führt nun notwendig zu einer Zunahme syntaktischer Regeln. Dieser Trend hält bis heute an. Die immer feiner werdenden syntaktischen Differenzierungen führen seit dem Beginn des 19. Jahrhunderts dazu, daß der Grammatikunterricht im Lateinischen und Griechischen, anders als in den modernen Fremdsprachen, zur *theoretischen Sprachreflexion* wird und so die Entstehung eines neuen Bildungsziels des altsprachlichen Grammatikunterrichts begünstigt: der '(formalen) Denkschulung' (vgl. o. S. 23).

6. Die Periode der Verwissenschaftlichung (ca. 1850 bis zur Gegenwart)

Die Entdeckung der indogermanischen Sprachenverwandtschaft durch W. Jones (1786) und F. Bopp (1816) und die daraufhin einsetzende Historisierung der wissenschaftlichen Grammatik läßt zwar auch die Schulgrammatik nicht unberührt, der Einfluß ist jedoch aufs Ganze gesehen nicht sehr tiefgreifend. Regelrechte sprachwissenschaftliche Schulgrammatiken (wie z. B. Sommer [165], Rubenbauer-Hofmann [166], Zinsmeister [119]) bleiben die Ausnahme. Im Hauptstrom der Grammatikproduktion werden sprachgeschichtliche Zusammenhänge dort, wo sie erhellend wirken können (bes. in der Laut- und Wortbildungslehre), erwähnt, aber nicht zum Ausgangspunkt der Darstellung gemacht. Schulgrammatiken wie die von Kaegi [117] und Landgraf [163] mit ihrer traditionellen Anlage leben in immer neuen Auflagen und Bearbeitungen bis in die Gegenwart fort.[26]

Auch gegenüber modernen linguistischen Strömungen wie z. B. dem Strukturalismus (seit ca. 1900) oder der Transformationsgrammatik (seit ca. 1960), die ihre Originalität mangels ausreichender grammatikhistorischer Kenntnisse lange Zeit zu überschätzen pflegten (s. dazu z. B. Latacz 1974 [19]), hat sich die Schulgrammatik des Griechischen und Lateinischen dank ihrer in Jahrhunderten erprobten Beharrungskraft bisher behauptet. Allerdings hat der Zwang zur Auseinandersetzung mit diesen Richtungen, wie bisher jedesmal in der Geschichte der Schulgrammatik (vgl. die Auseinandersetzungen mit den Modistae und der 'Grammaire raisonnée'), auch diesmal wieder zu einer heilsamen Steigerung des Problembewußtseins sowie der Bereitschaft zu Selbstreflexion und Ideen-Übernahme geführt. In der Konfrontation mit der immer rigoroser werdenden Wissenschaftlichkeit der 'Grammatik als solcher' (s. o. S. 194) hat auch die Schulgrammatik an Präzision gewonnen. Indessen: Daß das traditionelle System der griechischen und lateinischen Schulgrammatik als Folge der aktuellen Auseinandersetzung tiefgreifend oder gar grundlegend umgestaltet werden müßte, steht auf

---

26 Der alte Materialbestand wird je nach den Erfordernissen der Grammatikdiskussion modernisiert; in den Vorreden wird die jeweils moderne Terminologie salvatorisch komprimiert (s. z. B. das Vorwort des 1974 von Bayer-Lindauer neugestalteten 'Landgraf-Leitschuh': in wenigen Zeilen präsentiert sich durch Aneinanderreihung modernster Grammatiktermini ein dynamisch-weltoffenes, scheinbar jugendfrisches Werk: „deskriptiv-synchronisch", „funktional", „kontrastiv", „auch zahlreiche Hinweise diachronischer Art", „statistische Erhebungen", „graphisch differenziert", „Zeichencharakter der Sprache", „neueren linguistischen Vorstellungen gebührenden Raum gegeben" – aber bei allem: „wertvolles Traditionsgut der lat. Schulgrammatik bewahrt").

Grund der trotz aller Mängel relativ hohen Erklärungsadäquatheit dieses Systems (s. o. S. 196) kaum zu erwarten.[27]

Zum Verhältnis „Wissenschaftliche Grammatik – Schulgrammatik"

1   Arndt, H.: Linguistische und lerntheoretische Grundaspekte des Grammatikunterrichts im Englischen. In: Der fremdsprachliche Unterricht 2, 6 (1968), 3–39.

2   Arndt, H.: Wissenschaftliche Grammatik und pädagogische Grammatik. In: Neusprachliche Mitteilungen 22(1969),65–76.

3   Bünting, K.D.: Wissenschaftliche und pädagogische Grammatik (Sprachwissenschaft und Sprachlehre). In: Linguistische Berichte 5(1970),73–82 (auch in Nr. 13).

4   Erlinger, H.D.: Sprachwissenschaft und Schulgrammatik. Strukturen und Ergebnisse von 1900 bis zur Gegenwart. Düsseldorf 1969 [nur zur Grammatik des Deutschen].

5   Halliday, M. A. K. / McIntosh, A. / Strevens, P.: The Linguistic Sciences and Language Teaching. London 1964.

6   Hausmann, F.J.: Linguistik und Fremdsprachenunterricht. Tübingen 1975.

7   Jung, L.: Linguistische Grammatik und Didaktische Grammatik. Frankfurt/Main 1975 [Versuch einer Umsetzung moderner Grammtiktheorien in die Schulgrammatik des Englischen am Beispiel des englischen Gerundiums].

8   Luther, W.: Die neuhumanistische Theorie der „formalen Bildung" und ihre Bedeutung für den lateinischen Sprachunterricht der Gegenwart. In: AU V 2 (1961), 5–31 (auch in Nr. 12).

9   Marrou, H.-I.: Geschichte der Erziehung im klassischen Altertum. Hrsg. v. R.Harder. Freiburg/München 1957. München (dtv) 1977.

10 Menzel, W.: Die deutsche Schulgrammatik. Kritik und Ansätze zur Neukonzeption. Paderborn 1972.

11 Nickel, R.: Altsprachlicher Unterricht. Darmstadt 1973 (bes. Kap. VII; dort weitere Literatur).

12 Nickel, R. (Hrsg.): Didaktik des altsprachlichen Unterrichts. Deutsche Beiträge 1961 bis 1973. Darmstadt 1974 (WdF 461).

13 Rötzer, H.G. (Hrsg.): Zur Didaktik der deutschen Grammatik. Darmstadt 1973 (WdF 276).

---

27 Die sachlich oft entbehrliche, pädagogisch aber geradezu unsinnige Meta-Terminologisierung des derzeitigen Grammatik-Schulunterrichts ('Linguisten-Chinesisch'; oft unfreiwillig komisch, z. B. 'rekodieren' für 'übersetzen') stößt bei Praktikern zunehmend auf Ablehnung (s. z. B. Froesch, H.: Wo die Strukturbäume in den Himmel wachsen. In: FAZ v. 27. 11. 78): als Lernerleichterung gemeint, wirkt sie sich in der Unterrichtspraxis als weitere Distanzvergrößerung zwischen Lernendem und Lernobjekt und damit als Lernerschwernis aus.

Übersichtsdarstellungen zur Grammatik-Geschichte

14 Arens, H.: Sprachwissenschaft. Der Gang ihrer Entwicklung von der Antike bis zur Gegenwart. Freiburg/München 1955.

15 Bursian, C.: Geschichte der classischen Philologie in Deutschland von den Anfängen bis zur Gegenwart. München/Leipzig 1883.

16 Bursill-Hall, G.L.: A Short History of Grammar in Ancient and Mediaeval Europe. In: Speculative Grammars etc. (s. Nr. 52), 15–36.

17 Gerth, K.: Artikel „Grammatik" in: Pädagogisches Lexikon, hrsg. von H.H. Groothoff und M. Stallmann, Stuttgart/Berlin 1964[2].

18 Hamp, E.P.: Artikel „Grammar" in: The New Encyclopaedia Britannica. Macropaedia. Vol. 8, 1974, Sp. 265–274.

19 Latacz, J.: Klassische Philologie und moderne Linguistik. In: Gymnasium 81 (1974), 67 bis 89.

20 Mounin, G.: Histoire de la linguistique des orgines au XXe siècle. Paris 1967.

21 Pedersen, H.: The Discovery of Language. Bloomington 1962.

22 Reich, G.: Muttersprachlicher Grammatikunterricht von der Antike bis um 1600. Weinheim 1972 (Pädagogische Studien, Bd. 19) [Gliederung: Grammatikunterricht bei den Griechen, Römern, Deutschen. Sehr guter Überblick].

23 Robins, R.H.: Ancient and Mediaeval Grammatical Theory in Europe. With particular reference to modern linguistic doctrine. London 1951. 1971[2].

24 Robins, R.H.: Dionysius Thrax and the Western Grammatical Tradition. In: Transactions of the Philological Society (Oxford) 9(1957), 67–106.

25 Robins, R.H.: The Development of the Word Class System of the European Grammatical Tradition. In: Foundations of Language 2(1966), 3–19.

26 Robins, R.H.: A Short History of Linguistics. London 1967.

27 Robins, R.H.: Ideen- und Problemgeschichte der Sprachwissenschaft. Frankfurt/Main 1973.

28 Sandys, J.E.: History of Classical Scholarship I. Cambridge 1921[3].

29 Johann, H.-Th. (Hrsg.): Erziehung und Bildung in der heidnischen und christlichen Antike, Darmstadt 1976 (WdF 377).

30 Lersch, L.: Die Sprachphilosophie der Alten. Bonn 1838–41.

31 Schoemann, G.F.: Die Lehre von den Redetheilen nach den Alten. Berlin 1862.

32 Steinthal, H.: Geschichte der Sprachwissenschaft bei den Griechen und Römern. Berlin 1863. 1890/91[2] (= ND Hildesheim 1961).

Zur 1. Periode

33 Classen, J.: De grammaticae Graecae primordiis. Bonn 1829.

34 Forbes, P.B.R.: Greek Pioneers in Philology and Grammar. In: Class. Rev. 47(1933), 105–112.

35 Glinz, H.: Die Begründung der abendländischen Grammatik durch die Griechen und ihr Verhältnis zur modernen Sprachwissenschaft. In: Wirkendes Wort 7(1957),129–135.

36 Koller, H.: Die Anfänge der griechischen Grammatik. In: Glotta 37(1958),5–40.

37 Pfeiffer, R.: Geschichte der klassischen Philologie. Von den Anfängen bis zum Ende des Hellenismus. Reinbek 1970. München 1978².

Zur 2. Periode

38 Barwick, K.: Remmius Palaemon . . . (s. Nr. 46).

39 Barwick, K.: Probleme der stoischen Sprachlehre und Rhetorik. In: Abh. Akad. Wiss. Leipzig 49 (3), 1957.

40 Benedetto, V. di: Dionisio Trace e la Techne a lui attribuita. In: Ann. Scuol. Sup. Norm. Pisa 27(1958),169–210 und 28(1959),87–118.

41 Dahlmann, H.: Varro . . . (s. Nr. 48).

42 Fuhrmann, M.: Das systematische Lehrbuch. Ein Beitrag zur Geschichte der Wissenschaften in der Antike. Göttingen 1960 (zu Dionysios Thrax 29–34).

43 Pohlenz, M.: Die Begründung der abendländischen Sprachlehre durch die Stoa. In: NGG III 6(1939),151–198.

44 Robins, R.H.: Dionysius Thrax . . . (s. Nr. 24).

45 Schmidt, R.: Stoicorum Grammatica. Halle 1939.

Zur 3. Periode

46 Barwick, K.: Remmius Palaemon und die römische Ars grammatica. Leipig 1922 (Philologus Suppl.-Bd. XV 2).

47 Colson, F.H.: The Grammatical Chapters in Quintilian I 4–8. In: CQ 8(1914),33–47.

48 Dahlmann, H.: Varro und die hellenistische Sprachtheorie. Berlin 1932.

49 Froehde, O.: Die Anfangsgründe der römischen Grammatik. Leipzig 1892.

50 Jeep, L.: Zur Geschichte der Lehre von den Redeteilen bei den lateinischen Grammatikern. Leipzig 1893.

Zur 4. Periode

51 Baebler, J.B.: Beiträge zur Geschichte der lateinischen Grammatik im Mittelalter. Halle 1885.

52 Bursill-Hall, G.L.: Speculative Grammars of the Middle Ages. Den Haag-Paris 1971.

53 Hunt, R.W.: Studies in Priscian in the 11th and 12th Centuries. In: Mediaeval and Renaissance Studies 1(1941/43),194–231; 2(1950),1–56.

54 Paetow, L.J.: The Arts Course at Mediaeval Universities with special reference to Grammar and Rhetoric. Urbana 1910.

55 Pinborg, J.: Die Entwicklung der Sprachtheorie im Mittelalter. Münster/Kopenhagen 1967.

56 Pinborg, J.: Logik und Semantik im Mittelalter. Ein Überblick. Stuttgart/Bad Cannstatt 1972.

57 Rotta, P.: La filosofia del linguaggio nella patristica e nella scolastica. Turin 1909.

58 Voltz, L.: Zur Überlieferung der griechischen Grammatik in byzantinischer Zeit. In: Fleckeisens Neue Jahrbücher 139(1889),579–599.

Zur 5. Periode

59 Allen, C.G.: The Sources of „Lily's Latin Grammar". In: The Library 5.9.1954, 85–100.

60 Breitinger, H.: Zur Geschichte der französischen Grammatik 1530–1647. Frauenfeld 1867.

61 Brekle, E.: Einleitung zur Neuausgabe der Grammatik von Port-Royal (s. Nr. 156).

62 Donzé, R.: La Grammaire générale et raisonnée de Port-Royal. Contribution à l'histoire des idees grammaticales en France. Bern 1967. 1971² (Bibliographie 234–236).

63 Funke, O.: Die Frühzeit der englischen Grammatik. Bern 1941.

64 Jellinek, M.H.: Geschichte der neuhochdeutschen Grammatik von den Anfängen bis auf Adelung. 2 Bde., Heidelberg 1913/14.

65 Kukenheim, L.: Contributions à l'histoire de la grammaire grecque, latine et hebraïque à l' époque de la Renaissance. Leiden 1951.

66 Leser, E.: Geschichte der grammatischen Terminologie im 17. Jh. Diss. Freiburg 1912.

67 Meech, S. B.: Early Application of Latin Grammar to English. In: Publications of the Modern Language Association 50 (1935), 1012 – 1032.

68 Padley, G.A.: Grammatical Theory in Western Europe 1500–1700. The Latin Tradition. Cambridge 1976.

69 Reich, G.: Muttersprachlicher Grammatikunterricht ... (s. Nr. 22).

70 Shaw, A.E.: The Earliest Latin Grammars in English. In: Transactions of the Bibliographical Society 5(1899),39–65.

71 Svoboda, Ch.: La Grammaire Latine depuis le moyen âge jusqu'au commencement du XIXe siècle. In: REL 3(1925),69–77.

72 Vorlat, E.: The Development of English Grammatical Theory 1586–1737. With special reference to the theory of parts of speech. Leuven 1975 (bes. 1–10. 420–439).

73 Watanabe, S.: Studien zur Abhängigkeit der frühneuenglischen Grammatiken von den mittelalterlichen Lateingrammatiken. Münster/Westf. 1958.

74 Watson, F.: The English Grammar Schools to 1960: their Curriculum and Practice. Cambridge 1908.

Verzeichnis der herangezogenen Grammatiken

I. Bibliographien

75 Marsden, William: A Catalogue of dictionaries, vocabularies, grammars, and alphabets. London 1796.

76 Vater, J.S.: Literatur der Grammatiken, Lexika und Wörtersammlungen aller Sprachen der Erde. Berlin 1815. 1847^2.

77 Enslin, Th.Chr.Fr.: Bibliotheca philologica, oder Verzeichniss derjenigen Grammatiken und anderer Werke, welche zum Studium der . . . todten Sprachen gehören und vom Jahre 1750 an (zum Theil auch früher) . . . in Deutschland erschienen sind. Berlin 1826 u.ö.

78 Padley, G.A.: Grammatical Theory (s. Nr. 68), 268–274.

II. Griechische (Schul-)Grammatiken

Die z. T. äußerst langen Titel sowie die Erscheinungsorte sind aus Raumgründen weggelassen.

79 um 100 v.Chr. Dionysios Thrax (ed. G.Uhlig, Leipzig 1883 = Grammatici Graeci I 1)

80 um 180 n.Chr. Apollonios Dyskolos (ed. R.Schneider et G.Uhlig, Leipzig 1878 = Gramm. Graeci II 1)

81 um 200 Herodianos

82 um 600 Isidorus von Sevilla

83 6./7. Jh. Choiroboskos

84 um 1300 Manuel Moschopoulos

85 um 1375 Manuel Chrysoloras

86 um 1450 Theodoros v. Gaza

87 1476 Konstantinos Laskaris

88 1493 Demetrios Chalkondylas

89 1501 Anonymos (Elementale Introductorium, s. o. S. 210)

90 1512 G. Simler

Die Entwicklung der Schulgrammatik 219

91	1515	Aldus Manutius
92	1516	Erasmus von Rotterdam (Übers. des Theodoros)
93	1517	O. Luscinius (= Nachtigall)
94	1518	Ph. Melanchthon, Institutiones Graecae Grammaticae
95	1520	G. Budé
96	1522	J. Ceporinus (= Wiesendanger)
97	1522	J. Varennius, Syntaxis Graecae Linguae (mit Zusätzen von Camerarius öfter aufgelegt)
98	1524	Rithaemerus
99	1526	J. Camerarius
100	1529	Metzler
101	1530	Macropedius
102	1530	N. Clenardus
103	1536	Lonicerus
104	1536	Lopadius
105	1539	Micyllus
106	1563	M. Crusius
107	1589	J. Posselius, Syntaxis Graeca (öfter aufgelegt)
108	1589	N. Frischlin
109	(1590	J. Sylburg gibt den Apollonios Dysk. mit lat. Übers. heraus)
110	1635	Jacob Weller (öfter aufgelegt)
111	1655	C. Lancelot, Nouvelle Méthode pour apprendre facilement la langue grecque (viele Übersetzungen in andere Sprachen)
112	1732	Ch. T. Damm
113	1807	Matthiä
114	1812	Buttmann
115	1834/35	Kühner (später bearbeitet von Gerth)
116		Krüger
117		Kaegi
118	1947	Früchtel
119	1954	Zinsmeister (– Lindemann – Färber)
120	1973	Bornemann-Risch

III. Lateinische (Schul-)Grammatiken

(Vgl. die Vorbemerkung unter II)

121	1. Jh. v. Chr.	Varro
122	1. Jh. n. Chr.	Remmius Palaemon
123	1. Jh. n. Chr.	(Quintilianus)
124	um 350/400	Charisius, Diomedes, Donatus u. a. (s. o. S. 207)

125	um 425	Macrobius, De differentiis et societatibus Graeci Latinique verbi
126	um 500	Priscianus
127	um 600	Isidorus von Sevilla
128	um 700	Bonifatius
129	um 700	Beda
130	um 800	Alcuin
131	um 830	Hrabanus Maurus
132	um 1000	Aelfric (Priscian auf englisch)
133	um 1150	Petrus Helias v. Paris (Kommentar zu Priscian)
134	um 1200	Alexander de Villa Dei, Doctrinale (ed. D. Reichling, in: Mon. Germ. Paed. XII, Berlin 1893)
135	1212	Eberhardus v. Béthune, Graecismus
136	um 1300	Duns Scotus, Grammatica speculativa sive De modis significandi
137	1444	Laurentius Valla, Elegantiae Latini sermonis
138	1468	Perottianus (= Perotti), Rudimenta Grammatices
139	1480	Nebrija (Aelius Antonius Nebrissensis)
140	1501	Aldus Manutius
141	1506	Henrichmannus
142	1508	J. Brassicanus
143	1511	Erasmus von Rotterdam, De octo partium constructione
144	1512	Thomas Linacer, Rudimenta grammatices
145	1513	Colet-Lily-Erasmus
146	1513	(Murmellius, Pappa puerorum [lat. Gesprächsbuch])
147	1526	Melanchthon, Grammatica latina (nur Formenlehre). Syntaxis linguae Latinae (seit 1532 beide Werke verbunden)
148	1538	N. Clenardus
149	1540	Julius Caesar Scaliger, De causis linguae Latinae (1. 'philosophische' Humanistengrammatik)
150	1563	M. Crusius
151	1576	P. Ramus, Rudimenta grammaticae Latinae
152	1585	N. Frischlin
153	1587	F. Sanctius, Minerva sive De causis linguae Latinae
154	1628	C. Scioppius (= Schoppe), Grammatica philosophica sive Institutiones grammaticae Latinae
155	1656	C. Lancelot, Nouvelle Méthode pour apprendre facilement et en peu de temps la langue latine
156	1660	A. Arnauld – C. Lancelot, Grammaire générale et raisonnée (= Grammatik von Port-Royal) (hrsg. von E. Brekle, Stuttgart/Bad Cannstatt 1966)
157	(1677	Chr. Cellarius, Antibarbarus latinus)
158	1779	I. J. G. Scheller, Ausführliche lateinische Sprachlehre
159	1780	Ders., Kurzgefaßte lateinische Sprachlehre
160	1787	C. G. Broeder, Praktische Grammatik der lat. Sprache

161	1795	Ders., Kleine lat. Grammatik
162	1843	J. N. Madvig
163		Landgraf (später bearbeitet von Leitschuh; 1974 neugestaltet von Bayer und Lindauer)
164	1878/79	Kühner (später bearbeitet von Stegmann)
165	1920	Sommer
166	1928	Rubenbauer-Hofmann (1971: – Heine)

Hans-Joachim Glücklich
Ziele und Formen des altsprachlichen Grammatikunterrichts

Vorklärung

Eine Grammatik ist ein Buch, das verschiedene Gebiete wie Lautlehre, Aussprachelehre, Wortbildungslehre meist kurz abhandelt und in seinem Zentrum ausführlich erst die Morphologie, dann die Syntax einer Sprache darstellt. *Die Grammatik* ist das, was man aus Texten zu Satzbau, Morphologie, Stil und sprachgeschichtlichen Entwicklungen beobachten kann, wobei eine Beschränkung auf einen zeitlich umrissenen Bereich, z. B. die Antike, erfolgen kann. *Grammatikunterricht* soll in unserem Fall vor allem zur Lektüre altsprachlicher Texte befähigen. Das (traditionelle) Grammatikbuch, die Grammatik und der Grammatikunterricht unterscheiden sich in ihren Quellen[1] und in ihren Aufgaben. Grammatikbuch und Grammatikunterricht müßten demzufolge nicht unbedingt in ihrem Aufbau, d. h. in der Abfolge ihrer Gebiete, übereinstimmen. Neuere Erkenntnisse auf dem Gebiet der Satzbaulehre und der Textbeobachtung könnten zudem, nachdem sie bereits im altsprachlichen Unterricht fruchtbar geworden sind, auch die Gestaltung gedruckter Grammatiken beeinflussen.

Im folgenden werden Formen und Ziele des lateinischen Grammatikunterrichts besprochen, am Schluß werden damit die Möglichkeiten des griechischen Grammatikunterrichts verglichen.

Fachübergreifende Ziele des Lateinunterrichts

Lange Zeit schien der lateinische Grammatikunterricht ein fast getreues Abbild der Abfolge Morphologie – Syntax des Grammatikbuches. Dies war so lange möglich, wie die Lateinkenntnisse durch aktives Sprechen und Schreiben eingeübt und angewandt wurden.[2] Möglich war dies auch noch, solange dem Grammatik-

---

1 Vgl. dazu den Beitrag von Joachim Latacz oben S. 193 ff.
2 Der Zwang, der dahinterstand, verdeutlicht eindrucksvoll die Ordnung des Gymnasiums Nordhausen aus dem Jahre 1583, abgedr. bei R. Vormbaum (Hrsg.): Die evangelischen Schulordnungen des sechzehnten Jahrhunderts I. Gütersloh 1860, 392: In jeder Klasse wurden für jede Woche Schüler zu heimlichen Aufpassern über das strikte Lateinsprechgebot bestellt. „Sie müssen unter den ersten in der Schule sein, fleißig auf die, welche deutsch reden, achten, ihre Worte merken und heimlich aufzeichnen, wann, was und mit wem sie geredet haben, es mag sein, mit wem und was es wolle. Diese Zeddel müssen sie insgeheim dem Lehrer geben, an dem Tage, wo sie abgelesen werden sollen . . .".

unterricht eine lange, ja lebenslange Lektüre lateinischer Texte, darunter auch zeitgenössischer wissenschaftlicher Literatur, folgte. Die Anwendungsphase der erst mehr schematisch erworbenen morphologischen Kenntnisse war lange und intensiv genug, es stand genügend Zeit für die Lektürepraxis zur Verfügung. Man konnte es sich leisten, den lateinischen Grammatikunterricht als bittere, aber eben notwendige Vorstufe zur Fähigkeit anzusehen, lateinische Texte zu lesen.[3] Mit dem Rückgang neuer lateinisch geschriebener Literatur[4] und dem Aufkommen einer umfangreichen Übersetzungsliteratur wurde schließlich überhaupt die Notwendigkeit, Latein zu lernen, in Frage gestellt, die Stundenzahlen wurden immer weiter gekürzt, und immer wieder konnte man Stimmen vernehmen, nun lasse sich aber keine Lektürefähigkeit mehr erreichen. Im Gefolge dieser Veränderungen wurden nun dem lateinischen Grammatikunterricht eine Reihe von Wirkungen zugeschrieben, die über die Hinführung zur Lektürefähigkeit und damit über fachspezifische Ziele hinausgehen. Die meisten dieser Wirkungen konnten in verschiedenen Untersuchungen als tatsächlich vorhanden erwiesen werden, wenn auch nicht immer als nur dem Lateinunterricht oder gar dem lateinischen Grammatikunterricht allein eigentümlich.[5]

Vor allem rückte das Argument der *formalen Bildung*[6] in den Vordergrund. Sie ist sicherlich das Ergebnis eines ständigen Bemühens um das sprachliche und inhaltliche Verständnis anspruchsvoller Texte, einer gründlichen, detaillierten und kategorisierten Aneignung, Darstellung und Formulierung sprachlicher und inhaltlicher Kenntnisse und Erkenntnisse.

Mit der formalen Bildung teilweise verbunden, teilweise aber auch von ihr zu trennen sind Wirkungen des lateinischen Grammatikunterrichts, die erst in neuerer Zeit geltend gemacht und als gültig erwiesen wurden:

Die ständige Übung in grammatischem Analysieren und Formulieren bildet metasprachliche Fähigkeiten aus (also die Fähigkeit zum Sprechen über sprachliche Erscheinungen) und übt so Abstraktionsfähigkeit und das Umgehen mit einer formalisierten Sprache. Damit wird zugleich die Fähigkeit geschult, fremde Mitteilungen zu analysieren, ihre Intention und die Denkweise oder die abweichenden Denkvoraussetzungen des Autors zu erkennen. Dies wiederum fördert die Fähigkeit, sich in andere Rollen hineinzuversetzen, was gleichzeitig Bestandteil der Fähigkeit von der eigenen Person abzusehen, und somit Vorbedingung sozialer Kommunikation ist.

---

3   Vgl. z. B. die Vorrede des Emanuel Sincerus zu seiner Ausgabe des Cornelius Nepos, Berlin/Potsdam 1747, S. 2: „Die Lateinische Sprache ist nicht nur ueberaus angenehm und delicat, sondern auch bey uns Teutschen hoechst nothwendig. Die Frantzosen haben es zwar dahin gebracht, daß einer, der ihrer Sprache maechtig ist, ohne Latein zu grossen Wissenschafften gelangen kan, indem in allen Facultaeten die schoensten Frantzoesischen Buecher vorhanden sind. Aber bey uns Teutschen und anderen Nationen gehet dieses unmoeglich an, und muß also nothwendig diese Sprache erlernet werden, wo man den Namen eines gelehrten Mannes erwerben will."
4   Vgl. oben S. 19.
5   Vgl. dazu den Beitrag von Hermann Keulen und die dort S. 80 genannten Untersuchungen von Gutacker, Trost/Pauels/Schneider und Vester.
6   Vgl. dazu oben S. 70 ff.

Dadurch, daß die lateinische Sprache kontrastiv zur deutschen und gleichsam voraussetzungslos von Anfang an erlernt wird (zumindest in den Formen des Lateinunterrichts ab 5. und 7. Klasse) und daß beim Lesen von Texten und Sätzen weniges als selbstverständlich hingenommen, vielmehr langsam eine inhaltliche Vorstellung aufgebaut wird, ergibt sich eine wichtige sprachkompensatorische Wirkung. Kinder mit einem Nachholbedarf an muttersprachlicher Ausdrucksfähigkeit werden dadurch nachhaltig gefördert. Mit fortschreitendem Lateinunterricht wird diese Ausdrucksfähigkeit erweitert und verfeinert durch die Ausbildung der Fähigkeit zur Sprachreflexion, die die unterschiedliche Erfassung der Wirklichkeit an unterschiedlichen Spracheigenheiten bedenkt, z. B. an den Bedeutungsfeldern von Wörtern, an Satzelementen wie dem Ablativ mit Prädikativum, an Kasusendungen und Kasusfunktionen, beim Tempus- und Modusgebrauch oder an der unterschiedlichen Eindeutigkeit von Konjunktionen wie etwa *cum*.

Die fachspezifischen Ziele des lateinischen Grammatikunterrichts und ihre Voraussetzungen

Mögen die genannten fachübergreifenden Wirkungen des Lateinunterrichts und des lateinischen Grammatikunterrichts noch so erwiesen und positiv sein, eine unmittelbar motivierende Kraft hat der lateinische Grammatikunterricht erst dann, wenn nicht nur die Persönlichkeit des Lehrers und sein methodischer Erfindungsreichtum, sondern auch die grammatischen Gebiete und die Textinhalte als anregend und interessant erkannt oder empfunden werden und wenn das fachspezifische Ziel des Grammatikunterrichts von Anfang an bewußt und im Verlauf des Grammatikunterrichts tatsächlich in ersten engen Grenzen errreicht wird: die Fähigkeit zur Erschließung und Übersetzung lateinischer Texte.[7] Die allgemeinen, fachübergreifenden Ziele des lateinischen Grammatikunterrichts sollten also nicht aufgegeben, sein Ablauf und seine Methoden aber sollten so eingerichtet werden, daß auch die fachspezifischen Ziele sicher und in vertretbarer Zeit erreicht werden. Dabei müssen die folgenden Vorgaben und Schwierigkeiten berücksichtigt werden:

(1) Nicht nur die morphologisch-syntaktische, sondern auch die pragmatische, die semantische und die hermeneutische Ebene beim Verstehen von Texten müssen vom Beginn des Grammatikunterrichts an berücksichtigt werden. Sprachliche Äußerungen sind nur dann angemessen zu verstehen und zu analysieren, wenn man sie in der Situation betrachtet, in der sie tatsächlich geäußert wurden, und wenn man die Situation berücksichtigt, in der sie heute aufgenommen und beurteilt werden. Gerade die Versetzung in eine andere Situation und die Konfrontation dieser anderen Situation mit der eigenen wird gerne als Begründung und als Ziel der Beschäftigung mit antiken Inhalten hingestellt.[8] Damit aber die ursprüngliche Textsituation erkannt wird, bedarf es der Berücksichtigung des sprachlich fixierten, textinternen Zusammenhangs und des nicht sprachlich fixierten Zusammenhangs des Textes mit seiner Umwelt, mit Zeit, Ort, Autor, Adressat,

---

7 Dazu ausführlicher Verf.: Lateinunterricht. Didaktik und Methodik. Göttingen 1978 (Kleine Vandenhoeck-Reihe Bd. 1446), 57 – 96.

8 Vgl. dazu oben S. 25 f.

Anlaß usw. Nur dann wird deutlich, warum der Text gerade in seiner vorliegenden Form formuliert ist und welche Funktionen innerhalb dieses Bezugssystems die einzelnen Satzglieder und ihre Formen haben. Und nur bei Berücksichtigung der eigenen Denkvoraussetzungen und der eigenen Denkvorgänge werden sowohl diese als auch die Textinhalte präzis erfaßt. Die scharfe Trennung von Grammatik- und Lektüreunterricht muß also aufgehoben oder vermieden werden und durch einen kontinuierlichen Lateinunterricht ersetzt werden, bei dem sich der Akzent langsam vom Gleichgewicht zwischen Textbehandlung und Grammatikerwerb mit zeitweiliger Dominanz des Grammatikunterrichts über die Textauslegung zu einem Zustand hin verschiebt, wo der Text und seine sprachliche und inhaltliche Klärung den Vorrang haben und die Grammatik die Rolle einer „klugen Dienerin" erhält. Daß in allen Stadien die morphologisch-syntaktischen Kenntnisse und Fähigkeiten ein gewisses Übergewicht behalten, ergibt sich daraus, daß die morpho-syntaktischen Erscheinungen die Oberfläche des Textes ausmachen und den Erschließungsvorgang lenken und strukturieren.

(2) Trotz des Vorranges der Texterschließungsfähigkeiten muß der lernintensive Erwerb der Elementarkenntnisse gesichert werden.

(3) Der Zeitansatz für die Grammatikphase des Lateinunterrichts darf trotz sinkender Stundenzahl und trotz der gezeigten Ausrichtung der Grammatikphase drei bis dreieinhalb Jahre für Latein ab 5. Klasse, zweieinhalb Jahre für Latein ab 7. Klasse, zwei Jahre für Latein ab 9. Klasse und eineinhalb bis zwei Jahre für Latein ab 11. Jahrgangsstufe nicht wesentlich überschreiten. Denn nach diesen Zeitspannen treten meist Ermüdungserscheinungen ein, die dem Lateinunterricht abträglich sind, und bei einem größeren Zeitansatz für die Grammatikphase bleibt nicht genügend Zeit für die eigentliche Lektürephase übrig.[9]

(4) Inhalte und Methoden müssen auf die verschiedenen Lateinkurse und die Altersstufe der Schüler eingerichtet werden. Die Verfahren und Texte des Lateinunterrichts ab 5. oder 7. Klasse können nicht oder nicht alle einfach auf Formen späteinsetzenden Lateinunterrichts übertragen und nur durch schnelleres Vorgehen und durch Kürzungen des Stoffes variiert werden.

Auf die genannten Vorgaben und Ziele wird im folgenden näher eingegangen.

Satz, Text und Textinhalte im lateinischen Grammatikunterricht

Die fachspezifischen Ziele des lateinischen Grammatikunterrichts machen es erforderlich, daß der Grammatikunterricht von Anfang an an Texten erfolgt. Für die Auswahl der Texte sind ihre Altersgemäßheit und ihre pragmatische und grammatische Sachdienlichkeit maßgebend.

Die Altersgemäßheit der Texte

Für Schüler im Lateinunterricht ab 5. und ab 7. Klasse werden zum Teil von Lehrbuchautoren erfundene Texte benutzt werden müssen, weil es für dieses Alter angemessene Texte aus der Antike nur in geringer Zahl gibt und weil für Schüler be-

---

9   Die bayerischen Curricularen Lehrpläne empfehlen für den gesicherten Erwerb von Elementarkenntnissen in Wortschatz und Syntax eine Ausdehnung der Grammatikphase auf 4 Jahre bei L I, auf 3 Jahre bei L II und auf 2 Jahre bei L III.

stimmte Texte aus späterer Zeit (Mittelalter, Neuzeit) nicht immer vom Stoff her Verständliches oder Interessantes zu bieten haben. Für Schüler im Lateinunterricht ab 9. und 11. Jahrgangsstufe können ausgewählte Passagen aus antiken und mittelalterlichen Originaltexten herangezogen werden.[10]

Die pragmatische und grammatische Sachdienlichkeit:

(1) Die Texte müssen die Kenntnis wichtiger *Realien* der Antike vermitteln, wodurch die Voraussetzung zum Verständnis anderer Texte geschaffen wird. Solche Realien sind: Topographie Roms und des Mittelmeerraumes, wichtige historische Ereignisse und Persönlichkeiten der Antike, römische Staats- und Gesellschaftsform, römische oder griechische Mythologie, Religion, Architektur und Kunst.

(2) Vor allem bei Spätformen des Lateinunterrichts können auch schon die Texte des Grammatikunterrichts in *verschiedene Textsorten und Gattungen* einführen. So kann man die Bedeutung der Tempora für narrative Texte, die Bedeutung der Personenkennzeichnung für Dialoge und Reden, die Bedeutung des Imperativs und des optativen Konjunktivs für alle Arten von Wünschen (Gesetze, Befehle, Mahnungen, Trost usw.), die Bedeutung der Demonstrativpronomina in Reden zeigen und zum Beispiel Texte aus Geschichtsschreibung, Epos, Drama, Lyrik und Briefen entnehmen.

(3) Die Texte müssen so ausgewählt oder gestaltet sein, daß sie genügend Beispiele für die jeweils neu einzuführenden sprachlichen Erscheinungen und keine Vorgriffe auf noch nicht Behandeltes enthalten. Nur durch diese *portionierte Grammatikvermittlung* wird sichergestellt, daß die Funktion bestimmter sprachlicher Erscheinungen richtig erkannt und eingeübt wird, daß kein Überangebot vieler verschiedener neuer Erscheinungen zur Verwirrung und zur Unmöglichkeit der Analyse führt und daß die verfrühte und unreflektierte Verwendung erst viel später zu behandelnder Erscheinungen dazu führt, sich zunächst mit schlechten deutschen Äquivalenten zufriedenzugeben, die später richtige Erkenntnisse blockieren (z. B. wenn verfrüht Partizipien eingeführt und wörtlich übersetzt statt auf ihren prädikativen Einbettungscharakter hin untersucht werden).

Aus den genannten Prinzipien ergeben sich die Möglichkeiten und Grenzen der Verwendung originaler Texte und eine genauere Bestimmung des verwendeten Textbegriffs:

(1) Wo immer originale Texte verwendbar sind, haben sie Vorrang gegenüber neu erfundenen, deren Sprachduktus zumindest Gefahr laufen kann, von dem antiker Texte abzuweichen.

(2) Sprachliche Erscheinungen, die auch dem Kind bereits bekannt sind, sollten auch bei erfundenen Texten von Anfang an berücksichtigt werden, vornehmlich die Konnektoren.

(3) Insbesondere der Anfang des Grammatikunterrichts bietet für die portionierte Grammatikvermittlung bzw. für eine entsprechend portionierte Textauswahl

---

10 Diese Forderungen wird von einigen neueren Lehrbüchern wie Contextus, Cursus Latinus, Fontes, Nota für Latein ab 7., 9. oder 11. Klasse erfüllt; vgl. unten S. 250 ff.

Probleme. Kaum ein Text beschränkt sich auf Sätze mit Subjekt und Prädikat oder mit Subjekt, Prädikat und Objekt mit einigen problemlosen Konnektoren und dann auch noch mit Prädikaten etwa nur in der 3. Person des Indikativs Präsens Aktiv.

Daher müssen hier für Latein ab 5. und 7. Klasse neu erfundene Texte verwendet werden, zumal auch eine gewisse Text m e n g e notwendig ist, wenn genügend Material zur Beobachtung und Übung grammatischer Phänomene vorliegen soll. Für Latein ab 9. und 11. Klasse lassen sich aber auch dafür Texte finden oder zur Not leicht adaptieren. Adaptionen wären dann tolerabel, wenn sie einige wenige jeweils noch nicht behandelte sprachliche Erscheinungen durch bereits bekannte ersetzen, ohne sonst Satzbau und Textsinn wesentlich zu verändern (Beispiele: Ersatz des *cum narrativum* mit Konjunktiv durch *postquam* mit Indikativ; Ersatz eines *Ablativus comparativus* durch *quam* und einen anderen Kasus; eventuell Ersatz eines Prädikativums durch eine präpositionale oder durch den Kasus angezeigte adverbiale Bestimmung). Texte für die Anfangsphase des Lateinunterrichts ab Klasse 9 oder ab Klasse 11 sind insbesondere Sprichwörter, Redensarten, klassische Zitate u. ä. sowie sonstige leichte Textpassagen, die man mit Geduld und Glück in der Literatur finden kann.

Daß Sprichwörter und Redensarten Texte sind, ergibt sich daraus, daß sie in bestimmten Lebenssituationen verwendet werden. Der Textcharakter wird hier also nicht durch den Zusammenhang mit anderen Sätzen bewirkt (dem textinternen Zusammenhang), sondern durch den Zusammenhang mit einer nicht sprachlich fixierten Situation (dem textexternen Zusammenhang), wobei eine gewisse Parallelität der antiken und der heutigen Situation, in der man eine solche Redensart verwendet, meist angenommen werden darf. Je vertrauter dieser Lebenszusammenhang ist, desto leichter lassen sich die Sprichwörter und Redensarten als Texte erkennen. Für alle Fälle ist es gut, den Zusammenhang in einigen launigen Worten deutlich zu machen oder in Erinnerung zu rufen.

Für Latein ab der 5. und 7. Klasse hat man das gleiche Verfahren der Einbettung von Einzelsätzen in einen Zusammenhang auch an den nur zur Grammatikvermittlung bestimmten Einzelsätzen vom Typ *dominus intrat, servus advolat, ancilla cenam parat* versucht. Dies ist grundsätzlich möglich, jedoch weniger motivierend als wirkliche Texte oder unmittelbar ansprechende und unmittelbar auf sprachlich nicht fixierte Situationen verweisende Sprichwörter und Redensarten.

Semantik in der Grammatikphase

Nur durch Arbeit an Texten läßt sich auch die Fähigkeit zu semantischer Deutung von Vokabeln, Morphemen und Satzelementen ausbilden. Es ist gut und nützlich, die Grundbedeutungen der Vokabeln zu kennen, die Flexionsschemata, die Kasus-, Modus- und Tempusfunktionen, die möglichen Bedeutungen von *nd*-Formen, die Funktionen von AcI und Ablativ mit Prädikativum, von *ut*-, *cum*- und *quod*-Sätzen. Aber nur eine stete Übung in der dem textinternen und textexternen Zusammenhang angemessenen Wiedergabe der Vokabeln, Morpheme und Satzelemente verhilft dazu, daß die genannten Kenntnisse eingeübt statt nur formal erlernt werden, daß sie in ihrer Wichtigkeit erkannt werden und daß somit Grammatik lebendig wird und als etwas Lebendiges erfahren wird, daß Kenntnisse zu Fähigkeiten werden und daß von Anfang an Texterschließung und Übersetzung von Texten im Zentrum der Arbeit stehen und sich nicht beim Übergang zur

Lektüre herausstellt, daß jetzt alle Grammatikkenntnisse noch einmal neu, nämlich textbezogen, gelernt werden müssen.

Beispiele für die Notwendigkeit einer Textgrundlage für semantische Arbeit:

(1) Im Bereich des *Vokabulars:*

(a) Erst im Textzusammenhang wird deutlich, warum ein und dasselbe Verb *verschiedene Wertigkeiten*[11] haben kann und im Deutschen oft eine unterschiedliche Übersetzung verlangt: *natura sanat, medicus curat,* aber: *medicus te curat; consulere* 'sich beraten' einwertig (wer berät sich?); *consulere* 'beschließen' zweiwertig (wer beschließt? was beschließt er?); *consulere* 'befragen' dreiwertig (wer befragt? wen befragt er? worüber befragt er ihn?).

(b) Daß eine lateinische Vokabel *verschiedene Bedeutung* haben kann, wird aus dem Zusammenhang ersichtlich: *ducere* führen, glauben; *caecus* blind, dunkel.

(c) Daß gegenüber deutschen Ausdrücken im Lateinischen differenziert wird, kann man ebenfalls aus Textzusammenhängen eindeutig erarbeiten: *dicere* eine gezielte Ansprache, eine ausgearbeitete Rede halten; *loqui* reden, sich unterhalten, plaudern.

(2) Im Bereich der *Morphologie* und der *Funktion der Morpheme:*

(a) Die Bedeutungsvielfalt des Ablativs.

(b) Die Bedeutungen und Funktionen der Konjunktivformen (Wunsch, Einschränkung, Folge, Unterordnungsfunktion).

(3) Im Bereich der *Satzelemente:*

Die Deutung des AcI als abhängige Aussage, abhängiger Wunsch oder Kausalitätsangabe in Abhängigkeit von der übergeordneten Verbalform und dem Zusammenhang *(dicere, iubere, gaudere).*

Textsemantik und Textsyntax in der Grammatikphase

Die Sätze eines Textes sind untereinander semantisch und syntaktisch verbunden. Die semantische Verbindung zeigt sich darin, daß die einzelnen Sätze inhaltsbedingt viele Wörter enthalten, die einen einheitlichen Zusammenhang darstellen. Die Berücksichtigung dieses Zusammenhangs ist Grundbedingung der Texterschließung und erleichtert sie. Die einzelnen Möglichkeiten der semantischen Kohärenz und die entsprechenden Untersuchungstechniken sind im Beitrag „Das Übersetzen aus den Alten Sprachen" oben S. 92 beschrieben. Sie können in der Grammatikphase eingeübt werden und fallen dort sogar besonders leicht, weil die meisten Vokabeln jeweils bekannt sind und keine ausführlichen Vokabellisten vorliegen müssen außer den Vokabeln der neuen Lektion. Die syntaktische Verbindung erfolgt durch Konnektoren, durch die Wahl von Tempus, Modus und Diathese und durch Verweisformen. Diese Erscheinungen lassen sich meist eben erst dann richtig erklären und verstehen, wenn sie vom Textzusam-

---

[11] Zum Begriff der Wertigkeit (Valenz) vgl. Happ, H.: Grundfragen einer Dependenz-Grammatik des Lateinischen. Göttingen 1976, 126 – 312; zum damit verbundenen Bedeutungsunterschied Dönnges, U. / Happ, H.: Dependenz-Grammatik und Latein-Unterricht. Göttingen 1977, 36 ff.

menhang her analysiert werden. Sonst bleibt die Kenntnis dieser Erscheinungen blaß und formal. Grammatik- und Textbehandlung werden bei ihrer Berücksichtigung lebendig und einleuchtend, und demzufolge ist auch die Grammatikphase auf die funktionale, textbezogene Erklärung dieser Erscheinungen auszurichten.[12]

Die lern- und motivationspsychologischen Vorteile der Ausrichtung des Grammatikunterrichts auf die Texterschließungsfähigkeit

Auf den ersten Blick scheint die Forderung, Funktionen der Tempora, Modi und Kasus, Texterschließungsmethoden, Semantik und vieles andere bereits im Grammatikunterricht stärker zu berücksichtigen, ja in den Vordergrund zu rücken, unvereinbar mit der Verkürzung der Stundenzahl und der Beschränkung des zeitlichen Umfangs der Grammatikphase. Sie ist aber vereinbar mit der Forderung, der Grammatikunterricht solle die Texterschließungsfähigkeit anstreben. Insbesondere aber wird dadurch das Lernen der Morphologie unterstützt. Denn – um eine alte Erkenntnis zu wiederholen – Morphologie und Syntax gehören zusammen, Endungen und andere Morpheme haben eine Funktion, Funktionen werden durch Endungen signalisiert; und – um die alte Erkenntnis weiterzuführen – die kombinierte Lehre von Funktionen und Endungen, von Syntax und Morphologie, führt zu gegenseitiger Verstärkung des Verständnisses beider Bereiche.

Beispiele: die Zuordnung der Satzglieder zum Prädikat nach den Erfordernissen der Verbvalenz wird mit der Kenntnis der Nominalendungen auf ihre Richtigkeit überprüft; der Verlauf eines Textes wird mit den Kenntnissen der Tempus-, Modus- und Diathesefunktionen in Hintergrund und Vordergrund eingeteilt, sein Charakter als Aussage, Darstellung, Aufforderung oder Mischung von allem wird erkannt.

Vor allem aber stellt eine so gestaltete Grundlegung in der Grammatikphase einen klaren Bezugsrahmen her, der während der Lektüre problemlos mit Details ausgefüllt wird, in der Grammatikphase also durchaus an einer ganzen Reihe von Stellen unausgefüllt bleiben kann.

Der Aufbau des Grammatikunterrichts

Bei der kombinierten Durchnahme der Syntax und der Morphologie kann man den folgenden Prinzipien folgen:

(1) Jeder Satz wird als ein Gewebe von Satzkern, notwendigen Ergänzungen und freien Angaben verstanden, also nach der Dependenzgrammatik erklärt.

(2) In einem Satz vorkommende Gliedsätze werden als Expansion (Ausweitung) einfacher Satzglieder verstanden.

(3) Typisch lateinische Satzelemente wie AcI, Prädikativum, Ablativ mit Prädikativum und *nd*-Fügungen werden als Zwischenform zwischen Satzglied und Gliedsatz verstanden; mit einem einfachen Satzglied verbindet sie, daß sie in

---

12 Zu Einzelheiten vgl. unten S. 230 f.

einem bestimmten Kasus stehen, mit dem Gliedsatz verbindet sie, daß sie eine eigene Verbalinformation enthalten.[13]

(4) Nicht unter die notwendigen Ergänzungen oder die freien Angaben einzuordnende Satzelemente werden als satzverbindende Textkonnektoren oder als von außen (d. h. vom Autor und der Sprechsituation des Textes) hereinkommende Verweiszeichen angesehen (Interjektionen).

Es ergeben sich somit die folgenden wichtigen morphosyntaktischen Gebiete für den Grammatikunterricht:

(1) Kenntnis der *Verbvalenz* und der *notwendigen Ergänzungen:* Einwertige Verben verlangen nur die Ergänzung durch ein Subjekt *(fiat iustitia, pereat mundus);* zweiwertige Verben verlangen die Ergänzung durch ein Subjekt und durch eine Ergänzung in einem beliebigen Kasus oder durch einen präpositionalen Ausdruck *(pater est magister; manus manum lavat; Caesar Romam proficiscitur; Caesar in urbem proficiscitur);* dreiwertige Verben verlangen als notwendige Ergänzungen ein Subjekt und zwei weitere der vorher genannten Ergänzungen: *pater filiis aurum donat, pater filios auro donat, donum filiis gaudio est).* Als notwendig gelten die Ergänzungen, ohne die der Satz grammatisch nicht korrekt wäre.[14]

(2) Kenntnis der Arten und der Aufgaben der *freien Angaben:* Freie Angaben sind zwar nicht notwendig, damit der Satz grammatisch korrekt wird, machen aber den Zusammenhang mit anderen Sätzen deutlich oder bringen bezeichnende und charakteristische Zusätze, die erst den Sinn des Satzes ausmachen oder der Explizierung des Sprechers oder der Beeinflussung des Lesers dienen: Adverbiale Bestimmungen, Negationen, Attribute, Appositionen, Prädikativa[15].

(3) Die semantischen und syntaktischen Funktionen der *Kasus.*

(4) Die *Kasus-Numerus-Genus-Kongruenz.*

(5) Form und Funktion der *Kennzeichnung von Personen* in Verbformen und in Pronomina; die *Funktion der Pronomina* als Stellvertreter oder als Begleiter eines Nomens.

(6) Die durch den *Modus* konstituierte Unterscheidung von *Hauptsätzen* in Aussage- und Wunschsätze, deren verschiedene Formen und die Umwandlung von Aussagesätzen in Fragesätzen durch Substitution eines Satzgliedes durch ein Fragewort oder durch Infragestellung des ganzen Satzes.

(7) Das Prinzip der *Expansion einfacher Satzglieder* zu Gliedsätzen und zu Zwi-

---

13 Zum Prädikativum vgl. Krüger, G.: Übersetzungsregel und Sprachverständnis. In: AU III 5 (1959), 92 – 103; Heine, R.: Vermutungen zum lateinischen Partizip. In: Gymnasium 79 (1972), 209 – 238.

14 Auf die im konkreten Satz, aber nicht nach der Verbvalenz entbehrlichen „fakultativen" Ergänzungen (Happ, Grundfragen 183 ff.) wird hier nicht weiter eingegangen.

15 Man vergleiche etwa den grammatisch korrekten Satz *venter studet* mit dem um freie Angaben erweiterten, jetzt erst sinnvollen Satz *plenus venter non studet libenter.* Andererseits kann auch ein Adverbiale eine notwendige präpositionale Ergänzung darstellen wie in dem Satz „Köln liegt am Rhein".

schenformen zwischen Satzglied und Gliedsatz (d. h. zu den typisch lateinischen Satzelementen wie AcI, Ablativ mit Prädikativum usw.).

(8) Die Funktionen des *Konjunktivs in Gliedsätzen*.

(9) Die *Gliederung* von Sätzen, Teilsätzen und Texten in Vorder- und Hintergrund durch die Wahl von Tempus, Modus und Diathese (Genus verbi).

(10) Die wichtigsten *Konjugations-* und *Deklinationstypen*.

(11) Die grundsätzlichen *Einteilungsmöglichkeiten der Gliedsätze* nach ihrer *Funktion* (Subjekt-Objekt-Sätze, Adverbialsätze, Attributsätze) und nach ihrem *Inhalt* (abhängige Aussage-, Wunsch- und Fragesätze; Temporal-, Kausal-, Final-, Konsekutiv-, Kondizional-, Modal-, Konzessiv- u. a. Sätze; explikative und restriktive Attributsätze).

(12) Die wichtigsten *Konnektoren* in Haupt- und Gliedsätzen.

(13) Die wichtigsten *Tempus- und Modusgesetze* für Gliedsätze, soweit sie ein Signal für deren Analyse darstellen (z. B. bei *cum-* und *ut-*Sätzen) oder bei der deutschen Wiedergabe verändert werden müssen.

Dieser Rahmen ist so flexibel, daß in ihn alle grammatischen Erscheinungen, die weniger häufig sind oder deren aktive Beherrschung für die Texterschließung nicht so wichtig ist oder die mehr der Sprachreflexion als der Texterschließungsfähigkeit dienen, später während der Lektüre textbezogen eingeordnet werden können, ohne daß entscheidend Neues gelernt werden muß. Solche Gebiete sind z. B. der sogenannte NcI, der AcP, Besonderheiten der Tempus- und Modusverwendung in Gliedsätzen, insbesondere bei Temporal- und Attributsätzen, Übergänge der einen Gliedsatzart in eine andere, spezielle Kasusfunktionen (die aus den Grundfunktionen hergeleitet werden können), weniger häufige Endungen und Flexionstypen, deren aktive Kenntnis nicht erforderlich ist, die indirekte Rede (die als Großsatz mit innerlicher Abhängigkeit angesehen werden kann), ja selbst die Komparation (die man aber wegen ihrer Häufigkeit zum Grundrahmen rechnen muß, ohne daß sie viel Lernstoff böte).

Grammatikunterricht in der Lektürephase

Lateinische Lektüre ist auf ständige sprachliche Beobachtungsarbeit angewiesen und kommt ohne Wiederholung, Vertiefung und Erweiterung der morphosyntaktischen Kenntnisse nicht aus. Diese bereiten keine Schwierigkeiten, wenn in der Grammatikphase des Lateinunterrichts der grundsätzliche Rahmen in der gezeigten Form errichtet worden ist. So wie der Grammatikunterricht sinnvollerweise an Texten erfolgt, so hat der Lektüreunterricht sinnvollerweise sein Fundament in der Arbeit am sprachlichen Zugang zu den Texten. Insbesondere die textbezogenen Funktionen der grammatischen Erscheinungen können jetzt vertieft werden, ihre Kenntnis wird als Hilfe zur Texterschließung erkannt. Man kann bestimmten grammatischen Erscheinungen bestimmte Textsorten und Sprechakte zuordnen und umgekehrt durch die Beobachtung der grammatischen Erscheinungen von Anfang an eine Erwartung zu Art und Intention des Textes entwickeln.

So kann man aus Vergangenheitsformen in der 3. Person auf narrative Texte schließen, aus Konjunktiven im Hauptsatz auf Wünsche, Befehle, Gesetze, Tröstungen, aus der Verwendung der 2. Person allein auf die eben genannten Intentionen, aus der Verwendung der 2. Person im Indikativ aber auf einen Lobpreis, aus dem Wechsel von 1. und 2. Person auf einen Dialog.[16]

Grammatikunterricht bei Formen späten Lateinunterrichts

Kurzkurse des Lateinunterrichts beginnen in der 9. oder 11. Jahrgangsstufe des Gymnasiums, auf der Universität oder in anderen Einrichtungen der Erwachsenenbildung. Hier muß nur dann so verfahren werden wie bei früh einsetzendem Lateinunterricht, wenn die jeweiligen Interessenten über keine andere sprachliche Vorbildung verfügen. Im Normalfall liegen aber einige Erfahrungen und Kenntnisse aus vorangegangenem Unterricht in anderen Sprachen vor. Dann kann der Lateinunterricht daran anschließen. Dabei werden alle sprachlichen Erscheinungen aus dem Englischen oder aus dem Französischen gesammelt, die der Lernende bereits kennt und die Parallelen im Lateinischen, nicht jedoch im Deutschen haben. Bei diesen Erscheinungen kann der Lateinunterricht dann, statt langwierig kontrastiv zum Deutschen zu verfahren, die Kenntnis der neusprachlichen Erscheinung in Erinnerung rufen und in ihrem Aufbau analysieren und sodann die aus der Analyse gewonnene Erkenntnis auf das Lateinische übertragen. Eine Übertragung ohne vorhergehende Analyse ist meist nicht möglich, da diese Erscheinungen im neusprachlichen Unterricht vor allem zum Erwerb einer Sprechfähigkeit vermittelt und daher nicht ausführlich analysiert, sondern durchaus sinnvoll und zweckmäßig möglichst imitativ übertragen werden.[17] Eine weitere Kürzungsmöglichkeit ergibt sich dadurch, daß für solche Kurzkurse von vornherein bestimmte Ziellektüren ausgesucht werden und im grundsätzlichen Rahmen des Grammatikunterrichts all die Erscheinungen nur kurz behandelt werden, die für die ersten Ziellektüren kaum oder gar nicht benötigt werden; speziell für eine bestimmte Lektüre notwendige Kenntnisse könnten zudem ebenfalls aus dem Grammatikunterricht herausgenommen und in einigen Vorschalt- oder Begleitstunden zur Lektüre behandelt werden. Solche Kürzungen sind bei den genannten Kurzformen des Lateinunterrichts deshalb notwendig, weil sonst erst spät Lektüreunterricht möglich ist und weil die Motivation und das Interesse erhalten werden müssen.[18]

Vorschläge für einen Basisgrammatikunterricht im Griechischen[19]

Die Form des griechischen Grammatikunterrichts kann unter dem Motto stehen: „Erlernen des Griechischen als einer Sprache zwischen Latein und Deutsch". Es ist von der Sprache auszugehen, in der die Schüler gewöhnlich die größten Grammatikkenntnisse haben, dem Lateinischen, und es ist zu zeigen, was parallel,

---

16 Vgl. dazu Verf.: Lateinunterricht 129 – 133.

17 Vgl. dazu die Übersicht über die Anknüpfungsmöglichkeiten des Lateinunterrichts an den Englischunterricht in: Verf.: Lateinunterricht 100 – 103.

18 So verfährt z. B. der künftige Lehrplan Latein Sekundarstufe I für Latein ab 9. Jahrgangsstufe des Landes Niedersachsen.

19 Die folgenden Ausführungen wurden zuerst vorgelegt in: Anregung 24 (1978), 367–374.

vor allem aber, was verschieden ist und sich dabei oft dem Deutschen nähert. Das ist nicht so zu verstehen, als wäre dem Griechischkurs der gleiche Aufbau zu geben, wie ihn schon der Lateinunterricht hatte. Gerade das war lange der Fehler, den viele Lehrbücher des Griechischen machten. Sie taten so, als müsse ein ganz neues grammatisches System erlernt, ja als müßten überhaupt erst grammatische Vorstellungen aufgebaut werden. Das hatte zwei Folgen:

(1) Wie im traditionell aufgebauten lateinischen Anfangsunterricht wurde wegen der Vorrangstellung der Formenlehre und der Hintansetzung der Syntax und der Sprachreflexion das Erfassen größerer Textzusammenhänge wenig eingeübt.

(2) Eine lateinische Spracherwartung, d. h. eine vorgefaßte Meinung vom Verlauf eines Satzes, wurde auf griechische Texte übertragen, Wortstellung und Variationsmöglichkeiten im Griechischen wurden im Anfangsunterricht wenig oder gar nicht berücksichtigt. Das kam den Erwartungen der Schüler entgegen, die von einer grundsätzlichen Gleichheit von Latein und Griechisch ausgingen, unterstützt vom gleichen Grammatik- und Lehrbuchaufbau und übereinstimmenden Termini.

Grundprinzip muß die Vergewisserung über das Vorhandensein eines am Lateinischen geschulten grammatisch-systematischen Denkens und Ordnungsschemas und eine entsprechende Erweiterung oder Aufbrechung dieses Schemas im Griechischen sein. Das Lateinische kann also Rahmen und bereits vorhandenes, nicht erst zu schaffendes Ordnungsschema sein, das erst langsam mit griechischen Parallelen oder Differenzierungen aufgefüllt wird und trotz frühzeitiger Behandlung ausgewählter Originaltexte eine Konfusion verhindert.

Wie sich der Griechischunterricht dieser Muster bedienen und entsprechend gerade vom Aufbau des Lateinkurses abweichen kann, sei nun an einer Reihe von Punkten besprochen. Weiter sollen die Punkte genannt werden, die für die Sprachreflexion und das Erkennen des griechischen Sprachcharakters besonders geeignet sind.

Die Abfolge der Kasus- und Verblehre

Im Griechischunterricht würde es sich entgegen dem Lateinunterricht zunächst anbieten, den Unterricht nicht von der Kasuslehre und den notwendigen Ergänzungen und freien Angaben, sondern von der Verblehre her aufzurollen. Es muß nicht noch einmal ein Satzmodell mit allen Erweiterungen explizit entwickelt werden. Die Verblehre bietet hingegen folgende Vorteile als Basisstoff:

(1) Die Differenzierung griechischen Denkens und die Unterschiede zum Lateinischen und Deutschen werden schnell sichtbar.

(2) Der Aspektreichtum der griechischen Sprache wird ebenso an differenzierenden Ausdrücken für scheinbar ein und dieselbe Sache sichtbar. Snell hat dies z. B. an den Verben für den Sehvorgang gezeigt.[20]

---

20 Snell, B.: Die Entdeckung des Geistes. Studien zur Entstehung des europäischen Denkens bei den Griechen. Göttingen 1975⁴, 205 – 209; vgl. auch Stegmann von Pritzwald, K.: Zur Leistung der lateinischen Grammatik für die kategoriale Denkschulung, dargelegt an Substantivierung, Bezugsadjektiv und Verbalsystem. In: AU V 2 (1961), 106 – 121.

(3) Die klassifizierenden und sogar Differenzierungen verwischenden Tendenzen der Grammatik werden sichtbar.

Beispiele:

(a) Stammformenreihen, die mit Stämmen verschiedener Herkunft arbeiten (z. B. ὁρᾶν, ἰδεῖν usw.) dokumentieren eine bequeme Einebnung ursprünglicher Differenzierungen.

(b) Die Bezeichnung Aorist macht darauf aufmerksam, daß sich Verbalvorgänge auch unter anderem als dem Tempusaspekt betrachten lassen, daß ein System unter ordnenden Gesichtspunkten entsteht, die nicht alle Phänomene erklären können, und daß wir uns erst wieder frei vom System und seinen Einschränkungen machen müssen (ein gutes Beispiel dafür, daß wir von antiken Vorstellungen geprägt und dadurch oft für andere Erkenntnisse blockiert sind).

(4) Die linguistischen und phonetischen Eigenheiten der griechischen Sprache werden von Anfang an da deutlich, wo sie nicht nur am leichtesten zu fassen sind, sondern auch am meisten beim Dekodierungsvorgang angewendet werden müssen. Die Morpheme der griechischen Verblehre sind nämlich im Unterschied zum Lateinischen meist nur für eine Funktion (Tempus/Aktionsart o d e r Modus) zuständig. Die Kontraktionen sind leicht einsichtig und auf die Deklination übertragbar.

(5) Die weitreichenden Verwendungsmöglichkeiten des Infinitivs und des Partizips sind früh vorführ- und einübbar.

(6) Längere Perioden lassen sich frühzeitig zur Übersetzung anbieten. Das Angebot eines griechischen Nominalstils statt eines Verbalstils erübrigt sich, weil er kaum Schwierigkeiten bietet.

Freilich werden von Anfang an auch Nomina benötigt, weil sie die primären Satzglieder Subjekt und Objekt bilden und weil die griechischen Verben mit Ergänzungen in allen Kasus arbeiten. Aber man kann sich wohl auf die 1. und 2. Deklination (ohne besondere Anforderungen an die Akzentsetzung) und auf einfache Beispiele der 3. Deklination beschränken; Kontrakta der 2. Deklination und viele Erscheinungen aus der 3. Deklination brauchen nur kurz besprochen zu werden, weil das Bildungsprinzip leicht erklärbar ist, die Formen aber doch in Vergessenheit geraten, ad hoc wieder aufgefrischt und gelernt werden müssen und erst durch längere Übung geläufig werden. Weitgehend deduktives Arbeiten und Arbeiten direkt in der gedruckten Grammatik scheinen hier angebracht. Wenn die Schüler schon im Lateinischen durch Induktion Formenbildung, Kasusendungen, Deklinationsschemata und Kasusfunktionen kennengelernt und verstanden haben, müssen sie diese Erkenntnisse nicht ein zweites Mal induktiv erwerben. Der Lateinunterricht will ja auch zum Erwerb anderer Sprachen prädisponieren.

Modus – Tempus – Diathese

Bei entsprechendem Lateinunterricht kann im Griechischunterricht gezeigt werden, daß das Griechische

— für eine Reihe von lateinischen Konjunktivfunktionen einen eigenen Modus hat,

— für eine Reihe von lateinischen Perfektfunktionen ein eigenes Tempus (Aorist) hat,

- eine Diathese kennt, die im Lateinischen nur noch vage bei den Deponentien erfaßt werden kann,
- daß somit eine größere Differenzierung der Aspekte vorliegt,
- daß es in Sprachen Einebnungs- und Vereinfachungstendenzen gibt und
- in der Grammatik Systematisierungstendenzen (Aorist als der „nicht ins System passende" Tempusaspekt).

Verhältnis Formenlehre – Syntax

Wenn auch vieles aus der Formenlehre, insbesondere aus der Deklination, nur kurz angerissen und lektürebegleitend behandelt werden kann, so trifft das gerade für die Syntax nicht zu. Sie muß im Interesse einer schnellen Lektürefähigkeit an ausgewählten, originalnahen Texten früh und eingehend besprochen werden. Die Schüler haben dann weder das frustrierende Erlebnis isolierten Formenlernens auf lange Strecken noch das ebenso frustrierende Erlebnis, ohne Lehrbuch gleich eine originale Ganzschrift lesen zu müssen, ohne daß der Inhalt besonders lesenswert und mehr oder minder nur Folie für den Grammatikunterricht ist. Reiner Lernstoff hingegen, an den der Lehrer bei der Lektüre öfters erinnern und den man in der griechischen Grammatik nachlesen kann, läßt sich jeweils vor dem Auftreten im Text in häuslicher Arbeit wieder auffrischen. Das ist eine erforderliche Gedächtnis- und Fleißleistung, die aber erst nach längerer Lektüre und häufiger Verwendung von Grammatik und Wörterbuch zum dauernden Besitz führt. Im Grammatikunterricht muß es zunächst bei einer kurzen und auch nur kürzere Zeit vorhaltenden Durchnahme und Erlernung bleiben. Im übrigen ist es kein Raten, wenn die Schüler doch zumeist die Akkusativendungen (-ν), die Genitivendungen (auf -ς oder -ου) und die Dativendungen (auf -ι) erkennen, ohne von jedem Wort das Deklinationsschema glatt heruntersagen zu können. Der Sprachunterricht ist ja auf rezeptive Fähigkeiten ausgelegt.

Die Partizipien

Bestimmte Formen sind jedoch konstant zu üben, zu wiederholen und zu prüfen: die Partizipialformen in allen Kasus. Sie sind so häufig und helfen, so viele Konstruktionen, ja ebenso die Kasus der zugehörigen Nomina zu erklären, daß sich ihre stete, fast tägliche Übung für die Übersetzungsfähigkeit auszahlt.

Auf die Vielseitigkeit der prädikativen Verwendung des griechischen Partizips ist überhaupt immer wieder hinzuweisen. Die griechische Sprache kann es an beliebiger Stelle im Satzgefüge verwenden und so vor wie nach der übergeordneten Verbalinformation Motivierungen, Erläuterungen und Differenzierungen vornehmen und ausdrücken. Die Wortstellung ist also hier wesentlich freier als im Lateinischen, wo man in der Regel eine zeitlich-lineare Abfolge der Verbalinformationen beobachten kann. Daß dennoch keine Unklarheit der Beziehungen aufkommt, liegt an dem gegenüber dem Lateinischen noch eindeutigeren Endungssystem.

Dies zeigen die folgenden drei Beispiele:

(1) Περὶ δὲ τῶν ἀδήλων ὅπως ἀποβήσοιτο μαντευσομένους ἔπεμπεν, εἰ ποιητέα (Xenophon, Mem. 1,1,6).

(2) Καίτοι γε οὐδεπώποτε ὑπέσχετο διδάσκαλος εἶναι τούτου, ἀλλὰ τῷ φανερὸς εἶναι τοιοῦτος ὢν ἐλπίζειν ἐποίει τοὺς συνδιατρίβοντας ἑαυτῷ μιμουμένους ἐκεῖνον τοιούτους γενήσεσθαι (Xenophon, Mem. 1,2,3).

(3) Σωκράτης δὲ ἐπηγγείλατο μὲν οὐδενὶ πώποτε τοιοῦτον οὐδέν, ἐπίστευε δὲ τῶν συνόντων ἑαυτῷ τοὺς ἀποδεξαμένους ἅπερ αὐτὸς ἐδοκίμαζεν εἰς τὸν πάντα βίον ἑαυτῷ τε καὶ ἀλλήλοις φίλους ἀγαθοὺς ἔσεσθαι (Xenophon, Mem. 1,2,8).

Infinitiv und Artikel

Es kommt also auf das frühe Erkennen bzw. das frühe Einüben des Erkennens von Wortblöcken und Sinneinheiten spezifisch griechischer Art an. Das gilt wie bei den partizipialen Fügungen auch für die Infinitivgruppen (mit allen Kasus, insbesondere dem Akkusativ und mit den verschiedenen Präpositionen). Hier verhilft der Artikel zu einer gegenüber dem Lateinischen noch breiteren Anwendungspalette.

Der Artikel erfüllt also wesentliche Funktionen bei der Differenzierung und Festlegung von syntaktischen Verhältnissen. Darüber hinaus führt seine Behandlung den Schüler tiefer in das Verständnis der griechischen Sprache wie von Sprache überhaupt ein.

Konnektoren

Daß die sogenannten Partikel (die diesen Namen nicht verdienen) ein wesentliches Element der Differenzierung und logischen Gliederung sind und daher besonders gut ihre Funktionen verstanden und weniger ihre deutschen Entsprechungen gelernt werden müssen, braucht nicht weiter ausgeführt zu werden.[21]

Ein Syntaxraster für den griechischen Grammatikunterricht

Die oben gemachten Ausführungen seien noch an einem System der Formen der Parataxe und der Hypotaxe verdeutlicht, das parallelisierend und kontrastiv zum Lateinischen arbeitet, von Anfang an im Bewußtsein der Schüler sein und dann um spezifisch Griechisches erweitert werden kann. Es wird im folgenden an einem bisweilen gekünstelt erscheinenden Satzbeispiel vorgetragen. Es kommt im übrigen dabei weniger auf das Beispiel an. Man wird erkennen, daß nicht jede aufgeführte Form der Parataxe und der Hypotaxe für jeden Inhalt gleich geeignet ist, daß also vielleicht besser inhaltlich verschiedene Beispiele verwendet werden sollten. Wichtig sind hingegen die angeführten Lehrziele bzw. Lernergebnisse.[22]

(1) Parataxe ohne explizierendes Adverb oder explizierende Konjunktion im zweiten Satz:

Pater aegrotus est.   *Domi manemus.*
Ὁ πατὴρ νοσεῖ.   Οἴκοι μένομεν.

---

21 Zu den Konnektoren ('Verbindern') als Gliederungszeichen vgl. z. B. Verf.: Lineares Dekodieren, Textlinguistik und typisch lateinische Satzelemente. In: AU XIX 5 (1976), 5 – 36, bes. 23 f.

22 Vgl. den Anm. 21 genannten Aufsatz. – Die sprachgeschichtlichen Hintergründe der verschiedenen Ausdrucksweisen, ihr bewußter Einsatz als Stilmittel und die Rückschlüsse, die von ihnen auf die Autorintention möglich sind, werden hier aus Platzgründen nicht dargestellt.

Die einfache Parataxe stellt im Lateinischen wie im Griechischen zwei Informationen (Aussagen, Gedanken) ohne äußere Verbindung nebeneinander.

(2) Parataxe mit explizierendem Adverb oder explizierender Konjunktion im zweiten Satz:

>Pater aegrotus est.   Itaque domi manemus.
>
>Ὁ πατὴρ νοσεῖ.   Διὰ τοῦτο οἴκοι μένομεν.
>
>Oder: Ὁ μὲν πατὴρ νοσεῖ.   Ἡμεῖς δ' οἴκοι μένομεν.

Die Parataxe mit explizierenden Adverbien oder Konjunktionen ist im Lateinischen wie im Griechischen möglich und macht äußerlich deutlich, in welchem Zusammenhang die beiden Informationen vom Autor gesehen werden oder vom Leser/Hörer verstanden werden sollen.

(3) Nicht-explizite Hypotaxe der einen Information unter die andere in Form eines reduzierten Satzes, der als Prädikativum/Partizip erscheint:

    a) *Patre aegroto* (oder *aegrotante) domi manemus.*

       Τοῦ πατρὸς νοσοῦντος οἴκοι μένομεν.

    b) *Patrem aegrotum* (oder *aegrotantem) miseramur.*

       Τὸν πατέρα νοσοῦντα θρηνοῦμεν.

Die nicht-explizite Hypotaxe durch prädikative Einbettung ist im Lateinischen wie im Griechischen möglich. Im klassischen Latein liegt der Hauptakzent auf der Information im Prädikat, und in der größeren Zahl der Fälle geht die prädikativ eingeordnete Information dem Prädikat voran, da die Anordnung der Informationen die zeitliche und sachlogische Reihenfolge wiedergibt. Im Griechischen ist die Abfolge und Akzentuierung der formal untergeordneten und der formal übergeordneten Informationen freier.

(4) Explizite Hypotaxe der einen Information unter die andere durch

    a) Partizipien mit erläuterndem Adverb oder erläuternder Konjunktion:

       (keine lateinische Entsprechung)

       Τοῦ πατρὸς ἅτε νοσοῦντος οἴκοι μένομεν.

       Τὸν πατέρα ἅτε νοσοῦντα θρηνοῦμεν.

    b) substantivische Satzglieder, deren Verhältnis zur Hauptinformation durch den Kasus und durch Präpositionen deutlich gemacht wird:

       Propter patris morbum domi manemus.

       Διὰ τὴν τοῦ πατρὸς νόσον οἴκοι μένομεν.

    c) substantivierte Infinitive:

       Aegrotando (oder *doloribus ferendis) pater defessus est.*

       Ὁ πατὴρ ἔκαμε τῷ νοσεῖν.

       (keine lateinische Entsprechung)

       Διὰ τὸν πατέρα νοσεῖν οἴκοι μένομεν.

       Patrem aegrotare videmus.

       Τὸν πατέρα νοσεῖν οἰόμεθα.

Die Hypotaxe durch Partizipien mit erläuterndem Adverb oder erläuternder Konjunktion erscheint fast ausnahmslos nur im Griechischen. Die im Lateinischen und im Griechischen mögliche Reduktion einer Information auf einen nominalen Ausdruck abstrahiert und nimmt dieser Information die anschauliche Vorstellung. Die Einbettung einer Information in eine andere vermittels des Infinitivs ist im Lateinischen als AcI häufig, in der substantivierten Form unter Verwendung der (adjektivischen oder substantivischen) *nd*-Form ist sie vorwiegend im Ablativ und in der Verbindung mit Präpositionen üblich.[23] Im Griechischen ist nicht nur der AcI häufig, sondern auch die Substantivierung von Infinitiven oder „Akkusativen mit Infinitiven" durch den Artikel und die vielfältige nominale Verwendung der so entstandenen Verbindungen in allen Kasus und mit allen Präpositionen. Die Verwendung infinitivischer Formulierungen ist meist anschaulicher als die reiner Substantive.

(5) Hypotaxe durch Gliedsätze mit mehrfacher sachlicher Beziehbarkeit:

Cum pater aegrotaret, domi mansimus.

Ἐπεὶ ὁ πατὴρ ἐνόσησεν, οἴκοι ἐμένομεν.

(6) Hypotaxe durch Gliedsätze mit eindeutigem Sachbezug:

Domi manebamus, quod pater aegrotus erat.

Οἴκοι ἐμένομεν, διότι ὁ πατὴρ ἐνόσει.

Im Lateinischen wie im Griechischen ist die Einbettung einer Information in eine andere durch einen Gliedsatz möglich. Beide Sprachen haben dabei einige Konjunktionen, die die sachliche Beziehung zwischen der übergeordneten und der eingebetteten Information nicht eindeutig festlegen (z. B. cum – ἐπεί, ut – ὡς); in diesen Fällen muß man sich bei der Übersetzung ins Deutsche auf den Ausdruck einer einzigen sachlichen Beziehung beschränken.

Bibliographie

(1) Zum lateinischen Grammatikunterricht

BARIÉ, P.: Überlegungen zur Konstruktion eines dreijährigen Lateinlehrgangs. Latein IV. In: MDAV 19,3 (1976), 8 – 13.

BARIÉ, P. / PRUTSCHER, U.: Überlegungen zur Konstruktion eines Lehrgangs für Latein als dritte Fremdsprache. In: MDAV 19,3 (1976), 13 – 16.

BEYER, K.: Zum Verhältnis von Sprach- und Lektüreunterricht In: AU XVI 2 (1973), 5 – 13.

BOLLNOW, O. F.: Sprache und Erziehung. Stuttgart 1966.

---

23 Der NcI ist besser als Hinzutreten eines Infinitivs als notwendige Ergänzung zu einigen Verben oder Verbformen zu erklären; vgl. Scherer, A.: Handbuch der lateinischen Syntax. Heidelberg 1975, 87 sowie Verf. (s. Anm. 21), S. 19 f.

CLASEN, A.: Wozu Latein? Wie ist sein Platz im modernen Curriculum zu begründen? In: BAYER, K. / WESTPHALEN, K. (Hrsg.): Kollegstufenarbeit in den Alten Sprachen. München 1971, 26 – 33.
GLÜCKLICH, H.-J.: Lineares Dekodieren, Textlinguistik und typisch lateinische Satzelemente: In: AU XIX 5 (1976), 5 – 36.
GLÜCKLICH, H.-J.: Lateinunterricht. Didaktik und Methodik. Göttingen 1978 (Kleine Vandenhoeck-Reihe 1446), 84 – 139.
HAPP, H.: Grundfragen einer Dependenz-Grammatik des Lateinischen. Göttingen 1976.
HEILMANN, W.: Lateinischer Sprachunterricht als Hinführung zur Lektüre In: AU XIV 5 (1971), 21 – 32.
HENTIG, H. v.: Platonisches Lehren. Probleme der Didaktik dargestellt am Modell des altsprachlichen Unterrichts, Band I. Unter- und Mittelstufe. Stuttgart 1966.
HEUPEL, C.: Reflexion über Sprache im Lateinunterricht In: AU XVI 4 (1974), 5 – 20.
HOLK, G.: Thesen zu einer lateinischen Fachdidaktik I. Gedanken zur Begründung des Faches Latein in der Schule. In: Mitteilungen des Deutschen Altphilologen-Verbandes, Landesverband Niedersachsen 27,1 (1977), 7 – 12.
HOLTERMANN, H.: Übersetzen und Interpretieren im Lateinunterricht In: Die Sammlung 15 (1960/61), 685 – 693.
HERMES, E.: Verstehen und Übersetzen In: AU IX 2 (1966), 5 – 14.
HERMES, E.: Latein als Wahlpflichtfach in einem reformierten Lehrplan. Vorschläge für eine kürzere Einführung in die lateinische Sprache als Vorbereitung auf die Lektüre literarischer Texte In: AU XIII 2 (1970), 16 – 32.
KAIMER, F.: Die Übersetzung im Lichte der modernen Lernpsychologie (lt. Ergebnisprotokoll des Lehrgangs F 929 Griechisch S I und S II vom 18. – 22.3.1974 in Frankfurt am Main).
KREFELD, H.: Affektive Lernziele im Lateinunterricht. In: MDAV 19,1 (1976), 1 – 6.
MEYER, Th.: Überlegungen zur Konstruktion eines grundständigen Lateinlehrgangs. In: MDAV 19,3 (1976), 1 – 7.
MAROUZEAU, J.: Das Latein. Gestalt und Geschichte einer Weltsprache. München 1969 (dtv WR 4029).
NICKEL, R.: Die Funktion von Texten im einführenden lateinischen Sprachunterricht. In: Mitteilungsblatt des Landesverbandes Hessen im Deutschen Altphilologenverband 23,4 (1975), 1 – 6.
OBERG, E.: Relevanz des Lateinischen für andere Studienfächer. In: MDAV 19,1 (1973), 6 – 8.
PAULSEN, F.: Geschichte des Gelehrten Unterrichts auf den deutschen Schulen und Universitäten vom Ausgang des Mittelalters bis zur Gegenwart. Mit besonderer Rücksicht auf den klassischen Unterricht, 3. Aufl. Berlin und Leipzig, Bd. I 1919, Bd. II 1921 (Nachdr. Berlin 1965).
STEGMANN VON PRITZWALD, K.: Zur Leistung der lateinischen Grammatik für die kategoriale Denkschulung, dargelegt an Substantivierung, Bezugsadjektiv und Verbalsystem In: AU V 2 (1961), 106 – 122.

TROST, G. / PAUELS, L. / SCHNEIDER, B.: Repräsentativerhebung an deutschen Abiturienten. Bonn 1976.
VESTER, H.: Erfolgskontrolle und Latein in den USA. Ein Bericht über zwei empirische Untersuchungen zum Transferproblem In: Gymn. 81 (1974), 407 – 414.
VESTER, H.: Affektive Lernziele in amerikanischer Sicht. In: MDAV 18,4 (1975), 2 – 11.
VISCHER, R.: Probekapitel zu einer kontrastiven Syntax des Lateinischen und Deutschen In: AU XVI 1 (1973), 18 – 31.
VOSSEN, C.: Mutter Latein und ihre Töchter. Frankfurt am Main 1972 (Fischer Tb 1309).
WILHELM, Th.: Theorie der Schule. Hauptschule und Gymnasium im Zeitalter der Wissenschaften. Stuttgart 1969².

(2) Zum griechischen Grammatikunterricht

BAYER, K.: Griechisch – Stellung des Fachs und curriculare Gestaltung der Lehrpläne. In: RÖMISCH, E. (Hrsg.): Griechisch in der Schule. Frankfurt am Main 1972, 11 – 34.
BRUHN, E.: Altsprachlicher Unterricht. Leipzig 1930, darin S. 146 – 157 „Die Behandlung der griechischen Grammatik".
FLEISCHER, W.: Die Bewahrung der grammatischen Kenntnisse im griechischen Unterricht der Oberstufe. In: HÖRMANN, F. (Hrsg.): Die alten Sprachen im Gymnasium. München 1968, 149 – 160.
HEINE, D.: Die Einführung der Verba auf – $\mu\iota$. In: AU XI 2 (1968), 99 – 110.
DER HESSISCHE KULTUSMINISTER: Rahmenrichtlinien Sekundarstufe I Griechisch.
KULTUSMINISTERIUM DES LANDES NORDRHEIN–WESTFALEN: Griechisch. Unterrichtsempfehlungen – Sekundarstufe I Gymnasium.
MERTENS, W.: Gruppenarbeit im griechischen Anfangsunterricht In: AU XV 4 (1972), 22 – 40.
MEYER, Th.: Modelle des Sprachunterrichts. In: RÖMISCH, H.: Griechisch in der Schule, S. 35 – 44.
MEYER, Th.: Unterrichtsversuche im Fach Griechisch. In: ULSHÖFER, R. (Hrsg.): Theorie und Praxis des kooperativen Unterrichts. Bd. II Resultate und Modelle in den Fächern. Heft 4 Alte Sprachen, hrsg. von MEYER, Th. / STEINTHAL, H. Stuttgart 1972, 58 – 78.
ROESKE, K.: Didaktische und methodische Überlegungen zum griechischen Grammatikunterricht In: AU XI 3 (1968), 64 – 82.
STEINTHAL, H.: Einzelprobleme des Sprachunterrichts. In: E. RÖMISCH: Griechisch in der Schule 45 – 56.
STROHM, H.: Syntax- und Stilfragen bei griechischen Schulautoren. In: F. HÖRMANN: Die alten Sprachen im Gymnasium 131 – 148.

Konrad Raab
Wortschatz und Wortkunde

Die Ursache des Versagens liegt für viele Schüler nachweislich auch in der mangelnden Beherrschung des Wortschatzes; deshalb haben Fragen des Wortschatzes und der Wortkunde in der fachdidaktischen Forschung der letzten Jahre zunehmende Beachtung gefunden.[1]

Wortschatz

„Wortschatz", als Begriff — in Gegenstellung zu neueren Termini (z. B. „Wortspeicher") — absichtlich so gewählt, bezeichnet die Summe der lateinischen Vokabeln, die ein Schüler lernen muß und beherrschen sollte, wenn er Originaltexte — gewiß mit der zusätzlichen Hilfe eines Kommentars und Lexikons — zu lesen fähig werden will. Die Aneignung dieses Wortschatzes erfolgt bei Latein als erster Fremdsprache (L 1) innerhalb von 9 Jahren, bei Latein als zweiter Fremdsprache (L 2) im Laufe von 7 Jahren, sofern das Fach mit einem Kurs in der neugestalteten Oberstufe abgeschlossen wird. Latein als dritte oder spätbeginnende Fremdsprache bleibt hier außer Betracht.[2]

Mängel in der bisherigen Behandlung des Wortschatzes

Der Wortschatz im elementaren Sprachunterricht (sog. „Grammatikunterricht") ist bislang in Portionen von ca. 15 Vokabeln pro Stunde erworben worden. Am Ende waren zwar 2200 Wörter gelernt; doch war damit vom Wortschatz her nicht die Garantie gegeben, daß der Übergang zum Lektüreunterricht reibungslos verlief. Schwierigkeiten ergaben sich insofern, als der erlernte Wortschatz nicht auf den bei der einsetzenden Originallektüre nötigen Wortschatz abgestellt war.[3] Nicht zuletzt wegen dieses Mißstandes wurde häufig an der methodischen Unzulänglichkeit des Lateinunterrichts, am uneffektiven Lernen, Kritik geübt.

---

1 Nickel, R.: Altsprachlicher Unterricht. Darmstadt 1973, 44, verlangt für die Steigerung der Effektivität des Lateinunterrichts einen für den Lerninhalt charakteristischen Wortschatz.

2 Zu den verschiedenen Lehrgangsformen vgl. oben S. 163 ff.

3 Vgl. Mathy, M.: Vocabulaire de base du latin. Paris 1952, 9. In den in Bayern bis noch vor kurzem verwendeten Unterrichtswerken (Lateinisches Unterrichtswerk I, Lectiones Latinae I, Exercitia Latina I) z.B. wurden viele Vokabeln nur zum Zwecke der Gramma-

(Fortsetzung nächste Seite)

Abhilfe durch statistische Häufigkeitsuntersuchungen

Erkenntnisse der statistischen Untersuchung

Diesem Dilemma versuchte man durch die Ermittlung eines Wortschatzes abzuhelfen, der nahezu ausschließlich auf die Erfordernisse der Lektüre ausgerichtet ist. Man untersuchte die vorwiegend im Unterricht gelesenen Autoren hinsichtlich der Worthäufigkeit. Dabei gelangte man zu einer frappierenden Feststellung: Bei einer Reihung der Vokabeln nach Häufigkeit ihres Vorkommens machen die ersten 100 etwa 50 % eines Textbestandes aus. Mit 1000 Vokabeln erreicht man eine 80 %ige Textabdeckung, mit 3000 Vokabeln nur mehr 90 %.[4] Die Aufhellung eines Textes ist also bei den ersten 100 Vokabeln im Verhältnis höher als bei den nächstfolgenden 900, die nur mehr eine Steigerung von 30 % ermöglichen. Die Steigerungsrate nimmt im folgenden trotz zunehmender Anzahl von Vokabeln rapid ab. Eine spürbare Erhöhung des Aufhellungswertes über 90 % hinaus ist nur durch eine unverhältnismäßig starke Vermehrung des Wortbestandes zu erreichen.

Daraus folgt, daß für die Bewältigung der Lektüre ungefähr 2500 lateinische Vokabeln genügen müßten.[5] Diese Anzahl entspricht auch in etwa den Forderungen der Einheitlichen Prüfungsanforderungen in der Abiturprüfung Latein. Dort wird die Zahl der nötigen Wörter mit 2400 angegeben. Demgegenüber weist die Wortkunde von Leitschuh/Hofmann[6] die stattliche Summe von ca. 3700 lateinischen Vokabeln auf, und die nach 230 Sinngruppen geordnete Wortkunde von K. Klaus und H. Klingelhöfer enthält über 5000 Wörter.[7] Ein derartig überhöhtes Lernpensum ist aber nach den Ergebnissen der statistischen Untersuchung nicht mehr vertretbar.

---

3   (Fortsetzung)

tikdurchnahme gelernt. Es wurden zunächst, um die Deklinationsschemata eindeutig und intensiv einzuüben, eine Fülle von Substantiven der a-Deklination wie puella, filia, magistra, discipula, avia, domina, ancilla, cena, casa, geboten, anschließend eine nicht minder große Zahl von Substantiven der o-Deklination wie dominus, servus, deus, arma, castra, bellum. Damit ließ sich eine Vielzahl von wenn auch inhaltlich anfechtbaren Sätzen bauen. Ebenso wurden anfänglich, um das Lernen nicht zu erschweren, nur Verben der a-Konjugation gelernt; häufig vertraten die Intensiva und Iterativa wie captare, iactare, dormitare, reformidare − ohne Berücksichtigung ihrer besonderen Bedeutungsnuancen − die normalen Verben; die „Ersatzfunktion" dieser Vokabeln war offensichtlich; denn nach der Durchnahme der „Normalverben" (capere, iacere, dormire, reformidare) spielten die „Ersatzverben" kaum noch eine Rolle; das Gedächtnis der Schüler hatte aber mit einer großen Zahl von Vokabeln zusätzlich belastet werden müssen.

4   Vgl. Mathy 11 f.; ebenso Habenstein, E./Hermes, E./Zimmermann, H. (Hrsg.): Grund- und Aufbauwortschatz Latein. Stuttgart 1970, 6 − 8, und Hermes, E.: Von der Gliederung des lateinischen Wortschatzes. Materialien zur Anleitung im kritischen Gebrauch des Wörterbuchs. AU X 4 (1967), Beilage, 16.

5   Aufgrund der Notation ergeben sich gelegentlich Schwierigkeiten im Zählen, z.B. kann constat bei constare eingestellt sein, obwohl es eigentlich ein eigenes Wort ist. Daher muß man die Zahl 2500 mit einer Toleranz von ±50 verstehen.

6   Lateinische Wortkunde. Bamberg 1963[13].

7   Verbum Latinum. Düsseldorf 1954.

Die Zahl der als lernnotwendig erachteten Vokabeln ließ sich unschwer ermitteln;[8] diese 2500 erforderlichen Vokabeln im einzelnen zu benennen, stieß auf Schwierigkeiten. Das hängt mit den Texten zusammen, die man der Untersuchung zugrunde legt. Für die Feststellung der 1000 häufigsten Vokabeln spielt es noch kaum eine Rolle, welche Autoren der Schullektüre herangezogen werden. Z. B. wurden in München 1970 von zwei getrennt arbeitenden Gruppen statistische Wortschatzzählungen durchgeführt. Die Ergebnisse deckten sich in annähernd 1000 Vokabeln, obwohl unterschiedliche Autoren zugrunde gelegt waren. Eine Differenz ergab sich erst bei der Ermittlung der 1000 nächsthäufigen Vokabeln; hier schlug die Verschiedenheit der Textgrundlagen im Ergebnis voll durch. Das besagt: Ein per Statistik ermittelter Lektürewortschatz bereitet nur im Bereich der 1000 häufigsten Wörter auf der Lektüre eines Autors zielstrebig und sicher vor; wollte man diese Sicherheit für eine höhere Zahl gewährleisten, müßte der Autorenkanon verbindlich festgelegt sein; damit würde man aber dem Unterricht sehr starke Bindungen auferlegen; was für die Mittelstufe schädlich, für die neugestaltete Oberstufe unerträglich wäre. Der Wert der Häufigkeitsuntersuchung hat seine Grenze in der Freiheit der Lektürewahl.

Zusätzliche Kriterien für die Auswahl des Wortschatzes

Gleichwohl ist es sinnvoll, mit Hilfe einer statistischen Untersuchung einen „Sockel" von Wörtern zu errichten. Auf diesen müßte allerdings ein Ergänzungswortschatz gestellt werden; dieser wäre nach anderen Kriterien als denen der statistischen Häufigkeit zu ermitteln, wenn auf bestmögliche Weise die Lektüre vorbereitet werden soll.

Die Grenze des statistischen Prinzips wird aber auch an den Notwendigkeiten und Erfordernissen der Lehrbuchgestaltung erkennbar. Man erkannte nämlich sehr bald, daß sich mit den häufigsten Vokabeln *animus, vir, homo, res, facere, posse, magnus, multi, bonus* keine Texte gestalten ließen, die einerseits die volle römische Wirklichkeit abbildeten, andererseits kindgemäß waren. Ausdrücke des täglichen Lebens, der Naturerscheinungen und der menschlichen Gewohnheiten sind statistisch unterrepräsentiert.[9] Zudem würde ein nur statistisch orientierter Wortschatz „System-Lücken" auftun, da er z. B. *hiems* und *ver* enthält, nicht aber *aestas* und *autumnus*. Das System der Jahreszeiten wäre dem Schüler in lateinischer Sprache nicht zugänglich, wodurch seine Vorstellungswelt stark begrenzt würde. Auch die Gestaltung der Übungstexte macht also einen Wortschatz nötig, der über den rein statistisch ermittelten hinausgeht.

Dazu tritt eine lerntheoretische Erkenntnis, die sich auf die Erhöhung des sog. „Aufhellungswertes" bezieht. Es gibt eine Reihe von etymologisch zusammengehörigen Wortgruppen (Wortfamilien), die verhältnismäßig viele Vokabeln aufweisen; diese Vokabeln kommen aber, einzeln genommen, nicht so häufig vor,

---

[8] Man hat solche Untersuchungen vielerorts angestellt; vgl. etwa Krope, P.: Die 1000 häufigsten Wörter der Schullektüre aus Caesar, Livius und Cicero. AU XII 5 (1969), Beilage.

[9] Viele der häufigsten Vokabeln gehören dem militärischen Bereich an wie arma, hostis, castra, bellum, exercitus, so daß sie bei Texten in den Übungsbüchern, vor allem im Anfangsunterricht, nicht im Vordergrund stehen sollten.

daß sie statistisch bedeutsam sind. An einem Beispiel sei es gezeigt: *Mordere, morsus, mordax, mordicus, mordacitas* sind für sich betrachtet seltene Vokabeln. Wählt man nun eines dieser Wörter als ihren „Vertreter" (Repräsentanten) aus der Wortfamilie aus und fügt ihn zum Lernwortschatz hinzu, etwa *mordere*, so ist der Schüler beim Auftauchen eines Wortes aus dieser Familie zwar nicht mit dem Wort, wohl aber mit dem Stamm vertraut. Diese Vertrautheit hellt ihm die Bedeutung des Wortes, etwa von *mordax*, auf. So kann durch das Prinzip der „etymologischen Repräsentanz" der Aufhellungswert von Wörtern gezielt verbessert werden.

Das statistische Prinzip ist außerdem durch ein kulturkundliches zu ergänzen; dadurch wird eine Gruppe von nicht allzu häufigen lateinischen Wörtern erfaßt, die in der heutigen Sprache in irgendeiner Form, als Lehn- oder Fremdwörter, fortleben, deren Kenntnis demnach unentbehrlich ist; auch solche Wörter sind in den Ergänzungswortschatz aufzunehmen. So verlangen Begriffe wie *Emanzipation* und *Mandat* die Vokabeln *mancipium* und *mandatum,* obwohl sie statistisch nicht ins Gewicht fallen. Man muß freilich sorgfältig darauf achten, daß sich nicht unter dem Etikett „Kulturwortschatz" Vokabeln einschleichen, deren Kenntnis weder im Lateinischen noch im Deutschen förderlich ist. Eine Vokabel wie z. B. *„armatura"* kann dem Verständnis des Wortes „Armatur" eher hinderlich sein. Umgekehrt wird man sorgfältig überlegen müssen, inwieweit lateinische Wörter als Lehnwörter für die deutsche Sprache wichtig sind; Wörter wie *bestia* (Bestie), *magister* (Meister), *murus* (Mauer) wird man trotz ihrer geringen statistischen Repräsentanz nicht rücksichtslos streichen, da sonst die lebendige Verbindung des Lateinischen mit der deutschen Muttersprache zerstört würde.[10] Zusammenfassend: Mit einer geschickt getroffenen Auswahl unter den lateinischen Autoren läßt sich nach dem statistischen Prinzip ein zuverlässiger Sockel an Wörtern vermitteln.[11] Zu diesem statistischen Wortschatz muß aber aus Gründen der Didaktik, des Aufhellungswertes und der kulturellen Verbindung ein Komplement gefunden werden. Der Gesamtwortschatz braucht keinen größeren Umfang als 2500 Vokabeln aufweisen.

Die Wortkunde

Um den ermittelten Wortschatz zum Lernen aufzubereiten, bedarf es einer Wortkunde, in der die Wörter in übersichtlicher Form angeordnet sind.

Zur Anordnung von Wortkunden

Eine *alphabetische Auflistung* eignet sich nur bedingt;[12] Schülern fällt das Lernen von alphabetisch aneinander gereihten Wörtern schwer, weil sie weitgehend ohne

---

10 Man vergleiche dazu Vicenzi, O.: Zur Frage des fünfjährigen Lateinunterrichts. In: Gymnasium 77 (1970), 47–51.

11 Vgl. dazu das Vorwort zu Raab, K. / Keßler, M.: Lateinische Wortkunde. München. Danach beträgt der Umfang dieses „Sockels" 1800 lateinische Vokabeln.

12 Man vgl. etwa Habenstein, E. / Hermes, E. / Zimmermann, H. In dieser Wortkunde ist versucht, das alphabetische Prinzip (Grundwortschatz) mit dem Wortfeldprinzip (Aufbauwortschatz) zu verbinden.

Verstehenshilfen arbeiten müssen. Die Anordnung *nach Wortfeldern* bietet dem Schüler eher Hilfen zu einem verstehenden Lernen. Hier ergibt sich allerdings die Schwierigkeit, daß entweder nicht alle Vokabeln in den Wortfeldern untergebracht werden können oder daß manche Vokabeln doppelt oder mehrfach angeführt werden müssen. Deshalb wird allgemein die Anordnung nach *Wortfamilien* (also nach dem etymologischen Prinzip) vorgezogen. Ausgehend vom Leitwort, dem eine Führungsposition zukommt — diese läßt sich durch den Druck und durch die Stellung hervorheben —, kann man zeigen, wie mit Hilfe von Suffixen und Präfixen, etymologisch verwandte, aber neue Wörter gebildet werden. Deren Bedeutung läßt sich, wenn man die Funktion eines Suffixes kennt, ohne weiteres von selbst ableiten. So wird die Wortbildung, wenigstens im Prinzip, für den Schüler transparent. Man geht z. B. aus von *merx* (eigentlich merc-s) und bildet dazu *merc-ator, com-merc-ium, merc-es*.

In analoger Weise läßt sich die Bedeutung von Komposita erschließen, wenn man das Verbum simplex kennt, und wenn die Präposition bekannt ist, z. B. *con-ferre, co-hibere, com-mit-tere*. Die Forderung ist deshalb begründet, daß eine Wortkunde auch einen kurzen Abriß der Wortbildungslehre enthalten solle.

Zur Angabe der deutschen Bedeutungen

Den lateinischen Wörtern jeweils die passenden deutschen Bedeutungen beizugeben, fällt bisweilen schwer. Nur wenige lateinische Vokabeln lassen sich durch eine einzige deutsche Wortbedeutung präzis erfassen; konkrete Substantive wie *equus, taurus, sus, ovis, apis, pinus* sind im Lateinischen und Deutschen deckungsgleich. In vielen Fällen aber reicht eine einzige deutsche Wortbedeutung nicht aus, um den Sinngehalt des lateinischen Begriffes zu erfassen. Hier muß man mit Geschick und Sprachgefühl aus den möglichen Wortbedeutungen auswählen; dabei ist zu beachten, daß die vom etwa Zwölfjährigen gelernten Wortbedeutungen auch dem Schüler der Oberstufe dienlich sein sollten. So muß bei Wörtern, wie z. B. *bonus* (gut, tüchtig), *vindicare* (beanspruchen, befreien) durch eine zweite Bedeutungsangabe der Anwendungsbereich verdeutlicht werden. Viele Begriffe bedürfen einer Vielzahl von deutschen Entsprechungen, damit ihre Bedeutungsbreite und ihr Anwendungsbereich einigermaßen erfaßt werden; z. B. *animus* (Seele, Geist, Mut, Gesinnung) oder *ratio* (Berechnung, Rechenschaft — Überlegung, Rücksicht, Art und Weise — Vernunft, Vernunftgrund, Gesetzmäßigkeit, Theorie). Allerdings gilt für eine Wortkunde die Regel, die Zahl der deutschen Bedeutungen möglichst begrenzt zu halten. Die Bedeutungsangabe soll Mißverständnisse beim lernenden Schüler ausschließen. Bedeutungen wie „Laster" für *vitium* und „schmähen" für *maledicere* assoziieren entweder eine andere Vorstellung („Lastkraftwagen") oder sind nicht geläufig.[13] Mißverständnisse beim Erfassen der deutschen Bedeutungen lassen sich weitgehend vermeiden, wenn das lateinische Wort im Anschluß an die Angabe der deutschen Wortbedeutung noch in einen sprachlichen Kontext (Satz, Wendung, Phrase, geflügeltes Wort) gestellt wird.[14] Dem Schüler wird dabei deutlich, daß das Wort im Kon-

---

13 Die Problematik der Angabe deutscher Bedeutungen ist ausführlich behandelt von Steinthal, H.: Zum Aufbau des Wortschatzes im Lateinunterricht. AU XIV 2 (1971), 20—50.

14 Vgl. dazu die Bemerkungen im Vorwort zu Raab / Keßler 6 f.

text eine ganz spezielle Bedeutung erhält, die auch über die angegebene (zu lernende) Bedeutung hinausgehen kann. An einem Beispiel sei dies gezeigt. Im folgenden Satz Senecas (epist. 84,3) ist dem Schüler die Bedeutung von *carpere* nicht sofort einsichtig: *apes, ut aiunt, debemus imitari, quae vagantur et flores ad mel faciendum idoneos carpunt.* Die Bienen „pflücken" nicht Blumen. Da in der „Phrasenspalte" der Wortkunde das Bedeutungsspektrum in den Wendungen *Carpe diem! Genieße den Tag!* und *viam carpere – den Weg einschlagen* angeboten wird, erhält der Schüler einen Hinweis darauf, daß das lateinische Wort zuweilen auch freier übersetzbar ist. Es wird ihm die Richtung für seine Wiedergabe gewiesen, etwa *„Die Bienen suchen die Blumen (einzeln) auf".* Die Einbettung in den Kontext bewahrt den Lernenden davor, Wortbedeutungen gedankenlos, d. h. ohne auf den Zusammenhang zu achten, hinzuschreiben; der Schüler wird dadurch zu einem Verhalten gegenüber sprachlichen Äußerungen angeregt, das man als eine der Voraussetzungen für wissenschaftliches Tun ansehen darf.

Wie sollen die deutschen Bedeutungen in der Wortkunde angeordnet werden? Soll die Bedeutungsentwicklung berücksichtigt werden? Etwa in der Weise, daß die ursprüngliche Bedeutung als erste angegeben wird? Als Regel sollte gelten: Die Wortkunde muß eine Grundbedeutung bereitstellen, von der aus die Übersetzung aller im Begriff enthaltenen Nuancen einigermaßen möglich ist. Diese Bedeutung, die den Anwendungsbereich des Wortes zumindest bei den Schulautoren sozusagen synchron erfaßt, kann man als erste lernen lassen. Nach anderer Auffassung erscheint es zweckmäßig, ohne Rücksicht auf die Bedeutungsentwicklung, die am häufigsten vorkommende Bedeutung an die erste Stelle zu rücken, z. B.: *legatus Gesandter, Bevollmächtigter* oder *arma Waffen, Gerät*. Auf diese Weise wird der Gefahr des Übersetzungsfehlers entgegengearbeitet; denn wie die Erfahrung zeigt, hält sich der Schüler zumeist an die erste angegebene Bedeutung bei seiner Übersetzung. Die Wortkunde kann sicherlich nicht in allen Fällen in der Angabe der Bedeutungen den Bedeutungswandel nachvollziehen,[15] überfordert wäre sie, wenn sie die Bedeutung nach dem Sprachgebrauch bei den verschiedenen Autoren differenzieren müßte.[16]

Zur Arbeit mit der Wortkunde

Die Schüler müssen vom ersten Einsatz an lernen, mit der Wortkunde sinnvoll umzugehen; das bedeutet: Der Lehrer muß sie zum richtigen Gebrauch anleiten. Dabei erweist es sich als nützlich und notwendig, an die Vorkenntnisse der Schüler, z. B. in Wortbedeutungslehre und in der Lehre der Bedeutungsentwicklung anzuknüpfen.[17]

---

15 Vgl. dazu Coseriu, E.: Probleme der strukturellen Semantik. Tübingen 1973 und Ernout, A.: Aspects du vocabulaire latin. Paris 1954. – Es kann gewiß gelegentlich reizvoll sein, die Bedeutungsentwicklung eines Wortes in der Wortkunde aufzuzeigen, vorausgesetzt, daß die ursprüngliche Wortbedeutung nicht zu stark zurückgedrängt wird, z.B. bei mancipium Kauf, Besitz oder moles Masse, Last, Anstrengung.

16 Diese Aufgabe muß ganz das Wörterbuch oder Lexikon übernehmen.

17 Vgl. dazu Mergenhagen, K.: Wortkunde als Unterrichtsprinzip. DASIU 4,2 (1956), 7 f.

Die Zeit-Stoff-Relation

Der günstigste Zeitpunkt für die Einführung der Wortkunde liegt bei Latein als erster Fremdsprache am Beginn der Jahrgangsstufe 9, bei Latein als zweite Fremdsprache am Beginn der Jahrgangsstufe 10 (oder auch am Ende der Jahrgangsstufe 9). Ziel muß es sein, einerseits die im Sprachunterricht gelernten Vokabeln zu wiederholen und ihre Kenntnis durch Systematisierung zu vertiefen, andererseits die noch unbekannten, für den Lektüreunterricht notwendigen Wörter kennenzulernen. Es ist dabei unumgänglich, die Wortkunde als Ganzes anzugehen, also nicht einzelne Vokabeln aus dem Anordnungssystem herauszunehmen. Um die Gesamtmasse der Wörter in der zur Verfügung stehenden Zeit zu bewältigen, muß man die Zeit-Stoff-Relation wohl überlegen. Am Beispiel der Wortkunde von Raab/Keßler sei dies verdeutlicht: Gesamtumfang 385 Seiten; auf jeder Doppelseite stehen ca. 14 Vokabeln. Im Durchschnitt sind den Schülern davon 10 bekannt. Wenn man die Wortkunde einmal in einem Schuljahr „durchgehen" will, dann müßten – in ca. 30 Schulwochen – pro Woche 13 Seiten bearbeitet werden; dabei würden 90 Wörter behandelt, 65 davon werden wiederholt, 25 neu gelernt. Da sich die unbekannten Vokabeln großenteils in bekannten Wortfamilien befinden, so müßte das Pensum zu bewältigen sein. Freilich ist es auch denkbar, die Behandlung des Wortkunde-Wortschatzes auf zwei Jahre zu verteilen.

Möglichkeiten der Kontrolle

Das Wochenpensum an Wortschatz sollte in verbindlichen Lernzielkontrollverfahren getestet werden. Das Abfragen läßt sich dabei vorteilhaft in die Wiederholungsübungen zur Grammatik einbauen, z. B. als Differenzierungsübung.[18] Das Abfragen des Wortschatzes in Wendungen hat den Vorteil, daß die Vokabeln in Satzmustern oder auch nur in Teilsätzen geprüft werden.[19] Beim „zweiten Durchgang" durch die Wortkunde liegt das Schwergewicht notwendig auf der Reaktivierung des bereits gelernten Wortschatzes; das Ziel ist nun, Sicherheit in der Anwendung der Kenntnisse zu vermitteln; das kann etwa durch Zuordnungsübungen geschehen.[20] Dabei werden lateinischen Formen ungeordnet die entsprechenden deutschen gegenübergestellt (vgl. oben S. 138). Der Schüler löst die Aufgabe, indem er die richtigen Formen zusammenführt; z. B.:

1. vici a) besiegt werden
2. vinxi b) ich habe gelebt
3. vixi c) die Gefesselten
4. vinci d) ich habe gesiegt
5. vincti e) ich habe gefesselt

Lösung: 1 d) 2 e) 3 b) 4 a) 5 c)

---

18 Ein Beispiel für eine solche Kontrolle des Lernpensums bei Raab/Keßler, 200 – 209: mereri, mergi, metiri, metui (2), eminui, admirati, promisi, mercede, modeste moderare!

19 Ein Beispiel für die Kontrolle des gleichen Lernpensums: admodum adulescens, rem publicam moderari, mirum in modum, ea re permissa, auxilio missi, senatu dimisso, ne quid nimis! uno anno minor, viri bene meriti de re publica, metu mortis carentes.

20 Vgl. Ernst, G. / Ernst, E.: Informelle Testes zu Caesars Commentarii de bello Gallico. Frankfurt 1977. Diese Tests kann man ohne weiteres auf jede Wortkunde-Arbeit übertragen.

Eine weitere Möglichkeit informativer Wortschatzarbeit besteht in der Zusammenstellung von Wortfeldern.[21] Diese können aus der gerade verwendeten Lektüre stammen. Ein hervorragendes Mittel sind Übungen zur Erschließung neuer Wörter.[22] Man geht von bekannten Verben aus und bildet dazu neue Substantive, z. B. *disputare – disputatio, vacare – vacatio, loqui – locutio* oder Adjektive, z. B. *fugere – fugax, capere – capax, efficere – efficax*. Ähnlich kann man von Substantiven ausgehend Adjektive bilden lassen, z. B. *anus – anilis, puer – puerilis*.

Voraussetzung dafür ist allerdings, daß der Schüler Bedeutung und Funktion der Wortbildungselemente (bes. der Suffixe) bereits kennt.

Zu warnen ist davor, die Wiederholung auf die besonders häufigen Wörter zu beschränken; damit ist der Übersetzungsarbeit wenig gedient. Die Formen der Kontrolle sollen so angelegt sein, daß der Gesamtwortschatz erfaßt wird.

Zum Verhältnis von Wortkunde und Wörterbuch

Wie vertragen sich Wortkunde und Wörterbuch (Lexikon) miteinander? Durch die „Einheitlichen Anforderungen in der Abiturprüfung Latein" (und auch Griechisch) wird in der Abiturprüfung und als Folge davon durch Länderregelung auch in den Klausuren der Oberstufe die Benutzung des Lexikons erlaubt. Das macht die Wortkunde nicht überflüssig; nur die Kenntnis der ca. 2500 wichtigen, weil häufigsten Vokabeln gibt eine sichere Grundlage für das Übersetzen; nur auf dieser Basis bleibt ausreichend Zeit zu einem sinnvollen Einsatz des Lexikons. Die Wortkunde, richtig benutzt, kann auf der Mittelstufe den effektiven Gebrauch des Lexikons vorbereiten.[23] Wortkunde und Wörterbuch machen sich nicht Konkurrenz, sondern ergänzen sich.

Bibliographie

AFFEMANN, R.: Lernziel Leben – Der Mensch als Maß der Schule. Stuttgart 1976.
BIERMANN, W.: Beiträge zur Praxis des dreijährigen Lateinkurses der Oberstufe. In: AU XIV 4 (1971), 41 – 52.
COSERIU, E.: Probleme der strukturellen Semantik. Tübingen 1973.
ERNOUT, A.: Aspects du vocabulaire latin. Paris 1954.
ERNST, G. / ERNST, E.: Informelle Texte zu Caesars Commentarii de bello Gallico. Frankfurt 1977.
FINK, G.: Arbeit mit Langenscheidts Großem Wörterbuch (Lateinisch-Deutsch) im Rahmen der Anfangslektüre. Berlin 1977.

---

21 Vgl. Hilbert, H.: Feldbezogene Wortschatzarbeit auf der Oberstufe. AU XVII (1974), 4, 17–30. Hier finden sich reichliches Übungsmaterial und vielfältige Anregung.

22 Vgl. Raab / Keßler 394–415: Die Wortbildungslehre enthält Beispiele für selbständiges Erschließen.

23 Vgl. dazu Fink, G.: Arbeit mit Langenscheidts Großem Wörterbuch (Lateinisch-Deutsch) im Rahmen der Anfangslektüre. Berlin 1977, 19.

HABENSTEIN, E. / HERMES, E. / ZIMMERMANN, H.: Grund- und Aufbauwortschatz Latein. Stuttgart 1970.
HERMES, E.: Von der Gliederung des lateinischen Wortschatzes. Materialien zur Anleitung im kritischen Gebrauch des Wörterbuchs. AU X 4 (1967), Beilage.
HILBERT, H.: Feldbezogene Wortschatzarbeit auf der Oberstufe. In: AU XVII 4 (1974), 17 – 30.
KLAUS, K. / KLINGLHÖFER, H.: Verbum Latinum. Düsseldorf 1954.
KROPE, P.: Die 1000 häufigsten Wörter der Schullektüre aus Caesar, Livius und Cicero. AU XII 5 (1969), Beilage.
LEITSCHUH, U. / HOFMANN, B.: Lateinische Wortkunde, Bamberg 1963[13].
MATHY, U.: Vocabulaire de base du latin. Paris 1952.
MERGENHAGEN, K.: Wortkunde als Unterrichtsprinzip. In: DASIU 4,2 (1956), Heft 2, 3 – 15.
NICKEL, R.: Altsprachlicher Unterricht. Darmstadt 1973.
RAAB, K. / KESSLER, M.: Lateinische Wortkunde. München 1976.
STEINHILBER, J.: Motivationspsychologische Aspekte des Übens. In: Anregung 22 (1976), 363 – 371.
STEINTHAL, H.: Zum Aufbau des Wortschatzes im Lateinunterricht. In: AU XIV 2 (1971), 20 – 50.
VICENZI, O.: Zur Frage des fünfjährigen Lateinunterrichts. In: Gymnasium 77 (1970), 47 – 51.
VISCHER, R.: Lateinische Wortkunde für Anfänger und Fortgeschrittene. Stuttgart 1977.

Günter Wojaczek

Unterrichtswerke in den Alten Sprachen

Der altsprachliche Unterricht hat nach heutiger Auffassung zwei wichtige Aufgaben zu erfüllen: er soll zur Lektürefähigkeit führen, aber auch durch „Sprach- und Textreflexion" das Bewußtsein von Sprache an sich schärfen.[1]

Das erste Ziel ist der Erwerb der Fähigkeit, antike Autoren in der Originalsprache zu lesen. Der Weg zu diesem Ziel ist beschwerlich und nur in kleinen Schritten zu bewältigen, die für die ganze Wegstrecke vorgeplant werden müssen. Das Ende der Wegstrecke markiert die Kenntnis der Formenlehre und der wesentlichen Erscheinungen der Syntax, verbunden mit der Beherrschung eines Minimalwortschatzes, der für einen zügigen Fortgang der Lektüre unerläßlich ist. Wie aber bei einem Weg durchs Gelände jeder Punkt der Landschaft Reiz und Eigenwert besitzt, so hat auch der Weg der Spracherlernung, der zur Autorenlektüre hinführen soll, eine autonome Berechtigung, die ihn über seine dienende Aufgabe hinausweist: Spracherlernung ist zugleich „Erziehung zu Sprach- und Textreflexion"[2] und fundiert die für diese Reflexion erforderlichen Fähigkeiten.

Die „Fahrzeuge", mit denen der Weg zur Lektüre von Werken in der Originalsprache zurückgelegt wird, sind die sogenannten Unterrichtswerke, Lehrbücher oder Übungsbücher. Sie vermitteln in der Regel die erste Begegnung mit der fremden Sprache, sie führen in die Kultur des Volkes ein, dessen Sprache erlernt wird, und stellen diese in ihren vielfältigen Erscheinungsformen und ihren Wirkungen vor. Sie können die stets beim Lernenden vorhandene Anfangsmotivation, seine Neugier, sein Interesse, ja seine Begeisterung wachhalten und vertiefen, sie können aber auch abstoßen und Motivation und Aufgeschlossenheit für immer zerstören. Sie sind die „wirkungsmächtigsten Curricula"[3], die der Unterricht kennt.

Die Fachdidaktik der Alten Sprachen hat sich zwar von verschiedenen Positionen aus zu den vielfältigen Problemen des Erlernens der Sprache in vielfältiger Weise

---

1 Grundlegende Ausführungen hierzu von Maier, F.: Methodisches Beiheft zu CURSUS LATINUS I, Bamberg/München 1972, 6 ff.

2 Siehe Maier, Beiheft; Heilmann, W.: Lateinischer Sprachunterricht als Hinführung zur Lektüre. In: AU XIV 5 (1971), 21 – 32; Röttger, G.: Autonomer Sprachunterricht. In: AU X 4 (1967), 22 – 48.

3 Zum Problem der Motivation vgl. Westphalen, K.: „Falsch motiviert"? In: AU XIV 5 (1971), 5 ff. Das Zitat von E. Schulz-Vanheyden, zitiert nach AU XIX 3 (1976), 3.

geäußert. Die Frage aber, unter welchen Voraussetzungen Unterrichtswerke, die den schulischen Alltag prägen, konzipiert werden, wie sie für ihre jeweiligen Zwecke aussehen müssen, welche Bedingungen sie zu erfüllen haben, um überhaupt zugelassen zu werden, hat bisher wenig Beachtung gefunden. Einige grundsätzliche Bemerkungen macht die Methodik von Krüger/Hornig.[4] Erst in jüngster Zeit hat man begonnen, lateinische Unterrichtswerke eingehender zu besprechen.[5] Die folgenden Ausführungen versuchen zu zeigen,

— unter welchen Voraussetzungen Unterrichtswerke konzipiert werden (= Stundentafeln, Lehrplan)
— welche Intentionen sie verfolgen (= Methodik)
— wie sie aufgebaut und — auch äußerlich — gestaltet sind bzw. sein müssen (= äußere Anlage).

Für die Betrachtung werden exemplarisch bayerische Unterrichtswerke (ROMA, CURSUS LATINUS, INSTRUMENTUM) herangezogen. Auf die Besprechung eines griechischen Werkes wird verzichtet. Für Latein als 3. Fremdsprache oder für einen spätbeginnenden Lateinunterricht liegt ein bayerisches Lehrbuch bislang nicht vor.

Schultyp, Stundentafeln und Lehrplan

Der Lateinunterricht hat im Bereich der Gymnasialbildung folgende Formen:

— L 1 (grundständiges Latein als 1. Fremdsprache, beginnend in der 5. Jahrgangsstufe)
— L 2 (Latein als 2. Fremdsprache, beginnend in der 7. Jahrgangsstufe)
— andere Formen: L 3 (Latein als 3. Fremdsprache, beginnend in der 9. Jahrgangsstufe)

L sp (Latein spätbeginnend, d. h. Pflichtunterricht in der 12./13. Jahrgangsstufe oder Wahlunterricht, beginnend in der 10. Jahrgangsstufe)[6].

---

4   S. 45 – 59.

5   Gruber, J.: Kriterien zur Beurteilung eines lateinischen Unterrichtswerks. In: Anregung 20 (1974), 232 – 236. J. Gruber führt in Form eines Katalogs die grundsätzlichen Kriterien an, die für die Bewertung der Brauchbarkeit eines Lehrbuches gelten. Seine Überlegungen sind dankbar benutzt worden.

   Die Besprechung einzelner Unterrichtswerke wurde begonnen in AU XIX 3 (1976) für CONTEXTUS, IANUA NOVA, redde rationem, Lingua Latina, NOTA und Biermann, Lehrbuch der lateinischen Sprache. AU XXI 4 (1978) bringt Besprechungen von ROMA, CURSUS LATINUS, Grundkurs Latein.

6   Darstellung der verschiedenen Lehrgangstypen bei Nickel, R.: Die Alten Sprachen in der Schule, Frankfurt/M. 1978[2], 48 ff.; ferner Meyer, Th.: Überlegungen zur Konstruktion eines grundständigen Lateinlehrgangs. In: MDAV 19,3 (1976), 1 – 7; Barie, P. / Prutscher, U.: Überlegungen zur Konstruktion eines Lehrgangs für Latein als 3. Fremdsprache, ebenda 13 – 16; Meyer, Th.: Überlegungen zur Konstruktion eines Lehrgangs für Latein als 2. Fremdsprache. In: MDAV 21,1 (1978), 1 – 9. Vgl. auch oben S. 163 ff.

Die zu behandelnden Probleme werden am Modell des Lateinunterrichts und seinen Unterrichtswerken dargestellt; die Ergebnisse lassen sich weitgehend auf das Griechische übertragen.

Die umfassendste Form des Lateinunterrichts bietet das grundständige Latein am Humanistischen und Neusprachlichen Gymnasium mit der Sprachenfolge L, E, F dar. Die hohe Stundenzahl, die dem Unterricht zur Verfügung stand, hat bis zum Anfang der 70er Jahre eine zeitlich extensive und methodisch intensive Spracharbeit ermöglicht, für die in der Regel fünf Jahre vorgesehen waren; dabei wurde jedoch bereits in der 8. Jahrgangsstufe, auf jeden Fall in der 9. Jahrgangsstufe Originallektüre neben dem Lehrbuch betrieben. Die hohe Stundendotierung hat die Gestaltung der Lehrbücher bestimmt:

— Das „Lateinische Unterrichtswerk" von Max Leitschuh u. a. hatte fünf Bände, die seit 1960 ohne wesentliche Umarbeitung im Gebrauch waren.

— Die „Lectiones Latinae", gleichfalls in fünf Bänden, waren eine methodisch modernere Alternative zu dem Werk von Leitschuh.

Beide Werke basierten auf der Methodik des Einzelsatzes, Band 1 war jeweils als „Elementarbuch" ausgelegt[7]. Deutsch-lateinische Übungssätze und Wiederholungskapitel nahmen den gleichen Umfang ein wie die Beispiele für das Übersetzen aus der Fremdsprache.

Die gegenüber dem grundständigen Latein sich immer stärker durchsetzende Form des Lateinunterrichts ist L 2^8. Das seit 1962 eingeführte Werk „Exercitia Latina" war in vier Bänden für einen vierjährigen Sprachunterricht gedacht, Band 1 als Elementarbuch. Das Werk hatte eine große Ähnlichkeit mit dem „Lateinischen Unterrichtswerk" von Leitschuh; deutsch-lateinische Übungssätze waren stark repräsentiert, die Methodik überwiegend auf den Einzelsatz ausgerichtet.

Charakteristikum aller drei Werke war die Orientierung am Einzelsatz und die Betonung des Hinübersetzens bis zu den Abschlußbänden. Übungsformen vielfältiger Art, die den modernen Sprachunterricht in zunehmendem Maße bestimmen und Eingang in alle neueren Unterrichtswerke gefunden haben[9], finden sich in den genannten Werken nur selten. Die letzten Jahre vor Beginn der Reformen zeigten immer bedrohlicher, daß zwischen den Lehrbüchern und der Unterrichtswirklichkeit sich eine Kluft aufgetan hatte.

Unterrichtswerke für L 3 und L sp, eine in der letzten Zeit zunehmende Form des Lateinunterrichts, sind auf bayerische Verhältnisse angepaßt und bayerischen Lehrplänen konform noch nicht vorhanden. Für Lehrgänge dieser Art steht eine

---

7   Unter „Elementarbuch" versteht man den Anfangsband eines Unterrichtswerkes, der Übungsbuch und dazugehörige Grammatik in einem Buch vereinigt.

8   Vgl. für Bayern die Statistik in DASIU 25,3 (1978), 4 ff.

9   Einen Überblick über verschiedene Übungsformen in Korrelation zu den Lernzielen gibt Glücklich, H.-J.: Lateinunterricht. Didaktik und Methodik. Göttingen 1978, 109 ff. Die Notwendigkeit von „übersetzungsfreien Arbeitsformen" neben dem Hin- und Herübersetzen betont H. Steinthal: Das ewige Hin und Her, 64 ff. Er nennt (65 – 67) verschiedene Formen von Übungen: Einsetzübungen, Fortsetzungsübungen, Umformungsübungen, Kombinationsübungen, Verbesserungsübungen, Abtrenn- und Gliederungsübungen, Übung des Sprechens. Die genannten Übungsformen sind in jedem modernen Lehrbuch zu finden.

geringe Stundenzahl zur Verfügung; daher haben die einen solchen Lehrgang tragenden Übungsbücher eine sich aus der Zeitnot ergebende Eigengesetzlichkeit und besondere methodische Voraussetzungen.[10]

Wieweit die *Stundentafeln* in der Praxis die Gestaltung von Unterrichtswerken reglementieren, zeigt folgende Überlegung: Bei einer Wochenstundenzahl von beispielsweise 4 Stunden darf der Lehrer bei der Planung seines Unterrichts davon ausgehen, daß ihm bei etwa 36 Unterrichtswochen im Schuljahr nur 28 Wochen voll für die Behandlung des Unterrichtswerkes zur Verfügung stehen, d. h. also 4 x 28 = 112 Stunden insgesamt. Der Rest von 8 Wochen ist für Schulaufgaben, Extemporalien und deren Rückgabe, für Wandertage, Skikurse u. ä. gedacht. Diese Zahl 28 stellt einen Erfahrungswert dar; mit ihr wird die jeweilige Wochenstundenzahl multipliziert. Auf die aus der Multiplikation sich ergebende Stundenzahl hin — dies gilt für alle Jahrgangsstufen und somit auch für jeden Sprachlehrgang — müssen die Unterrichtswerke konzipiert werden. Dieser zeitlich gesetzte Rahmen ist — als Politikum[11] — nicht zu umgehen; er stellt die stärkste äußere Vorgabe dar, an der sich alle didaktischen und methodischen Überlegungen auszurichten haben. Die entscheidende Steuerungsfunktion der Stundentafeln ist aus dem Beispiel des griechischen Anfangsunterrichts ersichtlich: die durch KMK-Vereinbarung verfügte Verlegung des Beginns der 3. Fremdsprache aus der 8. in die 9. Jahrgangsstufe hatte — durch den Verlust eines Schuljahres — eine entscheidende Umstrukturierung des Unterrichts und der ihn tragenden Lehrbücher zur Folge.

Das zweite entscheidende Regulativ für die Konzeption von Unterrichtswerken ist der *Lehrplan*. Während die bisherigen Lehrpläne „Stoffpläne" waren, die die Verteilung des Grammatikstoffes (bei der Lektüre der Verteilung der Autoren und ihrer Werke) auf die einzelnen Jahrgänge in Verbindung mit den Stundentafeln regelten[12] und umfangreiche Erklärungen nur zur Methode des Unterrichts abgaben, haben die durch die Bildungsreform der 60er Jahre inspirierten „Curricularen Lehrpläne" (= CuLP) einen gründlichen Wandel geschaffen[13]. Diese Lehrpläne, mit reichhaltigen Präambeln über didaktische Grundlegungen, Richtziele, Erziehungsziele, Zeitplanung, über Verbindlichkeit und Freiheitsspielraum versehen, regeln die Verteilung der Stoffe unter curricularen Gesichtspunkten. Den verbindlichen, in einer Hierarchie von Richt- und Grobzielen aufgelisteten „Lernzielen"

---

10 Für L 3 und L 4 vgl. oben S. 174 ff.

11 Die Stundentafeln werden, als Bestandteil der Allgemeinen Schulordnung (ASchO), durch Landtagsbeschluß in Kraft gesetzt (siehe Anlage 1 zu EBASchOG des Jahres 1977). Hinter den Beschlüssen politischer Gremien stehen die Interessen verschiedener gesellschaftlicher Gruppen, politischer Anschauungen, pädagogischer Zielvorstellungen u. a. m., insgesamt außerfachliche Intentionen, die mit Mehrheitsbeschlüssen durchgesetzt werden. Resignierend stellen bei der Vorstellung der ROMA-Konzeption die Herausgeber fest (Anregung 21, 1975, 104): „Eine etwaige Veränderung der gymnasialen Stundentafeln könnte allerdings eine gewisse Umorganisation e r z w i n g e n." (Sperrung durch Verf.).

12 In Bayern zuletzt der Stoffplan von 1964 (KMBl. 16, 1964, 345 – 358 für Latein und 359 – 364 für Griechisch).

13 Aufstellung richtungsweisender Kriterien für den L 2-Unterricht in DASIU 18,4/1970; ferner K. Westphalen, Praxisnahe Curriculumentwicklung, Donauwörth 1974²; ders., Das Curriculum als Planungsinstrument, in: F. O. Schmaderer (Hrsg.): Lernplanung und Unterrichtsgestaltung..., München 1977, 20 – 31.

sind die Stoffe als gleichfalls verbindliche „Lerninhalte" zugeordnet. In die Formulierung der Lehrpläne gehen, in Zusammenarbeit von Wissenschaftlern und Praktikern von Universität und Schule, die vielfältigen didaktischen und methodischen Diskussionen ein, die im Bereich der Alten Sprachen heute geführt werden. Durch Veröffentlichung im Amtsblatt des Kultusministeriums erlangen die Curricularen Lehrpläne Rechtskraft und legen damit Richtlinien fest, die für die Abfassung eines Lehrbuches gelten.

Zwischen CuLP und Fachdidaktik besteht eine enge Interdependenz. Neue didaktische und methodische Erkenntnisse werden von der Kultusbehörde aufgegriffen und, sofern sie fruchtbare Neuerungen bringen, in die Konzeption der Lehrpläne eingebracht. Die Lehrpläne werden von Fachdidaktikern und Lehrern der Alten Sprachen unter Berücksichtigung von Umfrageergebnissen und Voten vieler Lehrer erstellt, einer allgemeinen wissenschaftlichen Evaluation unterzogen und nach Überprüfung durch die Kultusbehörde publiziert. Somit geben die Curricularen Lehrpläne ein genaues Spiegelbild des Standes der Fachwissenschaft, der fachdidaktischen Forschung, der Situation eines Faches im gymnasialen Bildungskanon und im Bildungsverständnis von Zeit und Gesellschaft überhaupt. Unterrichtswerke als „konkretisierte Lehrpläne"[14] sind also auf diesen genannten Vorgaben aufgebaut. Insofern spiegeln auch sie Zeit und Gesellschaft wider, die ihr Entstehen veranlaßt haben.

Methodische Überlegungen

Die geschilderte Determination des altsprachlichen Unterrichts durch neue Stundentafeln und Curriculare Lehrpläne hat zu einer Umorientierung der Methodik und Didaktik der Alten Sprachen geführt. Die Forderungen, die an einen neu und anders verstandenen altsprachenlichen Unterricht gestellt sind, können nur durch neue Unterrichtswerke erfüllt werden. Als ihre bestimmenden Merkmale lassen sich herausstellen[15]:

1. Zusammenhängende Texte, die die grammatischen Phänomene in Situationszusammenhänge einbinden und zu Sprach- und Textreflexion anregen. Damit wird die Abkehr vom Einzelsatz vollzogen; er hat jedoch unter bestimmten Voraussetzungen seine Berechtigung nicht verloren.[16]

2. Die Lesestücke sollen inhaltlich anspruchsvoll sein und motivieren, in antike, vor allem in römische Kultur einführen, nicht moralisieren, nicht ideologisch

---

14 K. Westphalen, Das Curriculum ... (Anm. 13) 26 und in seiner Antwort auf die ROMA-Rezension von G. Fink, in: AU XXI 5 (1978), 67.

15 Zur Konzeption von ROMA vgl. Lindauer / Westphalen 102 ff.; zum CURSUS LATINUS K. Benedicter.

Zur Neuorientierung der altsprachlichen Didaktik siehe MDAV 15,1 (1972). Eine Auflistung von Forderungen, die an ein modernes Unterrichtswerk gestellt werden, gibt S. Fischbach bei ihrer CURSUS-Besprechung in AU XXI 4 (1978), 55.

16 Zur Frage der Einzelsatzmethode äußerten sich zuletzt F. Maier, DASIU 25,2 (1978), 25 – 27 und R. Pfister, DASIU 25,3 (1978), 20 – 23 mit bedenkenswerten Argumenten. Zur Motivation durch zusammenhängende Texte vgl. K. Westphalen (Anm. 3), 18.

indoktrinieren (vor allem nicht im Sinn einer falsch verstandenen Rom-Ideologie), sondern vielmehr einem pluralistischen Zeit- und Gesellschaftsverständnis Ausdruck geben und zu unvoreingenommener Reflexion antiken Gedankengutes erziehen.[17]

3. Die Texte, an denen die Lerninhalte vorgeführt werden, sollen möglichst Originaltexte sein, solche Texte adaptieren oder ihnen wenigstens angenähert sein.[18] Dies ist jedoch nur so zu verstehen, daß am Anfang „selbstgebaute" Texte stehen, deren Schwierigkeitsgrad dem jeweils erworbenen Kenntnisstand entspricht und die sich an originalem Latein orientieren. Im Laufe des Lehrgangs treten an die Stelle solcher „Lehrbuchtexte" in zunehmendem Maße Originaltexte, die für die jeweiligen Intentionen der Grammatikvermittlung adaptiert, redigiert und, wenn nötig, mit grammatischem Stoff „angereichert" werden.

4. Die verschiedenen Formen von Latein-Lehrgängen haben nicht nur verschiedene Studentafeln, sondern basieren auch auf unterschiedlichen entwicklungs- und lernpsychologischen Voraussetzungen. Sie verlangen in sprachlichem Schwierigkeitsgrad und inhaltlicher Eignung Texte von unterschiedlichem Anspruchsniveau. Texte für Zehnjährige (L 1) müssen anders sein als Texte für Sechzehnjährige (L sp), wenn sie die Grundforderung, die Schüler zu motivieren, erfüllen sollen. Da es kaum Originaltexte gibt, die die jeweils nötigen Grammatikphänomene enthalten, inhaltlich eine bestimmte Altersstufe motivieren, entsprechend leicht bzw. schwer sind und sich der Gesamtkonzeption eines Unterrichtswerkes reibungslos einfügen, müssen „Kunsttexte" geschaffen werden, die das bieten, was man braucht. Daß sich die verschiedenen Forderungen, die an einen Übungsbuchtext heute gestellt werden, erfüllen lassen, zeigen die neuen Unterrichtswerke. Die dem originalen Einzelsatz verhaftete Methodik stellte lediglich das grammatische Phänomen als solches in den Vordergrund; dafür aber erzeugte sie durch ein „Hin und Her" der Inhalte beim Schüler nicht zu übersehende Frustrationen.[19]

5. Die Texte sollen im Lauf des Lehrgangs das Anspruchsniveau so steigern, daß zunehmend unveränderte Originaltexte Verwendung finden, an denen die Arbeitstechniken des Lektüreunterrichts eingeübt werden können. Nur so läßt sich der verhängnisvolle Bruch zwischen Lehrbuch und Originallektüre vermeiden. Die methodische und didaktische Kontinuität des altsprachlichen Unterrichts muß in allen seinen Phasen gewahrt bleiben. Durch eine stufenweise Erhöhung des Anspruchsniveaus wird der Schüler zu der Einsicht geführt, daß der wegen seiner Konsequenz und Stringenz oft als hart empfundene Grammatikunterricht die

---

17 Lindauer / Westphalen 104; Gaul 20 f.

18 Gaul 22; Lindauer / Westphalen; Benedicter 29 f.; Steinthal, Lehrbuch und Methode; bes. 62. Zum Problem, ob adaptierte und redigierte Texte noch Originaltexte sind, siehe Steinthal ebenda. Kritisch setzt sich mit ihm A. Fritsch, Die „Lesestücke" im lateinischen Anfangsunterricht. In: AU XXI 4 (1978), 28 auseinander.

19 Einen informativen Überblick über die Problematik eines der jeweiligen Altersstufe des Lernenden angemessenen Lehrbuchs bringt A. Fritsch (Anm. 18), 6 – 37. Große Skepsis gegenüber „Kunsttexten" in sprachlicher und inhaltlicher Hinsicht äußert Heilmann, W.: Zur Didaktik des lateinischen Sprachunterrichts in der Sekundarstufe I. In: Gruber, J. / Maier, F. (Hrsg.): Zur Didaktik der Alten Sprachen in Universität und Schule. München 1973, 110 f.

Voraussetzungen für eine erfolgreiche Lektürephase schafft; der Eigenwert des Sprachunterrichts wird ja vom Schüler nur selten in seiner ganzen Bedeutung erkannt. Inwieweit eine bestimmte Anfangslektüre durch ein Lehrbuch vorbereitet werden soll oder darf, hängt vom Lehrplan ab. Grundsätzlich jedoch sollte ein Lehrgang — durch repräsentative Auswahl verschiedenster Textgattungen in der Lehrbuchphase — den Lektürebeginn mit verschiedenen Autoren ermöglichen. Eine einseitige Profilierung des Sprachunterrichts auf einen Lektürebeginn nur mit Caesar oder nur mit Terenz ist mit großer Skepsis zu betrachten.

6. Im Gegensatz zu früheren Unterrichtswerken unterliegt der Wortschatz neuer Lehrbücher einer evidenten Beschränkung. Maßgebend für die Erlernung eines Wortes ist seine statistisch ermittelte Frequenz in einer repräsentativen Auswahl von Autoren.[20] In angemessener Weise ist überdies der sogenannte „Kulturwortschatz" zu berücksichtigen, der für das Verständnis von Fremdwörtern, zur Erklärung von Lehnwörtern und als Basis für verschiedene Fachterminologien erforderlich ist.

7. Weitere Kriterien: Inwieweit syntaktische Erscheinungen parallel zur Formenlehre behandelt werden und eine systematische Durchnahme der Syntax sich erübrigt, ist abhängig von der für den Lehrgang zur Verfügung stehenden Zeit. Während das neukonzipierte Unterrichtswerk ROMA an der klassischen Abfolge Formenlehre — Syntax festhält (jedoch wichtige syntaktische Phänomene wie AcI und Partizip im Rahmen der Formenlehre vorwegnimmt), werden in den Werken für L 2 wie CURSUS LATINUS und INSTRUMENTUM Formenlehre und Syntax parallel dargeboten. So wird stets die Kasuslehre sehr früh eingeführt, d. h. sobald sich vom Stoff der Formenlehre her die entsprechenden Anknüpfungsmöglichkeiten ergeben.

In maßvoller Weise werden in alle modernen Unterrichtswerke Prinzipien und Methoden der Linguistik einbezogen. Dies geschieht vor allem in den Übungsteilen durch Fragen zur Erschließung der Lesestücke und durch ein abwechslungsreich gehaltenes Angebot von Übungen zur Sprach- und Textreflexion.[21]

Von großer Wichtigkeit ist es, daß Unterrichtswerke Material zu einer vertiefenden Einführung in die antike Kultur allgemein bereitstellen.[22] Dies geschieht nicht nur durch Texte in der Originalsprache, sondern auch durch Sachinformationen über verschiedene Themen antiker Lebensbereiche und durch ein breit gefächertes Spektrum von Abbildungen. Der „Einblick in die antike Kultur" ist ein we-

---

20 Repräsentativ ist der sog. „Münchener Wortschatz" mit einem statistisch ermittelten Sockel von 1800 Wörtern (noch unveröffentlicht; vgl. Raab / Keßler, Lateinische Wortkunde 6 und J. Lindauer, Lateinische Wortkunde. Bamberg/München 1977, 3) sowie unten S. 262).

21 Siehe Anm. 9.

22 Die Einführung in die antike Kultur durch Unterrichtswerke ist nicht unbestritten, vgl. Nickel, R.: Altsprachlicher Unterricht. Darmstadt (EdF 15), 1973, 74 ff.. Dagegen Gruber, Kriterien 233; Wülfing, P.: Literatur und Lebenswirklichkeit der Antike. In: Mitt. LV Hessen des DAV 25, 3 (1978) = DASIU 26,1 (1979) sowie oben S. 46 ff.

sentlicher Bestandteil aller Curricularen Lehrpläne für die Alten Sprachen.[23] Abbildungen sind nicht mehr nur ein willkommener Buchschmuck, sondern Bestandteil der Gesamtkonzeption eines Lehrbuches.

In den lateinischen Unterrichtswerken wird in der Regel ein in sich geschlossenes System einer grammatischen Terminologie vorgeführt. Zugleich wird die lateinische Sprache als ein sprachliches Strukturmodell dargelegt, das kontrastiv oder komparativ auf die Muttersprache oder — bei L 2 — auf die vorher gelernte Fremdsprache bezogen und übertragen werden kann.[24]

Diese Forderung schließt ein, daß als Bestandteil des Gesamtlehrgangs ein Grammatikbuch vorhanden sein muß, das auf die Übungsbücher zugeschnitten ist. Hierbei ist es aus Gründen der Lernökonomie wünschenswert, wenn Lehrbuch und Grammatik mit identischen Beispielen und Formulierungen arbeiten.

8. Zusammenfassung: Insgesamt stellt sich heute ein Unterrichtswerk für die Alten Sprachen als ein aus mehreren Komponenten bestehendes differenziertes System dar, dessen Einzelglieder eng aufeinander bezogen sind:

— Lehr- und Übungsbücher, deren Zahl von einem bis zu vier Bänden geht
— Grammatik (systematisch)
— Grammatische Beihefte, die den Stoff entsprechend den Lektionen des Übungsbuches darbieten. Solche Beihefte haben nicht alle Unterrichtswerke.
— Wortkunde
— Wortschatzverzeichnis der einzelnen Bände. Es handelt sich dabei in der Regel um einen Sonderdruck des nach Lektionen geordneten Lernwortschatzes der Übungsbücher. Ein solches Verzeichnis ist, abgesehen von der praktischen Handhabung (dünnes Heft), für Schüler gedacht, die sich ihr Übungsbuch nicht kaufen und daher nach Rückgabe des Buches am Jahresende keine Möglichkeit haben, den gelernten Wortschatz zu wiederholen. Daneben gibt es Verzeichnisse, die den Wortschatz der Übungsbücher nach morphologischen Gesichtspunkten geordnet zusammenfassen.
— Methodische Beihefte zu jedem Band des Werkes für die Hand des Lehrers
— Arbeitshefte mit zusätzlichem Arbeitsmaterial für Schüler, parallel zu den Lektionen der Übungsbücher
— Sprachlaborprogramme
— Wünschenswert und denkbar sind Diapositivreihen, die das Abbildungsmaterial der Übungsbücher ergänzen und den gebotenen „Einblick in die antike

---

23 CuLP Orientierungsstufe 3.3 — 3.4; L 1: CuLP 7./8. Jgst. 3.3 — 3.8; L 2: CuLP 7. — 9. Jgst. 3.3 — 3.6. Die Curricularen Lehrpläne der Lektürephase haben die diesbezüglichen Lernziele in den Richtzielbereich 3 integriert. Für Griechisch gelten die gleichen Forderungen. Daß ein Unterrichtswerk den gesamten Lehrgang klar gegliedert unter das Ziel „Einführung in die antike Kultur" in einem umfassenden Sinn stellt, zeigt ROMA mit den einzelnen Bandtiteln: I: Römisches Leben; II: Sagen, Fabeln und Legenden; III: Geschichten aus der Alten Welt; IV: Römisches Denken, Reden und Handeln.

24 Über die Wichtigkeit, sprachliche Strukturen am Lateinischen zu erarbeiten, besteht allgemein Einigkeit; vgl. Gruber 232 f.

Kultur" optisch vertiefen. Sie können auf die Lektionen der Übungsbücher bezogen sein und/oder zusammengefaßt einen archäologischen Einführungskurs bieten.

Nach diesen allgemeinen Ausführungen wird im folgenden anhand der Unterrichtswerke ROMA, CURSUS LATINUS und INSTRUMENTUM (auf diese müssen sich die Betrachtungen beschränken) gezeigt, daß moderne Lateinbücher keineswegs gleichförmig sein müssen, sondern jeweils eigene überzeugende Wege einschlagen können. Eine eingehende Besprechung der genannten Werke ist nicht beabsichtigt. Es soll vielmehr durch die Charakterisierung dieser Werke dargelegt werden, wie methodische und didaktische Grundforderungen jeweils anders verwirklicht werden.[25]

ROMA — Unterrichtswerk für L 1

Das Unterrichtswerk ROMA ist in vier Bänden für Gymnasien mit grundständigem Lateinunterricht (5. — 8. Jahrgangsstufe) geschaffen worden. Die Bände, unter eine einheitliche Leitidee, die Einführung in die römische Kultur der Antike, gestellt[26], sind in der Verteilung des grammatischen Stoffes auf vier Jahre auf den CuLP Latein 1 zugeschnitten. Formenlehre und Syntax werden nicht synchron behandelt. Ein einheitlicher Aufbau der Lektionen, der Sicherheit und Vertrautheit im Umgang mit dem Buch schafft, ist in allen vier Bänden eingehalten. Auf jeweils zwei gegenüberliegenden Seiten wird der Stoff für eine Doppelstunde geboten:

— Die Hinführung (H) stellt den neuen Stoff vor, der durch Fettdruck abgehoben wird. Die durchnumerierten Sätze beschränken sich auf die Vorstellung der neuen Grammatikerscheinungen, sind sprachlich einfach und einprägsam. Sie enthalten keine neuen Vokabeln. Notwendige unbekannte Wörter werden, wie auch bei anderen Unterrichtswerken, in Fußnoten angegeben. Ohne daß eigens darauf hingewiesen wird, sind diese Hinführungen vielfach kleine zusammenhängende Stücke, die in Beziehung zum folgenden oder vorausgehenden L-Stück stehen, bisweilen auch zwei L-Teile miteinander verklammern. Das sprachliche Phänomen wird an den H-Sätzen gedeutet, eine Regel kann erarbeitet werden. Die Überschrift einer jeden Lektion nennt praktischerweise das grammatische Phänomen und den Paragraphen der zum Werk gehörenden Grammatik von Bayer-Lindauer; ein mühsames Nachschlagen im Inhaltsverzeichnis kann so entfallen.

— Das Lesestück (L) ist der Mittelpunkt der Lektion. Es bietet den neuen Grammatikstoff und den neuen Wortschatz vollständig. In Band II und III ist der neue Grammatikstoff durch Kursivdruck hervorgehoben. Alle L-Stücke haben eine Überschrift; häufig wird zusätzlich das Verständnis des Inhalts durch einleitende Sätze erleichtert. In der Regel stehen auch die Sachinformationen (S) mit den L-Stücken in einem inhaltlichen Zusammenhang. Die Inhalte der L-Stücke ergeben sich aus der Gesamtthematik des jeweiligen Bandes. Sie ver-

---

25 Besprechungen dieser Werke in AU XXI 4 (1978) und DASIU 25,1 und 3 (1978).
26 Siehe Anregung 21 (1975), 102 — 105; Faltblatt Arbeitshilfen zu ROMA I. Die Themen der Bände in Anm. 23.

mitteln ein umfassendes Spektrum des antiken Lebens und bieten vielfache Möglichkeiten zu Sprach- und Textreflexion.

- Übungen (Ü) verschiedener Art nehmen einen breiten Raum in jeder Lektion ein. Sie sind ein Maximalangebot, aus dem der Lehrer auswählen kann. Großes Gewicht ist auf die immanente Wiederholung gelegt, die auch in L nicht vernachlässigt ist. Gezielte Wiederholungen sind gleichfalls vorgesehen. Viel Material für die Wortkundearbeit ist ebenso bereitgestellt wie Fragen, die der Erschließung der L-Stücke dienen. Die Bände I — III bieten fast zu jeder Lektion deutsch-lateinische Übungssätze (meist zusammenhängend), die sich inhaltlich an den L-Stücken orientieren. Methodischer Diskussion nach der Berechtigung des Übersetzens ins Lateinische enthoben, kann der Lehrer durch dieses Angebot im CuLP empfohlene Unterrichtsverfahren und Lernzielkontrollen praktizieren[27]. Insgesamt wird aus dem reichhaltigen Angebot an Übungen stets eine situations- und adressatenbezogene Auswahl zu treffen sein. Eine Kennzeichnung der Übungen nach ihrer spezifischen Form (wie es der CURSUS tut) wäre wünschenswert; die unverzichtbaren Übungen sind ohnehin (wenigstens in Band III) durch Zeichen hervorgehoben.

- Sachinformationen (S) finden sich fast in jeder Lektion: Informationstexte, Auszüge aus antiken Autoren in Übersetzung, Merkverse und Sentenzen, Bilder (archäologisches Material), textbezogene Illustrationen (z. T. von namhaften Künstlern, ein Beitrag zum Weiterwirken antiker Motive). Die Sachinformationen ergänzen, vervollständigen oder korrigieren die in den L-Stücken gemachten Aussagen; etliche Informationen zeigen das Weiterleben der Antike bis in die Neuzeit[28]. Die Informationen und die wertvolle Bebilderung richtig auszuschöpfen sollte ein wichtiges Ziel des Unterrichts sein. Als Bestandteil der Sachinformationen sind auch die auf den Vorsatzblättern beigegebenen historischen Karten anzusehen, die alle für den jeweiligen Band notwendigen geographischen Angaben enthalten.

Die Bände I — III enthalten je etwa 10 Wiederholungsstücke (Band II auch Tests) mit interessanten und motivierenden Inhalten. Sie können im Unterricht oder in der häuslichen Arbeit des Schülers verwendet werden. Die W-Stücke enthalten keine neuen Vokabeln.

- Alle Bände bringen, nach Lektionen geordnet, den Lernwortschatz in zweispaltiger Druckanordnung, unter dem Stichwort „Merke" zusätzlich wichtige Wendungen.

- Register schließen — neben dem Inhaltsverzeichnis — das Werk dem Benutzer auf: ein lateinisch-deutsches Wörterverzeichnis, von Band II ab ein morphologisches Wörterverzeichnis, das in Band III erweitert wird, deutsch-lateinische Wörterverzeichnisse in Band I — III, Eigennamenverzeichnisse, die in Band III und IV kleine Lexikonartikel sind.

---

27 CuLP Orientierungsstufe 2.2.1 unter UV und LZK; CuLP 7./8. Jgst. 2.2.4 LZK.
28 So wird z. B. das positive Catobild, wie Livius und Nepos es geben (ROMA III 27 L) in S durch eine Notiz aus Plutarch über den Geiz Catos korrigiert. Das Nachwirken antiken Gedankengutes wird in ROMA IV öfters in den S-Teilen behandelt.

– Zum Unterrichtswerk ROMA gehört die Grammatik von Bayer/Lindauer, die in funktionaler Betrachtungsweise die lateinischen und deutschen Erscheinungen kontrastiv gegenüberstellt. Wichtiger Lernstoff ist durchgängig farbig unterlegt. Die Übungsbücher sind bis in einzelne Formulierungen hinein auf diese Grammatik bezogen.

– Eine Wortkunde bringt den gesamten Standardwortschatz von etwa 2800 lateinischen Wörtern in etymologischer Anordnung, dazu informative Texte zur Wortbildungslehre und zum Weiterleben der lateinischen Sprache, sowie Übungen verschiedener Art zur Wortbildung und Semasiologie. Die deutschen Wortbedeutungen in den Übungsbüchern und der Wortkunde sind identisch, eine gewiß nicht zu unterschätzende Erleichterung für den Schüler. Insgesamt hält sich die Wortkunde in einem traditionellen Rahmen; sie geht aber in der Darlegung des Weiterlebens lateinischer Wörter über bisherige Wortkunden hinaus und hat hierin unbestreitbare Vorzüge für den Unterricht. Im alphabetischen Verzeichnis werden nur deutsche Fremdwörter angegeben, der Verweis auf moderne Fremdsprachen ist dem Abschnitt „Weiterleben" vorbehalten. Diese Tatsache ermöglicht einen frühen Einsatz der Wortkunde, da der Grundsatz, daß nur auf fremdsprachliche Wörter verwiesen werden darf, die der Schüler schon kennt, strikt eingehalten wird.

– Für die Hand des Lehrers sind „Methodische Beihefte" bestimmt, die wertvolle Hinweise zur unterrichtspraktischen Umsetzung des Materials der Übungsbücher geben. Hilfen dieser Art spielen – ungeachtet der Tatsache, daß die Curricularen Lehrpläne in der Spalte „Unterrichtsverfahren" sehr detaillierte Angaben machen – eine immer größere Rolle. So stellen Beihefte historisches und archäologisches Material, Erläuterungen, Angaben über Sekundärliteratur u. ä. zur Verfügung, nicht nur methodische Hinweise über Stundenaufbau und Unterrichtsgestaltung.

– Für die Hand des Schülers sind Arbeitshefte geplant, die zusätzliches Übungsmaterial bereitstellen. Auf diese Weise ist – über den Unterricht hinaus – eine gezielte Wiederholung und die Beseitigung von Kenntnislücken möglich. Die Arbeitshefte werden durch Lösungshefte (sog. „Schlüssel"), mit deren Hilfe die zusätzlichen Leistungen des Schülers kontrolliert werden können, ergänzt.

– Hervorzuheben ist in ROMA IV der Abschnitt „Methoden des Übersetzens" (Seite 82 – 86): In leicht faßlicher Form wird in ihm eine Einführung in den Problemkreis „Übersetzen" gegeben und die Anwendung wichtiger Methoden vorgeführt. Der Übergang zur Lektüre wird hierdurch zweifelsohne erleichtert.

CURSUS LATINUS – Unterrichtswerk für L 2

Für den Unterricht in Latein als 2. Fremdsprache war 1970 ein Katalog von „Grundforderungen" aufgestellt worden, die ein an den veränderten Verhältnissen der Praxis sich orientierendes Unterrichtswerk erfüllen müsse.[29] Zugleich war das Motivationsproblem als ein Fundamentalproblem des Lateinunterrichts erkannt worden.[30] Hiervon ausgehend wurde ab 1972 mit dem CURSUS LATINUS der

---

29 DASIU 18,4 (1970), 15 f.

30 K. Westphalen (Anm. 3). An den grundlegenden Erkenntnissen K. Westphalens kann ein modernes Lehrbuch nicht mehr vorbeigehen.

Versuch unternommen, ein Lehrbuchwerk zu schaffen, das die neuen methodischen und didaktischen Erkenntnisse in einer Gesamtkonzeption verwirklicht[31]; der CURSUS besteht aus folgenden Teilen:

- „Texte und Übungen" in drei Bänden; sie sind die eigentlichen Übungsbücher. Jeder Band enthält einen Darbietungsteil mit zusammenhängenden Texten. Mehrere Texte sind jeweils zu einem gemeinsamen Darbietungskreis thematisch zusammengefaßt. In solchen größeren Themenkreisen sollen vom Einzeltext Motivationen zum Weiterarbeiten ausgehen. Die durchgezählten Einzeltexte sind als Tageseinheiten zu verstehen, sie können aber auch zerlegt und auf zwei Stunden aufgeteilt werden, falls es sich um schwierigere Stoffe handelt. In der Regel stehen sämtliche neuen Vokabeln im lateinisch-deutschen Darbietungstext; ihre gedächtnismäßige Verankerung wird durch den Einbau in einen Kontext gefördert. Auf einen Hinführungsteil (wie bei ROMA) wurde bewußt verzichtet.[32]

- Auf den Darbietungsteil sind längere Informationstexte verteilt. Die lateinischen Texte werden durch Illustrationen, z. T. auch Nachzeichnungen antiker Denkmäler, erläutert.[33]

- Übungen bilden den zweiten Teil des Lehrbuches. Sie sind in ihrem Abwechslungsreichtum eine Stärke des CURSUS und geben zahlreiche Anstöße zu Sprach- und Textreflexion. Die Übungen sind den Darbietungsstücken in der Numerierung zugeordnet und durch Buchstaben in ihrem Charakter gekennzeichnet: G = Grammatikübung, W = Wortkundeübung, E = Einsetzübung, T = Transformationsübung, B = Bestimmungsübung, K = Kombinationsübung, Ü = Übersetzung deutsch-lateinisch, Z = Zusätzliche Übung. Durch dieses Klassifikationssystem ist die zweckbezogene Auswahl von Übungen erleichtert.[34] Ein übersichtliches Druckbild und Tabellen (z. T. mit grauer Unterlegung) sind Teil der schülerfreundlichen Ausstattung.

- Der Wortschatz (in CURSUS-Terminologie „Wortspeicher") ist einspaltig, in allen Bänden für jede Lektion nach Wortarten aufgeschlüsselt und durch die Angabe von deutschen Fremdwörtern und englischem Wortschatz für das einzelne Lemma im Charakter einer Wortkunde aufgebaut. Die eigentliche Wortkundearbeit wird so vorbereitet.

- Ein Eigennamenverzeichnis mit reichhaltigen Angaben, lateinisch-deutsche und deutsch-lateinische Wörterverzeichnisse (in Band I und II) runden die Übungsbücher ab.

---

31 Eingehende Begründung der Neukonzeption im Methodischen Beiheft zu CURSUS I, 3 ff.

32 Die Begründung hierfür wird Beiheft 5 gegeben, sie vermag nicht zu überzeugen. Man darf jedoch davon ausgehen, daß jede Entscheidung für den einen und gegen den anderen methodischen Weg sich begründen läßt und etwas für sich hat. Methodik ist keine Sache der Weltanschauung, sondern der je und je praktizierte Versuch, auf einem für gut und gangbar gehaltenen Weg in angemessener Zeit erfolgreich ans Ziel zu kommen.

33 In der geringen Bebilderung liegt eine Schwäche des CURSUS. Die Neubearbeitung von Band I macht mit drei farbigen Bildern einen zaghaften Anfang, antike Themen nicht nur zu illustrieren, sondern die Kultur auch durch erhaltene Monumente vorzustellen.

34 Vgl. zu diesen Übungen H. Steinthal (Anm. 9) 65 ff.

– Das „Grammatische Beiheft"[35] ist als Begleitgrammatik gedacht. Es gliedert den neuen Grammatikstoff in einzelne Lernschritte auf, die allmählich zur Erkenntnis sprachlicher Strukturen führen und zur Reflexion über Sprache an sich anleiten sollen. Formenlehre und Syntax werden synchron eingeführt, wie es für alle L 2-Lehrgänge heute unumgänglich ist. Hervorzuheben ist die faßliche Beschreibung der Phänomene und ihre aufwendige optische Demonstration. Die mit großem Geschick erstellten Regeln und Beschreibungen ermöglichen es dem Schüler, durch Krankheit o. ä. entstandene Lücken selbständig aufzuholen. Auch für eine abschnittweise gezielte Wiederholung kann das Beiheft gute Dienste leisten. Zusätzlich wird ein graphisches Satzmodell entwickelt, das in optisch einprägsamer Form mit einer in drei Ebenen gegliederten Darstellung arbeitet. Es wird im Grammatischen Beiheft stets dann verwendet, wenn ein neues syntaktisches Phänomen eingeführt wird.[36]

– Eine systematische Grammatik zum CURSUS ist noch nicht erschienen.

– Der Wortschatz der Bände I/II ist gesondert als „Wortspeicher" herausgegeben.

– Die Wortkunde zum CURSUS basiert auf dem statistisch ermittelten „Münchener Wortschatz"[37]. Für L 2 werden rund 2200 Wörter durch den CuLP 1.3 (7. – 9. Jahrgangsstufe) verbindlich gemacht, die durch die Wortkunde abgedeckt sind. Inwieweit die originelle Gestaltung des Druckes (Querformat, grüne Unterlegung des Stammwortes) eine Lernhilfe darstellt, wird die Erfahrung zeigen. Die Anordnung der Lemmata in der Mitte der Seite, der Ableitungen links davon, rechts die Redewendungen und der Lehn- und Fremdwörter im Deutschen, Englischen und Französischen geht neue Wege. Das zur Kennzeichnung der Wortfrequenz und für andere Zwecke verwendete Zeichensystem ist eingängig und kann nicht übersehen werden.

– Der CURSUS stellt zu allen Bänden zusätzliche Arbeitshefte für Schüler bereit, die weitere Übungen zur Festigung und Wiederholung des Stoffes (nach Lektionen geordnet) anbieten. Auch Sprachlaborübungen zu CURSUS I sind bereits erschienen.

– Anleitungen zum Übersetzen finden sich in CURSUS II und III. Für den Übergang zur Lektüre wird eine „Einführung in die Strukturanalyse" vorgestellt (Band III Seite 115 – 117), die durch beigegebene Übungstexte vertieft und eingeübt werden kann.

Insgesamt stellt der CURSUS – neben der anders konzipierten ROMA – ein eminent geschlossenes und durchdachtes System eines lateinischen Sprachlehrgangs dar, der auch, vor allem außerhalb Bayerns, für L 1 verwendet werden kann.[38]

---

35 Zur Grammatikkonzeption des CURSUS siehe Methodisches Beiheft zu CURSUS I, 9 ff. mit grundlegenden Ausführungen von F. Maier.

36 Raab / Keßler, Vorwort Seite 6 f. und Meth. Beiheft CURSUS I, 13 f.

37 Siehe Meth. Beiheft CURSUS I, 10 und oben S. 242 ff. und S. 256.

38 Vgl. S. Fischbach über die Verwendung des CURSUS bei grundständigem Latein in: AU XXI 4 (1978), 55 – 76.

INSTRUMENTUM – Unterrichtswerk für L 2

Methodisch und inhaltlich als Variante zu CURSUS LATINUS präsentiert sich, in seinem Band 1 bereits erschienen, das Unterrichtswerk INSTRUMENTUM. Wie die Neubearbeitung von CURSUS I ist es in der Stoffverteilung auf den CuLP für L 2 angepaßt. Das Werk wird drei Bände haben (für die Jahrgangsstufen 7 – 9). Die Kapitelzahl des Bandes I liegt unter der errechneten Norm (Wochenstundenzahl x 28 = effektiv zur Verfügung stehende Jahresstundenzahl), wenn ein Kapitel pro Stunde angesetzt wird. Die Unterschreitung der möglichen Kapitelzahl gilt für alle Bände.

Der Aufbau der Stundeneinheiten hat eine gewisse Ähnlichkeit mit dem Aufbau der ROMA-Lektionen:

– Die Hinführung (A) stellt die neue grammatische Erscheinung in knappen einprägsamen Sätzen vor. Häufig sind die Abschnitte A und B zusammengefaßt. Bisweilen bietet bereits A kleine Kontexte, die mit den Lesestücken in Verbindung stehen. Nicht selten wird die Vorstellung der grammatischen Phänomene in A durch instruktive Zeichnungen unterstützt, eine willkommene methodische Hilfe für den Lehrer.

– Das Lesestück (B), stets ein zusammenhängender Text, ist häufig mit A zusammengefaßt. Angesichts der Tatsache, daß die Kapitel Stundeneinheiten sind (bei ROMA Doppelstunden), muß die Länge der Lesestücke beschränkt werden (ca. 40 – 60 lateinische Wörter). Dies erschwert die Darbietung längerer und inhaltlich geschlossener Einheiten. Die Schwierigkeit wird dadurch umgangen, daß ein Komplex von B-Teilen über mehrere aufeinander folgende Kapitel verteilt wird.

Ein hervorstechendes Merkmal von Band I ist die Verwendung von dialogisierten Texten.[39] Die methodische Absicht ist dabei, die lateinische Sprache als Kommunikationsmittel vorzustellen, einer Kommunikation zwischen einem gleichbleibenden Personal, das über die Kapitel des ganzen Bandes verteilt auftritt. Dieses Personal ist in sozialer Stellung und Charakteranlage differenziert, ja (in Anlehnung an die Komödie) überprofiliert und typisiert. Die Figuren bieten dem Schüler Möglichkeiten zur Identifikation, die Stücke lassen sich „anspielen", mehrere Szenen zusammen sogar aufführen. Methodisch können durch den Dialog die Personalformen des Verbums (vor allem Imperative, aber auch Ich-Sprecher als Subjekt) auf natürliche Weise eingeführt werden.

Durch die Dialogisierung wird, zumal die einschlägigen Kapitel sprachlich an der Komödie orientiert sind, eine Lektürevorbereitung auf eine mögliche Terenz-Lektüre (in der 10. Jahrgangsstufe) geboten, jedoch kann nach dem Sprachunterricht mit INSTRUMENTUM auch ein anderer Autor als Anfangs-Lektüre gewählt werden. Die Dialogpartien treten in Band II zugunsten von Prosastücken zurück; soweit noch Dialogstücke dastehen, haben sie ein anderes Personal als in Band I. Band III wird fast nur Prosa enthalten. Ein thematischer Rahmen für die Inhalte der B-Teile aller drei Bände ist nicht gesteckt. Dies ist

---

39 Zum folgenden vgl. Informationsblatt der Verlagsgruppe Buchner-Lindauer-Oldenbourg zur Vorstellung von INSTRUMENTUM Band 1 sowie zu den Spielformen oben S. 116 ff.

- im Vergleich mit der Geschlossenheit der ROMA-Bände – ein gewisser Nachteil. Er wird in Band I durch die Verteilung der Dialogstücke mit gleichem Personal über den ganzen Band aufgewogen, während Band II vorwiegend historische Kontexte bringt.
- Die Hausaufgabe (C) hat verschiedene Inhalte (z. T. inhaltlicher Zusammenhang mit dem B-Teil) und verschiedene Formen (lateinisch-deutsche und deutsch-lateinische Übersetzungen wie auch andere Aufgabentypen). Die C-Einheiten sind sehr klein gehalten; die methodische Absicht ist, den Schüler, der auch noch Vokabeln und Grammatik lernen muß, in der Arbeitsmenge nicht zu überfordern.
- Zusätzliches Übungsmaterial (Z). Diese Abschnitte enthalten ein variables Angebot von Aufgabentypen, Hinweise auf Fremdwörter, auch in den modernen Fremdsprachen, sowie Aufgaben zur Sprach- und Textreflexion.
- Sachinformationen (D) über verschiedene Themen (meist mit den B-Stücken zusammenhängend) sind zahlreichen Kapiteln beigegeben. An die Stelle einer Textinformation kann auch ein Bild treten.

Die thematisch den Band I durchziehenden Dialogstücke sind vielfach durch witzige Zeichnungen in einem verfremdeten Comic-Stil erläutert. Diese karikaturistisch überhöhten Zeichnungen entsprechen der Welt der Komödie und haben auf Schüler der angesprochenen Altersstufe ohne Zweifel eine stark motivierende Wirkung.

- Band I ist als Elementarbuch angelegt, die grammatischen Paradigmata in Tabellen farbig unterlegt.
- Der Lernwortschatz ist nach Kapiteln geordnet; in bestimmten Abständen ist der jeweils gelernte Wortschatz nach morphologischen Prinzipien zusammengefaßt, für die Sprachreflexion eine wertvolle Hilfe. Ein deutsch-lateinisches Wörterverzeichnis, ein Eigennamenregister (mit Verweis auf das Vorkommen der Namen im Wortschatz, da der Schüler die Namen im Wortschatz kennenlernt) und ein lateinisches Wortregister runden den Band ab. Wiederholungskapitel bieten zusätzliches Übungsmaterial.
- Das Inhaltsverzeichnis informiert über die behandelten Paragraphen der Formenlehre und Syntax und nennt die Überschriften der B-Stücke. Die auf jeweils einer Seite stehenden Kapitel selbst nennen – in Form eines Kurztitels als „head-line" – die behandelten grammatischen Erscheinungen, z. B. „is ea id" oder „Quis me doctior" (= Ablativ des Vergleichs) oder „monerem essem" (= Konjunktiv Imperfekt). Das Verfahren, auch im griechischen Unterrichtswerk ORGANON angewendet, ist einprägsam, wenn man sich daran gewöhnt hat.
- Als systematische Grammatik (von Band II ab) wird die Grammatik der Reihe „Exercitia Latina" verwendet, an die sich die Regelformulierungen im Wortschatz anlehnen. Es wird jedoch nicht zu umgehen sein, Lehrbücher und Grammatik, wie es bei anderen Unterrichtswerken geschieht, bis in einzelne Formulierungen aufeinander abzustimmen und ein geschlossenes System eines Unterrichtswerkes zu schaffen, dessen Teile aufeinander bezogen sind.

- Für den Wortschatz gilt das zu CURSUS Gesagte; zugrundegelegt ist die Wortkunde von Raab/Keßler (wie beim CURSUS).
- Das reichhaltige Bildmaterial ist ein unbestrittener Vorzug des Buches, Druck und Gesamtausstattung sind vorbildlich. So kann das Werk auch durch seine äußere Anlage Motivationen erzeugen.

Zusammenfassung

Die Betrachtung von drei Unterrichtswerken hat gezeigt, daß zahlreiche methodische Gemeinsamkeiten die Werke verbinden. Jedoch auch divergierende Wege lassen sich rechtfertigen, wenn sie bestimmte Grundvoraussetzungen nicht außer Acht lassen: Unterrichtswerke sind adressatenbezogen, sie müssen sich — neben den von außen auferlegten Determinanten — vor allem an der Aufnahmefähigkeit der Zielgruppe orientieren, für die sie verfaßt sind, sie müssen Motivationen für die Alten Sprachen nicht nur stiften, sondern auch erhalten und fördern, kurz: sie müssen ,,schülerfreundlich" sein. Nur so können sie ihre ,,multivalente Funktion", Hinführung zur Lektüre, Erziehung zu Sprach- und Textreflexion und Einführung in die antike Kultur, wirklich erfüllen.

Bibliographie und Verzeichnis der abgekürzt zitierten Literatur

DER ALTSPRACHLICHE UNTERRICHT XIX 3 (1976): Besprechung lateinischer Unterrichtswerke.
DER ALTSPRACHLICHE UNTERRICHT XXI 4 (1978): Besprechung lateinischer Unterrichtswerke II.
BENEDICTER, K.: Entstehung, Aufbau und Verwendung des neuen Unterrichtswerkes CURSUS LATINUS für Latein als 2. Fremdsprache. In: Anregung 21 (1975), 29 – 34.
GAUL, D.: Die neue Schule und die alten Sprachen. In: MDAV 15, 1 (1972), 15 – 23.
GRUBER, J.: Kriterien zur Beurteilung eines lateinischen Unterrichtswerks. In: Anregung 20 (1974), 232 – 236.
KRÜGER, M. / HORNIG, G.: Methodik des altsprachlichen Unterrichts. Frankfurt a. Main/Berlin/Bonn 1959.
LINDAUER, J. / WESTPHALEN, K.: Grundständiger Lateinunterricht mit ROMA. In: Anregung 21 (1975), 102 – 105.
METHODISCHES BEIHEFT zu Cursus Latinus I. Bamberg/München 1972.
RAAB, K. / KESSLER, M.: Lateinische Wortkunde. München 1976.
STEINTHAL, H.: Das ewige Hin und Her. In: AU X 4 (1967), 49 – 67.
STEINTHAL, H.: Lehrbuch und Methode im lateinischen Sprachunterricht. In: AU XIV 2 (1971), 51 – 69.
WESTPHALEN, K.: ,,Falsch motiviert"? In: AU XIV 5 (1971), 5 – 20.

Ludwig Häring

Programmierter Unterricht

Die theoretischen Grundlagen

Vorbemerkung zum Diskussionsstand[1]

Gar mancher hatte Ende der sechziger Jahre die Revolutionierung des Unterrichtens von der Einführung der Programmierten Unterweisung erwartet. Man sprach von einer in Zeiten des Lehrermangels nicht unerwünschten Möglichkeit des Lehrerersatzes, erhoffte sich eine geradezu zwingende Lernmotivation beim Schüler, befürchtete bei allzu weitreichender Unterrichtsprogrammierung die Entpersönlichung des Lehr- und Lernvorgangs. Weder die positiven noch die negativen Erwartungen traten ein: Trotz eines relativ hohen Angebots von Unterrichtsprogrammen durch die Schulbuchverlage[2] wird ein sehr geringer Teil des Unterrichts „programmiert" erteilt. Die Diskussion der Theorie stagniert seit Jahren. Die Erprobung in der Praxis brachte und bringt – bei wohlüberlegter Unterrichtsplanung und gezieltem Einsatz des Programmierten Unterrichts (PU) – durchaus positive Erfahrung. Trotzdem steht ein großer Teil der Lehrerschaft dem Phänomen „PU" indifferent gegenüber. In mancher Schulart ist kaum ein Programmeinsatz erfolgt. Diese Entwicklung wirkt sich zweifellos seit Jahren negativ auf das Engagement der Schulbuchverlage aus. Die Ursachen dieser Situation liegen auch – neben vielfältigen anderen Gründen – in Defiziten der Aus- und Fortbildung der Lehrerschaft; denn die Auseinandersetzung über PU erfolgte zu lange in Expertengremien, die zuweilen ihrer eigenen Faszination erlagen.

Begriffsbestimmung

„Ein Programm ist ein Angebot an Lernstoff in der Form einer fixierten Lernspur. Ein Programm ist eine vom Pädagogen ... planmäßige und gezielte Unterrichtsvorbereitung für den Akt der Selbstbildung. Im Programm sind Inhalt und Methode (Stoff und Form) zu einer ontologischen Einheit verschmolzen mit der Heraus-

---

1 Vgl. Keil, K. A.: Probleme des Programmierten Unterrichts. In: Audivision 5, 5 (1974), 16 ff.
2 Vgl. die Aufstellung S. 276.

forderung an die volle Aktivität des Lernenden und mit einem bisher unbekannten immanenten Lernzwang. Dieser Zwang wird dem Lernenden jedoch nicht als solcher spürbar, sondern wird eher als Motivationsbeflügelung zum Lernen erfahren."[3]

Sieht man von der historischen Hoffnung auf den zwingenden Motivationszuwachs gegenüber herkömmlichen Methoden ab, ist die Definition Zielinskis auch heute gültig; sie enthält die Wesensmerkmale Programmierter Instruktion:

1. Die Funktion des Lehrens und Unterrichtens ist an ein *Objekt* (z. B. an ein Buchprogramm) oder ein technisches Medium (z. B. Lernmaschine, EDV-Anlage) delegiert. Man spricht in diesem Sinn von *Objektivierung* (= Delegierung der Lehrfunktion an ein Objekt).

2. Vom Lernenden wird bei jeder Lerneinheit (LE) Eigentätigkeit in Form einer „Antwort-Reaktion" erwartet: *Aktivierung* des Lernenden.

3. Der Lehr- und Lernprozeß vollzieht sich gemäß der dem Programm immanenten Methode: *Steuerung* des Lernprozesses.

4. Der Lernende erhält bei jeder LE ohne jede zeitliche Verzögerung eine Rückmeldung über Erfolg oder Mißerfolg. Diese *Rückkoppelung* (feed back) führt zur positiven oder negativen *Verstärkung* (reinforcement/extinction).

5. Die *Individualisierung* des Lernens erfolgt beim linearen[4] Programm durch Lernzeitdifferenzierung (der Lernende bestimmt das Lerntempo für sich selbst), beim verzweigenden[4] Verfahren durch Lernzeit- und Lernwegdifferenzierung (d. h. je nach Art und Qualität der Antwort des Lernenden wird der methodische Weg des Weiterlernens bestimmt).

6. Das hinreichend getestete, validierte Lehrprogramm *garantiert* den *Lernerfolg* mit statistischer Wahrscheinlichkeit. Dieses Postulat des „empirisch nachgewiesenen Lernerfolgs" muß das Unterrichtsprogramm als objektive Möglichkeit erfüllen, die der Lernende bei unexakter Arbeitsweise oder fehlendem Lernwillen ungenutzt verspielen kann.

Theorie und Geschichte des PU

Die geistige Heimat des PU ist der Behaviorismus[5]: Skinner[6] übertrug die aus Tierversuchen gewonnenen Erkenntnisse auf den Menschen. Seine Verstärkungstheorie besagt, daß ein Reaktionsverhalten, das belohnt wird, die Tendenz der Wiederholung erfährt. „Verstärkung" ist eine bestimmte Form von Anerkennung oder Belohnung für richtiges Verhalten. Der PU anerkennt in der Antwortbestätigung die Erwünschtheit des Verhaltens und ermuntert zur Wiederholung der Reak-

---

[3] Zielinski, J.: Vom Wesen und Sinn des Programmierten Unterrichts im Bereich des Gymnasiums. In: Das Studienseminar 10, 1 (1965), 9.

[4] Siehe unten, S. 268 f.

[5] Über Vorläufer des PU vgl. Lysaught/Williams 12 – 16.

[6] Skinner, B. F.: The Science of Learning and the Art of Teaching. In: Havard Educ. Rev. 24 (1954), 86 – 97.

tionsweise. Größter Lernfortschritt erfolgt nach ihm im *linearen Fortschreiten* von richtiger zu richtiger Antwort. Demzufolge hat der Lehrende sich einer Methode zu bedienen, die ein Mißerfolgserlebnis des Lernenden nahezu ausschließt. Entsprechend ist seine Methode des Programmierens.

Crowders geistiger Hintergrund läßt sich an der Gestaltpsychologie verdeutlichen: Lernen ist nur möglich durch die *Einsicht in eine Problemsituation,* die sich als Spannungsfeld zwischen Aufgabe und erwünschter Lösung darstellt. Fehler sind unvermeidlich und hilfreich, wenn durch Einsicht in die Fehlerstruktur falsche Denkwege korrigiert und künftig ausgeschlossen werden. Der Lernvorgang vollzieht sich nicht linear, der Fehler kann nach didaktischer Analyse zur Individualisierung des Lernweges dienen.

Die Kybernetik[7] bietet theoretische Modelle des *Regelkreises* zur Erklärung des Phänomens programmierter Unterweisung.

Die Lerneinheit

Eine Lerneinheit (Lernschritt/frame) besteht aus vier Teilen:

1. *Information:* Das notwendige Wissen wird in wohldosierter Form und adressatenspezifischer Sprache verabreicht. Der Lernende liest im Buchprogramm (bei EDV-Anlagen am Monitor) die Information ab.

2. *Aufgabe:* Der Lernende hat das verabreichte Wissen in der geforderten Hinsicht anzuwenden oder (speziell in Sprachprogrammen) auf analoge Fälle zu übertragen.

3. *Antwort:* Der Lernende fixiert die gefundene Lösung beim Buchprogramm im Schreibheft. (Bei der EDV-Anlage gibt er sie über eine Schreibmaschinentastatur am Terminal ein)

4. *Lösungskontrolle:* Der Vergleich der Antwort des Lernenden mit der im Programm vorgegebenen Antwort ergibt bei Übereinstimmung der Antworten die oben beschriebene positive Verstärkung, bei erwiesener Falschlösung den Impuls zu einem zweiten Versuch.

Den lernpsychologischen Ablauf eines Lernschrittes zeigt die Skizze auf der nächsten Seite.

Die Methoden des Programmierens

Die von F. B. Skinner propagierte *lineare Methode* ordnet die Lernschritte so an, daß der Lernende *geradlinig* auf das Ziel hingeführt wird. Die Lernstrecke wird nur wenig steil gehalten, die Lernschritte sind klein, das Antwortrisiko ist gering, damit der Lernende von richtiger zu richtiger Antwort fortschreitet und nur positive Verstärkungen erfährt. Die lineare Methode bietet die Individualisierung des Lerntempos: Jeder lernt, so schnell er kann und will.

---

7 Lutz, Th.: Taschenlexikon der Kybernetik. München 1972, 51 ff., bes. 62 ff.

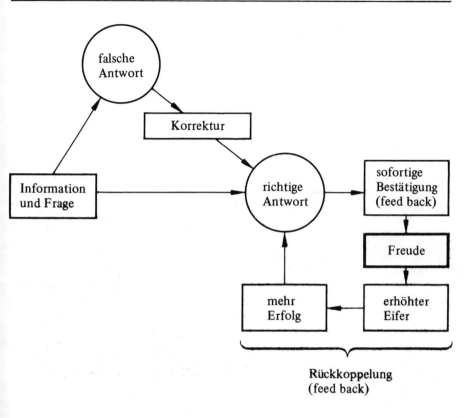

Flußdiagramm eines linearen Programms:

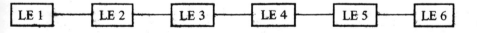

Im Gegensatz dazu will die *verzweigende Methode* Crowders (wegen der Inhomogenität des Adressatenkreises) Falschantworten nicht vermeiden, sondern insofern didaktisch nutzen, als sie den Lernenden je nach gegebener Antwort auf verschiedenen Wegen zum Ziel führt. Nach einer sogenannten „Gitteraufgabe" werden die Lernwege „verzweigt" und so dem Lernenden angepaßt. Das verzweigende Programm bietet Individualisierung des Lernweges und des Lerntempos.

Beispiel des Flußdiagramms eines verzweigenden Programms (kurzer Lernabschnitt):

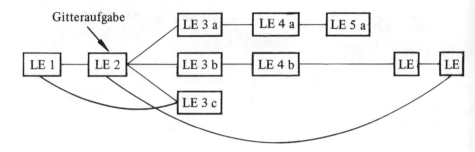

Viele Programme bedienen sich einer Mischung der Methoden je nach dem Lernstoff und den sich aus der Testphase ergebenden Notwendigkeiten.

Die Anwendbarkeit der Methoden

Die *lineare Programmiermethode* ist vor allem im Buchprogramm realisierbar und dort für den Lernenden praktikabel. Sie eignet sich sehr gut zum Automatisieren von Reaktionsweisen und Arbeitstechniken, bei Lernstoffen, die eindeutig die Alternative „falsch/richtig" zulassen, bei Elementarwissen, das immer in derselben Weise angewendet werden muß, bei Aufgabenstellungen, die nur *eine* sinnvolle Lösungsmethode erfordern.

Die *verzweigende Methode* ist nur bis zu einem gewissen Grad im Buchprogramm realisierbar. Ihre Vorteile entfalten sich im Programm, das von der Lernmaschine oder der EDV-Anlage dargeboten und betrieben wird.[8]

Praktische Hinweise und Erfahrungen

Der Einsatz von Unterrichtsprogrammen

Generelle Forderungen: Da sich PU in zunehmendem Maße als Mittel der Methodenvariation darstellt, gibt es grundsätzlich keinen Zwang, PU einzusetzen. Die Effektivität des Einsatzes bedingt,

---

[8] Wenn man beispielsweise im Buchprogramm die Formenlehre des Verbums in verzweigender Form darböte und alle denkbaren Schülerfehler bei einer sogenannten Gitteraufgabe nebeneinander aufzählte, würde der Schüler im Buchprogramm mehr falsche als richtige Formen lesen und sich wohl auch nach allgemeiner pädagogischer Erfahrung (im Sinne des Imitationslernens) einprägen. Somit bleibt im Buchprogramm für dieses Themengebiet wohl nur die lineare Methode, abgemildert durch Sprungstellen, Schleifen und Verweis auf Wiederholungen. Die EDV-Anlage dagegen kennt diese Probleme nicht. Sie reagiert individuell auf die eingegebene Lösung und weist den Lernenden – ohne die geschilderten schädlichen Nebenwirkungen – auf den für ihn geeigneten Lernweg. Nur hier kommt das verzweigende Programm ohne technische Probleme und ohne pädagogische Nachteile voll zum Tragen. – Zur Erstellung von Lehrprogrammen vgl. Arlt, M.: Programmierte Lehrmaterialien. Voraussetzungen und Entwicklung. In: Audivision 5, 5 (1974), 18 ff.

- daß sich die Lernziele — ganz oder wenigstens in den Phasen des beabsichtigten Einsatzes — in das didaktische Konzept des Faches einfügen,
- daß die im Programm verwandte Terminologie und Fachsprache bekannt ist (Das Erlernen einer eigenen Terminologie zum alleinigen Zwecke des programmierten Lernens ist unökonomisch),
- daß genügend Lern- und Arbeitszeit zur Verfügung steht, damit die spezifischen Vorteile des PU allen Lernenden zugute kommen,
- daß ein realer Vorteil in der Gesamtorganisation der Lernprozesse eines Faches oder des Unterrichts insgesamt mit dem Programmeinsatz verbunden ist (z. B. Methodenvariation, Erhöhung der Lernintensität, Aktivierung einer Gruppe, Verlagerung von Lernprozessen außerhalb der Unterrichtszeit).

Einsatzmöglichkeiten

Im Unterricht: Das Fachlehrersystem mit den Konsequenzen der Aufteilung von Unterrichtszeit auf 45-Minuten-Stunden pro Fach und Lehrer erschwert die Integration des PU enorm.[9] Die unterschiedliche Arbeitszeit — Hauptvorteil für den nach Lehrprogramm lernenden Schüler — ergibt mit wachsender Zeitdauer des Programmeinsatzes im Unterricht zunehmende Organisationsprobleme. Dem rascher Lernenden kann die Belohnung des höheren Lerntempos nur in Form von mehr Freizeit zuteil werden: Er lernt seine Vokabeln und erledigt die schriftliche Aufgabe, während seine Mitschüler am Programm weiterarbeiten. Andere Formen der Beschäftigung schneller Lernender erforderten — zur Zeit nicht vorhandene — differenzierte Medienpakete oder eine Veränderung der Organisationsstruktur unserer Schule. Eine bewährte Struktur aufzugeben, erfordert aber stärkere Zwänge, als sie der PU darstellt.

In Anbetracht der hier nur kurz angedeuteten Problematik sollte der Programmeinsatz im Unterricht, jedenfalls in den Fächern Latein und Griechisch, auf folgende wohlüberlegte Fälle konzentriert werden:

- gründliche *Einführung* in die programmierte Arbeitsweise durch gezielte Anweisung des Lehrers und mehrmalige praktische Arbeit unter individueller Betreuung der Schüler — bis die Arbeit reibungslos von allen beherrscht wird,
- *Erarbeitung grundlegender sprachlicher Erscheinungen,* bei denen eine aktive Auseinandersetzung des einzelnen Schülers und eine intensive Beherrschung des Stoffes unumgänglich ist,
- bei Krankheit oder aus anderen Gründen bedingter *Abwesenheit des Griechisch- oder Lateinlehrers:* Die Verknappung der Unterrichtszeit in unseren Fächern Latein und Griechisch gebietet uns den Einsatz von Unterrichtsprogrammen dringend: Trotz fachfremder Aufsicht ist bei gründlich eingeführter PU-Methode der Lernerfolg garantiert, vorausgesetzt die Motivation durch den (abwesenden) Fachlehrer ist gegeben.

---

9 Positiver: Echterhoff, W. / Schneider, W.: Möglichkeiten und Grenzen des programmgesteuerten Lernens im gymnasialen Unterricht. Ein Erfahrungsbericht. In: Neue Unterrichtspraxis 5 (1972), 343 – 346.

Als Hausaufgabe: Bei *Wiederholungsprogrammen* stellt sich — wenn der Schüler in die Arbeit mit Unterrichtsprogrammen eingeführt ist — für den Lehrer die Forderung, den Lernprozeß der Schüler zu betreuen und so die Motivation zu verstärken:
durch Einteilung in überschaubare Lernsequenzen, Behandlung verbleibender Fragen und Probleme, Überprüfung des Lernfortschrittes usw.

Werden *Lehrprogramme zur Neudurchnahme* als Hausaufgabe eingesetzt, vermehren sich die methodischen Möglichkeiten. In Anerkennung der Tatsache, daß langsamer lernende Schüler (aus welcher Ursache auch immer) stets gezwungen sind, ihren Schulerfolg durch den Mehraufwand an Zeit sicherzustellen, bietet das Unterrichtsprogramm in der Hausaufgabe die methodisch befriedigendste Ausgleichsmöglichkeit des individuell unterschiedlichen Lerntempos. Neben dem Gewinn von Unterrichtszeit für wesentliche Aufgaben trifft der Lehrer nach Erarbeitung des neuen Stoffes im Unterrichtsprogramm auf eine relativ homogen vorbereitete Gruppe; die angeschlossene Übung ist effektiver als nach einer im Frontalunterricht erfolgten Neudurchnahme, die allein vom Tempo her die einen Schüler unterfordert, die anderen überfordert.

Der Programmeinsatz als Hausaufgabe bringt keinerlei organisatorische Probleme, seine Effizienz liegt an der Motivationskraft des Lehrers. Die Gefahr der zeitlichen Überforderung langsam Lernender sollte vom Lehrer im Auge behalten werden.

Als individuelle Hilfe: Das Unterrichtsprogramm hilft jedem Schüler nach Krankheit und bei Wissenslücken, schafft dem schwächeren Schüler jederzeit die Möglichkeit, den Lehrstoff — neben dem Unterricht — zu vertiefen und zu festigen (Begleitbuch zum Unterricht), ermöglicht dem Lehrer die individuelle Betreuung der Schüler: Hinweis auf Lernprogramme bei Feststellung von Lücken im Unterricht. Beim Wechsel der Fremdsprachenfolge und Ablegen der Latinums- und Graecumsprüfung haben sich Programme oft bewährt.

Die Rolle des Lehrers

Der Lehrer bestimmt den Einsatz von Unterrichtsprogrammen nach Prüfung des Angebots und der Gegebenheiten, wie sie oben dargelegt sind. Er erläutert das Ziel des Einsatzes vor der Klasse und die damit verbundenen Vorteile, gibt beim ersten Einsatz eine Arbeitsanleitung, steht für Hilfe und Beratung zur Verfügung und betreut so den Lernvorgang in der Gruppe und beim einzelnen Schüler. Wird der Einsatz der Programme von kritischen Bemerkungen über das Unterrichtsmedium begleitet, ist der Erfolg mehr als fraglich; denn damit ist ein Entschuldigungsgrund für fehlenden Arbeitswillen und Oberflächlichkeit geschaffen.

Der Lehrer muß Grenzen und Vorgaben eines Unterrichtsmediums kennen:
In den Sprachen beispielsweise bewirkt das Buchprogramm über die Formenlehre einen hohen Grad an Analyse- und Synthesefähigkeit in der schriftlichen Beherrschung, nicht aber die Sprechfähigkeit; daher muß die akustische Verankerung der Verbalformen im Sprachlabor[10] oder in der Lerngruppe nachgeholt werden.

---

10 Vgl. dazu unten S. 278 ff.

Die Gesamtorganisation des Unterrichts muß so strukturiert sein,

- daß auf die anstrengende individuelle PU-Lernphase der Stoffaneignung die soziale Lernphase der Bewährung und des Transfers[11] von Wissen (vor der Gruppe, Klasse) folgt,

- daß auf die einseitig kognitiv-psychomotorische Lernphase der PU-Arbeit (Stoffaufnahme/Verarbeitung/Üben–Schreiben) eine akustisch-affektive (Sprechen/Hören – Gruppe/Klasse) folgt,

- daß ein Aggressionsstau (durch zu lange PU-Phasen ohne Lehrer- und Gruppenkontakt) demotivierend auf weitere Programmeinsätze und Lernen überhaupt wirkt.

Der Schüler

Die unbezweifelbaren Vorteile des PU liegen für den Schüler im Zwang zur Aktivität (z. B. zur Erlernung und Anwendung von Regeln, Bilden von Formen) in der Antwortreaktion, im Zwang zur Formulierung und exakten Fixierung der Antwort, im Zwang zum exakten Antwortvergleich, in der Möglichkeit sofortiger Korrektur falscher Denkwege, in der Möglichkeit oftmaliger Wiederholbarkeit einzelner Programmabschnitte, in der Unabhängigkeit vom Lehrer, im Optimum an didaktischer und methodischer Aufbereitung des Lernstoffes, im Fortschreiten zu selbständiger Wissensaneignung nach individuellem Lerntempo ohne jede echte oder vermeintliche Angst vor Gruppe, Nachbar, Lehrer.

Langjähriger Umgang mit Buchprogrammen vor allem im Griechischunterricht[12] hat gezeigt, daß folgende Schülergruppen vorrangig Nutzen aus dem PU ziehen:

- die *gründlichen, langsam arbeitenden* Schüler: Diese Gruppe ist vom Lerntempo des herkömmlichen Unterrichts permanent überfordert. Die Möglichkeit des individuellen Lerntempos läßt sie durchweg zu guten Leistungen kommen, die mit Aussetzen des PU rasch abfallen.

- die *schwächeren Schüler überhaupt:* Im PU ersetzen sie ihre in Konkurrenz zu den Mitschülern vorhandenen Nachteile durch Mehraufwand an Zeit und Energie.

- die *ängstlichen Schüler:* Im herkömmlichen Unterricht kommen sie in der recht harten Konkurrenz der Gruppe nur schwer zu Erfolgserlebnissen, erfahren diese aber voll im PU: Die erreichbare Sicherheit in der Stoffbeherrschung führt zur Hebung des Selbstwertgefühls und des Selbstbewußtseins.

- die *primär visuellen* und *motorischen Typen:* Sie sind im Medium „Buchprogramm" (Lesen/Schreiben) klar bevorzugt.

---

11 Zu dem Problemzusammenhang zwischen Aufgabenstruktur und Lernzielstufenhöhe vgl. Häring, L.: Der programmierte Unterricht. In: Anregung – Sonderheft „Programmierter Unterricht in den Alten Sprachen". München 1974, 8. Zum Problem des Transfer vgl. oben S. 74 ff.

12 Im Zeitraum von zwei Schuljahren wurde einer Klasse im Griechischunterricht des Augustinus-Gymnasiums Weiden fast täglich der Einsatz von Unterrichtsprogrammen zugemutet. Vgl. Häring, L.: Programmierter Unterricht. In: Jahresbericht des Augustinus-Gymnasiums Weiden 1968/69, 61 ff. und 1970/71, 69 ff.

Kritisches

Die positiven methodischen und pädagogischen Möglichkeiten sind dargestellt. Eine Fülle kritischer Einwände aus der Zeit der großen Theoriediskussion (wie z. B. Minderung des Kontaktes Lehrer-Schüler, Eintönigkeit, Trödeln, Mogeln, Abnützung der Methode, Vernachlässigung affektiver Lernziele) hat sich wohl in der Praxis und durch die Praxis erledigt. Manche mögliche Negativa traten auch nur in Erscheinung, wenn der PU-Einsatz zu häufig erfolgte.

Andere Einwände und Bedenken haben durch die praktische Erfahrung zunehmende Berechtigung erfahren:

Das Motivationsproblem[13]: Gar mancher von unseren Schülern lernt am liebsten gar nicht, oder doch wenigstens nur auf die bequemste Art. Dieses Faktum hat auch der PU nicht aus der Welt schaffen können. Er bietet auf dem Weg der aktiven Erarbeitung des Stoffes die Möglichkeit des Wissenserwerbs — das bedeutet in der Regel einen größeren Energie- und Zeitaufwand für den Lernenden.

Es verwundert nicht, daß Programmierte Lehrgänge außerhalb der Schulen im Vergleich zu herkömmlichen Verfahren eklatant bessere Lernergebnisse in wesentlich verkürzter Lernzeit brachten (z. B. bei Aufstiegslehrgängen für Bankangestellte in Amerika). Hier liegt eine starke sekundäre (extrinsische) Motivation vor: der wirtschaftliche Aufstieg, das höhere Sozialprestige oder Einkommen. Demgegenüber hat sich für die Schulen erwiesen, daß die Vorteile des PU dann zum Tragen kommen und die Motivation erhalten bleibt, wenn der Einsatz von Lehrprogrammen nicht zu häufig erfolgt (Reiz der Methodenvariation) und der Lehrer die Sinnhaftigkeit der Arbeit verständlich machen kann, auch dadurch, daß er den Lernerfolg im ganzen sichtbar werden läßt. Die Primärmotivation des PU wurde zweifelsohne überschätzt.

Atomisierung des Wissens — System kontinuierlicher Rückkoppelung: Es besteht die Gefahr, daß durch die Aufbereitung komplexer Strukturen in einzelne kleine Denk- und Lernschritte und durch das System permanenter Rückkoppelung einheitliche Denkprozesse von längerer Dauer zur Lösung eines Gesamtproblems in winzige Teilschritte zerschlagen werden, daß man im Programm zwar jeden Teilschritt erfolgreich bewältigt, am Ende aber nicht zum Überblick und zur Beherrschung des Gesamtgebietes gelangt: Diese Atomisierung der Stoffe zusammen mit der kontinuierlichen Rückkoppelung läßt „vor lauter Bäumen den Wald" aus dem Auge verlieren.

Das System des PU birgt zweifelsohne diese Gefahr in sich. Es gibt Lehrprogramme, an denen sich diese Mängel klar zeigen.

In aller Kürze darf dazu aber festgestellt werden:

— Diese Mängel sind nicht vom System des PU her notwendigerweise diktiert, sondern Beweis der schlechten Qualität eines Programms.

---

13 Zum Problem der Motivation vgl. oben S. 54 ff.

— Durch Konstruktion umfassenderer Lernschritte und komplexerer Aufgaben, sowie durch Abfordern der Kenntnisse und Fähigkeiten auf höheren Lernzielebenen kann dieser Gefahr begegnet werden.

— In Sprachprogrammen wird dieses Problem am ehesten und effektivsten auch durch intermittierende Sozialphasen gelöst, in denen das individuell angeeignete Wissen strukturiert und assoziativ verankert wird.

Beschränkung der Kreativität:

Das Lernprogramm steuert durch Vorgabe der Frage und der Lösungsform den Lernweg. Es übt konvergierendes Denken, schließt divergierendes Denken aus: Das Erkennen und Definieren eines Problems, sowie das eigene Erkunden eines Lösungsweges ist im Lernprogramm strengen Stils nicht möglich. Der Lernende benützt obligatorisch den optimalen Lernweg. Diese Optimalität des Lernweges ist nicht immer optimal im Sinne des Lernzieles, da das Auffinden des Weges wichtiger sein kann als das Durchschreiten, da ein Nichtbewußtwerden der Lösungsmethode die Lösung selbst wertlos machen kann, da „im Leben" auch nicht immer der „optimale Lern- oder Lösungsweg" vorgegeben wird.

Diese kritischen Gedanken sind berechtigt, vor allem für den Fall, daß ein großer Teil der Lernprozesse programmiert abläuft. Beim heutigen Prozentsatz Programmierter Unterweisung in den Schulen besteht diese Gefahr nicht, jedenfalls nicht im Sprachunterricht. Die in den Alten Sprachen vorliegenden Programme beziehen sich fast ausnahmslos auf Formalkenntnisse, deren Beherrschung erstrebenswert ist. Das Einschleifen optimaler Lern- und Lösungswege und die Fähigkeit exakter Reproduktion von Kenntnissen mit dem Effekt der Übertragung auf analoge Erscheinungen ist im heutigen Sprachunterricht eher zu wenig vertreten.

Zusammenfassung:

Die kritischen Einwände sind berechtigt, stellen aber mehr von der Theorie her eine Gefahr dar als von der Praxis. Sie richten sich gegen eine Monopolstellung der Programmierten Unterweisung, die es nach heutigem Stand nicht mehr geben wird.

Im Panorama denkbarer Methoden des Unterrichtens und des Erwerbs von Wissen sollte der Programmierte Unterricht schon wegen der Möglichkeit der Fixierung und Evaluation von Lernwegen erhalten bleiben. Unter dem Gesichtspunkt der Methodenvariation verdient er nicht Toleranz, sondern Beachtung.

Lehrprogramme in den Alten Sprachen[14]

Latein:

EIKEBOOM / HOLTERMANN: Programmierte Lateinische Grammatik. Verlag Vandenhoeck & Ruprecht
EIKEBOOM / HOLTERMANN / OBERG: Die ersten Regeln und Begriffe der Sprachenlehre. Verlag Vandenhoeck & Ruprecht
EIKEBOOM / HOLTERMANN / ZEROBIN: -nd-Formen, Gerundium und Gerundivum. Verlag Vandenhoeck & Ruprecht
EIKEBOOM / HOLTERMANN / ZEROBIN: Verbalnomina – Infinitiv und Partizip. Verlag Vandenhoeck & Ruprecht
GANSER: Final- und Konsekutivsätze. Bayer. Schulbuch-Verlag
HAGENOW: Grundbegriffe der Grammatik. Hirschgraben-Verlag
HAGENOW: Der Ablativus absolutus. Hirschgraben-Verlag
HOLTERMANN: Der Infinitiv. Ernst Klett Verlag
LINDAUER / SCHNEPF: Programmierter Grundkurs der lateinischen Sprache. 2 Bände. Schwann Verlag 1966
V. ROTHENBURG: Übersetzungstechnik I Ovid, Metamorphosen. Bayer. Schulbuch-Verlag
SPRING: Wiederholung der a-Deklination. Genusregeln der a- und o-Deklination. Bayer. Schulbuch-Verlag
SPRING: Wiederholung der 3. Deklination. Das Passiv der a-Konjugation. Bayer. Schulbuch-Verlag
STEINTHAL: Das Partizip. Ernst Klett Verlag
ZEILHOFER: Komparativ und Superlativ. Bayer. Schulbuchverlag

Griechisch

DUSCHL / HÄRING: Formenlehre des Verbums I – Präsens, Hilfszeitwort 'sein' Futur (Aktiv und Medium)
DUSCHL / HÄRING: Formenlehre des Verbums II – Imperfekt, schwacher und starker Aorist (Aktiv und Medium)
DUSCHL / HÄRING: Formenlehre des Verbums III – Verba contracta
DUSCHL / HÄRING: Formenlehre des Verbums IV – Aorist und Futur Passiv, Perfekt und Plusquamperfekt
HÄRING / KORNPROBST / RAMERSDORFER: Formenlehre des Verbums V – Verba liquida und Verba auf $-\nu\nu\mu\iota$
HÄRING / KARL: Der Infinitiv
MÜLLER: Tempora und Modi
SEITZ: Formenlehre des Verbums VI – Die vier großen Verba auf $-\mu\iota$

Alle Lehrprogramme sind beim Bayer. Schulbuch-Verlag erschienen.

---

14 Vergleiche auch Meyerhöfer, H.: Programmierter Unterricht im Fach Latein und: Karl, K.: Programmierter Unterricht im Fach Griechisch. In: Anregung – Sonderheft „Programmierter Unterricht in den Alten Sprachen". München 1974, 11 ff. und 16 ff. Nickel, R.: Die Alten Sprachen in der Schule. Frankfurt a. Main 1978², 177 Anm. 195 f.

Literatur zur Einführung in den PU:

ANKERSTEIN, H. S. (Hrsg.): Elektronische Datenverarbeitung und Programmierte Unterweisung im Bildungswesen. – Literaturverzeichnis. Pädagogisches Institut der Stadt Köln. Band 3.

DRALLE, W.: Der Programmierte Unterricht und das System der Jahrgangsklasse. Hannover 1970.

FLAMMER, A.: Chance und Belastung der Unterrichtstechnologie durch die Übernahme experimentalpsychologischer Forschungsergebnisse. In: Zeitschrift für erziehungswiss. Forschung 10 (1976), 189–201.

FRANK, H. G. / MEDER, B. S.: Einführung in die kybernetische Pädagogik. dtv – Wissenschaftliche Reihe. 1971.

GOTTSCHALDT, K.: Psychologie des Programmierten Lernens. Hannover 1972.

HÄRING, L.: Der programmierte Unterricht. In: Anregung (Sonderheft) 1974, S. 1 ff.

HEINZE, N.: Über die Beziehungen zwischen psychologischen Lern- und Denktheorien und programmierten Unterricht. In: Neue Unterrichtspraxis 3 (1972), 205 ff.

HILGARD, E. R. / BOWER, G. H.: Theorien des Lernens I. Deutsch von H. E. Zahn. Stuttgart 1970.

HOFMANN, W.: Stellenwert und didaktischer Ort des PU in der Seminarausbildung. In: Anregung 24 (1978), 242–245.

HUBER, G.: Lernpsychologische Befunde bei programmierter Unterweisung. Schriften der Pädagogischen Hochschulen Bayerns. München 1966.

KEIL, K. A.: Probleme des Programmierten Unterrichts. In: Audiovision in Wirtschaft und Bildungswesen 5 (1974), 16–18.

KÖBBERLING, A.: Effektiveres Lehren durch Programmierten Unterricht? Weinheim/Basel/Wien 1971.

LUTZ, T.: Taschenlexikon der Kybernetik. München 1972.

LYSAUGHT, I. P. / WILLIAMS, C. M.: Einführung in die Unterrichtsprogrammierung. München 1967.

MAGER, R. F.: Lernziele und programmierter Unterricht. Weinheim/Basel/Wien 1965.

MEYER–MARKLE, S.: Gute Lernschritte. München/Wien 1967.

NICKLIS, W. S. (Hrsg.): Programmiertes Lernen. Bad Heilbrunn 1969.

ROLLET, B. (Hrsg.): Praxis und Theorie des Programmierten Unterrichts. Stuttgart/München 1970.

REFERENDARVERTRETUNG BAYER. PHIL.–VERBAND: Programmierter Unterricht I – II Handreichungen zur Unterrichtstechnologie 2 – 4. München 1975/76.

ROTH, H. / BLUMENTHAL, A.: Der Programmierte Unterricht. Hannover 1969^3.

SCHIEFELE, H. / HUBER, G. L.: Programmierte Unterweisung – programmiert. Prinzipien, Techniken, Arbeitsschritte. München 1969.

SCHNEIDER, W. / GRUNDMANN–HEUCKE, B.: Programmgesteuerte Unterweisung. Stuttgart 1973.

SCHROEDER, H.: Lerntheorie und Programmierung. München 1971^2.

WITTMANN, B. / SCHMIDT, H. (Hrsg.): Information für die Neue Schule Programmiertes Lernen. Duisburg 1971.

Hans Grotz
Einsatz des Sprachlabors im altsprachlichen Unterricht

Lerntheoretische Grundlagen

Sprachlaborarbeit geht ebenso wie Programmierter Unterricht[1] von dem kybernetischen Ansatz in der Pädagogik[2] als heuristischem Prinzip aus. Sie fußt auf den Prämissen des Behaviorismus und der Gestaltpsychologie.

Freilich darf das kybernetische Prinzip nur als Versuch betrachtet werden, manche Verhaltensformen des Menschen als Analogie zum Geschehen in einem Regelkreis zu sehen, als einen von mehreren möglichen Aspekten, der nur den Bereich des Rationalen anspricht und nie den des Emotionalen und Werthaften erreicht. Denn hier wird das eigene Tun, z. B. das Lernen, nicht reflektiert, und es besteht die Gefahr, daß bei monistischer Anwendung der Lernende nicht in einem Akt der Erziehung geführt, sondern in einem Akt der Dressur gedrillt wird.

Folgt man der Lerntheorie von Iwan Pawlow, der alles Lernen als „Ausarbeitung bedingter Reflexe" und „Komplex reflektorischer Vorgänge" auffaßt, so kann man von Lernen als einem „reaktiven Konditionieren" sprechen. Pawlow und seine Schule haben auch als erste die Bedeutung einer sofort erfolgenden „Verstärkung" oder „Bekräftigung" einer Reaktion in zahlreichen Experimenten nachgewiesen. Gerade auf diesem Zusammenhang beruht ein Grundprinzip des Programmierten Unterrichts überhaupt.[3] Die von Pawlow und seiner Schule erforschten Gesetzmäßigkeiten gelten vor allem für das Lernen, das in Konditionierungs-(Drill-)Vorgängen besteht.

---

1 Gegenüberstellung von Buch- und Sprachlaborprogramm hinsichtlich Struktur und didaktischer Funktion:
Grotz, H.: Das Sprachlabor im griechischen Schreib- und Anfangsunterricht. In: Grotz-Häring (Hrsg.): Programmierter Unterricht in den Alten Sprachen. Anregung-Sonderheft (1974), 20; Schmid, D.: Sprachlabor-Arbeit, besonders im Hinblick auf die Alten Sprachen. Referat Comburg 1970 (Typoskript), S. 2.

2 Vgl. z. B. Keidel, W.-D.: Sinnesphysiologie I. Berlin 1971; Schäfer, G.: Kybernetik und Biologie. Stuttgart 1972; Schröder, H.: Kybernetische Pädagogik. In: Hierdeis, H. (Hrsg.): Taschenbuch der Pädagogik. Baltmannsweiler 1978, 525 – 532.

3 Dazu z. B. Becker/Engelmann/Thomas: Teaching: A Course in Applied Psychology. Chicago (Science Research Ass.) 1971; Grafik S. 362! Vgl. auch oben S. 267 f.

Diese „klassische" Form des Konditionierens hat Skinner durch das sog. „operante Konditionieren" (Bekräftigungslernen) modifiziert. Dabei geht es nicht mehr um die Verknüpfung von Vorgabereizen, sondern um Verstärkung oder Abschwächung bereits bestehender (Lern-)Verhaltensweisen durch gezielte nachfolgende Reize.[4]

In manchen Bereichen der Sprachlaborarbeit spielt auch die Theorie des Imitationslernens (Bandura, Walters) eine Rolle.[5]

Die sog. Gestaltpsychologie geht davon aus, daß die Assoziation zwischen Reiz und Reaktion unter der Voraussetzung der Einsicht zustandekommt. Bedingung dafür ist die Möglichkeit, eine Problemsituation durchschauen, d. h. aber strukturieren zu können, wozu wiederum das Analysieren der betreffenden (Lern-)Situation nach dem Prinzip von Versuch und Irrtum (trial and error) erforderlich ist (Crowder)[6].

Eine Unterscheidung von Prozessen, bei denen einsichtiges Lernen (im Sinne der Gestaltpsychologie) eine Rolle spielt, und solchen, die nur auf Assoziationen beruhen bzw. als Resultate von Konditionierungsprozessen angesehen werden können, ist insofern wichtig, als Lernstoffe, die mit Hilfe von Einsicht gelernt werden müssen, durch kybernetische Lernmethoden kaum mit Erfolg dargeboten werden können (Fehlen einer auf den Lernprozeß bezogenen kritischen Reflexion!).

Dagegen ist das Sprachlabor imstande, durch intensivierte und verdichtete Übung zur Beschleunigung, Festigung und Sicherung von sprachlichen Assoziationen beizutragen und so das einübende Lernen effektiver zu gestalten als andere Lernmethoden. Davon wäre etwa das in unseren Fächern häufig geübte und gewiß nützliche Chorsprechen zu nennen, bei dem im Vergleich zum Sprachlabor allerdings die Gefahr besteht, daß Lehrer und Schüler die individuelle Sprechleistung zu wenig exakt identifizieren. Dabei können sich unkontrollierte Fehler einschleichen, die sich später, weil verfestigt, schwer beseitigen lassen.

Didaktischer Ort

Sicher ist die Vermittlung einer Fremdsprache mehr als die Vermittlung von Fertigkeiten. Aber das Einüben bestimmter Assoziationen und das Mechanisieren bestimmter Wortfolgen (z. B. Flexionsparadigmata, Stammformen, Kasusrektionen) ist ein wesentlicher Teil der Sprachaneignung. Die weitgehende Automatisierung der Formen gehört zu den Voraussetzungen für sinnvollen Umgang mit Sprache.

Dies gilt, mit Einschränkungen gegenüber den modernen Fremdsprachen, auch für die Alten Sprachen. Der Einsatz des audiolingualen Mediums, wie er z. B. in den

---

4   Siehe oben S. 267.
5   Bandura, A.: Principles of behavior modification. New York 1969.
6   Crowder, N. A.: Characteristics oft Branching Programs. In: The University of Kansas Conference of Programmed Learning (hrsg. v. O. M. Haugh). Lawrence: University of Kansas Publications, 1961, 11/2, 22 ff. Ders.: On the Differences between Linear and Intrinsic Programming. In: Educational Technology, hrsg. v. J. P. De Cecco. New York 1964, 142 ff.

Curricularen Lehrplänen Bayerns sowohl für die Orientierungs-[7] wie für die Mittelstufe[8] wiederholt als Unterrichtsverfahren empfohlen wird, kann hier Aufgaben der Rezeption und der Reproduktion, d. h. Hilfsfunktionen im Bereich der Lernphasen Einüben, Festigen und Wiederholen, erfüllen und so Phänomene aus dem Kurz- in das Langzeitgedächtnis überführen[9].

In der Lektürephase (abgesehen von Übungen zur Metrik[10] und zur Neudurchnahme) sind Sprachlaborübungen nicht sinnvoll, da das Sprachlabor ein Übungsgerät und keine Lernmaschine ist. Dagegen können sie beim Einsatz von Lehr-

---

[7] Curricularer Lehrplan „Latein in der Orientierungsstufe" (KMBl Nr. 11, 1974, 775 ff.; Sondernummer 18 vom 20.10.1976 – vgl. auch Anregung 19 (1973), 302 ff.
Explizit ist hier von Sprachlabor nur im Unterrichtsverfahren 1.2 die Rede, doch ließe es sich auch an folgenden Stellen einsetzen:
1.1 Unterrichtsverfahren „Chorsprechen"
1.3 Lernzielkontrolle „Bearbeiten von Lückentexten, Zuordnungsaufgaben"
2.2.1 Unterrichtsverfahren „Verwandlungsübungen" Lernzielkontrolle „Transformation vorgegebener lat. Sätze"
2.3.5 Unterrichtsverfahren „Besprechen und Auswerten von Tonbändern"
3.6 Unterrichtsverfahren „Vorsprechen, Nachsprechen, Chorsprechen" (lateinischer Sentenzen)
Vgl. auch Unterrichtsverfahren 4.2.

[8] Der Curriculare Lehrplan „Latein in der Mittelstufe" (KMBl Sondernummer 11 vom 12.5.1978, 333ff.) repräsentiert das Unterrichtsmedium Sprachlabor in den Unterrichtsverfahren zu folgendem Lernziel:
Grundständiger Lateinunterricht (Jgst. 7/8):
1.3 Einprägen (des Grundvokabulars) mit akustischen und optischen Lernhilfen.
Im Lehrplan für Latein als zweite Fremdsprache wird das Sprachlabor explizit genannt (Spalte „Unterrichtsverfahren")
für Jgst. 7 – 9 zu Lernziel 1.1 (Einblick in die Lautlehre)
1.2 (Kenntnis der Formenlehre)
4.2 (Fähigkeit, konzentriert zu arbeiten)
für Jgst. 10 zu Lernziel 3.2.2 (Einblick in die lateinische Dichtersprache)
Außerdem sei auf den Curricularen Lehrplan „Latein als zweite Fremdsprache in Jgst. 11" (KMBl Sondernummer 17 vom 20.5.1977, 627 ff.), Unterrichtsverfahren zu Lernziel 2.9 (Vorlesen lateinischer Verse einzeln und im Chor, auch unter Einsatz des Sprachlabors) hingewiesen.
Im Curricularen Lehrplan „Griechisch in Jgst. 9/10 (KMBl Sondernummer 12 vom 27.4.1977, S. 446 ff.) könnte das Sprachlabor als Unterrichtsverfahren zu folgenden Lernzielen eingesetzt werden:
1.2 Vor- und Nachsprechen (griechischer Laute)
1.3 Lautes (akzentrichtiges) Sprechen
1.4 Einprägen, Festigen und Wiederholen (des Grundwortschatzes) nach lernpsychologischen Gesichtspunkten.
Entsprechend im Curricularen Lehrplan „Griechisch in Jgst. 11 (ebenda S. 450 ff.) zu den Lernzielen
1.2 und 1.3 (Kenntnis der Formenlehre bzw. syntaktischer Erscheinungen) im Medienverbund mit Lehrprogrammen
2.4 (Vortrag griechischer Verse)

[9] Schmid (vgl. Anm. 1) in seinem didaktisch und methodisch sehr fundierten Referat S. 4 (I E b).

[10] Dazu: Heinrichs, A.: Eine Sprachlaborübung zum lateinischen Hexameter. In: Das Sprachlabor 1969, 40 ff. und Stephan-Kühn, F.: Martial, Epigramme. Paderborn 1976 (mit Sprachlaborübungen zur Metrik).

programmen in Buchform die Phase der auditiven Verstärkung übernehmen.
Sprachlaborübungen machen also den Lehrer nicht überflüssig.

Medienspezifische Vorzüge

Das Sprachlabor ist im altsprachlichen Unterricht (AU) überall dort einsetzbar, wo der Schüler spezifisch mündliche Leistungen erbringen soll. Dabei vermag es die Schüler stärker zu aktivieren als Kontaktunterricht und Chorsprechen, da alle Schüler im Rahmen der Übung stets und gleichzeitig zu reagieren haben. Zudem besteht die Möglichkeit einer stärkeren Individualisierung, da die Leistungen jedes einzelnen Schülers abgehört, überprüft und z. T. auch gespeichert werden können und durch Einschalten des Lehrers individuelle, vom Klassenplenum unbemerkte Beratung und Aktivierung gezielt gegeben werden kann.

Zumal bei Vorhandensein von Kabinen können durch diese Individualisierung Sprechhemmungen abgebaut werden. Die technischen und didaktischen Vorzüge bestehen für den Schüler in der Möglichkeit des konzentrierten, nicht abgelenkten Hinhörens, des häufigen und systematischen eigenen Sprechens, der Wiederholbarkeit des dargebotenen Übungsmaterials, der Überprüfbarkeit und Vergleichbarkeit der Schülerleistung sowie der individuellen Gestaltbarkeit der Arbeitsgeschwindigkeit, wenn die Programme (im „HSA-Labor"; vgl. S. 286) auf die eingebauten Schülertonbandgeräte vorkopiert werden.

Lernziele

Spezifisch neusprachliche Lernziele der Sprachlaborarbeit (z. B. Generieren von kommunikativen Sprachmustern, Habitualisieren und Automatisieren von Sprachstrukturen, Hörverstehen, Intonationsschulung) entfallen natürlich in den Alten Sprachen. Dagegen lassen sich alle auch in diesem Unterricht gegebenen Automatisierungsphasen[11] auf den unteren taxonomischen Stufen in stärker aktivierender, bei entsprechender Aufbereitung[12] und realistischer Bemessung auch motivierenderer Weise durchführen. Je genauer bei der Unterrichtsplanung der didaktische Ort jedes Mediums und Unterrichtsverfahrens analysiert und auf die vorgegebenen Lernziele bezogen wird, je gezielter (und sparsamer!) mithin auch die Sprachlabor-Phase bemessen und in das Gesamtkonzept des betreffenden Unterrichtsschrittes hinsichtlich Lernziel, Lerninhalt, Unterrichtsverfahren und Lernzielkontrolle integriert wird, desto effektiver wird der Einsatz. Bloße unreflektierte Methodenvariation hat wenig Wirkung. Der Aufwand einer Sprachlaborstunde lohnt sich nur, wenn bei der Unterrichtsplanung determiniert werden kann, daß andere Unterrichtsverfahren zur Erreichung des intendierten Lernziels weniger effektiv sind.

---

11 Formales Einüben – Festigen – Wiederholen; vgl. die Curricularen Lehrpläne (Anm. 7 und 8) und Schmid (Anm. 1), S. 6 (III 2 f.).

12 Patterns und Strukturübungen im Vier-Phasen-Rhythmus; (vgl. das Kap. „Mediendidaktische Übungsstrukturen unten S. 285 ff.).

Lerninhalte

Als Lerninhalt, der sich für eine Automatisierung und Festigung im Sprachlabor als besonders geeignet erweist, stellt sich die Formenlehre des Verbums, auch die des Nomens dar. Auf höherer Lernzielstufe wurden auch Versuche zur Syntax vorgelegt.[13] Mit Recht darf man wie Schmid[14] gegenüber Entwürfen skeptisch sein, die Übersetzen und Lektürearbeit ins Sprachlabor verlegen möchten[15].

Übungsformen

Als Übungsformen haben sich in eigenen Versuchen die folgenden als medienspezifisch machbar und nützlich erwiesen:

- Konjugationsübungen von Verbareihen (Automatisierung)
- Konjugationsübungen an Verbareihen mit Veränderung eines Bestimmungselementes (z. B. bei jedem Stimulus Vorrücken um eine Person)
- Transformationsübungen (z. B. Bildung *eines* Modus in verschiedenen Tempora an demselben Verbum oder aller Modi einer bestimmten Person innerhalb desselben Tempus)
- Diskrimination entsprechender Tempora nach Aspekt und Aktionsart (im Griechischen)
- Querformen zu einer Person in verschiedenen Tempora und Modi
- Reduktion von Verbalformen auf das lexikalische Lemma (besonders im Griechischen wichtig!)
- Substitutions- (Einsetz-)Übungen (Kasusbildung, Kasusrektion von Präpositionen, Stellung des griechischen Genitivattributes, Prädikatsnomen und Prädikativum)
- Diskrimination ähnlich klingender Formen durch Bestimmung und Übersetzung (vor allem im Griechischen)
- Mnemotechnischer Überblick über Paradigmen- und Formenbestand (z. B. Stammformen, Präpositionen mit einem bestimmten Kasus, Besonderheiten der Genusregeln)
- Reorganisation grammatischer Regeln unter verändertem Gesichtspunkt.

Man sollte dabei versuchen, möglichst einen Kreis zusammengehöriger grammatischer Phänomene zu einer einigermaßen homogenen Übung zu organisieren. Praktikabel erwiesen sich auch Leseübungen zur Einführung in die griechische Schrift[16] mit Visualisierung der Stimuli über Arbeitstransparente, die aber auf

---

13 Z. B. Vischer, R. in: Gymnasium 74 (1967), 346 ff. (Consecutio temporum, Oratio obliqua); Kazenwadel, H. U. in: Mayer, J. A. (Hrsg.): Vorarbeiten zur Curriculumentwicklung – Modellfall Latein. Stuttgart 1972, 88 ff. (AcI); Spannagel, E.: Lehrbuchbegleitende lateinische Sprachlaborübungen. In: Mitt. für Lehrer der Alten Sprachen (DAV Baden-Württemberg) 1970/II, 8 ff. (AcI); Oberg, E.: Lateinische Sprachübung im Labor. In: AU XV 4 (1972), 41 (finale Objektsätze, Verbum infinitum); Blum/ Brisson: Rapport sur l'experience d'enseignement programme de la syntaxe latine en classe 4e (annee 1965 – 66). In: Le Courrier de la recherche pedagogique 32 (1967), 1 ff.

14 Vgl. Anm. 1 (S. 6 Nr. III 4).

15 Z. B. Vischer und die in Anm. 23 genannten Griechisch-Programme.

16 Dazu Grotz (vgl. Anm. 1) S. 23 und ders.: Alte sprachen in modernen medien – latein und griechisch im medienverbund. In: AV praxis 23,7 (1973), 31.

spezielle Diskriminationen gezielt und im übrigen sparsam bemessen sein sollten, da zunächst die Schreibfähigkeit im Vordergrund stehen muß.

Dabei sollte aber darauf geachtet werden, daß die selbständige Arbeit eines jeden Schülers gewahrt bleibt und er sich nicht an den vom Nachbar vorgesprochenen Lösungen orientiert. Dann aber bietet das Sprachlabor entscheidende Vorteile gegenüber dem Chorsprechen, da die Schwächen jedes einzelnen Schülers unmittelbar diagnostiziert und angegangen werden können, ohne daß sich der Schüler akustisch in der Gruppe verstecken und sich in einer Art „play back" „der Stimme enthalten" kann.

Für solche Übungen sind keinerlei Programme erforderlich; sie finden life statt, und man kann Materialien der Organon-Schriftkunde[17] oder jedem griechischen Anfangslehrbuch entnehmen. Über den Einsatz im Gruppenunterricht vgl. das Kapitel „Übungsstrukturen"[18].

Im griechischen Anfangsunterricht hat sich auch der „Medienverbund" selbstgefertigter griechischer Programme mit den Buchprogrammen von Duschl/Häring[19] bewährt, die ja auch und gerade für Neudurchnahmen geeignet sind. Während die Neudurchnahme der Verbalformen bei solchen Lehrprogrammen in die Hausaufgabe verlegt werden kann, übernimmt das Sprachlabor die Funktion der akustischen Vertiefung, die bei der Arbeit mit Buchprogrammen nicht versäumt werden darf. Umgekehrt bringt der Einsatz dieser Programme durch die Zeitersparnis, die damit verbunden ist, erst die Möglichkeit eines Freiraumes für Sprachlaborübungen. Vor einem Übermaß freilich muß beim Einsatz beider Medien gewarnt werden.

Im Vergleich zu Buchprogrammen bleiben Testierung und Erfolgsbeurteilung altsprachlicher SL-Programme problematisch, da der Lernerfolg bei Festigungsprogrammen ebenso eine Funktion dieser Programme wie der Neudurchnahme oder der häuslichen Arbeit der Schüler sein kann. Hinzu kommen bei individueller Arbeitsgeschwindigkeit Probleme der Beurteilung von Verzögerungen, Lehrerhilfen u. dgl.

In der Phase der ersten Adaption des Sprachlabors für den AU wurde fast ausschließlich auf originalbezogenes Latein/Griechisch, Lehrbuchbezug, Kontextbezogenheit (situative Einkleidung) und Einbringung (über den Reiz des technischen Mediums hinausgehender) motivatorischer Aspekte verzichtet, und oft genug fehlte bei diesen ersten tastenden Versuchen naturgemäß das Gefühl für Medienspezifität.

---

17 Happ, E. / Zeller, A.: Organon Schriftkunde. München 1972[3].
18 Dazu auch Grotz (vgl. Anm. 1) S. 22 Nr. 9.
19 Duschl, J. / Häring L.: Formenlehre des Verbums I – IV (BSV Lehrprogramme Griechisch). München 1972.

Spannagel[20] und Fink in einem früheren Beitrag[21] verwenden

- Vokalabfragen
- Bilden, Bestimmen, Übersetzen, Umwandeln von Einzelformen (Verb, Nomen)
- Formenübersetzen durch Auswahlantworten (nicht medienspezifisch!)
- Umsetzen von Aussagen in negative oder interrogative Form (wie in den Neueren Sprachen – dort wichtige Strukturtransformationen!)
- Hin- und Herübersetzung kleinerer Sätze, auch in schrittweise erweiterter Form
- Bestimmung von Satzgliedern (auch ohne Sprachlabor möglich!)
- Eingliederung eines kleinen Satzes (z. B. *Pueri cantant)* in einen anderen (z. B. *Pater audit)* – vgl. auch Kazenwadel. (Nur bei Visualisierung der Stimuli einigermaßen vertretbar!)
- Erweiterung eines Satzes durch *videtur* o. ä.
- Anpassung eines Adjektivs an ein gegebenes Substantiv (Substitution)
- Sinnvoller Einsatz eines Nomens in einen gegebenen Satz (besser schriftlich!)
- Reduktion eines Nomens auf den Nominativ Singular.

Oberg[22] gibt nicht nur ein praktikables System zur Kennzeichnung des Schwierigkeitsgrades, sondern geht auch auf anspruchsvollere Bereiche der Syntax über (Umwandlung von Satzfragen in finale Objektsätze, -nd-Formen, Partizipialkonstruktionen). Stimulus und Reaktion sind lateinisch, die Einkleidung erfolgt in einen Zusammenhang, der aus der Abfolge kleinster Sätze hergestellt wird.

Vischer[23] berichtet über Versuche mit Lateinstudierenden. Sie sind, was Ziele, Inhalte und Übungsformen betrifft, natürlich am Adressatenkreis zu messen und nicht auf schulische Belange übertragbar.

In Grammatikübungen läßt er mit lateinischen Übungsanweisungen kurze lateinische Sätze übersetzen. In nachfolgenden Zusammenfassungen sollen lateinische Antworten frei formuliert werden. In Form von Substitutionen sollen die Konstruktion bedeutungsverwandter Wörter (z. B. *iubere/imperare*), Consecutio temporum und Oratio obliqua geübt werden.

In Wortschatzübungen übernimmt er Übungsformen aus dem Klassenunterricht und programmiert Zuordnen lateinischer zu deutschen Wörtern, Ableitung von Stammwörtern, Sammeln bedeutungsverwandter Wörter. Problematischer ist die Übung fester Wortverbindungen durch Assoziation. Zu einem Satz oder Kurztext werden Fragen gestellt, zu deren sinnvoller Beantwortung gerade das Wort herangezogen werden muß, dessen Anwendung bewußt gemacht werden soll.

In einer Übung zur Einführung in die lateinische Gesetzessprache anhand von Inschriftentexten wagt er sich sogar an Übersetzungen heran. Doch scheint nicht nur mir der erläuterte didaktische Ort des Mediums auf andere Übungsformen hinzuweisen, die sehr wohl den Apperzeptionsakt der Übersetzung auf verschiedenen taxonomischen Stufen strukturieren.

---

20 Vgl. Anm. 13.

21 Fink, G.: Sprachlaborübungen im lateinischen Anfangsunterricht. In: Neue Einsichten – Beiträge zum altsprachlichen Unterricht. München 1970, 158 ff.
Die weiterführende situative Konzeption wird vorgestellt in: Pappus, Pipifax & Co. – Lateinische Sprachlaborübungen für Fortgeschrittene. In: Anregung 18 (1972), 12 ff.

22 Vgl. Anm. 13.

23 Vgl. Anm. 13.

Noch weiter gehen ein kanadisches und ein Schweizer Griechisch-Programm, die ebenfalls für Universitäts-Grundkurse konzipiert sind[24] und ihre Übungsstrukturen kontextbezogen von Originaltexten (aus Platon, Xenophon, Aristophanes, Menander, Äsop, Thukydides, Homer, Sappho u. a.) ableiten. So geistvoll die dargestellten Möglichkeiten auf den ersten Blick erscheinen, so muß man doch bei dem bloßen Antippen der meisten Erscheinungen am Erfolg einer Festigung zweifeln — ganz abgesehen von der Fragwürdigkeit des Mißbrauchs von Autoren solchen Ranges zum Zwecke der Verwertung im Sprachlabor.

Fink, der schon für die bayerischen Unterrichtswerke Lectiones Latinae, Exercitia Latina und Lateinisches Unterrichtswerk durchlaufende, auf nichtsituativen Formenübungen fußende Laborübungen zu den ersten beiden Lateinjahren vorgelegt hatte[25], hat zu dem von ihm mitgestalteten Unterrichtswerk Cursus Latinus (Bd. 1) ein Heftchen mit Texten für SL-Übungen herausgegeben, das bei einiger Vertrautheit mit dem Vier-Phasen-Rhythmus auch life in den Normal-Unterricht umgesetzt werden kann. Das besondere Verdienst und der Vorzug gegenüber den Teilentwürfen anderer Autoren liegt nicht nur in der stärkeren Verzahnung mit dem Übungsbuch, dessen Übungsstrukturen teilweise mit denen der SL-Übungen konvergieren, sondern vor allem in der Komposition kontextbezogener, situativer sketches, die in geglückter Weise mit Gestalten aus Atellane und Mimus arbeiten und dramaturgisch geschickt pointiert sind, so daß bei allem Drill doch auch das sonst weitgehend vernachlässigte Moment der Motivation nicht zu kurz kommt, zumal bei entsprechender Auswertung auch Spielelemente eingebaut werden können.[26]

Mediendidaktische Übungsstrukturen

Solche Übungen lassen sich entweder „life", also unmittelbar über Mikrofon, an die Schüler übermitteln, oder „vorprogrammiert" im sog. Vier-Phasen-Rhythmus über Tonband, wie er auch in den Neueren Sprachen üblich ist. Das erste Verfahren empfiehlt sich, wenn nur einige kurze Übungseinheiten im Rahmen einer größeren Sequenz eingeschaltet werden sollen, das letztere bei größeren Einheiten, die jedoch wegen des „autoritären" Systems dieser Konditionierung und der physischen Belastung durch die Kopfhörer sparsam begrenzt sein sollten.

Im Vier-Phasen-Drill hört der Schüler zunächst in einem Arbeitsbeispiel einen Stimulus, d. h. eine Form, die als Substitution, Transformation u. dgl. bearbeitet werden soll, und eine Arbeitsanweisung. In einer ersten Pause (response) spricht er die Lösung. In der dritten Phase hört er vom Lehrer die richtige Lösung und vergleicht sie mit seiner eigenen. Dies führt nach den Vorstellungen der Verhal-

---

24 Ellis, C. D. / Schachter, A. / Griffith, J. G.: Ancient Greek — A Structural Programme I/II. Montreal/London 1973².
Hurst, A. / Lienhard, A.: Grec Ancien — Travaux pour le laboratoire de langues. Geneve 1973.

25 Mit besprochenen Tonbändern, Skripten und nützlichem Einführungsmaterial im Oldenbourg Verlag, München.

26 Fink, G.: Lateinische Sprachlaborübungen zu Cursus Latinus I. München 1977.

tensforschung bei *Übereinstimmung* zu einer Motivationsverstärkung (reinforcement) oder regt zu Nachdenken und Einsicht bei einem *Fehler* an (extinction). In der vierten Phase (2. Pause) spricht der Schüler die richtige Lösung nochmals nach (correction).

Mittlerweile werden in geringem Maß fertige Programme als Teileinheiten oder Gesamtkurs, meist in Form gedruckter Skripten, angeboten. Der Mangel an aufbereitetem Übungsmaterial (Software) legt es jedoch nahe, zu Teilsequenzen, die sich im Sprachlabor effizient üben lassen, hin und wieder eigene Programmierversuche zu unternehmen. Achten muß man dabei vor allem auf die richtige Bemessung der beiden Schülerreaktions-Phasen (Pausen), wobei man die Reaktionszeit eines Durchschnittsschülers zur Grundlage machen sollte.

Wenn die Pausen zu lang sind, wird die Kontinuität der Übung durchbrochen, und die Schüler langweilen sich oder werden unruhig. Sind sie zu kurz, so finden langsamer arbeitende Schüler den Anschluß nicht und geraten, zumal wenn Rückfragen an den Lehrer notwendig werden, leicht außer Tritt.

Es hat sich bewährt, die richtige Lösung in der ersten Pausenphase dreimal, in der zweiten Pausenphase zweimal langsam „dry", d. h. bei abgeschaltetem Mikrofon, laut zu sprechen.

Weniger wegen der Möglichkeit einer nachträglichen Kontrolle durch den Lehrer (die aus Zeitgründen meist entfallen muß), sondern zur Eigenkontrolle der Schüler und vor allem zur individuellen Gestaltung der Arbeitsphasen (Denkpausen bei Verständnisschwierigkeiten und Ermüdung) empfiehlt sich die Arbeit im HSA-Betrieb, d. h. Vorkopie des Programms auf die mit Tonaufzeichnungsmaschinen ausgestatteten Schülerplätze (HSA = Hören – Sprechen – Aufnehmen). Dabei stoppt auch bei Rückfragen an den Lehrer das Band, und nach erfolgter Klärung setzt der Schüler an der Stelle des Programms wieder ein, wo er unterbrochen hatte. Er kann auch einen aufs erste Mal nicht verstandenen Stimulus repetieren und seine eigene Lösung nochmals revidieren. Bei modernen Sprachlehranlagen mit vierfacher Kopiergeschwindigkeit bedeutet die Vorkopie kein Zeitproblem und kann z. B. während der Rechenschaftsablage der laufenden Stunde vorgenommen werden.

Bei gemischten Konfigurationen arbeiten die fachlich oder audiolingual leistungsfähigeren Schüler an den HS-Plätzen, da für sie die vorprogrammierten Pausen in der Regel ausreichen und Lehrerkontakt kaum erforderlich ist (HS = Hören – Sprechen ohne Aufzeichnungsmöglichkeit der Schülerleistung). Doch sollte zur Motivationssteigerung für einen Austausch in bestimmten Abständen gesorgt werden.

Eine visuelle Darbietung der Stimuli hat sich (vor allem im Griechischen) als nützlich erwiesen[27]; man benützt dazu am vorteilhaftesten den Arbeitsprojektor. Geschrieben zu werden braucht im Rahmen einer Sprachlaborübung nicht.

Da die Schüler an den HS-Plätzen (ohne Tonaufzeichnungsgeräte) ihren synchronen Durchlauf in aller Regel rascher beendet haben als die individuell arbeitenden HSA-Schüler, sollte man sich für ihre Weiterbeschäftigung nach Ende des Pro-

---

27 Dagegen Schmid (Anm. 1), S. 8 f.

grammdurchlaufes etwas einfallen lassen (z. B. Gruppenarbeit mittels Konferenzschaltung).

Probleme ergeben sich, wie schon Schmid richtig gesehen hat, aus der meist notwendigen Kombination von Sprachlaborübung und Kontaktunterricht. Dieser ist bei Tischmodellen (ohne Kabinentrennwände) nicht behindert; freilich stören sich hier die Schüler bei der Laborübung akustisch mehr und können auch besser mogeln. Bei (isolierender) Kabinenbauweise empfiehlt sich der Einsatz von Buchprogrammen[28], da diese Form auf Individualarbeit angelegt ist, oder von Arbeitsblättern (ggf. auf die Laborübung bezogen, als Nachbereitung), auch in Testform[29]. Noch günstiger ist es, wenn die Kabinenwände für die Kontaktphase abgeklappt werden können.

Grundsätze für den Lehrer der Alten Sprachen im Sprachlabor

1. Bei der Unterrichtsplanung sollte man grundsätzlich überlegen, welche der im Kontaktunterricht gepflegten Übungsformen zu Automation, Vertiefung und Wiederholung sich nach lernpsychologischen Gesichtspunkten für Sprachlaborübungen eignen.

2. Wichtige didaktische Vorüberlegungen:
   - Bringt die ins Auge gefaßte Übungsform als solche einen echten Lernfortschritt? (Man prüfe den Lernzuwachs nach einigen Versuchen!)
   - Ist dieser im Sprachlabor effizienter zu erzielen als im Kontaktunterricht?
   - Ist die im Sprachlabor meist erforderliche blockartige Gestaltung und die damit verbundene Erweiterung des Übungsvolumens dem betreffenden Lerninhalt angemessen?

3. Wenn der meßbare Lernzuwachs den Aufwand nicht lohnt, sollte man versuchen, sich über die Gründe klar zu werden. Sie können in der Wahl ineffektiver Übungsformen, in der Überforderung der Schüler durch zu komplizierte Operationen, in der unklaren Darbietung von Arbeitsbeispielen, in der Ermüdung der Schüler aufgrund zu langer Ausdehnung der Übung u. a. Faktoren liegen. Ggf. sollte man vom weiteren Einsatz des Mediums absehen, besonders wenn bei den Schülern Überdrußerscheinungen spürbar werden.

4. Wichtig für die Unterrichtsplanung ist auch im Hinblick auf die anderen Stundenphasen die Berücksichtigung von Faktoren, die die Durchführung im Sprachlabor beeinträchtigen (Kommunikationsprobleme durch Isolierung und geminderten Sichtkontakt). Dabei wird man jeweils zu prüfen haben, ob die Fortführung der Stunde im Sprachlabor oder die Rückkehr ins Klassenzimmer das kleinere Übel sei.

5. Es ist wesentlich, im Sprachlabor jede Überlastung der Schüler zu vermeiden. Diese sind durch die beengenden Kopfhörer und durch den dauernden Zwang, in vorgegebenen Zeiträumen zu reagieren, physisch und psychisch wesentlich mehr gestreßt als im Kontaktunterricht.

---

28 Vgl. Schmid (Anm. 1), S. 9.
29 So auch Schmid (Anm. 1), S. 11.

Beachtet man diese Gegebenheit nicht, so kann es zu Unlust, Schulangst, in schlimmen Fällen sogar zu Sabotageakten kommen, die den Lernerfolg beeinträchtigen oder verhindern.

Sprachlaborübungen sollten daher die Aufmerksamkeitsschwelle von 10 bis 15 Minuten nicht überschreiten.

6. Schüler der Jahrgangsstufen 5 und 6 kommen u. U. im grundständigen Lateinunterricht erstmals mit dem Sprachlabor in Berührung. Hier sollte sich der Lateinlehrer Zeit für eine gründliche Einweisung in die Bedienung der Schülerplätze nehmen und die Schüler erst einmal ein wenig „spielen" lassen.

7. Für den Fall einer technischen Panne, die Beginn oder Fortführung einer Laborübung ausschließt, sollte bei der Unterrichtsplanung stets eine Alternativmöglichkeit einkalkuliert werden. Auf sie sollte ggf. organisch übergeleitet werden, ohne daß man sich durch die Tücken der Elektronik (oder der Schüler!) provozieren läßt.

Wer technisch ein wenig versiert ist, kann kleinere Pannen (oft handelt es sich nur um beiläufige Versehen!) selbst beheben. Wer über solche Fertigkeiten nicht verfügt, sollte mit derartigen Problemen nicht die Unterrichtszeit vergeuden, sondern die Anlage abschalten und den Unterricht in herkömmlicher Weise zu Ende führen.

8. Der Lehrer sollte sich durch Mithören überzeugen, ob die Schüler den Sinn der Aufgabenstellungen verstanden haben und ob sie mit dem Ablauf zurechtkommen. Ggf. sollte er erläuternd und ermunternd Kontakt mit Schülern aufnehmen, die Schwierigkeiten haben.

9. Als reizvoll hat es sich auch erwiesen, Schüler mit einiger Laborerfahrung und Einsicht in die Übungsstrukturen eine Sprachlaborübung gelegentlich selbst entwerfen zu lassen (Hausaufgabe oder Arbeitsgruppen im Unterricht). – Methodenreflexion!

Schüler, die es wünschen, sollten, wo dies möglich ist, auch ihre eigenen Kassettenrecorder im Sprachlabor anschließen dürfen. Sie können dann die Übung zu Hause nochmals „dry" (ohne Aufnahme ihrer Sprechleistung) nachvollziehen.

Anhang:

Sprachlaborprogramm für den griechischen Anfangsunterricht

Arbeitsbeispiele und Aufgabenstellungen (Auswahl)

1. Reine Konjugationsübungen von Verbareihen zur Automatisierung

Konjugiere folgende Verba im Indikativ Präsens Aktiv und übersetze die Stimuli!
ἄγειν – τέρπειν – εὑρίσκειν – ταράττειν – δουλεύειν usw.

2. Konjugationsübungen an Verbareihen, wobei bei jedem Stimulus um eine Person vorgerückt wird

Konjugiere den Konjunktiv Präsens folgender Verbalformen, wobei Du bei jedem Stimulus um eine Person vorrückst! Übersetze die so entstandenen Formen!

Stimulus: οὐ φονεύω
Umwandlung: ἵνα μὴ φονεύω
Übersetzung: damit ich nicht töte

Stimulus: παρασκευάζω
Umwandlung: ἵνα παρασκευάζῃς
Übersetzung: damit du bereitest, herrichtest, rüstest usw.

3. Transformationsübungen

nominal:

Übersetze die folgenden Sätze und verwandle das Akkusativobjekt in ein Genitivattribut!

ARBEITSBEISPIEL:

Stimulus: Ἡ γυνὴ καλὴν τρίχα ἔχει
Übersetzung: Die Frau hat schönes Haar.
Umwandlung: Ἡ τῆς γυναικὸς θρὶξ καλή ἐστιν
Kontrollübersetzung: (...) Nachsprechen: (...)

verbal:

Bilde zunächst den Imperativ und Infinitiv Aorist von παιδεύω!

Bilde nun entsprechend Imperativ und Infinitiv Aorist der folgenden Verba und übersetze die Stimuli!

θεραπεύω – θύω – ἀκούω

4. Transformationsübungen mit Wechsel mehrerer Bestimmungsstücke

Eine gegebene Konjunktiv-Präsens-Form ist in den Optativ Aorist zu verwandeln.

ARBEITSBEISPIEL:

Stimulus: ἵνα μὴ ζηλῶσιν
Übersetzung: damit sie (grundsätzlich) nicht beneiden

Optativ Aorist: οὐκ ἄν ζηλώσαιεν
Übersetzung: sie werden (in diesem spez. Fall) wohl nicht beneiden
Kontrollübersetzung: (...) Nachsprechen: (...)

5. Distinktion entsprechender Tempora nach Aspekt und Aktionsart

Wie kann man die Bedeutung des griechischen Perfekts charakterisieren?

(Es bezeichnet den aus einer abgeschlossenen Handlung hervorgegangenen Zustand, der in die Gegenwart fortwirkt; in diesem Sinne hat es also Präsensbedeutung.)

Versuche nun folgende Perfektformen unter Beachtung dieser Gesichtspunkte möglichst treffend zu übersetzen:

Stimulus: Οἱ Ἕλληνες τοὺς Πέρσας νενικήκασιν.
Übersetzung: Die Griechen sind Sieger über die Perser.

Stimulus: Ἐστέρηκας τὰ χρήματα.
Übersetzung: Du bist der Räuber des Geldes usw.

Bilde nun zu diesen Perfekten die entsprechenden Aoristformen und übersetze sie!

Umwandlung: Οἱ Ἕλληνες τοὺς Πέρσας ἐνίκησαν.
Übersetzung: Die Griechen errangen einen Sieg über die Perser usw.

Verwandle folgende Präsensformen in Imperfekt und Aorist und übersetze die gebildeten Formen!

ARBEITSBEISPIEL:

Stimulus: Ξέρξης φεύγει.
Imperfekt: Ξέρξης ἔφευγεν.
Übersetzung: Xerxes war auf der Flucht.
Aorist: Ξέρξης ἔφυγεν.
Übersetzung: Xerxes begab sich auf die Flucht.

Verwandle nun selbständig: Πολυκράτης Σάμου ἄρχει.

6. Querformen zu einer Person in verschiedenen Tempora und Modi

Bilde die 2. Sing. aller vier Modi des Präsens und die 2. Sing. des Imperfekts der folgenden Verba und übersetze die Stimuli!

συγχωρέω – ἄγω – ὁμοιόομαι – θεραπεύω

Bilde die 3. Plur. aller bekannten Tempora in sämtlichen möglichen Modi von δηλόω – ἐναντιόομαι – κενόω – θυμόομαι.

7. Reduktion von Verbalformen auf das lexikalische Lemma

Nenne zu folgenden Verbalformen die 1. Sing. Indik. Präs. Akt. bzw. Med. und übersetze diese sowie den Stimulus!

Stimulus: τέτακα
Übs.: ich habe gestreckt

Grundform: τείνω
Übs.: ich spanne, strecke

Stimulus: εἴπομεν
Übs.: wir sagten

Stimulus: θρέψον
Übs.: nähre!

Grundform: ἀγορεύω
Übs.: ich sage

Grundform: τρέφω
Übs.: ich nähre

8. Einsetzübungen

Kasusbildung

ARBEITSBEISPIEL:

Stimulus: Τίνι οἱ πολῖται πιστεύουσιν; (αἱ φάλαγγες)
Einsetzung: Οἱ πολῖται ταῖς φάλαγξι πιστεύουσιν.
Übersetzung: Die Bürger vertrauen den Schlachtreihen.
Kontrolle: (. . .)   Nachsprechen: (. . .)

Kasusrektion von Verba

ARBEITSBEISPIEL:

Stimulus: Εὔχου (οἱ θεοί)
Einsetzung: Εὔχου τοῖς θεοῖς.
Übersetzung: Bete zu den Göttern!
Kontrolle: (. . .)   Nachsprechen: (. . .)

Kasusrektion von Präpositionen

ARBEITSBEISPIEL:

Verbinde die nachfolgenden Substantiva mit den nebenstehenden Präpositionen und übersetze die so entstandenen Ausdrücke!

Stimulus: μετά (ὁ καιρός)
Einsetzung: μετὰ τὸν καιρόν
Übersetzung: nach dem rechten Zeitpunkt

Stimulus: μετά (ὁ φίλος)
Einsetzung: μετὰ τοῦ φίλου
Übersetzung: mit dem Freund usw.

Stellung des Attributs

Verbinde die Stimuli mit den in Klammern beigefügten Nominativen und übersetze den so entstandenen Satz!

Stimulus: Εὐχώμεθα τῷ θεῷ (ὁ οὐρανός . ἐν)
Einsetzung: Εὐχώμεθα τῷ τοῦ οὐρανοῦ (ἐν τῷ οὐρανῷ θεῷ)
Übersetzung: Laßt uns zum Himmelsgott (zu Gott im Himmel) beten!

Prädikatsnomen

Setze die in Klammer angeführten Nomina in die folgenden Sätze ein und übersetze den vervollständigten Satz!

Stimulus: Λέγω τὸν ξένον (ὁ φίλος)
Einsetzung: Λέγω τὸν ξένον φίλον.
Übersetzung: Ich nenne den Gast meinen Freund.

9. Übersetzungsübungen

Du hörst griechische Partizipialkonstruktionen, die anschließend unter Auslassung der gliedsatzeinleitenden Konjunktionen in deutsche Satzgefüge übersetzt werden. Diese Übersetzung wird nochmals wiederholt, und dabei sollst Du in die Pause die deutsche gliedsatzeinleitende Konjunktion sprechen. Die Richtigstellung enthält nur diese Konjunktion; in der 4. Phase sollst Du die ganze Übersetzung nochmals wiederholen!

Stimulus: Τισσαφέρνης οὐκ ἤχϑετο τῶν ἀδελφῶν μαχομένων.
Übersetzung: Tissaphernes war nicht unwillig, . . .
die beiden Brüder miteinander kämpften.
Wiederh.: (. . .)
reinforcement: darüber daß, weil
Bestätigung: T. war nicht unwillig darüber, daß (weil) die beiden Brüder miteinander kämpften

10. Distinktion ähnlich klingender Formen durch Bestimmung und Übersetzung

ARBEITSBEISPIEL:

1. Stimulus: ἤσκου   Bestimmung: 2. Sing. Imperf. Med.
Übersetzung: du übtest dich
Kontrolle: (. . .)   Nachsprechen: (. . .)
2. Stimulus: ἀσκοῦ   Bestimmung: 2. Sing. Imp. Praes. Med.
Übersetzung: übe dich!
Kontrolle: (. . .)   Nachsprechen: (. . .)

11. Überblick über Paradigmen- und Formenbestand

Welche Kontraktionsregeln gelten für die verba contracta auf -ηω?
Welche verba contracta auf -ηω haben wir gelernt?
(. . .)
Darunter sind zwei griechisch gleichlautende Media.
Nenne die griechische Form und ihre beiden deutschen Bedeutungen:
χρήομαι = 1. ich gebrauche, benütze
2. ich lasse mir ein Orakel geben

12. Reorganisation unter verändertem Gesichtspunkt

Welche Folge haben die Kontraktionsregeln der verba contracta auf -αω für Indikativ und Konjunktiv Praesens?

Bilde diejenigen Formen des Ind./Konj. Praes. Akt. und Pass., die das Kontraktionsergebnis α enthalten. Verwende das Verbum ἀνιάω und übersetze diese Formen!

Nenne die Formen von ἐναντιόομαι, bei denen das Kontraktionsergebnis οι auftritt, und übersetze sie!

Bibliographie

FINK, G.: Programmierte Unterweisung und Sprachlabor im Lateinunterricht. In: Gymnasium 79 (1972), 206 ff.
GROTZ, H.: Einsatz des Sprachlabors im griechischen Anfangsunterricht. In: Anregung 18 (1972), 316 f.
NICKEL, R.: Altsprachlicher Unterricht. Darmstadt 1973, S. 140 ff. (Kap. X).
OBERG, E.: Latein im Sprachlabor (Fachbericht). In: AU XV 4 (1972), 53 ff.
SCHMID, D.: Sprachlaborarbeit − besonders im Hinblick auf die Alten Sprachen. Referat (Typoskript). Comburg 1970.
STEINHILBER, J.: Bibliographie Programmierte Instruktion und Sprachlabor im Lateinunterricht. In: AU XVIII 4 (1975), 89 ff.
VISCHER, R.: Latein im Sprachlabor (Fachbericht). In: Gymnasium 74 (1967), 346 ff.

Personalia

Hans-Joachim Glücklich, Dr. phil., Studiendirektor am Staatlichen Studienseminar für das Lehramt an Gymnasien Mainz, Lehrbeauftragter an der Universität Heidelberg. Nerotal 1 c, 6200 Wiesbaden.

Hans Grotz, Studiendirektor am Institut für Unterrichtsmitschau und didaktische Forschung der Universität München. Schraudolphstr. 40, 8000 München 40.

Joachim Gruber, Dr. phil., Studiendirektor und Privatdozent für Klassische Philologie und Didaktik des altsprachlichen Unterrichts an der Universität Erlangen-Nürnberg. Haselhofstr. 37, 8520 Erlangen.

Ludwig Häring, Direktor der Akademie für Lehrerfortbildung in Dillingen (Donau). Bischof-Freundorfer-Str. 10, 8880 Dillingen.

Hermann Keulen, Dr. phil., Studiendirektor. Hofstr. 152, 4010 Hilden.

Joachim Latacz, Dr. phil., Professor, Lehrstuhl für Klassische Philologie (Gräzistik) an der Johannes Gutenberg-Universität Mainz. Austr. 71, 8702 Zell/Main.

Friedrich Maier, Dr. phil., Studiendirektor, Referent für Latein am Staatsinstitut für Schulpädagogik in München, Lehrbeauftragter für die Didaktik der Alten Sprachen an der Universität München. Mitterlängstr. 13, 8013 Puchheim.

Kjeld Matthiessen, Dr. phil., apl. Professor für Klassische Philologie, Institut für Altertumskunde der Universität Münster. Heinrich-von-Stephan-Ring 34, 4400 Münster.

Konrad Raab, Studiendirektor am Gymnasium Pullach. Sörgelstr. 7, 8000 München 71.

Hermann Reuter, Studiendirektor am Reuchlin-Gymnasium Ingolstadt, Referent für Griechisch am Staatsinstitut für Schulpädagogik in München. Liebigstr. 18, 8070 Ingolstadt.

Ernst Rieger, Studiendirektor am Wittelsbacher-Gymnasium in München. Römerstr. 128, 8011 Aschheim.

Gerhard Schwinge, Studiendirektor am Annette-Kolb-Gymnasium in Traunstein. Am Guntramshügel 28, 8220 Traunstein.

Ulrich Tipp, Studiendirektor am Helene-Lange-Gymnasium Fürth. Schwabacher Str. 133, 8510 Fürth.

Richard Willer, Dr. phil., Studiendirektor am Karlsgymnasium München-Pasing. Angerweg 4, 8919 Schondorf.

Günter Wojaczek, Dr. phil., Studiendirektor am Franz-Ludwig-Gymnasium in Bamberg. Mainzerstr. 4, 8602 Litzendorf.

Index

Abitur 26, 29 ff., 34, 127, 132 f., 139, 143, 242
Ablativ 94, 228
— mit Prädikativum 94, 229
AcI 94 f., 228 f., 238
AcP 231
Adaption von Originaltexten 67, 133 f., 227, 255
Aischylos 25
— Perser: 36
Aisopos 18
Aktionsart 202
Alexander de Villa Dei 14, 16, 208 f.
Alexandria 201
Alkuin 11 f., 208
Allgemeinbildung 29, 35
Alliteration 144
Altersstufen der Schüler 56 ff., 62 ff., 84, 106 ff., 165, 168 ff., 225 f., 255
Anakreon frg. 3 D. = 303 Page: 198
Analogie 201
Anaphora 97, 144
Anekdoten 22, 59, 65
Anfangsunterrichts,
— griechischer 179 ff., 232 ff., 283
— lateinischer 57, 62, 106 f., 133
Angaben, freie 230
Aorist 202, 234
Apolonius Dyskolos 205 f.
Arabisch 19
Arator 12
Archilochos frg. 70 D.: 98
Aristophanes, Frösche 1181 ff.: 199
Aristoteles 13 f.
— De interpr. 1: 209
— De interpr. 10, 20 b 1: 201
— Poetik 6, 1450 a 9: 200
— Poetik 20, 1456 b 20 ff.: 200
— Poetik: 37
Arithmetik 12
Artes liberales 12 ff.

Artikel 94, 204, 236
Artistenfakultät 13 ff. 18
Astronomie 12
Asyndeton 144
Athen 201
Attribut 95
Attributsatz 95
Aufgaben
    Antwort-Auswahl-Aufgaben 137 ff.
    Ergänzungsaufgaben 139
    Interpretationsaufgaben 132 ff.
    Transformationsaufgaben 138 f.
    Umordnungsaufgaben 139
    Zuordnungsaufgaben 138
    Zusatzaufgaben 139
    s. a. Hausaufgaben, Schulaufgaben
Aufgabenstellung, Schwierigkeitsgrad 126 ff.
Aufklärung 22
Aufsatz, lateinischer 24, 34
Augsburg 16
Augustinus 12
Augustus 37
Averroes 209
Avianus 12
Avicenna 209
Avitus 12

Basedow, J. B. 23
Basel 16
Bayern 30 f.
Behariorismus 103, 267 f.
Benediktiner 11
Benotung 156 ff.
Bentley, R. 21
Bernhardi, A. F. 71
Bildergeschichten 105, 109
Boethius 12
Bonifatius 11
Bopp, F. 213
Briefliteratur 60

Index 297

Brüder vom gemeinsamen Leben 15
Bruni, L. 15
Buttmann, Ph. 212

Caesar 22, 30, 32 f., 37, 59 f., 255
- Bell. Gall. I 1, 1: 93
- Bell. Gall. I 2, 1: 93
- Bell. Gall. I 11, 2: 94
- Bell. Gall. I 20, 1: 93
- Bell. Gall. I 28, 1: 95 Anm. 10
- Bell. Gall. II 25: 95 Anm. 8
- Bell. Gall. II 33, 2: 98
- Bell. Gall. VI 36: 100
- Bell. Gall. VII 63: 96
- Bell. Gall. VII 63, 4: 93
- Bell. Gall. VII 63, 8: 95
- Bell. Gall. VII 70: 111 Anm. 16

Cambridge Classics Projects,
    Latin Course 59, 125
Campe, J. H. 23
Catullus, 60, 66
- 5,1–6: 97 Anm. 12
Charisius 206 f.
Chorsprechen 64
Chrestomatien 22
Cicero 12, 15 ff., 22, 30, 33, 60, 66
- Arch. 18: 95 Anm. 8
- nat. deor. 2, 57: 103
- off. I 34: 134
- rep. I 39: 144 f.
- rep. II 56: 95 Anm. 8
Clenardus, N. 211
Comenius 19 f.
Comic-strips 67
Comprehensive School 41
Curriculum-Forschung 43, 106
Curtius Rufus 59

Deduktion 62, 171, 183
Deklamationen 17
Demetrios Chalkondylas 210
Demonstrativpronomen 95
Demosthenes 18, 30
Denotation 96
Dependenzgrammatik 49, 229
Descartes, R. 19
Deutsch 19, 29, 34, 59, 105, 232
    s. a. Muttersprache
Deventer 15
Devotio moderna 15
Dialektik 12, 17
Dialoge 62
Diapositive 62, 67, 109, 119, 257
Diathese 98, 228, 234
Dillingen 18
Dilthey 72 Anm. 14
Diogenes v. Babylon 206

Diomedes 206
Dionysios Thrax 195 ff.
Disticha Catonis 12
Domschulen 11
Donatus 12, 204 ff.
- Ars maior: 207
- Ars minor: 207
- Ars Minor 355, 2: 204
- Ars minor 387, 18: 204
Dositheus 206
Dramatisieren von Prosatexten 111
Duns Scotus 209

Eberhardus v. Bethune 209
Einzelsätze 97, 133, 252 ff.
Einüben des Stoffes 64
Eisleben 16 Anm. 14
Elementarunterricht 116 ff., 132, 136 ff.,
    165 ff., 198
    s. a. Anfangsunterricht
Elsaß 16
Endungen, im Lateinischen mehrdeutig 94
Englisch 20, 37, 45, 57 ff., 63, 80, 170
    Anm. 18, 232
Entwicklung der Schüler s. Altersstufen
Erasmus 15
Erdkunde s. Geographie
Ergänzungen, notwendige 230
Ernesti, J. A. 22
Etymologie 245
Euripides 22
Eutropius 22
exemplarisches Unterrichtsprinzip 50, 73
Extemporalien 62

Fabeln 12, 22
Fachleistungen 44
Feature 119 f.
Fernsehen 68
Fichte, J. G. 27
Flavius Caper 206 f.
Flexion 202
Formale Bildung 23, 28, 34, 38 f., 70 ff.,
    125, 223
Formenbildung 94
Formenlehre,
- griechische 185, 235
- lateinische 64, 228, 256 ff.
Fragen, schriftlich fixierte 111
Fragestellung 105
Französisch 19 f., 80, 172 Anm. 23, 232
Frischlin, N. 211
Fürstenschulen 18, 22, 31 f.
Fulda 11

Galantiora 20
Gattungen 226
Gedike, F. 22 f., 27 f., 38, 73

Gelehrtenschulen 16
Geographie 20, 34
Geometrie 12
Geschichtsunterricht 20, 28
Geschlecht, grammatisches 199, 201
Gesner, J. M. 20 ff.
Gestaltpsychologie 268, 278
Gliedsätze 94 f., 230 f.
Goethe, J. W. 25
Göttingen 21 ff.
Graecum 182 f.
Grammer School 41
Grammatik 12 ff., 67, 82, 193 f.
Grammatikunterricht 93, 98, 222 ff. 241, 255
– griechischer 232 ff.
– lateinischer 222 ff.
– Lernziele 222 ff.
s. a. Sprachunterricht
Griechisch als Wahlfach 187 ff.
Griechische Schrift 184
Griechischkenntnisse 12 f., 15 ff.. 20 f.
Griechischunterricht 15 ff. 19, 22, 24, 27, 29, 37
– Beginn 27, 179 f., 187 f.
– Begründung 24, 30
– lernpsychologische Situation 183
– Lernziele 181 f., 187 f.
– Methoden 183 ff.
Gruppenunterricht 64 ff.
Gymnasium 26 ff.
– altsprachliches 35 f., 41
– humanistisches 39, 252
– mathematisches 25, 36
– neusprachliches 36, 252

Hausaufgabe 62 ff. 66, 272
Hebräisch 15 f., 18 f., 31
Hegel, G. W. F. 25, 30
Heinze, R. 36
Hemsterhuys, T. 21
Herbart, J. F. 27, 72 f.
Herder, J. G. 25
Hermann, G. 31
Hermeneutik 224
Hesiod 22
– Theogonie 195 ff.: 196
Heyne, Chr. G. 20 ff.
Hieronymus 16
Historiker, römische 17, 37
Hölderlin, F. 25
Hörbild 119 f.
Hörspiel 119 f.
Homer, homerische Epen 14 Anm. 11, 20 ff., 25, 36, 196 ff., 203
– Odyssee 19, 407 ff.: 196
Homerus Latinus 12
Horatius 12, 14, 16, 22, 33, 60, 66

Hrabanus Maurus 208
Humanismus, Humanisten 14 ff., 35, 210
– Dritter 36
Humboldt, W. v. 25 ff., 35, 38, 70 f., 74, 96 Anm. 11, 212
Hypotaxe 237 f.

Illustrationen in Übungsbüchern 67, 257 ff.
Identifikation 61
Imitation 21
Indefinitpronomen 95
Induktion 62 f.
Infinitiv, griechischer 236 f.
Ingolstadt 18
Inhaltsangaben 100
Interpretation 51, 66, 83 ff., 100, 110 f.
Interpretationsaufgaben s. Aufgaben
Interpretationsheft 66, 109, 111
Isidor v. Sevilla 12
Isokrates 22
Isomorphie zwischen Antike und Gegenwart 25, 44, 51
Italienisch 20
Iustinus 22
Iuvenalis 12
Iuvencus 12

Jachmann 27
Jahn 27
Jesuiten 18
Jones, W. 213
Jugendbücher 68

Kamptz, v. 30 Anm. 44
Kant, I. 70
Karl d. Große 11
Kasusfunktionen 94, 230
Kataphora 97
Klimax 144
Klopstock, F. G. 21
Klosterschulen 11. 31. 208
Köln 18
Kohärenz, semantische 97
Komparation 202
Kongruenz 199, 230
Konjunktionen 230
Konjunktionen, lateinische 94
Konjunktiv, lateinischer 228
Konnektoren 97, 226 ff., 236
Konnotation 95
Konstantin Laskaris 210
Konstruktionsmethode 99
Kooperation mit anderen Fächern 51
Koreferenz 97
Korrektur 149
Krates v. Mallos 202, 206
Kreativität 103 ff., 114 ff., 275
Kühner, R. 212

Kultur, antike 52, 254 f.
Kultur, griechische 23, 27, 186
Kulturkunde 35, 67, 109
Kulturwortschatz 244
Kunstbetrachtung, Kunsterziehung 35, 47 Anm. 23, 119 f.
Kybernetik 268, 278

Latein
– als 1. Fremdsprache 27, 56, 62 f., 133, 163 ff., 247, 251 ff.
– als 2. Fremdsprache 56, 59, 63, 133, 163 163 ff., 247, 251 ff.
– als 3. Fremdsprache 56, 133, 163 ff., 251 ff.
– als 4. Fremdsprache 163 ff., 232
– als spätbeginnende Fremdsprache 163 ff. 232
– als Wahlfach 187 ff.
– mittelalterliches 17 ff.
Lateinschulen 17 ff.
Lateinsprechen 63
Lateinunterricht
 Adressaten 170 ff.
 Beginn 56, 163 ff., 187 ff.
 Begründung 16 f., 30, 36, 43 ff., 163 ff., 187 ff.
 5./6. Jahrgangsstufe 58 f.
 7./8. Jahrgangsstufe 59
 9./11. Jahrgangsstufe 59 f.
 Kollegstufe 60, 66
 lernpsychologische Situation 170 ff.
 Lernziele 34, 43 ff., 167 ff., 188, 222 ff.
 Methoden 23, 43, 61 ff., 97 ff., 106 ff., 116 ff., 171 ff., 246 ff., 254 ff., 270 ff., 282 ff.
Latinum 187 ff.
Lehrbücher 199, 243, 250 ff.
 s. a. Übungsbücher
Lehrerausbildung 23 f.
Lehrerpersönlichkeit 55 ff., 224
Lehrer-Schüler-Beziehung 105
Lehrerverhalten 62, 105
Lehrprogramm 64, 67, 266 ff., 278 ff.
Lehrverfahren, expositorisches 171
 s. a. Methoden
Leibniz, G. W. 19, 70
Leistungsbewertung 123
Leistungserhebung 48, 62 ff., 122 ff.
Leistungsmessung 48, 61, 122 ff.
Lektüreunterricht 49 ff., 64 ff., 109 ff., 119 f., 124, 132 ff., 139, 165 ff., 225
– Grammatik im L. 231 f.
Lektüre
 Anfangslektüre 67, 255
 kursorische L. 21
Lektüreauswahl 59 f.
Lektürebüchlein 111

Lektürekanon 12, 22
Lerninhalte 43 ff., 55, 58, 77, 253 ff., 282
Lernziele 43 ff., 122 ff., 165 ff., 253 ff., 281
 s. a. Griechischunterricht, Lernziele, Lateinunterricht, Lernziele
– affektive 38 ff., 47 ff., 124
– kognitive 38, 46 ff., 124
Lernzielkontrolle 122 ff., 247 f., 284 ff.
Lernzielstufen 46 f., 61, 86 f., 127, 143
Lesebuch 20. 22. 33 Anm. 51, 60, 64 f., 67
Lexikon 68, 126, 135 f., 248
Lichtbilder, -vortrag s. Diapositive
Lieder 62
Linguistik 48 f., 213 f., 256
Livius 22, 33, 36, 66
– 39, 51: 100
Lucanus 12
Lucretius 66
Luther 16

Magdeburg 16 Anm. 14
Manuel Chrysoloras 210
Manuel Moschopoulos 210
Marius Plotius Sacerdor 206
Marius Victorinus 206
Martialis 66
– VI 60: 147 f.
Martianus Capella 12, 206
Maskenspiel 120
Massow, v. 27
Mathematik, mathematischer Unterricht 20, 28 f. 45, 71 ff., 78 f.
Matthiä 212
Medici, Cosimo de 14
Medien 67 f.
– audiovisuelle 62
 s. a. Lehrbücher
Melanchthon 16 f., 31, 203
Menander 120
Merkverse 107
Metasprache 96, 223
Methoden 43, 61 ff., 83 ff., 106 f. 224, 267, 270 ff.
 s. a. Deduktion, Induktion, Konstruktionsmethode, Lateinunterricht-Methoden, Übersetzungsmethoden, Wahlunterricht
Modi 94, 98, 199, 228, 230, 234
Modistae 209
Morphologie 93 ff., 198, 200, 206, 222 ff.
Motivation 54 ff., 109 ff., 114 ff., 124, 131, 181, 224, 229, 266
München 18
Münster 16
Multivalenz des altsprachlichen Unterrichts 50 ff., 83
Musik, Musikerziehung 35, 120

Muttersprache 11, 17 ff., 45, 80 ff., 168 ff., 224, 244, 257
s. a. Deutsch
Mythologie 22

Nationalsprachen 13
naturwissenschaftlicher Unterricht 39, 45
NcI 94, 231
nd-Formen 94, 229, 238
Negationen 95
Negativ-Korrektur 149 ff.
Nepos 22, 59
Neugierde 58 f., 105
Neuhumanismus 20 ff., 71 f.
Niethammer, Fr. I. 26, 31
Nikolaus v. Kues 15

Oberrealschule 36
Orff-Instrumente 119 f.
Organisation des Unterrichts 62, 105, 273
Originallektüre 49, 64 ff., 226
Overheadprojektor 62, 67
Ovidius 12, 14, 22, 32 f., 66

Panaitios 206
Pantomime 109, 117
Paraphrase 97, 144
Parataxe 236 f.
Parmenides VS 28 B 8, 38−41: 198
Partizip 107 f., 204, 235 f.
Passow 27, 74 Anm. 25
pattern drill 63
Pawlow, I. 278
Perfektbildung 94
Pergamon 201
Perioden 95
Persius 12
Pestalozzi, J. H. 27
Petrarca 14 f.
− epist. fam. 24, 3−12: 14
Petronius 60
− 21, 5 ff.: 135
Peutinger, K. 16
Phaedrus 22
Philanthropisten 20 ff., 74
Philosophie, philosophischer Unterricht 28, 60
− scholastische 13, 209
Philologie, Klassische 15, 33, 36
Phonologie 198, 200, 206
Physik 20
Piccolomini, Ae. A. 16
Pietismus 20
Pindar 22, 25, 36
Pirckheimer, W. 16
Platon 22, 33, 36
− Ion: 198
− Kratylos: 199

− Politeia: 37
− Sophisten 262 A 6: 199
Plautus 120
Plinius Minor 22, 60
Poetik 15, 200
Pope, A. 21
Port Royal, Grammatik von 209 ff.
Positiv-Korrektur 149 ff.
Prädikat, Stellung des lateinischen 93
Prädikativum 94 f., 229 f.
Pragmatik 51, 95 ff., 224 ff.
s. a. Realien
Preußen 25 ff.
Priscianus 12, 205 ff.
− II 53, 8: 204
− VIII 421, 17 ff.: 205
− XI 1: 206
Privatlektüre 68
Prodikos 199
Programmierter Unterricht 266 ff.
Pronomina 230
Prosper 12
Protagoras 199
Prudentius 12
Psalmen 12
Puppenspiel 110 f.

Quadrivium 12 f.
Quintilianus 14 Anm. 11, 22

Rätsel 62, 67
Ratke, W. 19
Realgymnasium 32 f., 36
Realien 20, 23, 58 f., 65, 92, 224 ff., 256 ff.
s. a. Pragmatik
Realschulen 25 f., 31 f.
Rechenschaftsablage 62
Rede 119
Redensarten 227
Redner, attische 22
Reformation 16
Rekurrenz 97
Religionslehre 23
Remmius Palaemon 206 f.
Reuchlin, J. 15
Rezeptionsgeschichte 51
Rhapsoden 198
Rhetorik 12, 14 f., 17, 20, 199
Richert, H. 34 ff.
Robinsohn, S. B. 43 f.
Rousseau, J.-J. 21 ff.

Sachsen 31
Sallustius 12, 22, 33, 36, 66
− Catil.: 60
− Catil. 5: 96
− Iug. 6, 1: 145

Salutati, C. 14
Sanctius, F. 209 ff.
Sankt Gallen 11 f.
Satire 60
Satzerschließung 96 ff.
Satzformen 199, 230
Satzglieder 94 f., 230 f.
Satzverlaufserwartung 93, 98
Scaliger, C. J. 209
Schadewaldt, W. 38
Schattenspiel 120
Schiller, Fr. 25
Schlegel, Fr. 25
Schleiermacher, Fr. 27
Schülerkommentar 67 f.
Schülerlexikon 68
   s. a. Lexikon
Schülerreferate 66
Schulaufführungen 17 f., 111
Schulaufgaben 63
Schulen,
– allgemeinbildende 23, 26 f.
– berufsbildende 27 f.
Schulgrammatik 193 ff.
Schulpforta 32
Schulspiel s. Spiel, darstellendes
Schulze, J. 26 ff.
Sedulius 12
Semantik 95 ff., 199, 224, 227 f.
Seneca 66
– benef. 3, 20: 144
– epist. 84, 3: 246
Shaftesbury, A. 21
Solon 37
Sophistik 199
Sophokles 22, 25, 36
– Antigone: 37
sozialkundlicher Unterricht 39
Spiel, darstellendes 109, 111, 114 ff.
Spielformen 62, 116 ff.
Sprachbarrieren 46
Sprachlabor 278 ff.
Sprachphilosophie 58, 198
Sprachunterricht 17, 27 f., 63 f., 78 f.,
   106 ff., 125
– autonomer 48
– griechischer, elementarer 182 f.
– lateinischer 58
– lateinischer, elementarer 167 ff.
– im Lektüreunterricht 171 ff.
– Verhältnis zum Lektüreunterricht 165 ff.
   s. a. Grammatikunterricht
Sprichwörter 227
Stadtschulen 11, 16
Statius 12
Stellungsfiguren 96
Stiftschulen 18
Stilistik 200

Stoa 201 f.
Stoffauswahl 60
Straßburg 17 Anm. 18
Stundenzahlen
   Griechisch 179 f.
   Latein 163 ff., 253
Sturm, J. 17 Anm. 18
Suetonius 22
Süvern, J. W. 29
Synkretisches Lernen 83 f.
Syntax 199 ff., 222 ff., 256 ff.
– griechische 185 f., 235 ff.
– lateinische 63 f.

Tacitus 22, 66
– Germania: 37
Tafelbild 62, 66 f.
Taxonomie der Lernziele 46 ff., 86 f., 127
Tempora 94, 97 f., 228
Tempussystem, griechisches 202, 234 f.
Terentius 12, 16 f., 19, 22
Terentius Scaurus 207
Testament, Altes, griechisch 19
– Neues, griechisch 17, 19, 22
– Neues, lateinisch 16 f., 22, 33
Tests, informelle 136 ff.
Textanalyse s. Texterschließung
Texterschließung 50, 96 ff., 222 ff., 250, 254
Textsemantik 97, 228 f.
Textsorten 226
Textsyntax 97 ff., 228 f.
Thema-Rhema 93
Theodoros v. Gaza 210
Theognis 22
Thiersch, Fr. W. 31, 74 Anm. 26
Thomas v. Aquino 13
Thomasius, Chr. 19
Thorndike, E. L. 76
Tonband 119 f.
Tragödie, griechische 22
Transfer 45 f., 73 ff.
Transformationsgrammatik 209, 213
Trapp, E. Chr. 23
Trivium 12 f., 17, 203
Tyrtaios 37

Übergang von der Grundschule zum
   Gymnasium 56
Übersetzen, Übersetzung 13, 22, 65 f., 80,
   85, 92 ff., 109 ff., 128, 132 ff., 149, 157
– deutsch-griechisch 30, 34
– deutsch-lateinisch 29, 34, 62, 74, 133,
   252, 258 ff.
Übersetzungshilfen 67 f.
Übersetzungskommentar 97
Übersetzungsmethoden 67 f., 97 ff.

Übungsbücher 52 Anm. 54, 67, 250 ff.
  s. a. Lehrbücher
Übungsformen im Sprachlabor 282 ff.
Universitäten 13, 15 ff., 20, 26 ff.
Unterrichtsspiel 114 ff.
Unterrichtsverfahren 43
  s. a. Methoden
Unterrichtsvorbereitung
  s. Organisation des Unterrichts
Unterrichtswerke
  s. Lehrbücher

Vagantendichtung 60
Valenz s. Wertigkeit
Valenzgrammatik 49, 99 f.
Valla, L. 15
Varennius, J. 210
Varro 12, 203 ff.
Vergilius 12, 14, 16 f., 20, 22, 32, 66
  − ecl. 1, 1−15: 97 Anm. 12
Vergleich 83 f.
Vokabelheft 68
Vorbereitung des Unterrichts 62

Wahlunterricht 187 ff.
  − Methoden 191 ff.
Walther v. Speyer 12

Wertbegriffe, römische 36
Wertigkeit des Verbums 228
Wettbewerb im Unterricht 62, 64
Wilamowitz-Moellendorff, U. v. 33
Wilhelm v. Moerbeke 13
Winckelmann, J. J. 21, 25
Wissenschaftspropädeutik 26, 58, 186
Wolf, Fr. A. 24, 30, 71, 73 ff., 212
Wolff, Chr. 19
Wortbedeutungen, verschiedene 228, 245 ff.
Wortbildung 199 f., 245
Wortfamilien 243 ff.
Wortfelder 245 ff.
Wortfolge 98 f.
Wortkunde 68, 241 ff., 257
Wortschatz 64 f., 241 ff., 256 ff.
  − griechischer 185
Württemberg 16, 31

Xenophon 22, 33 Anm. 49
  − Memorabilien I 1, 6: 235
  − Memorabilien I 1, 17 f.: 95 Anm. 8
  − Memorabilien I 2, 3: 236
  − Memorabilien I 2, 8: 236

Zeitbestimmung 95
Zeitverhältnis 95
Zitate 227

$\kappa\lambda i\delta\iota\varsigma$ 202
$\lambda\acute{\epsilon}\xi\iota\varsigma$ 200 ff.

$\pi\tau\tilde{\omega}\sigma\iota\varsigma$ 201 ff.
$\dot{\rho}\tilde{\eta}\mu\alpha$ 201

$\varphi\acute{\upsilon}\sigma\iota\varsigma - \nu\acute{o}\mu o\varsigma$ 199

Fachdidaktisches Studium in der Lehrerbildung

Joachim Gruber, Friedrich Maier (Hrsg.)
Alte Sprachen 1
Best.-Nr. 486-12471
i. Vorb.

Joachim Gruber, Friedrich Maier (Hrsg.)
Alte Sprachen 2
ca. 300 Seiten, Kunstst.
Best.-Nr. 486-10901
i. Vorb.

Wilhelm Killermann, Siegfried Klautke (Hrsg.)
Biologie
376 Seiten, Kunstst.
Best.-Nr. 486-12401

Franz Bukatsch, Wolfgang Glöckner, Ludwig Kotter (Hrsg.)
Chemie
272 Seiten, Kunstst.
Best.-Nr. 486-12411

Konrad Schröder, Gertrud Walter (Hrsg.)
Englisch
290 Seiten, Kunstst.
Best.-Nr. 486-12431

Christian Wentzlaff-Eggebert, Erich G. Pohl (Hrsg.)
Französisch
Best.-Nr. 486-12441
i. Vorb.

Ludwig Bauer, Wolfram Hausmann (Hrsg.)
Geographie
368 Seiten, Kunstst.
Best.-Nr. 486-12451

Gertraud E. Heuß, Rainer Rabenstein (Hrsg.)
Grundschule 1
271 Seiten, Kunstst.
Best.-Nr. 486-12621

Hans Meyers, Hilde Sandtner, Kurt Staguhn (Hrsg.)
Kunst
344 Seiten, Kunstst.
Best.-Nr. 486-12481

Wolfgang Schmidt-Brunner (Hrsg.)
Musik
383 Seiten, Kunstst.
Best.-Nr. 486-12511

Helmut Altenberger, Udo Haupt (Hrsg.)
Sport
372 Seiten, Kunstst.
Best.-Nr. 486-12491

Wilfried Neugebauer (Hrsg.)
Wirtschaft 1
Unterricht in Wirtschaftslehre
356 Seiten, Kunstst.
Best.-Nr. 486-12551

Wilfried Neugebauer (Hrsg.)
Wirtschaft 2
Curriculumentwicklung für Wirtschafts- und Arbeitslehre
386 Seiten, Kunstst.
Best.-Nr. 486-12561

Wilfried Neugebauer (Hrsg.)
Wirtschaft 3
Lehrerbildung für den Wirtschafts- und Arbeitslehreunterricht
400 Seiten, Kunstst.
Best.-Nr. 486-12571

R. Oldenbourg Verlag München

LATEIN
bei Oldenbourg

(In Gemeinschaft mit den Verlagen C.C. Buchner, Bamberg und J. Lindauer (Schaefer) München)

Komplette Werke für Latein als 1. Fremdsprache:

  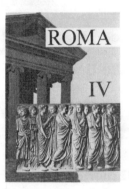

Voit, Rubenbauer, Fleischer
LECTIONES LATINAE

Leitschuh, Fiedler Lindauer
LATEINISCHES UNTERRICHTSWERK

Lindauer, Westphalen
ROMA

Komplette Werke für Latein als 2. Fremdsprache:

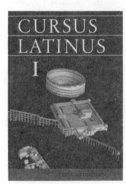  

Karl Bayer
CURSUS LATINUS

Pfister, Rubenbauer
EXERCITIA LATINA

Happ, Pfister, Voit Wojaczek
INSTRUMENTUM

Fordern Sie unseren ausführlichen Katalog an!